L'ÉTAT BRANCARDIER

DU MÊME AUTEUR

En collaboration avec Michel Bauer

Qui gouverne les groupes industriels?
Le Seuil, 1981

Les grandes manœuvres industrielles
Belfond, 1985

ELIE COHEN

L'ÉTAT BRANCARDIER

POLITIQUES DU DÉCLIN INDUSTRIEL (1974-1984)

CALMANN-LÉVY

REMERCIEMENTS

Cette recherche s'appuie sur une série d'entretiens auprès d'industriels, de banquiers, de membres de cabinets ministériels, de hauts fonctionnaires, d'avocats, d'administrateurs judiciaires, d'experts.

Dès qu'il est question du service de l'État, l'obligation de réserve s'impose, la règle est de ne pas citer les interviewés. Nous sommes donc conduits à un remerciement anonyme. Que toutes les personnes qui ont bien voulu nous recevoir, nous ouvrir leurs dossiers, nous confier leurs témoignages et leurs analyses, soient vivement remerciées. Sans elles, ce travail n'aurait pas été possible.

ISBN 2-7021-1828-3

Imprimé en France

A Moïse et Sol Cohen

PRÉSENTATION

Comment sommes-nous passés en vingt ans de la célébration du miracle industriel français aux sombres péroraisons sur l'inexorable déclin? Comment un pays promis au leadership européen à l'horizon 1985 en est-il venu, à cette date, à devoir faire la preuve qu'il n'avait pas été dépassé par l'Italie et qu'il lui restait quelques atouts face à l'Espagne? Comment a-t-il pu perdre le quart de son emploi manufacturier (entre 1974 et 1987) et creuser un déficit industriel qui explique à lui seul aujourd'hui le déficit de la balance des paiements courants (1988)?

Comment un État dont on se plaisait à souligner le génie et l'efficience – n'avait-il pas inventé le Plan et l'économie concertée, équipé le territoire et même financé une industrie sans capitaux? – a-t-il pu se retrouver en posture de principal accusé quand les crises des années 70 ont frappé? N'a-t-il pas alors préféré la conservation d'un ordre qui assurait son pouvoir au risque du marché? Comment le « despotisme éclairé », modèle d'État que l'étranger nous enviait, s'est-il mué en conservatisme frileux?

Comment, enfin, des institutions politiques qui, en nous garantissant de l'instabilité et du poids des lobbies, devaient fournir un cadre propice au développement économique et aux décisions courageuses d'adaptation, ont-elles en pratique rendu impossible la correction nécessaire quand la crise s'est faite plus sévère?

L'analyste, par rapport à l'homme d'action, a le privilège de la rétrospection. Les évolutions décisives, celles qui transforment en profondeur un ordre économique, social et politique sont imperceptibles sur le moment : elles n'ont qu'un lointain rapport avec les événements et les débats qui animent la scène politique.

Rien, ni l'alternance politique, ni le déclin syndical, ni la renaissance de l'idée européenne, n'a eu, au cours des quinze dernières années, autant d'importance que le décrochage industriel. Moment singulier où, de fait, la France a pris acte de l'échec de sa tentative de construire une puissante industrie manufacturière, où elle a renoué avec ses spécialisations historiques dans l'agriculture et les produits de luxe et où elle a découvert sa dépendance à l'égard des « grands projets » d'initiative étatique (aéronautique civile et militaire, électronique professionnelle, nucléaire, etc.).

Même dans l'ordre politique, le giscardisme [1] aura, sur la durée, produit plus d'effets que l'arrivée de la gauche au pouvoir. Au rebours de tant de discours sur les vices et les vertus supposés du plus, du moins ou du mieux d'État, l'innovation, la souplesse et la flexibilité institutionnelle, dont témoigne la création d'une administration performante de la crise, prouvent l'inanité de ces querelles de Gaulois. Elles n'en mettent que davantage en valeur les responsabilités des élites politiques de la période. Le giscardisme, en effet, s'analyse à posteriori comme une technique douce de gestion politique du déclin relatif de l'économie française. Il y a une différence sensible entre des politiques d'accompagnement de la mutation industrielle et une gestion politique de la désindustrialisation. Dans le premier cas, des dispositifs protecteurs provisoires pour les firmes et salariés menacés permettent de ménager une transition. Dans le second cas, on traite plus les symptômes que l'affection elle-même. A étudier de près les dossiers des faillites industrielles, on reste interdit du contraste entre la sophistication des dispositifs mis en place pour préserver la paix sociale et la rusticité des outils d'intervention sur la sphère industrielle.

Certes, l'économie française est exposée, intégrée à l'Europe et ouverte sur le reste du monde : il ne pouvait donc y avoir, comme au temps de la reconstruction, d'État entrepreneur chef d'orchestre et unique pourvoyeur de fonds pour le développement industriel. Mais rien ne justifiait une telle négligence quant au fond et une telle sollicitude quant aux effets, sinon la peur des hommes politiques face aux risques d'explosion sociale et le brio formel de hauts fonctionnaires habitués à manipuler en chambre des objets imaginaires qu'ils nomment « politiques industrielles ».

Dès lors, l'étude longue, patiente, détaillée du processus de défaillance industrielle et de son traitement n'a pas pour unique objet de mieux comprendre le décrochage industriel des années 1974-1984. Elle rend intelligibles les processus et les enchaînements par lesquels un ordre économique bascule, un mode de régulation s'épuise et une crise de gouvernabilité s'installe. Elle constitue la meilleure réponse à tant de modèles définitifs d'explication de la crise.

Ce livre est né d'une intuition : il y a plus à apprendre sur les causes et les modalités du relatif déclin industriel de la France en étudiant les faillites, petites ou grandes, et leur mode de traitement qu'en ajoutant une explication générale à tant d'autres.

Prendre la mesure du phénomène : telle est la première exigence. Ensuite, poser les termes du débat sur le décrochage industriel et formuler les problèmes qui clivent véritablement les opinions. Enfin, esquisser une démarche qui part du singulier pour aller au général. C'est ainsi que l'on peut espérer rompre avec les généralisations faciles, éviter d'appliquer les schémas préconçus et, au total, renouveler la vision que nous avons de cette période si proche.

Ça tombait comme à Gravelotte [2]

Les années 1974-1984 constitueront sans doute, au regard de l'historien, les années noires de l'industrie française. Dresser le catalogue des entreprises alors en difficulté, et qui, dans leur quasi-totalité, eurent recours à l'État, est une tâche simple : il suffit de prendre le classement des meilleures entreprises françaises établi chaque année par *L'Expansion* ou *Le Nouvel Économiste* [3], et d'en retrancher quelques entreprises de luxe, d'agro-alimentaire et de distribution. Chacun se souvient de faillites spectaculaires comme celles de Boussac, de La Chapelle-Darblay ou de Creusot-Loire; d'interminables conflits comme ceux de Manufrance, des mineurs de Ladrecht ou de l'imprimerie parisienne; des naufrages de la navale, de la sidérurgie, ou de la machine-outil; des sauvetages réalisés à l'occasion des nationalisations et des regroupements, aux frais de l'État, comme ceux de la chimie lourde et de la téléphonie publique. De graves crises furent aussi traitées loin des regards indiscrets. Ce fut le cas de Peugeot, Michelin, DMC, Arjomari-Prioux, Aussedat Rey, Poclain, ou même de filiales françaises d'International Harvester, Ford et ITT. Partout, l'État a joué les premiers rôles, par volonté politique, ou, le plus souvent, sous la pression des entreprises et de leurs salariés, des collectivités territoriales et de leurs élus et notables.

La vague est passée, et la première surprise est qu'elle n'ait pas fait plus de dégâts politiques et sociaux : l'adaptation s'est déroulée dans une relative paix sociale. Certes, la période est ponctuée par de grands mouvements sociaux : celui de Lip en 1973 où fut mise en cause l'incompétence patronale et affirmé le droit des ouvriers à vivre et travailler au pays; celui de Longwy en 1979, qui vit des sidérurgistes désespérés s'insurger contre l'État, et celui du Creusot en 1984, où la ville tout entière se mobilisa pour faire échouer un plan de redressement élaboré à Paris par une poignée de hauts fonctionnaires et d'industriels cooptés. Mais ces mouvements sont restés singuliers, les éruptions de Longwy et du Creusot n'ont amorcé aucune jacquerie ouvrière. Les grand-messes prolétaires annoncées, comme la marche sur Paris des sidérurgistes ou le débarquement des ouvriers de la navale, ont régulièrement tourné court. Demeurés ponctuels, ces mouvements n'ont pas fourni l'étincelle qui aurait embrasé la plaine; la tendance régulière à la décroissance des journées perdues pour faits de grève n'a guère été perturbée par la décrue sensible des effectifs ouvriers sur fond de désindustrialisation.

Cette atonie sociale relative ne signifie pourtant pas que la France n'a pas été durement touchée. La crise a laissé des traces profondes sur le territoire et chez les victimes de cette mutation qui, pour n'avoir pas été brutale, n'en a pas moins entraîné le rétrécissement de la base manufacturière du pays, l'explosion des budgets de protection sociale consacrés au chômage, et l'apparition d'une nouvelle catégorie démographique, « les retraités de cinquante ans ». Elle a enfin remodelé en profondeur la spécialisation industrielle de la France [4].

Des régions comme le Nord-Pas de Calais ou la Lorraine ont subi un véritable séisme avec l'effondrement simultané des sources de leur prospérité d'antan; des bassins d'emploi ont été complètement sinistrés dans le Valenciennois, à Longwy et Moyeuvre, dans le val d'Allier, la vallée du Gier, l'Horme, Le Creusot, La Seyne, La Ciotat, Albi-Carmaux, Tarbes,

Decazeville et tant d'autres encore... On parle pudiquement aujourd'hui, à leur propos, de « friches industrielles », comme si des sols tordus, épuisés, bouleversés par le travail humain et par la rouille pouvaient retourner à une espèce d'état de nature.

Les Américains parlent plus crûment de leurs régions de vieille industrialisation. Ils les désignent d'un mot, « *rust-belt* », qui signifie littéralement « ceinture de rouille », et leurs chanteurs populaires racontent les rêves dissipés, la désindustrialisation, la déstructuration du cadre de vie, la disparition des communautés ouvrières et de leur culture, la désespérance de jeunes qui ont pour seules perspectives le chômage et l'exil.

Apprécier l'ampleur du phénomène, tant sur le plan micro-économique en cernant de plus près l'étendue, les déterminants et les processus des défaillances d'entreprise, que sur le plan macro-économique, en essayant de rendre intelligible la crise du secteur industriel et des politiques qui ont visé à la traiter, reste plus que jamais nécessaire, malgré tant d'essais sur la question et à cause de l'incroyable volatilité d'un débat public qui oscille entre le catastrophisme de la décadence [5] et l'euphorie des prophètes d'une France couverte de technopoles [6].

Sur le plan micro-économique, le franchissement du palier des 10 000 défaillances d'entreprises au début de la crise, celui des 20 000 après le deuxième choc pétrolier et celui des 30 000 avec l'accélération de la modernisation témoigne de la progression inexorable d'un courant que ne vient pas contrebalancer le mouvement parallèle de créations d'entreprise. Dans un cas, ce sont des fleurons de l'industrie qui disparaissent dans les biens d'équipement; dans l'autre, ce sont des entreprises unipersonnelles de services à forte mortalité qui se créent [7].

De surcroît, tous les secteurs, public et privé, coopératif et lucratif, la PME comme le groupe industriel multibranche, les dynasties familiales comme les entreprises managériales, et pour la première fois les banques, connaissent de graves difficultés financières et, pour certains, de véritables naufrages.

Des dynasties familiales naguère symboles de la prospérité de régions entières comme les Gillet, les Seyrig, les Koechlin, les Boussac, les Lévy; des entrepreneurs innovateurs de l'entre-deux-guerres comme Bataille, Crouzet, Herlicq, vont sombrer dans l'indifférence générale. Les très orgueilleuses familles

Michelin et Peugeot ne devront leur salut qu'à d'utiles concours publics ou à de fermes pressions sur des banquiers insensibles aux charmes de vieilles dynasties familiales. Mais cette purge du capitalisme, loin de profiter au mouvement coopératif ou au secteur nationalisé, frappe également ceux-ci. La Verrerie Ouvrière d'Albi, portée sur les fonts baptismaux par Jean Jaurès, comme l'Association des Ouvriers en Instruments de Précision (AOIP), la coopérative ouvrière la plus high tech et la plus prospère, vont vivre au cours de la période un inexorable déclin. Les Coop seront emportées dans la tourmente. Quant au secteur public et nationalisé, il connaîtra les affres de pertes abyssales [8]. Renault ne doit son salut qu'à son statut de régie d'État, CDF Chimie est en faillite permanente [9]; même EDF, qui dispose de la rente nucléaire, affiche de lourdes pertes.

Les défaillances d'entreprises singulières, les crises sectorielles ou locales finissent par produire au plan de l'économie globale des effets que les comptes de la nation enregistrent.

Pour expliquer la crise, on parle alors de choc d'offre exogène et pour justifier la poursuite de la modernisation dans l'austérité salariale et le chômage grandissant, on invoque la nécessité d'une politique de l'offre compétitive. Aujourd'hui, les effets de la longue crise sont directement lisibles dans la dégradation des échanges, l'apparition d'un déficit manufacturier, l'extrême sensibilité du commerce extérieur à toute relance intérieure, et plus encore le caractère structurel des importations de biens d'équipement industriels et domestiques [10]. Et pourtant, malgré un taux de chômage parmi les plus élevés, une pénétration étrangère en France toujours plus forte et une spécialisation à l'étranger toujours plus étriquée, en dépit des opportunités non saisies lors de la grande relance américaine, la descente aux abîmes a été arrêtée : l'envolée de la dette publique et privée, l'apparition de taux de rentabilité négatifs dans l'industrie, le piège infernal de l'évolution contraire des taux d'intérêt et de profit qui avait tari l'investissement, ont conduit à l'aggiornamento économique de mars 1983, au rebond industriel de 1985 et à l'envolée des investissements et de la croissance de 1988-1989.

Les modèles explicatifs : la coupure entre micro et macro

Eu égard à l'ampleur du phénomène, qui n'est comparable qu'à la mutation d'après-guerre, on est frappé du caractère éclaté et convenu du débat public. Les années de crise sont celles où prolifèrent les explications très spécifiques sur les causes de l'effondrement de tel secteur et celles où l'analyse plus savante renoue avec la théorie des cycles, de la monnaie, de l'inflation importée avant de céder l'espace intellectuel aux tenants d'explications de type culturaliste.

Les explications particularistes invoquent tour à tour l'irruption des pays en voie de développement (PVD), les accidents financiers ou commerciaux, une trop grande ouverture des frontières, la pusillanimité industrielle des banquiers, la taxation du patrimoine, l'incapacité à transformer de géniales inventions en des produits qui se vendent, les retournements de conjoncture... La crise du textile serait le produit d'une décolonisation mal assurée; celle de la chimie, de rivalités de boutique entre industriels plus aptes à s'entre-déchirer qu'à faire front; celle des biens d'équipement d'une xénomanie qui nous fait préférer par snobisme et légèreté le matériel allemand, suisse, américain ou aujourd'hui japonais; celle du matériel de travaux publics, de l'absence d'un plan gouvernemental d'envergure; celle de l'imprimerie d'un syndicalisme archaïque... Que des contre-exemples soient fournis n'entame en rien des certitudes que, de temps à autre, le ministère de l'Industrie énonce sous forme dogmatique, en décidant que l'année X sera celle de la robotisation, l'année Y celle de la formation des vendeurs à l'export et l'année Z celle des synergies recherche publique-recherche privée.

Curieusement, la littérature macro-économique savante n'est pas plus constante dans ses analyses que la presse spécialisée dans ses diagnostics micro-économiques. C'est ainsi que, depuis les débuts de la crise, on a redécouvert la théorie des cycles et disserté gravement sur la durée de la phase B d'un Kondratieff [11], porté aux nues la théorie monétariste et ses simplismes rassurants, débattu de l'apport de la théorie des anticipations rationnelles [12] dans l'explication de l'échec des politiques de *stop and go* et, pour finir, redécouvert la vieille théorie de l'offre de J.-B. Say et celle de l'entrepreneur schumpetérien [13]. Mais l'économiste a cessé d'être souverain : la crise est également celle du savoir économique. Aussi un genre nouveau s'est-il développé avec la médiatisation et la politisation de l'industrie : celui des essais socio-économiques qui ont pour ambition de proposer des diagnostics sur l'état de l'industrie française. Celle-ci serait victime de ses grandes écoles et du formalisme abstrait de l'enseignement qu'elles dispensent [14], d'un système de formation peu qualifiant, d'un capitalisme de la rente allergique au risque industriel, d'un étatisme étouffant [15], de la corpocratie [16], de la syndicratie [17], de la paresse institutionnelle mesurée par le temps de travail effectif [18], du poids des corporatismes sectoriels [19], etc.

Certains enfin combinent, pour expliquer la faiblesse traditionnelle de l'économie française, l'héritage catholique, la persistance de structures d'Ancien Régime, un syndicalisme de lutte des classes et un capitalisme patrimonial [20].

L'intérêt de ces débats est qu'ils constituent la trame de l'idéologie spontanée des hauts fonctionnaires et des industriels.

Certains mettent en cause l'histoire, les traditions nationales qui nous ont dotés d'un capitalisme sans capitaux, sans vertus et sans sanctions et d'une élite recroquevillée sur elle-même, incapable de se risquer à l'étranger et qui continue à mépriser l'activité manufacturière. Pour les hauts fonctionnaires qui tiennent spontanément ce type de propos, l'intervention de l'État ne se justifie pas par une option politique mais simplement par les infirmités empiriquement constatées du capitalisme national [21].

Ce discours peut trouver quelque appui dans les travaux des historiens qui décrivent la greffe industrielle sur le territoire national comme récente [22] et découvrent, sur la longue période, un mode de spécialisation dans l'alimentaire et les biens de luxe qui n'est guère différent de celui que retrouve la France après la grande purge de la crise [23]. L'origine de la difficulté actuelle résiderait moins dans les politiques menées que dans la dynamique des structures et de l'organisation industrielles.

D'autres mettent en cause l'intervention d'un État qualifié d'« arrogant » par Michel Crozier [24]. C'est malgré l'État, ses contrôles, ses prélèvements, ses entraves, son incompétence et sa prétention à tout régenter que les industriels réussiraient. Ces deux discours ont fondé symétriquement la politique volontariste et la politique libérale avec les succès que l'on sait, même si aucun des tenants de ces écoles ne retrouve la pureté de son modèle dans les politiques effectivement menées [25].

Mais le recours à ces théories n'explique rien, tant les contre-exemples sont nombreux et probants.

L'analyse empirique livre une image beaucoup plus éclatée,

beaucoup plus contrastée. Elle désigne une pluralité de champs qui se définissent par la complexité des interactions, la multiplicité des enjeux, l'opposition des stratégies et des tactiques fondées sur des orientations mais aussi des représentations du champ et des acteurs qui interviennent. Démêler le jeu contradictoire des influences, faire la part du contraint et du discrétionnaire, du mouvement long et de l'événement : autant d'exigences qui s'accommodent mal des décrets d'essayistes pressés, installés au chevet de ce malade récalcitrant qu'est la société française en crise. Tout serait si simple effectivement si les entreprises défaillantes n'étaient que victimes de facteurs extérieurs ou si l'intervention de l'État était toujours tatillonne et bureaucratique! L'analyse empirique révèle trop souvent des situations contraires pour qu'il ne soit pas nécessaire de reconsidérer radicalement le point de vue.

La concurrence des pays du tiers monde condamnerait le textile-habillement; il n'y aurait de salut que dans la délocalisation. L'Italie et l'Allemagne ont prouvé le contraire avant que les industriels français du secteur ne s'en avisent. Alors nos patrons seraient-ils irrémédiablement mauvais? Ils ont souvent tenté leur sortie de crise et si les échecs furent nombreux dans la période qui nous concerne, ils n'en portent pas nécessairement la pleine responsabilité. Mais une réussite ou un échec ne sauraient s'apprécier par secteur : c'est la performance d'ensemble qu'il faut juger. Les succès dans la distribution, les services informatiques, le tourisme et l'hôtellerie, l'industrie du luxe, témoignent de la vitalité d'une nouvelle classe entrepreneuriale. Faut-il alors décréter l'industrie sans avenir économique, comme nous y invite un banquier féru de marketing [26]? Certes pas. Ne peut-on trouver un bouc émissaire commode comme la banque ou l'État? Pas davantage : l'État a remarquablement innové pour faire face à ces problèmes, il s'est doté de structures souples, mobiles, inventives. Dès les premiers signaux de difficulté, des concours en trésorerie étaient proposés pour éviter l'asphyxie aux PME. En novembre 1974, une structure interministérielle dotée d'un secrétariat permanent, et réunissant les plus importants directeurs d'administration centrale, était mise en place. Ainsi, en quelques mois, les CODEFI (plus connues sous le nom d'infirmeries Fourcade) et le CIASI (Comité Interministériel d'Aménagement des Structures Industrielles, le futur CIRI de 1982) ont été créés, installés et dotés de moyens discrétionnaires exorbitants, alors que le discours officiel restait lénifiant (discours de V. Giscard d'Estaing à l'été 1974 : « Partez en vacances tranquilles ») et que le bout du tunnel était toujours en vue.

La fin du miracle industriel français : questions

Ce rappel des termes du débat public n'a d'autre intérêt que d'inviter à l'analyse d'un phénomène massif et complexe : celui de l'accélération des défaillances d'entreprise pendant la période 1974-1984. La France en sortira profondément transformée dans sa structure industrielle et plus encore dans l'imaginaire économique de ses élites et de ses citoyens (cf. chap. 9). Pourquoi des entreprises apparemment saines, ayant connu pendant les 20 Glorieuses (1954-1974) un développement régulier, s'effondrent-elles brutalement? La collection empirique des dossiers de défaillances d'entreprise permet de faire un premier état des lieux et d'affiner le questionnement.

Au cours de ces années de crise intense, on assiste à un double mouvement : des vagues de défaillances sectoriellement concentrées et une lente propagation du phénomène, de l'entreprise familiale mono-activité au groupe multibranche adossé à l'État.

Les difficultés rencontrées ne sont certes pas de même nature, ni d'égale gravité : Pechiney, même très affaibli financièrement, restait une entreprise au fonds de commerce solide, tout comme Peugeot et Michelin; il n'en allait pas de même de Boussac (même si son portefeuille recelait des pépites d'or que B. Arnault allait se charger d'exploiter). Aussi faut-il faire la part de la crise aiguë et de la crise structurelle, de la crise industrielle et de la crise de financement, de la crise de rentabilité et de la crise d'actionnariat. Il va de soi que lorsqu'un même groupe cumule les effets d'une crise aiguë de type conjoncturel, d'une crise industrielle par inadaptation de son offre et d'une crise financière par surendettement et insuffisance de l'actionnariat, la difficulté est extrême. La crise de rentabilité qui a atteint les entreprises les plus prospères a souvent débouché sur une crise d'actionnariat.

Il faut donc distinguer dans le phénomène de la défaillance ce qui relève de la mutation industrielle, ce qui a trait à une structure de financement, à un mode de gouvernement interne, avant d'essayer d'évaluer les éventuels effets d'une exacerbation de la crise macro-économique.

L'État et les faillites du marché

Une fois prise la mesure de l'ampleur du phénomène de décrochage, une seconde question surgit : comment se fait-il que la défaillance de toute entreprise significative mette en jeu immédiatement la puissance publique? Car il ne faut pas se méprendre, le seuil de l'intervention de celle-ci est toujours très bas : 10 emplois perdus dans un chef-lieu, 100 dans une ville moyenne et 500 dans une métropole régionale constituent des drames sociaux qui mettent en cause sa responsabilité.

On aurait pu imaginer que, dans une économie de marché, le sort de l'entreprise défaillante intéressât au premier chef son environnement immédiat. Les banquiers, les administrateurs judiciaires, les fournisseurs, les clients, les donneurs d'ordres mais aussi les actionnaires, les salariés ont un intérêt évident à la solution du problème posé. Le concurrent peut saisir l'opportunité de la défaillance pour réaliser une concentration dans le secteur, le banquier peut consentir de nouveaux crédits accompagnés de conseils de gestion pour sauver une mise importante, le donneur d'ordres qui connaît la difficulté d'avoir de bons sous-traitants peut accepter de surpayer provisoirement une marchandise pour en sauver le fabricant, l'actionnaire peut avoir intérêt à redresser pour mieux vendre... D'où vient alors que l'on fasse immanquablement appel à l'État? Comment expliquer qu'un problème classique de crise ou simplement de croissance mal maîtrisée remonte vers le haut et soit formulé en termes sociopolitiques?

Sommé d'intervenir, l'État réussit à déployer une incroyable panoplie de moyens pour gérer sans drames. Cette capacité de réponse et la flexibilité dont sauront faire preuve les appareils administratifs mis en place ne laissent pas d'étonner. En créant le Comité Interministériel pour l'Aménagement des Structures Industrielles (CIASI) comme administration de mission et en la dotant de moyens exceptionnels, l'État parvient à faire taire les rivalités entre les services qui, normalement, auraient dû empêcher la création d'un tel outil. Il ne s'est guère montré regardant sur les moyens utilisés, et au total il a inventé une « obligation de résultats ». On conviendra de l'originalité d'un tel cadre d'action. Mais le caractère novateur d'une administration de crise soulève d'autres questions.

L'État et la gestion politique de la désindustrialisation

Comment l'État traditionnellement handicapé par cette pesanteur institutionnelle a-t-il pu s'en affranchir pour inventer une réponse simple, innovatrice, au rebours de tout ce qui est écrit sur ses pesanteurs habituelles? Faut-il en chercher la raison dans l'urgence politique qui commandait d'agir? Faut-il alors tenir pour négligeable la volonté affichée de restructuration industrielle? Comment, en d'autres termes, l'État, qui avait su inventer les commandos de la modernisation qu'étaient les administrations de mission du temps des 20 Glorieuses, a-t-il pu, en mobilisant ses meilleurs éléments, absorber le choc de la crise et abdiquer apparemment son rôle directeur dans le redéploiement industriel?

La singularité d'une administration de la désindustrialisation où certains ont cru voir un prototype de l'administration nouvelle, mobile, flexible, débarrassée des pesantes hiérarchies et des rivalités interadministratives, conduit à s'interroger sur les conditions politiques de l'émergence d'une administration de mission.

Que celle-ci naisse pour colmater les brèches politiques et sociales du décrochage industriel là où ses devancières – la DATAR et le commissariat au Plan – avaient été en leur temps des foyers d'impulsion du développement économique et territorial, provoque nécessairement une interrogation sur la panne du parti modernisateur – ou sa migration hors l'État et vers le marché [27] – depuis les débuts de la crise et sur l'incapacité du politique à susciter une réponse adéquate au décrochage de la France. Plus fondamentalement, l'État agit-il pour répondre à une demande, ou celle-ci ne naît-elle que parce qu'une offre administrative préexiste?

En se muant en État pompier, l'outil CIASI n'a-t-il pas créé le besoin? La politique menée répond-elle à la demande ou ne constitue-t-elle pas plutôt une réponse nécessaire à une faiblesse structurelle des entreprises qui trouve son origine dans l'économie de financements administrés instituée après-guerre? L'offre d'intervention est alors la conséquence des dysfonctions apparentes d'une administration et d'un système financier qui ont été facteurs de croissance pendant les 20 Glorieuses et se révèlent carcan bloquant la sortie de crise dans la période 1974-1984. Comment comprendre la mithridatisation des acteurs politiques et des élites industrielles face à la crise, l'échec des tentatives politiques de 1979 et le réveil tardif de 1983, quand des politiques clairvoyants au bord de l'abîme prennent le risque de changer de cours.

S'interroger sur les hésitations politiques, l'inertie ou la mobilité des appareils administratifs, les effets d'abord vertueux puis contre-productifs d'un même système d'intervention, revient en fait à poser la question de la nature d'une politique publique pour entreprises défaillantes. S'agit-il d'une arme pour le redéploiement industriel, d'une prothèse pour corriger les effets non voulus mais nécessaires d'une politique macro-économique? d'une politique symbolique permettant d'afficher par des effets d'annonce et un traitement séquentiel la capacité de maîtrise de l'État? d'une modalité nouvelle de l'État providence avec l'extension à l'emploi du droit de sûreté? ou, plus simplement, d'un levier parmi d'autres de gestion de la paix civile?

La défaillance, son traitement ou son non-traitement par le marché et l'État, la virtuosité d'une administration vouée au rôle de pompier volant, et ses effets tangibles, le hiatus entre politiques affichées et arrangements au quotidien; autant d'éléments qui, au-delà de la compréhension du décrochage industriel, constituent un excellent instrument d'analyse de l'aptitude des élites politiques, industrielles et syndicales à anticiper, accompagner ou gérer la mutation industrielle.

Structures, contextes, processus

Si la défaillance industrielle n'est l'effet mécanique ni de déterminants généraux comme la crise énergétique, le choc du dollar, ou l'explosion de l'endettement, ni de traits culturels imputés à l'entrepreneur français (faible innovation, faible automation, peur de l'export), ni de déterminants sectoriels comme la concurrence des pays à faibles salaires dans le textile ou à fort marché intérieur dans l'électronique grand public, cela ne signifie pas pour autant qu'il faille les exclure. En fait, la défaillance est à la fois le produit d'une crise de spécialisation, de stratégie, de structure capitaliste et de gestion. C'est aussi un processus dans lequel la représentation qu'a l'acteur économique de son environnement et plus encore les raisonnements qu'il produit et les décisions qu'il est amené à prendre à partir de ces représentations ont un effet décisif. La notion centrale à considérer est, dès lors, celle d'anticipation. Le problème est de savoir pourquoi, dans certains contextes, les acteurs économiques privilégient une lecture de la réalité les conduisant à opérer des choix qui aggravent la situation. A suivre cette piste, on découvre que la défaillance est un effet de système et non un accident : ce qui est en cause, c'est davantage une pathologie du processus décisionnel qu'un quelconque effet mécanique de bouleversements majeurs intervenus dans l'ordre macro-économique.

Il en va de même des structures politico-institutionnelles; elles peuvent, dans un contexte, produire des effets vertueux en matière de croissance, de développement et, dans un autre, elles sont perçues comme bridant les initiatives, brimant les acteurs et asphyxiant les entreprises. Une même administration économique, par exemple, est tenue pour l'architecte du miracle industriel des années 60 et l'agent passif du déclin des années 1974-1984.

On ne peut donc comprendre le décrochage industriel sans faire l'analyse préalable des structures économiques et institutionnelles dans la France de l'après-guerre; sans caractériser les différents contextes (reconstruction, 20 Glorieuses, années de crise) et expliciter les enchaînements décisionnels qui déterminent des stratégies et constituent des réponses à la crise interne vécue concrètement par des entreprises.

De ce point de vue, la période 1974-1984, et notamment sa phase la plus aiguë – 1979-1983 –, constitue un fantastique laboratoire où, à partir de situations de défaillance individuelles qui sont à la fois économiques, politiques et sociales, on peut lire les hésitations politiques, le raffinement de procédures administratives qui visent à gérer plus qu'à traiter et la mutation d'une industrie qui, de choc en crise, perd du poids et change de visage.

Chaque entreprise étudiée dans cette perspective permet de rendre compte à la fois de la situation de défaillance, du mode de traitement de celle-ci et des logiques d'intervention de l'État. Des défaillances singulières, mises en série, constituent bien alors un analyseur du décrochage industriel.

Une démarche inductive

La compréhension de systèmes complexes suppose une démarche inductive, un va-et-vient permanent de l'observation micro-économique à l'analyse macro-économique, et la volonté de procéder du particulier au général en s'interrogeant toujours sur le principe qui fonde l'agrégation. Que le micro-économique procède du macro-économique, voire du macro-social, est aisément compréhensible. En effet, tout acte économique est anticipation de résultats et toute anticipation suppose une représentation de soi, de l'autre, des ressources, des contraintes et de l'univers dans lequel on évolue.

Que les phénomènes macro-économiques ne puissent être interprétés sans une interrogation longue et patiente sur leurs fondements micro-économiques, politiques, sociaux et culturels est plus difficile à faire admettre. Et pourtant, qui pourrait sérieusement prétendre rendre compte du décrochage industriel sans intégrer les pratiques financières et les structures de bilan des entreprises, le rapport de forces social, la protection des intérêts électoraux locaux et, plus encore, la conviction des classes dirigeantes que la société française n'est pas réformable?

Avec la démarche inductive que nous proposons, il devient possible de mieux comprendre le phénomène de la défaillance, les origines du décrochage et les modèles d'action de l'État. La comparaison seulement esquissée avec d'autres pays permet en retour de dégager les traits d'un modèle national de gestion politique du décrochage industriel. L'analyse de la défaillance et de son traitement permet, sur un ensemble significatif de dossiers, de dégager des configurations stables de relations entre acteurs, des processus reproductibles de réponses types à des situations et à des contextes donnés. Une configuration stable n'est pas pour autant figée dans le temps. Son glissement, voire son basculement, peuvent se lire à certains moments sur certains dossiers. La connaissance fine du particulier ouvre ainsi à une compréhension des transformations générales.

Une telle démarche est aux antipodes du culturalisme : ce ne sont pas des traits nationaux issus d'un modèle culturel ayant traversé intact les siècles qui rendent compte du décrochage, mais au contraire l'analyse des données concrètes de la défaillance et de son traitement, l'ampleur du phénomène qui permettent de mettre au jour les conditions socio-historiques des choix et des non-choix réalisés dans la période 1974-1984 par comparaison avec les 20 Glorieuses nationales et les politiques des autres pays européens face au même problème.

Plus qu'à une réfutation savante des explications en cours sur le marché des idées, c'est à un voyage que ce livre veut inviter le lecteur, au terme duquel sa connaissance des mécanismes sera plus profonde et sa quête de modèles explicatifs plus exigeante *.

Plutôt donc que de lui assener d'entrée de jeu un discours sur la méthode, nous avons pris le parti de lui conter l'histoire d'une faillite exemplaire : celle de Creusot-Loire.

* Les chapitres 1, 2, 3, 5, 6, et 8 permettent au lecteur de vivre très concrètement les naufrages industriels. Les chapitres 4, 7 et 9 mettent en perspective les cas présentés et fournissent une interprétation globale du décrochage industriel et de sa gestion politico-administrative.

CHAPITRE PREMIER

CREUSOT-LOIRE : AUTOPSIE D'UNE FAILLITE

Grandeur et décadence de la maison Schneider

28 juin 1984 à 20 h 02 : le journal télévisé s'ouvre par l'annonce de la plus grande faillite de l'histoire industrielle française. Creusot-Loire, leader de la mécanique lourde avec ses 30 000 salariés et ses 17 MMF * de chiffre d'affaires – dont plus de la moitié à l'exportation –, champion national dans le programme électro-nucléaire et symbole de la grandeur passée des Schneider, dépose son bilan.

Dès cet instant, au lieu de prendre la mesure d'une perte qui fragilise l'industrie française des biens d'équipement, déjà très affaiblie, un débat à la française s'engage entre Laurent Fabius, alors ministre de l'Industrie, qui fustige à ce même journal télévisé un capitalisme irresponsable, et Didier Pineau-Valencienne, P-DG du groupe Schneider et de Creusot-Loire, qui dénonce la volonté nationalisatrice du gouvernement.

Le débat a ceci d'irréel qu'il conduit les protagonistes à jouer à contretemps et à contre-emploi une comédie vieillotte, mais au ressort dramatique constamment renouvelé.

D. Pineau-Valencienne, manager à l'américaine passé par HEC et Harvard, prototype du patron moderne tel que la gauche le rêve (décoré peu auparavant par François Mitterrand et loué par Pierre Mauroy dans son ouvrage *C'est ici le chemin...* [1]) et qui venait lui-même d'éconduire le dernier

* MMF : milliards de francs. MF : millions de francs.

représentant d'un capitalisme frivole, le baron Empain, se pose dans cette affaire en défenseur d'un capitalisme arrogant, puisqu'il prétend se délester des activités déficitaires au profit de l'État pour se réserver les dividendes des entreprises saines – ce qu'il appelle ne pas « gangrener » le groupe. Pour se dédouaner, lui, l'apôtre du capitalisme, invoque la responsabilité passée d'un État qui ne l'a pas débarrassé plus tôt de telles sources de pertes, et agite le chiffon rouge d'une nationalisation rampante dont tout le monde sait qu'elle est alors hors de propos.

Laurent Fabius, qui se prépare à être le Premier ministre du rassemblement et de la modernisation, retrouve les accents de Valence : à son tour, il veut « faire rendre gorge [2] » à des capitalistes qui n'ont qu'un défaut, celui de ne pas exister. Car le capitalisme qu'il met en cause est diaphane, insaisissable, sans capitaux, comme figé dans la représentation de sa gloire passée. Les téléspectateurs pris à témoin ne savent pas que le même L. Fabius, quelques heures plus tôt, avait plaidé en conseil interministériel, par la bouche de son directeur de cabinet, pour le sauvetage de Creusot-Loire, même au prix de renoncements supplémentaires, dans la partie de bras de fer qui opposait les pouvoirs publics au fringant manager accompagné de sa petite troupe de barons « hors d'âge ».

A l'annonce de la faillite, la ville du Creusot se soulève; le TGV est immobilisé, l'autoroute bloquée, une sainte alliance des élus et des syndicats se forme pour revendiquer le sauvetage d'une entreprise à l'origine de la ville et qui en reste la mère nourricière (à elle seule, elle assure 40 % des rentrées fiscales). Les opérations « ville morte », les délégations qui assaillent les palais officiels, les cortèges syndicaux, la séquestration du délégué à l'emploi viennent raviver le souvenir de la combativité des travailleurs du Creusot. Les hauts fonctionnaires penchés sur le dossier évoquent le précédent de la grève de 1899 où la troupe avait chargé et où l'issue n'avait été trouvée que dans le recours à l'arbitrage de Pierre Waldeck-Rousseau [3]. Tous les ingrédients de la révolte ouvrière, pour ne pas dire du réveil des « classes dangereuses », sont réunis. Le politique est alors interpellée comme garante de la paix civile plus que comme actrice du développement industriel.

Mais comment en était-on arrivé là? Les explications circonstancielles et partielles de la faillite ne manquent pas; la terrible crise des biens d'équipement de 1980-1983, la politique de rigueur, l'évaporation des actionnaires, le refus de l'État de socialiser les pertes de la sidérurgie, la duplicité de D. Pineau-Valencienne ou même la rivalité L. Fabius-J. Delors ont tour à tour été évoqués par les commentateurs. Il reste qu'un effondrement d'une telle ampleur ne peut être le fait d'une conjoncture malheureuse. L'histoire mérite d'être contée.

Les heures de gloire

Avec la disparition accidentelle de Charles Schneider en 1960 commence l'histoire de ce qui apparaît rétrospectivement comme un inexorable déclin. Le groupe Schneider, qui affichait encore orgueilleusement les attributs de sa puissance jusque dans son logo (deux canons entremêlés barrés par un S), entrait dans une période de turbulences dont il n'allait sortir que terriblement amoindri et incorporé à une structure elle-même en déconfiture : Empain-Schneider.

Schneider, en 1960, c'est le rêve réalisé en France du konzern à l'allemande avec une chaîne d'activités puissamment intégrées qui vont de l'acier au canon en passant par les locomotives, le matériel électrique et l'entreprise de travaux publics. Les faits d'armes sont encore présents dans les mémoires. Du reste, les statues d'Eugène Schneider I et II continuent à veiller sur l'avenir du Creusot, l'usine mère. En un siècle et demi, une formidable puissance industrielle a été constituée. Schneider et Compagnie – ce n'est pas le moindre des paradoxes – naît en 1836 à la suite d'une faillite des fonderies royales de Montcenis dont les frères Schneider, jusqu'alors partenaires des Wendel, étaient les créanciers [4]. Trois générations de Schneider vont se succéder et marquer profondément l'histoire de l'industrie lourde française : la première *rattrapera* l'Angleterre, la deuxième *rivalisera* avec les Krupp, la troisième *adaptera* en France les technologies américaines et s'illustrera dans l'ouverture à l'Est.

Le premier de la dynastie, Eugène Schneider, avait un objectif : rattraper l'Angleterre. « Je ne connais pas de spécialités industrielles où nous soyons aussi loin de l'Angleterre que nous le sommes pour celles des grandes constructions de machines, et cependant c'est l'âme de tout développement industriel d'un pays; mais si nous sommes arriérés, je ne connais pas de production où la France puisse franchir aussi vite et aussi facilement la distance qui la sépare de la nation rivale [...]. Il faut vouloir pour faire [5]. » Les jalons de cette histoire sont connus : en 1838, la fabrication de la *Gironde*, première locomotive à vapeur française; en 1842, le premier bateau à vapeur. Les pèlerinages successifs effectués à Manchester par les Schneider et leurs commis entretiennent la flamme et fournissent le modèle. En 1865, avec la construction du plus impressionnant marteau-pilon, les Schneider atteignent une forme de consécration. Cette même année 1865, après qu'E. Schneider a été élu président du Comité des forges, c'est l'apothéose : Schneider parvient à vendre des locomotives aux Anglais. Avec cette transaction, l'élève devient l'égal du maître. C'est un exploit que le corps législatif salue debout. J.-L. Beaucarnot raconte la scène : E. Schneider préside la séance, un huissier lui glisse un petit papier, une émotion visible l'étreint, d'une voix chevrotante il annonce : « Le Creusot vient de vendre quinze locomotives à l'Angleterre vous entendez, messieurs, à l'Angleterre! »

Avec Henri Schneider, ce qui est déjà un empire se consolide et se diversifie; les faits d'armes les plus exceptionnels sont réalisés dans les aciers spéciaux pour blindages. Pour assurer leur domination, les Schneider manient tour à tour le dumping et l'entente. Leur intégration en amont dans les charbonnages assure la maîtrise des coûts. La concentration verticale, avec les participations prises dans les compagnies de chemin de fer, permet la maîtrise de l'aval. La diversification dans les chantiers navals enfin permet une ouverture sur de nouveaux marchés et assure des débouchés à la métallurgie du groupe. Pour les Schneider qui exportent dans le monde entier, c'est Krupp le rival, et l'affrontement majeur se déroule sur les marchés d'armement. Du reste, il y a plus d'un trait commun aux deux konzerns devenus marchands de canons et qui s'affrontent jusqu'aux États-Unis, à coups de nuances d'aciers spéciaux et de qualités de blindage.

A la fin du siècle, Eugène II a du mal à suivre la croissance vertigineuse des activités de son empire. La gestion paternaliste de la force de travail connaît des ratés, Le Creusot croît trop vite et si tout continue à émaner du maître de forges (école, apprentissage, emploi, logements, lieux de culte, etc.), les idées socialistes progressent. La grève de 1899 marquera profondément les Schneider, qui créent alors un syndicat jaune : le syndicat des corporations ouvrières. Entreprise de haute technologie française, Schneider ne cesse d'innover : 1899, première locomotive électrique; 1900, mise au point des turbines à vapeur et des moteurs Diesel; 1917, mise en route du premier four électrique d'aciéries.

Schneider a su prendre le tournant de l'électricité : il se diversifie en 1900 dans l'appareillage électrique (dynamos et moteurs) et s'associe avec Westinghouse dans le matériel électrique en 1907. Cette relation d'affaires permettra, cinquante ans plus tard, le transfert de technologies dans le nucléaire et la création de Framatome. La diversification est aussi géographique, puisqu'une relation privilégiée est établie avec les Empires russe et austro-hongrois.

1920 : Les Schneider sont au faîte de leur puissance et Max Krupp est à terre.

Après la Deuxième Guerre mondiale, Le Creusot, qui a souffert des bombardements alliés, va bénéficier de l'aide Marshall (1 MMF) au titre de la reconstruction. Mais Ch. Schneider, le dernier de la dynastie, sera surtout l'homme du transfert de technologies américaines, du refus de la construction européenne et de l'ouverture à l'Est. En 1949, Schneider se donne une nouvelle structure, filialise nombre de ses activités et regroupe ses participations. L'organigramme met en valeur les principaux domaines avec la Société industrielle des travaux publics, la Branche minière, la Société des Fonderies et Ateliers du Creusot (SFAC – construction mécanique, métallurgique et navale) et des participations dans les sociétés Schneider-Westinghouse, Arbed, Métallurgique de Normandie, Banque de l'Union européenne (BUE) et Forges et Ateliers de la Gironde.

Face à la rapide restauration de la puissance allemande, Ch. Schneider prend, comme ses collègues maîtres de forges, une option anti-européenne; il soutient Pierre Mendès France (et *L'Express*) qui dénonce l'insuffisante préparation de l'industrie française à l'ouverture des frontières [6]. Schneider, qui est alors le leader européen des aciers spéciaux, s'oriente vers les pays de l'Est tout en s'attachant à la satisfaction des besoins du marché intérieur en biens d'équipement. La SFAC équipe les grands barrages en turbines hydrauliques; le Commissariat à l'énergie atomique reçoit des ateliers de

Schneider l'électro-aimant du laboratoire de physique nucléaire d'Orsay; en 1955, la SNCF est pourvue en nouvelles locomotives électriques. Schneider fabrique les grosses pièces de centrales électriques, les turbo-compresseurs pétroliers, des turbines, des gros moteurs Diesel, et s'implante au Brésil avec la Mecanica Pesada. Enfin, Schneider et Westinghouse créent en 1959 Framatome, à qui ils apportent la licence de la filière à eau pressurisée (procédé PWR), mais la SFAC avait également participé au développement de la filière nationale dite à graphite gaz. Un an avant sa mort accidentelle, Ch. Schneider se voit gratifier par le général de Gaulle, en visite au Creusot, du titre de « pilote de l'activité nationale ».

Le groupe Schneider en 1960 est puissant mais déjà fragile. Il a renoncé à se battre à armes égales avec les métallurgistes allemands. Il voit dans la construction européenne une menace plus qu'une opportunité; il cherche à l'Est et en Amérique latine des débouchés. Les métiers de base du groupe semblent mal assurés et l'importation de technologies américaines plus sûre que le développement interne.

Cette politique n'a pas produit d'effets visibles avant 1960, car le marché national ouvrait de multiples opportunités et les financements publics étaient disponibles en abondance. Mais ce financement public avait une vertu éminente et recelait une difficulté majeure pour l'avenir : il permettait l'essor d'un capitalisme sans capitaux. Schneider ne manquait pas de fonds pour investir, mais ses ressources propres étaient d'une dramatique faiblesse.

La chute de la maison Schneider

Les premières difficultés du groupe ne sont pas industrielles, mais capitalistes : elles trouvent leur origine dans des querelles familiales. L'absence d'héritier mâle, à la suite de la disparition de Ch. Schneider, laisse le groupe sans dirigeant. Les dissensions familiales (ou de classe) entre la duchesse de Brissac, sœur du disparu, et Mme Ch. Schneider, née Liliane Volpert-Guesde, comédienne et petite-fille du fondateur du parti ouvrier français, vont fournir au pouvoir politique d'abord, puis au baron Empain, l'occasion d'intervenir.

Mme Liliane Schneider est nommée gérante de la société en commandite fondée en 1836; à ses côtés, pour la chaperonner et veiller aux intérêts nationaux, le gouvernement fait désigner un grand commis de l'État, Charles-Albert de Boissieu, déjà P-DG de la banque du groupe, la BUE. L'objectif est alors de « maintenir » ce fleuron de l'industrie française. Cette attention des pouvoirs publics pour un groupe privé orphelin s'explique, certes, par l'importance de l'enjeu industriel, mais aussi par le fait que la famille Schneider avait réalisé, par alliances, une exceptionnelle intégration dans l'establishment aristocratique et politique (les Brissac, les Murat, les Giscard, de Gaulle...). La mésentente permanente entre la sœur et la veuve va faire l'affaire du baron Empain. Celui-ci, aidé de Michel Bolloré, son poisson pilote dans la société aristocratique, va progressivement grignoter le capital de la famille. Il enregistre rapidement un premier succès avec l'achat des 7 % du capital détenus par la duchesse de Brissac. Installé dans la place, il entreprend patiemment et méthodiquement la conquête du dernier bastion des Schneider.

Mme Schneider, la cogérante, est dépeinte dans les ouvrages de J.-L. Beaucarnot et du baron Empain [7] comme la gardienne de la flamme, la continuatrice de la tradition paternaliste des Schneider qui, face aux difficultés, n'a qu'une politique : « On ne licencie pas. » Le baron Empain, en rachetant les titres détenus par la duchesse de Brissac, savait le contrôle mal affermi. Son objectif, alors, était la prise de contrôle de Schneider et sa fusion avec Jeumont, issu de son propre groupe. Les deux sociétés en effet étaient liées techniquement à Westinghouse : les regrouper permettait de peser d'un plus grand poids. Le groupe Empain comptait à l'époque 20 000 salariés dans les sociétés Electrorail, Jeumont Constructions Électriques, Spie-Batignolles, les Ateliers de Charleroi, Verlica Momignies et la Banque Parisienne pour l'Industrie (alors dirigée par D. Pineau-Valencienne).

La mort de Ch. Schneider, le premier assaut du jeune baron, posent d'emblée la question capitaliste en termes inédits. L'invocation de l'intérêt national suffit apparemment pour que l'État impose un dirigeant à une entreprise dont il ne détient pas une action et s'épargne ainsi d'avoir à traiter la question de l'actionnariat, de sa consolidation ou de son renouvellement. Même le jeune raider doit jouer de relations mondaines et de solidarités de caste pour s'immiscer dans le capital plutôt que d'aller faire ses emplettes sur le marché financier. La déliquescence du capital familial est en marche :

la société en commandite suppose une parfaite différenciation des actionnaires oisifs et des actionnaires dirigeants; or, avec la disparition de Ch. Schneider, ce ne sera plus possible.

Un groupe industriel sous influence

En 1966-1967, le baron Empain organise le ramassage de titres Schneider détenus en bourse par des « amis ». Il obtiendra ainsi 23 % du capital avant de se déclarer. Le baron et ceux qui l'inspirent ont appris la diplomatie. L'objectif n'est plus d'établir un pur rapport de forces avec Westinghouse mais de construire en Europe un puissant groupe industriel intégré verticalement, de la sidérurgie aux chantiers navals. Or, Schneider apporte précisément à Empain ce qui lui manque (construction navale et sidérurgie); le regroupement permet la concentration et la rationalisation dans la grosse mécanique ainsi que l'entreprise générale et électrique. Pour couronner le tout, une banque interne, née de la fusion des deux petites banques existantes, permet de faciliter le contrôle et de maîtriser les opérations financières du nouveau groupe.

Une telle manœuvre, un tel discours sont ressentis à l'époque par le gouvernement gaulliste comme un crime de lèse-majesté – ou plutôt de lèse-État. Comment un petit baron, belge de surcroît, peut-il oser s'attaquer à une entreprise placée sous l'aile tutélaire des pouvoirs publics?

Ce premier assaut capitaliste contre une entreprise phare de l'industrie nationale va conduire la puissance publique à innover. Pour rompre le face-à-face des Schneider et des Empain, on fait entrer la Banque de l'Indochine dans le capital, on met en minorité le baron, on transforme la structure juridique en faisant adopter un statut de société anonyme et on fait nommer P-DG un commis de l'État – Roger Gaspard, ex-président d'EDF. La technique paraît imparable : comme le capital est dispersé, les pouvoirs en blanc ramassés par les banques profitent au P-DG en place qui, nommé par l'État, est de ce fait inattaquable. Le schéma financier alors imaginé fait du principal actionnaire, le baron Empain, le muet du sérail [8].

Tout paraît réglé. En fait, tout est en place pour la bataille. La logique capitaliste se trouvant bridée par le pouvoir régalien, la bataille va être menée au conseil d'administration. Sur le papier, le parti français est majoritaire. Il comprend le clan Schneider (Mme Ch. Schneider, Jean Forgeot et le général Buchalet), le clan gaulliste (Boissieu-Terray et R. Gaspard). Face à cette coalition, le clan Empain compte quatre membres (Édouard Empain, M. Bolloré, Raymond Brissaud, et le jeune baron). Entre les deux, en position d'arbitre, le clan bancaire agréé par l'État (le président de Flers et le baron Hottinguer). Le baron va s'attacher, patiemment aidé par ses alliés français, à dissoudre le bloc dominant en dissociant Mme Schneider du clan gaulliste, en faisant miroiter à J. Forgeot la place de R. Gaspard et en faisant en sorte que les banquiers comprennent où est leur intérêt.

Mme Schneider, mise en minorité et isolée par R. Gaspard, à peine informée de la marche de la société, va finir par céder. Les modalités de la constitution de Creusot-Loire par fusion paritaire de la SFAC (Société des Forges et Ateliers du Creusot, du groupe Schneider) et de la CAFL (Compagnie des Ateliers et Forges de la Loire du groupe Marine) achèvent de la convaincre.

Le baron Empain décrit dans son ouvrage ce qu'il nomme « la défenestration arithmétique » du président Gaspard. La stratégie arrêtée était simple : il suffisait de faire voter la destitution de R. Gaspard par les forces coalisées des Empain et des Schneider et de porter à la présidence un membre du clan Schneider (J. Forgeot) pour baisser les gardes des Schneider et désamorcer l'opposition politique. Cette tactique n'était bien sûr que transitoire : dans une deuxième étape, le baron, jouant pour son compte, rétablissait l'harmonie entre le capitaliste et le dirigeant en prenant lui-même la direction du groupe.

L'événement a lieu en 1970. Le président Gaspard tente vainement de faire valoir sa reconfirmation par le pouvoir politique; il exhibe une lettre signée par le ministre François-Xavier Ortoli, dénie toute légalité au conseil d'administration qui prétend le démettre et finit par proclamer qu'il a pour lui les 75 % d'actions réparties dans le public. Le commis de l'État est pourtant démis : même le président de Flers vote la résolution aux côtés de la nouvelle coalition des Empain et des Schneider.

J. Forgeot ne restera pas longtemps à la tête de Schneider; de fait, le pouvoir passe aux Empain. Le capital, le contrôle et la direction ne sont plus formellement divergents. En 1973, le baron tentera de parfaire son œuvre en prenant le contrôle total de Creusot-Loire, en lançant une OPA sur Marine. Les pouvoirs publics l'arrêteront.

Ainsi, le droit des sociétés a-t-il fini par l'emporter sur l'interventionnisme étatique. Mais l'épisode est révélateur; pour les pouvoirs publics de l'époque, la légitimité de l'actionnaire pèse d'un faible poids quand l'intérêt industriel national, dont les gouvernants sont seuls juges, commande. Comme il faut composer avec les règles du capitalisme, l'État entend utiliser à son profit les techniques de la « *public company* », qui reposent sur la dissociation des attributs juridiques et économiques de la propriété, en se réservant la faculté d'agir le moment venu en État régalien, maître de l'ordre public et de l'intérêt national. La combinaison de ces deux techniques de pouvoir hétérogène produit des engagements unilatéraux souscrits par des industriels qui veulent mener à bien leur dessein. Ainsi, pour conserver son rôle de premier actionnaire de Schneider, le baron Empain s'est-il engagé auprès de Michel Debré, dans une lettre datée du 19 avril 1966, à ne pas augmenter la fraction du capital détenue, à ne pas réclamer plus de quatre fauteuils au conseil d'administration, à accepter un collège de trois censeurs issus des banques nationalisées, à voter pour R. Gaspard à la présidence du groupe, à soumettre aux pouvoirs publics toute nomination de président ou de directeur général, à informer les pouvoirs publics de tout projet de cession de titres. Cet accord parfaitement exorbitant au regard du droit des sociétés et même du droit de propriété a pourtant été imposé par les pouvoirs publics et signé par le jeune baron sans qu'il produise de contrainte décisive. En le violant, le baron rompait certes un accord mais il exerçait ses attributs de propriétaire.

Creusot-Loire : un champion national de substitution

Dans la décision du clan Schneider de basculer dans le camp Empain, l'un des éléments décisifs a été leur mise à l'écart progressive par un président qui se livrait, avec les cabinets ministériels, aux délices et poisons des grandes manœuvres industrielles en chambre. Deux dossiers occupent alors les cabinets de l'Élysée, de Matignon et de l'Industrie : la construction électrique et les aciers spéciaux.

La première affaire concerne le projet formé par le baron

Empain de céder à Westinghouse le contrôle de Jeumont-Schneider pour 100 MF et de se délester de ses participations dans l'ARBED au profit de la Générale de Belgique. Une plainte est même déposée par les administrateurs gaullistes.

La deuxième affaire concerne le projet formé par le ministère de l'Industrie de constituer un troisième pôle sidérurgique en fusionnant la SFAC du groupe Schneider et la CAFL du groupe Marine [9]. Le baron Empain souhaite limiter la fusion à la seule partie sidérurgique pour conforter Jeumont-Schneider en lui faisant apport de la mécanique SFAC, et constituer ainsi un ensemble industriellement attractif pour Westinghouse.

L'été 1969, même si le baron renonce à son projet de céder Jeumont-Schneider, il n'en reste pas moins suspect. Le conflit est ouvert avec l'État. Au cabinet du Premier ministre, Gérard Worms affine la riposte : il faut soit faire céder le baron, soit le pousser à se dégager de Schneider; un acheteur est même sur les rangs : R. Baumgartner de l'ALSPI mais il ne veut pas payer le prix offert par Westinghouse. Le président d'Alsthom, Georges Glasser, propose sa solution : il faut regrouper l'industrie du gros matériel électromécanique autour d'Alsthom. La Compagnie Électro-Mécanique (CEM) pourrait y prétendre mais elle est liée à un groupe étranger. Alsthom, renforcé par Jeumont-Schneider (alternateurs thermiques et hydrauliques, transformateurs, équipement électrique) et la SFAC (turbines hydrauliques et partie mécanique) pourraient se trouver des alliés européens (les ACEC belges), négocier en meilleure position avec AEG (RFA), Brown Boveri (Suisse) et les ASEA (Suède) et rivaliser avec Westinghouse. Alsthom est prête à se dévouer, dans l'intérêt de l'industrie française, à condition que l'État l'aide. Ses actionnaires, Thomson et la CGE, ont du reste commencé à rationaliser leurs participations dans le secteur.

Le plan de Westinghouse se veut aussi européen puisque, outre Jeumont-Schneider et une partie de la SFAC, Westinghouse se propose d'acquérir les ACEC belges, Marelli en Italie et la Cenemesa espagnole. Un holding luxembourgeois contrôlerait l'ensemble et serait présidé par une gloire nationale, Louis Armand [10]. Les firmes auraient une recherche centrale européenne indépendante et l'autonomie de gestion. Westinghouse déclare ne pas avoir de visée sur Schneider mais souhaite avoir la minorité de blocage chez Merlin Gerin.

A ce stade, Ambroise Roux menace : si le projet de Westinghouse se réalise, la CGE sera contrainte d'envisager la cession ou l'association d'Alsthom à General Electric (ce que Georges Pébereau, dans une note au ministre [11], appelle l'« esclavage doré » »), parachevant ainsi la disparition de l'industrie électromécanique communautaire. Ce qui se joue en effet à l'occasion de ces débats entre le conseiller de l'Élysée, celui de Matignon et celui de la rue de Grenelle en cet été 1969, n'est rien moins que l'avenir de l'électromécanique européenne : celui de Schneider, du programme électronucléaire français (Westinghouse détient le brevet du PWR et est lié à Jeumont-Schneider; General Electric détient le brevet du BWR et est en négociation avec la CGE qui est actionnaire d'Alsthom). La solution que finissent par préconiser ces esprits agiles se résume à « gardons-nous à gauche, gardons-nous à droite » : Westinghouse serait autorisé à prendre le contrôle de Jeumont mais le baron Empain devrait céder les 25 % de Schneider à un investisseur français (on cite l'IDI ou l'ALSPI) mis en position intermédiaire entre CGE Alsthom et Schneider francisé. En 1970, la CEM du groupe Brown Boveri accepte, pour prix de la reprise de Schneider, l'ouverture de son capital à des intérêts français. Ainsi, deux groupes français, titulaires des deux brevets américains dans le nucléaire, pourraient concourir : CEM-Schneider pour le PWR, CGE-Alsthom pour le BWR.

Aucun de ces projets dans l'électromécanique ne sera mené à bien : ils buteront sur l'hostilité des dirigeants de la SFAC et de Jeumont-Schneider et sur la décision des Empain de conserver, voire renforcer le contrôle sur Schneider.

Ce kriegspiel en chambre illustre ce qui, avec le temps, deviendra la grande question de la politique industrielle. Dans cette affaire, des hauts fonctionnaires s'octroient la libre disposition de patrimoines industriels qu'ils redistribuent à leur guise sur le papier sans que quiconque juge l'exercice incongru. Des industriels favoris du pouvoir (A. Roux) interdisent des solutions et n'en acceptent d'autres qui leur sont éminemment favorables qu'à condition que les pouvoirs publics négocient à leur place et leur apportent les concours nécessaires. Enfin, dans une situation où l'État fait comme si l'actionnaire n'existait pas et où les industriels les plus puissants se répartissent les dépouilles d'un empire qui n'est pas à vendre, les dirigeants en place parviennent à bloquer toute évolution. L'effet de ce dispositif pervers est que les solutions qui apparaissent ne sont jamais optimales techniquement ni économiquement; elles représentent seulement un point d'équilibre momentané entre groupes d'intérêts. Ce compromis est de surcroît immédiatement fongible; les promesses faites par les industriels le sont pour ne pas être tenues. Le baron Empain en fournit une illustration saisissante avec la remise en cause de l'engagement de 1966. « Les promesses n'engagent que ceux qui les écoutent », comme disait un célèbre ministre de l'Intérieur.

N'ayant pas réussi à fabriquer un groupe puissant dans l'électromécanique, les pouvoirs publics vont s'attacher à fabriquer un champion national de substitution dans la sidérurgie et la mécanique lourde : Creusot-Loire.

En mars 1970, après cinq ans d'hésitations et sous la pression ferme des pouvoirs publics qui conditionnent l'octroi des crédits prévu dans le cadre du plan sidérurgie à la réalisation de la fusion entre la SFAC et la CAFL, la naissance du groupe Creusot-Loire peut être annoncée. Schneider et Marine deviennent actionnaires à parité de Creusot-Loire. Afin de ménager les susceptibilités, le traité de fusion fixe par avance la répartition des postes dirigeants, l'équilibre entre les actionnaires, et les conditions de l'arbitrage en cas de différend. Le président Malcor est issu de Marine; il est nommé pour deux ans. J. Forgeot, issu de Schneider, doit lui succéder. Deux directeurs généraux sont nommés : Philippe Boulin (ex-Schneider) et Michel Collas (ex-Marine). Ph. Boulin est en charge de la mécanique et M. Collas de la métallurgie. Sur le moment, la fusion est saluée comme une contribution décisive à la restructuration de la sidérurgie. Mieux, nombre d'observateurs soulignent les bienfaits d'une intégration, sur le modèle allemand, métallurgie-mécanique. Et, de fait, nul n'incriminera alors la présidence tournante, la direction bicéphale, la fusion défensive et la crise de l'actionnariat. L'époque est aux grandes fusions – Saint-Gobain-Pont-à-Mousson, Pechiney-Ugine-Kuhlmann, absorption de Pechiney Saint-Gobain par Rhône-Poulenc, etc.

Le nouveau groupe, sitôt formé, hérite d'un outil de production fragmenté, dispersé, hétéroclite où se côtoient le pire et le meilleur, des usines vieillottes et figées dans des technologies d'avant-guerre (sites de l'Ondaine et de Saint-Chamond) et des usines ultra-modernes (les Dunes). Un important travail de rationalisation est mené, eu égard aux ressources propres du groupe et à la nécessité de ne pas brusquer les évolutions sociales.

Mais cette rationalisation a été réalisée sans abandon d'activités, par redéploiement interne et par érosion naturelle des effectifs. Le détail a son importance : dans une fusion à parité, les risques qui guettent sont la formation d'un état-major pléthorique et le saupoudrage. Deux entreprises qui fusionnent en maintenant leurs directions et, pis encore, en les juxtaposant, figent les particularismes et encombrent leur hiérarchie de directeurs plus appliqués à la guerre intestine qu'à la conquête de nouveaux marchés. La stricte parité voulue au moment de la fusion va nourrir la revendication d'égalité de traitement des sites et des activités, ce qui est le contraire d'une stratégie de groupe industriel. En fait, en concevant sur le long terme le travail d'ajustement des effectifs et de rationalisation de l'outil de production, les dirigeants de Creusot-Loire sont en phase avec les pratiques de l'époque. Les résultats obtenus sont à la hauteur des espoirs placés dans la nouvelle entité : de 1970 à 1974, les bénéfices croissent; 1974 est même un exercice exceptionnel. Mais la grande affaire pour cette entreprise prospère que vont se disputer à nouveau sur la place publique le baron Empain et les pouvoirs publics, c'est déjà le nucléaire. Le ramassage en bourse des actions Marine, en violation des accords signés, permet au baron Empain de prendre le pouvoir chez Creusot-Loire, non sans avoir négocié avec l'État l'entrée des Wendel dans le capital de Marine et donc la formation d'un nouveau partenariat pour contrôler et non diriger Creusot-Loire. Car dans ce grignotage incessant des positions des pouvoirs publics, le baron Empain a gagné le titre d'opérateur industriel de Creusot-Loire, parachevant ainsi sa mainmise sur l'empire Schneider.

En 1974 donc, la situation de Creusot-Loire est d'un parfait classicisme; le groupe formé est le résultat non voulu mais bien vivant d'un ambitieux projet de restructuration de l'électromécanique européenne (Westinghouse) ou, à défaut, française (le rachat de Jeumont-Schneider par la CGE voulu par Georges Pompidou). Pour voir le jour, le groupe a dû accepter une double mise en tutelle par l'État et par les Empain, et pour fonctionner, il a dû bâtir son organisation sur la juxtaposition des Schneider et de Marine. Dès lors, sa viabilité passe par le maintien des conditions qui ont présidé à sa fondation. Nul besoin d'invoquer le caractère intrinsèquement pervers des présidences tournantes ou de la direction bicéphale; le problème est ailleurs.

La crise de 1975 et son issue : la diversification

En 1970, M. Collas reçoit en partage la partie la plus prospère de Creusot-Loire, l'usine des Dunes. C'est alors, aux dires de ceux qui ont eu à la diriger ou à la reprendre, « une pure merveille hyper-rentable », « une vache à lait exceptionnelle ». C'est le moment où la mécanique, l'autre activité du groupe, perd de l'argent et commence à en utiliser beaucoup pour préparer le nucléaire. Très légitimement, les métallurgistes entendent conserver leur cash-flow pour un usage interne ou pour des opérations de diversification dont ils prennent l'initiative. Ce problème est fréquent dans les groupes multibranches : les unités rentables acceptent difficilement de combler les pertes des autres et s'estiment aussi qualifiées que les perdantes pour définir des axes de diversification. Ce qui l'est moins est la vacuité du pouvoir à l'échelon supérieur où s'effectuent habituellement les arbitrages. M. Collas, confronté aux premières difficultés de la sidérurgie en 1975, a donc pris l'initiative d'une politique d'intégration et de diversification.

Les responsables de Creusot-Loire, pas plus que les experts du VIIe Plan ou leurs collègues français et étrangers (à quelques rares exceptions près), n'ont su interpréter la crise de 1975. Une théorie circulait alors dans la profession : celle de la courbe en U, selon laquelle, après le plateau dans la croissance de 1975, une reprise vigoureuse s'amorcerait, qui permettrait de retrouver les plus hauts niveaux de production de l'avant-crise. Le risque perçu alors était la pénurie et non la surcapacité. Mais la reprise n'a jamais été au rendez-vous.

Avec une telle visée stratégique, il n'était pas absurde de vouloir s'intégrer en amont en reprenant une affaire de ferraille, mais ne s'improvise pas ferrailleur qui veut : au bout de l'aventure, il y aura 300 MF de pertes.

Autre mauvaise affaire : Phoenix Steel. Là aussi, le raisonnement était imparable : Creusot-Loire, d'après le Boston Consulting Group, avait une compétence dans les tôles fortes spéciales. Pour valoriser cet atout, Creusot-Loire pouvait soit vendre des licences aux États-Unis, soit racheter une entreprise et y transférer sa technologie. C'est le second choix qui fut fait. Cette acquisition va littéralement ruiner Creusot-Loire. Rétrospectivement, la constitution de Instruments SA fut aussi une diversification désastreuse. Regrouper des PME de l'instrumentation scientifique et leur assurer un avenir après la disparition de leur fondateur n'était pourtant pas absurde pour une entreprise leader de la mécanique en France.

En 1978, rien ne va plus : M. Collas, l'homme de la sidérurgie et de la diversification, est remercié, la direction bicéphale disparaît, Ph. Boulin est seul à la tête d'un groupe qui connaît déjà de sérieuses difficultés. La survie passe plus que jamais par le nucléaire, ses bénéfices et surtout sa pléthorique trésorerie. L'aventure avait commencé vingt ans plus tôt.

L'aventure du nucléaire : grand projet et industriels serfs

En 1959, le groupe Schneider crée Framatome pour construire des centrales à uranium enrichi et eau pressurisée, de technologie Westinghouse (Pressured Water Reactor : PWR); il réalise la centrale de Chooz sur la frontière franco-belge. La « guerre des filières » a commencé [12]. En France, l'heure est à l'affirmation orgueilleuse de l'indépendance nationale et de l'autonomie technologique; cet impératif est présent dans l'ensemble des secteurs de pointe. Dans le nucléaire, le grand projet a pour nom « filière graphite gaz ». En décembre 1967, le général de Gaulle réaffirme son option fondamentale pour une filière nationale et ce, contre la volonté d'EDF et du ministère de l'Industrie. Cette position intransigeante sera pourtant patiemment grignotée. G. Pompidou autorise EDF à construire, en coopération avec les Belges, une centrale PWR à Tihange. Pour Framatome, c'est une opportunité qu'il ne doit pas manquer : de la réussite de cette première centrale de présérie dépend en effet sa crédibilité future auprès d'EDF. Réussir dans les délais et à l'intérieur de l'enveloppe fixée, ce n'est pas seulement faire la preuve de sa capacité à fournir des centrales clés en main, c'est surtout distancer sérieusement les concurrents qui se pressent en rangs serrés pour être sacrés par les pouvoirs publics « leaders du nucléaire national ». Fin 69, la commission PEON dépose ses conclusions et le directeur général d'EDF, Marcel Boiteux, annonce sans en avoir reçu le mandat l'abandon de la filière graphite gaz.

Le moment de vérité allait intervenir peu de temps après, avec l'appel d'offres pour Fessenheim 1 et 2 (centrales de 870 MW). L'option ouverte par le général de Gaulle en faveur du graphite gaz en 1967 subsistait. EDF y était hostile, A. Roux également. Deux tandems étaient en compétition : Framatome-Creusot-Loire d'une part; Alsthom-CGE de l'autre. A la remise des prix, Framatome-Creusot-Loire était le moins disant (242 MF par tranche contre 360 MF). Ce prix était un pari. Creusot-Loire, qui se savait handicapé par son actionnariat belge et par les faveurs politiques dont jouissait A. Roux, avait coté au prix minimal, ce qui permettait à EDF de faire la preuve que le nucléaire entrait dans la phase industrielle et que Fessenheim pouvait dès lors être considéré comme le premier d'une série. Le calcul se révéla judicieux et la récompense vint peu de temps après avec les centrales de Bugey, négociées de gré à gré. La CGE jeta l'éponge, estimant le prix pratiqué très insuffisant, et pourtant Creusot-Loire continuera à tarifer sur la base de Fessenheim avec pour seule correction l'intégration d'un effet augmentation de capacité; elle jouira, de ce fait, d'une trésorerie fabuleuse et de bénéfices plantureux.

Creusot-Loire, qui ne connaîtra qu'une augmentation de capital en 1972, n'éprouve pas de difficultés particulières à financer le premier atelier de Châlon. Avec le plan Messmer (16 tranches à 300 MF soit 5 MMF de chiffre d'affaires), le problème pouvait devenir sérieux : une entreprise aussi notoirement désargentée ne peut pas facilement financer un investissement de 600 MF. Mais l'avantage des contrats d'EDF réside dans la technique de préfinancement qui permet de diminuer la mise initiale pour l'investissement et qui fournit une trésorerie abondante. En 1982, au moment où Ph. Boulin se retire, Framatome avait une trésorerie de 3 MMF. Les résultats, en revanche, n'apparaissent que plus tardivement : les premiers bénéfices, de 100 MF, commencent à poindre en 1979; en 1980 ils atteignent déjà 700 MF. Mais, au moment où arrivent les bénéfices, on assiste à ce paradoxe : la société mère engrange les pertes de la sidérurgie, des diversifications ratées, tandis que la fille ploie sous les bénéfices du programme électronucléaire.

Ainsi la mécanique, qui était en difficulté en 1970, a-t-elle pu, grâce au nucléaire, opérer un fantastique rétablissement. Creusot-Loire a trouvé le moyen de s'autofinancer complètement. L'État banquier a donc exonéré l'actionnaire privé de la charge du financement. Cette situation n'est pas sans conséquence sur le gouvernement du groupe.

Le gouvernement d'Empain-Schneider

A partir du compromis de 1973, le baron Empain contrôle et dirige effectivement l'ex-groupe Schneider. Loin de s'engager dans une politique de rationalisation et de consolidation de ces acquisitions, aidé de ses proches conseillers financiers, il se lance dans une politique de diversification tous azimuts, laissant à un commis le soin de faire vivre le groupe Empain-Schneider, et aux barons la réalité du pouvoir décisionnel.

Dès 1970, le baron entend joindre l'agréable (il avoue dans ses *Mémoires* une passion insatiable pour le ski) et l'utile, puisqu'il se dit convaincu que le groupe Empain-Schneider, fermement ancré dans les activités nées de la deuxième révolution industrielle, a besoin d'un pied dans la « civilisation des loisirs ». Son choix se porte d'abord sur Fusalp, nº 1 français du vêtement de ski dont il prend le contrôle en 1971 et sur Dynamic, une entreprise dont la croissance était explosive à la suite du triomphe de Killy aux jeux Olympiques de Grenoble.

Le baron s'engage même plus avant dans les diversifications hasardeuses : il crée une société commune avec Ted Lapidus puis une agence de publicité; il promeut la marina de Bormes, acquiert un ensemble immobilier à Monaco et participe même au lancement de *VSD*.

Ainsi, dans ce groupe, les mécaniciens autour de Boulin se diversifient dans le nucléaire et l'ingénierie (Creusot-Loire-Entreprises, Cleicim, Delattre-Levivier) en s'autofinançant ou en se préfinançant auprès de l'État; les métallurgistes, autour de M. Collas, font dans l'instrumentation scientifique, la sidérurgie américaine, la récupération des métaux et des ferrailles et se diversifient géographiquement en Iran, au Brésil, en Espagne...; le baron, pour son bon plaisir, s'associe avec Killy. Quant aux directeurs généraux, aussi bien de Creusot-Loire que d'Empain-Schneider, ils sont aux abonnés absents, ou plutôt pratiquent un gouvernement au fil de l'eau.

René Engen, le commis belge du jeune baron, en charge de la direction générale du groupe, gouverne par petites notes et grands sermons après avoir interviewé les grands féodaux et palabré avec le baron; ses initiatives sont rares, ses relations avec les pouvoirs publics longtemps inexistantes. La crainte de la nationalisation en 1978 inspirera même une fringale d'acquisitions étrangères qui se révéleront terriblement coûteuses. Le système de gouvernement et la structure capitaliste mise en place pour contrôler le groupe ne vont pas résister à l'enlèvement du baron et aux circonstances de sa libération, dans un contexte marqué par l'approfondissement de la crise industrielle.

La recherche d'un nouvel actionnaire : le système Brissaud

A son retour de captivité et après que sa vie privée a été complaisamment étalée dans la presse, le baron Empain décide de se retirer de la vie industrielle active. En son absence, son commis s'était senti pousser des ailes et les grands féodaux aspiraient à cantonner dans l'oisiveté le souverain déchu. Le baron nomme un nouveau DG en la personne de D. Pineau-Valencienne; puis, pressé de couper les liens financiers qui le retenaient au groupe, il se met en chasse d'un repreneur pour son paquet d'actions. Comme toujours, le premier candidat à la reprise est A. Roux. Une révolte de l'état-major, profondément marqué par toutes les batailles livrées pour exister face à la CGE, parvient à arrêter *in extremis* l'accord de cession. D. Pineau-Valencienne se met à son tour en quête d'un actionnaire. Il fait d'abord rentrer un camarade de promotion d'HEC, Gérard Eskenazi, alors DG de Paribas, au conseil d'administration à titre personnel, puis il négocie avec lui la cession du paquet de titres d'Empain. Le choix du nouvel actionnaire est l'occasion d'une première friction entre le successeur coopté par le baron et le gardien de la tradition Schneider, Ph. Boulin : celui-ci négociait en effet, de son côté, avec Suez!

Paribas l'emporte. Ceux qui faisaient alors partie de la direction de Paribas, même s'ils savaient les difficultés financières que connaissait déjà le groupe, n'en reviennent pas encore aujourd'hui du prix dérisoire payé pour le contrôle d'un groupe qui comptait malgré tout quelques très beaux restes : 18 MF. L'un d'entre eux demanda même s'il ne manquait pas un zéro! Les modalités de la cession du bloc de contrôle allaient révéler au grand jour l'incroyable efficacité du système Brissaud, du nom du financier des Empain qui avait tissé patiemment une formule de participations permettant à une famille désargentée de contrôler pour le franc symbolique le deuxième groupe industriel privé de l'après-1981.

Comment était-ce possible? Quelles sont donc ces techniques qui ont permis à l'architecte financier des Empain de bâtir cet immense groupe sans capitaux? Pierre Mauroy, évoquant l'affaire Schneider dans son ouvrage *C'est ici le chemin,* parle de « raffinerie » à propos de l'organigramme financier du groupe. De la raffinerie, le schéma de contrôle de Schneider emprunte l'architecture, puisqu'une filiale industrielle est contrôlée par Schneider SA, laquelle est contrôlée par Univalo, elle-même contrôlée par SODIF, elle-même contrôlée par Jeumont-Industrie, qui l'est à son tour par la SOPINFI et la SGTE, etc. De plus, l'image de la raffinerie est pertinente car les filiales contrôlent pour partie la société mère (ce que l'on nomme l'autocontrôle) et, à côté des grandes circulations de capital, il y a aussi les petites dérivations latérales (Lisbonne Monceau, Haussmann Anjou...) qui permettent le fractionnement du contrôle, voire le portage. Enfin, cette métaphore de la raffinerie trouve sa pleine justification dans la symétrie qu'elle suggère entre le procédé de production, la distillation, et le processus de contrôle, l'autocontrôle pour le franc symbolique. Dans une colonne de distillation, on trouve plusieurs coupes pétrolières, des plus lourdes (le fuel industriel) aux plus légères (l'essence). Or, dans la structure du groupe Empain-Schneider, les filiales industrielles tout en bas sont contrôlées par une colonne de holdings financiers de douze étages! Au sommet, la SPEP ne capitalise pas plus de 50 MF. Encore est-elle détenue en 1980 par l'Auxiliaire d'Entreprises Industrielles et Financières (société de droit luxembourgeois) dans laquelle on trouve pour 35 % seulement le jeune baron (lié par un pacte d'actionnaire à son oncle, qui détient aussi 35 %).

Quand Paribas se substitue au jeune baron à la demande de D. Pineau-Valencienne, on est déjà à la veille des présidentielles qui vont porter une gauche nationalisatrice au pouvoir. Paribas, qui se sépare de l'équipe Moussa, se trouve délégitimée aux yeux de D. Pineau-Valencienne (et surtout de son grand inspirateur G. Eskenazi), qui va dès lors la marginaliser puis l'écarter de son actionnariat. Paribas, qui n'avait pas eu le temps de s'imposer dans les conseils d'administration, ne peut résister à sa propre éviction, d'autant que D. Pineau-Valencienne négocie avec J. Peyrelevade – à l'époque au cabinet de Pierre Mauroy – le rapatriement en France de l'Auxiliaire qu'il fusionne avec la SPEP, ce qui permet de diluer la part de Paribas dans le capital. Ainsi, en février 1982, le groupe Empain-Schneider est-il contrôlé par le conseil d'administration de la SPEP, c'est-à-dire par D. Pineau-Valencienne et quelques vieux commis des Empain blanchis sous le harnais, qui ont trouvé là le couronnement d'une vie de dévouement.

La course aux abîmes

Après le départ de M. Collas en 1978, l'heure est enfin à la prise en compte de la réalité de la crise et de l'état réel des finances du groupe. Le désengagement de la sidérurgie commence avec la cession de l'activité produits longs à Usinor : une usine est fermée, les affaires en Espagne et en Iran sont arrêtées. Mais la crise s'étend à la mécanique : la seule activité restée rentable dans Creusot-Loire est le nucléaire. Fin 1980, pour Ph. Boulin, une solution s'impose : fusionner Creusot-Loire, dont les pertes vont croissant, et Framatome, dont les bénéfices amorcent un mouvement ascendant. La tournée dans les cabinets à l'Élysée et Matignon est concluante mais les élections approchent et il faut ménager les susceptibilités du CEA, actionnaire à 30 % de Framatom et celles d'André Giraud, ministre de l'Industrie et surtout ancien patron du CEA.

La difficulté viendra pourtant d'ailleurs : c'est le directeur du Trésor qui, à la Noël 1980, dévoile le pot aux roses. Creusot-Loire est littéralement en état de faillite. La situation n'est masquée que par le fait que Creusot-Loire gère la trésorerie de Framatome, qui s'élève à 5 MMF. Ainsi, les pertes qu'enregistre Creusot-Loire du fait des retards dans l'assainissement de la sidérurgie, des difficultés grandissantes dans la mécanique et des gouffres qui se forment dans les diversifications, sont masquées par la très rentable montée en charge du programme électronucléaire français.

L'arrivée de la gauche au pouvoir oblige à tout recommencer mais les réseaux d'un ingénieur des mines ne changent pas fondamentalement avec l'alternance politique. Le cabinet de Pierre Dreyfus, selon un art consommé du compromis, parvient à une solution qui donne à Creusot-Loire la faculté de jouir du bénéfice de Framatome sans lui permettre d'absorber l'entreprise. Mais, à cette occasion déjà, le compromis n'est arraché que sous la menace d'un dépôt de bilan. Le montage réalisé passait par la création de la plus grande société en nom collectif de l'histoire industrielle. Avec ce colossal replâtrage, la course aux abîmes s'accélère et l'État est appelé à jouer les premiers rôles.

D. Pineau-Valencienne, nommé président, ne perd pas de temps. Il rend visite, dès l'été 1981, aux membres du gouvernement. Les premières discussions portent sur la Métallurgique de Normandie (CMN) et sur H. Ernault-Somua (HES), la filiale machine-outil dont D. Pineau-Valencienne cherche à se débarrasser. Son image auprès des pouvoirs publics est alors flatteuse : il arrive précédé d'une réputation de manager moderne, redresseur d'entreprises. Sa technique consiste à se couler dans la stratégie industrielle gouvernementale. Il tient alors à peu près ce discours : « Je viens de prendre les rênes, je n'y vois pas très clair, je ne sais pas encore quelle est la situation, je n'ai pas de chiffres à produire et ce d'autant que je me heurte à de l'obstruction de la part de l'encadrement et des barons du corps des mines. Aidez-moi à voir clair, à faire le ménage et répartissons les sacrifices. » Aussi, le cabinet du Premier ministre accepte-t-il la scission de la Métallurgique de Normandie, l'apport de l'activité sidérurgique à Sacilor et le détachement d'HES du groupe Empain-Schneider dans l'attente de l'élaboration du plan machine-outil. D. Pineau-Valencienne accepte même de payer en investissant le produit des cessions dans le redressement de ces entreprises. Sitôt la première phase réalisée, il passe à la seconde et demande qu'on le soulage des chantiers navals. L'habileté de D. Pineau-Valencienne va alors faire merveille. De même que pour la machine-outil il n'avait eu qu'à se laisser prier pour se débarrasser d'une activité déficitaire mais qui devait contribuer de manière décisive au deuxième pôle de regroupement du plan machine-outil, de même, pour les chantiers navals, se prêtera-t-il de fort bonne grâce au projet du secrétariat d'État à la Mer de constituer un puissant pôle (Normed) face à Alsthom-Atlantique, et il devancera même les attentes des pouvoirs publics en se proposant comme opérateur industriel. Dans ces opérations CMN et HES, pour preuve de sa bonne foi, D. Pineau-Valencienne versera le produit de la nationalisation de la BUE, majoré de 100 MF. Les termes de l'échange paraissaient équilibrés : « Une cession d'actifs contre la nationalisation d'une activité déficitaire. »

Mais l'idylle ne va pas durer : le « *wonder boy* » du patronat apparaît de plus en plus comme un habile homme sans projet industriel et passé maître dans l'art de se défausser de ses responsabilités. L'alerte viendra d'HES et de Normed. Alors qu'il était censé en être l'opérateur industriel, D. Pineau-Valencienne laisse ses cadres sans instructions; les entreprises déjà dans le rouge s'enfoncent inexorablement et le Trésor est sommé d'assurer les fins de mois sous forme de prêts FDES. Ces entreprises sans actionnaire dirigeant font fuir les banquiers, terrorisent les repreneurs éventuels, et se transforment en commandites publiques. Lorsque HES dépose le bilan, 450 MF de prêts FDES sont sinistrés. Quant à Normed, l'hémorragie financière va atteindre des proportions colossales (cf. chap. 6).

Pour D. Pineau-Valencienne, à la mi-82, trois grands dossiers sont réglés, trois grandes sources de pertes définitivement éliminées. Il peut s'attaquer à Creusot-Loire. Fin 1982, il se sépare de Ph. Boulin, le corpsard des Mines, le gardien du temple, l'homme des Schneider, et reprend le chemin de Matignon, Rivoli, Grenelle, véritable triangle sacré du pouvoir industriel d'État en France.

Il essaie d'abord de rééditer la stratégie qui lui a si bien réussi en se présentant comme le complice des pouvoirs publics dans sa tâche de réhabilitation d'un groupe essentiel à l'avenir industriel de la France mais malheureusement mal traité par des irresponsables ne connaissant rien aux règles modernes de la gestion. Il fait part alors aux pouvoirs publics des engagements inconsidérés de Ph. Boulin dans l'affaire américaine. Après l'éviction de celui-ci, il passe la vitesse supérieure et avoue que « le redressement de Creusot-Loire est hors de portée de Schneider, que sa situation est pire que celle qu'il avait imaginée, et qu'il faut donc procéder à des cessions d'actifs pour sauver ce qui peut l'être ». Il se fait même plus offensif en attribuant les déboires de son groupe au fait que « l'activité sidérurgique de Creusot-Loire est la seule à ne pas avoir été subventionnée en Europe », et de conclure : « Schneider peut faire un effort mais limité. »

Un conseiller technique décrit l'invraisemblable négociation qui s'engage : « Je me souviens d'une réunion où, comme un VRP, D. Pineau-Valencienne sortait un catalogue de ces sociétés sous plastique avec à chaque fois des photos et des chiffres : Pinguely, ça peut intéresser, Imphy on peut le donner à Usinor ou Sacilor... Ce qu'on comprenait en tout cas, c'est que Creusot-Loire était dans une spirale infernale. »

Et puis, avec un art consommé de la dramatisation, D. Pineau-Valencienne commence à fournir des informations franchement alarmantes : les chiffres auraient été truqués pour masquer les difficultés, des lettres de confort auraient été données aux banques américaines et ne figureraient pas en engagements hors bilan, ce qui est légal, mais sous-estime les dettes réelles. Les discussions sérieuses commencent alors entre Rivoli, qui veut impliquer l'ensemble du groupe Empain-Schneider dans le redressement et Grenelle, terrorisé à l'idée d'une faillite de cette importance dans un secteur aussi crucial.

Le compte à rebours commence à l'été 1983 : D. Pineau-Valencienne annonce la crise de trésorerie pour septembre 1983; il menace de déposer le bilan puis renonce. Louis Schweitzer, le directeur de cabinet de L. Fabius, s'engage à étudier pour fin novembre un plan qui prévoirait des financements, des cessions d'actifs... Un bras de fer terrible oppose alors les banques et le Trésor. L'étendard de la révolte est même levé par le président de la Générale, Jacques Mayoux. Les banquiers refusent d'apporter leur concours à un industriel en qui ils n'ont pas confiance, pour un plan qui ne leur semble guère crédible. Mais sur l'ordre de l'Élysée et de Matignon, la faillite est interdite.

C'est alors qu'intervient le 29 novembre 1983, rue de Rivoli, une négociation au finish entre le directeur du Trésor Michel Camdessus, qui a dans son bureau D. Pineau-Valencienne, et le gotha bancaire qui siège salle Colbert. Pendant une nuit entière, le directeur du Trésor fera la navette entre les deux étages, avant d'arracher au petit matin un accord qui, pour les banquiers, est le dernier.

Cet accord prévoyait 500 MF de prêts FDES, 500 MF de

prêts du Crédit National, 500 MF de prêts bancaires, 400 MF d'augmentations de capital ainsi réparties : 100 MF pour CGIP (du groupe Wendel), 100 MF pour les banques, 200 MF pour Schneider. Il y avait en plus des cessions d'actifs dont la sidérurgie de Creusot-Loire à Usinor. Au cours de cette phase, un accord a pu se faire pour considérer que Creusot-Loire ne pouvait s'en tirer tout seul et qu'il fallait trouver une solution qui allège la structure industrielle et permette la restructuration financière.

La leçon de capitalisme administrée par un banquier public et le CIRI

Si D. Pineau-Valencienne engageait Empain-Schneider par sa signature, encore fallait-il que son conseil d'administration le suive dans l'augmentation de capital prévue. L'encre de l'accord n'était pas sèche que D. Pineau-Valencienne s'adressait à nouveau aux pouvoirs publics : la situation s'était aggravée, les pertes avaient été sous-estimées et l'effort à fournir pour réussir le redressement était plus important que prévu. Telle était la conclusion du rapport Schulz demandé par D. Pineau-Valencienne à l'ancien président d'Alsthom. C'est de capitaux que Creusot-Loire avait besoin et non de crédits qui alourdissaient son bilan. Le dossier est alors transféré au CIRI, une infirmerie pour PME victimes de la crise et qui se voyait confier là le dossier compliqué d'un groupe industriel à ramifications internationales et à forte charge politique et symbolique. Un cadre unique était défini pour régler un problème qui concernait de multiples acteurs au sein de l'État.

L'interlocuteur que Pascal Lamy, directeur adjoint du cabinet Mauroy, donne à D. Pineau-Valencienne, va en fait le dérouter : au lieu de se trouver, comme par le passé, face à un haut fonctionnaire avec qui il négocie d'importants transferts de fonds publics en usant d'arguments politiques ou industriels très généraux, il se trouve confronté à une équipe qui lui demande des comptes et qui prétend même remettre en cause son actionnariat. Cette ingérence inqualifiable de l'État socialiste dans une gestion privée est à l'origine du discours sur la nationalisation rampante que D. Pineau-Valencienne va tenir directement ou en étant relayé par un avocat animé de l'esprit de croisade : Me Loyrette.

D. Pineau-Valencienne ne prend pas au sérieux ses interlocuteurs. Il pense obtenir ailleurs des concours financiers sans conditions, joue sur la menace du dépôt de bilan et sur les 20 000 salariés qui se retrouveraient ainsi dans la rue. La partie de bras de fer se déroule dès lors sur la place publique avec l'opinion pour témoin. La thèse de Schneider est que le refus de l'État de nationaliser la sidérurgie l'avait grandement handicapée. Ce à quoi, par indiscrétions calculées, les hauts fonctionnaires en charge du dossier répondaient que c'était faux, d'une part à cause des diversifications hasardeuses qui sont la véritable source des pertes; d'autre part parce que les aciers spéciaux ne perdaient pas d'argent en 1978; ensuite parce que, dès 1981, les pouvoirs publics avaient commencé à débarrasser Empain-Schneider de sa sidérurgie et enfin parce que les chiffres avancés par D. Pineau-Valencienne étaient tendancieux (il continuait à comptabiliser la charge de la dette contractée pour des équipements déclassés!). De fait, la mission Tricot, qui établira la vérité sur cette affaire, confirmera que près des deux tiers de la perte imputable à la sidérurgie proviennent de diversifications malheureuses. De 1978 à 1983, les pertes de la sidérurgie Creusot-Loire ont été de 1,3 MMF en direct et de 2,8 MMF au total, filiales comprises.

Au rebours de l'interventionnisme classique, le CIRI s'est interdit d'évaluer la performance de telle ou telle activité de l'entreprise ou de telle usine. En revanche, il fixa l'apport en capital nécessaire à partir des besoins financiers du groupe et de la capacité d'Empain-Schneider d'y faire face (800 MF). D. Pineau-Valencienne refuse de considérer la proposition arguant de l'impossibilité de trouver auprès de ses actionnaires une telle somme. Le CIRI proposa alors, toujours dans une perspective libérale de banque d'affaires, d'aider les actionnaires d'Empain-Schneider à trouver de nouveaux actionnaires ou des banques disposées à prêter sur gages. Du reste, des capitalistes comme Marc Fournier, un raider à la française déjà présent dans le capital de la SPEP, ne demandaient qu'à servir.

Après une réponse publique négative de D. Pineau-Valencienne à une solution qui scindait le groupe Empain-Schneider en deux avec une branche industrielle à contrôler par de nouveaux actionnaires et une branche financière laissée aux anciens actionnaires, le CIRI passe la main à Suez qui va proposer une formule comportant un nouvel actionnariat.

Le premier problème auquel va se trouver confronté J. Peyrelevade – maintenant P-DG de Suez – est celui du choix de l'interlocuteur. Certes, D. Pineau-Valencienne est le P-DG mais le personnage est insaisissable et surtout en bonne logique capitaliste – c'est du moins ce que croient les socialistes – « la propriété c'est le pouvoir ». J. Peyrelevade croit un moment trouver l'actionnaire ultime en la personne du vieux baron mais celui-ci en fait ne contrôle plus rien. Le président de Suez se tourne donc vers D. Pineau-Valencienne : il propose, lors d'une réunion restée quelque temps secrète, de réaliser un montage financier sur les bases du rapport Schulz et qui permettrait de sortir Creusot-Loire de l'ornière (conversion en fonds propres de créances bancaires à hauteur de 3 MMF), de recapitaliser les filiales industrielles et de faire rentrer dans le holding de tête, la SPEP, de nouveaux actionnaires fédérés par Suez. J. Peyrelevade essaie parallèlement de chercher la faille dans la « raffinerie »; il dénoue une à une les infinies boucles d'autocontrôle et découvre au passage nombre de fausses fenêtres qui constituent autant de structures satellites de portage.

Après avoir vainement cherché l'actionnaire, le président de Suez se rend à l'évidence : le groupe est contrôlé par un conseil d'administration où siègent les commis à la retraite des Empain; il continue toutefois à négocier avec D. Pineau-Valencienne qui a l'air intéressé mais demande des concessions pour pouvoir vendre l'accord à ses administrateurs.

Le 13 juin 1984, au cours d'une conférence de presse, D. Pineau-Valencienne annonce que Creusot-Loire demande à être admis au redressement judiciaire (RJ). « Je suis un défenseur du capitalisme libéral, déclare-t-il, des propositions qui nous ont été faites, il ressort que ce que recherchent réellement les pouvoirs publics c'est de prendre le contrôle d'Empain-Schneider, en clair de la nationaliser mais en essayant de faire croire que c'est le seul moyen de sauver Creusot-Loire. »

Le conseil d'administration, formé d'ex-Empain historiquement hostiles aux Schneider, vote la demande de RJ de Creusot-Loire, l'héritière de l'empire des Schneider. Les deux administrateurs de Paribas se retirent. Dans l'échange ultime par médias interposés entre D. Pineau-Valencienne et Suez, on aura noté que c'est en se réclamant de principes identiques (libre entreprise et responsabilité de l'actionnaire) que les protagonistes s'affrontent. Faisant un usage original du système Brissaud, D. Pineau-Valencienne va même plaider l'irresponsabilité puisque le groupe n'en serait pas un; il regrouperait des sociétés totalement autonomes ayant une activité spécifique, des organes sociaux propres et des actionnaires différents [13].

D. Pineau-Valencienne ou l'art de la diplomatie au bord du gouffre

La démission tonitruante de Schulz vient rappeler que, pendant que l'on débat sur la place publique de la nationalisation rampante ou sournoise, Creusot-Loire agonise : le carnet de commandes se dégonfle – 5 362 MF en 1982, 2 867 en 1983 et en 1984 les prises de commandes sont encore de 30 % inférieures aux prévisions. Dans une entreprise à cycle de production long, si la difficulté tarde à se manifester, une crise qui dure finit par éroder le fonds de commerce. Un patron qui annonce tous les matins qu'il va déposer le bilan contribue objectivement à hâter cette mort.

Après l'échec des solutions CIRI et Suez et alors que tout le monde attend le prononcé du RJ par le tribunal de commerce de Paris, son président, M. Jacques Bon, ancien salarié du groupe Empain-Schneider, tente une médiation auprès de L. Schweitzer, directeur de cabinet de L. Fabius. Le point de départ, accepté par les deux parties, est que si l'État intervient pour sauver Creusot-Loire, le groupe Empain-Schneider accepte que les actionnaires désignés par l'État prennent en gage des participations minoritaires dans les sociétés prospères du groupe et soient assurés de la parité dans Jeumont-Schneider. De son côté, l'État renonce à s'attaquer au contrôle d'Empain-Schneider. Bref, il ne faut pas qu'Empain-Schneider voie la valeur de son portefeuille décupler du jour où il serait débarrassé par les pouvoirs publics du fardeau Creusot-Loire. Pour prix de son entrée dans Jeumont-Industrie et après reclassement de titres, l'actionnaire désigné par l'État versait 200 MF qu'Empain-Schneider réinjecterait dans Creusot-Loire. Pendant que L. Schweitzer négocie avec D. Pineau-Valencienne dans le bureau du président Bon au tribunal de commerce de Paris, sur la place publique les protagonistes campent sur leurs positions. L. Fabius déclare : « L'État n'est pas une machine à éponger les erreurs de gestion [14]. » « Favorables à la liberté de l'entreprise, nous estimons que celle-ci ne va pas sans responsabilités et qu'il n'incombe pas à la masse des contribuables de remédier aux carences de quelques-uns. » *L'Express,* qui rapporte ces propos, commente : « D'un côté un patron attaché au libéralisme demande à l'État de combler une partie du trou en réparation des dommages qu'a subis la branche sidérurgique de son groupe, de l'autre un gouvernement socialiste renvoie un chef d'entreprise aux règles strictes du capitalisme. On croit rêver [15]. » La phase finale des négociations se déroule le 28 juin 1984 au matin, dans le bureau du président du tribunal de commerce. Face à face, L. Schweitzer et René Berthon en présence d'assesseurs du président J. Bon. Quand il s'agit de conclure, on le voit, D. Pineau-Valencienne laisse la place au véritable homme fort, à moins que, sachant l'issue inévitable, il n'envoie Berthon tenir le rôle ingrat. Était-il marionnette ou marionnettiste?

En fin de matinée, l'accord est scellé, le directeur de cabinet de Laurent Fabius doit le défendre en comité interministériel l'après-midi même. Mais, soit volonté délibérée de faire capoter l'accord, soit tentative d'arracher une concession de dernière minute, la rédaction du document de compromis qui parvient chez L. Schweitzer à 16 heures, comporte certes les termes de l'accord mais aussi un rappel des positions d'Empain-Schneider encore en débat, le tout avec des « formulations provocatrices » et un ton d'ultimatum.

A 17 heures, le comité interministériel se réunit sous la présidence de J. Delors, en l'absence de P. Mauroy. Le comité rejette un accord qui, malgré les concessions répétées des pouvoirs publics, est formulé par les dirigeants faillis de Creusot-Loire en des termes inacceptables.

A 19 h 30, L. Schweitzer téléphone à D. Pineau-Valencienne et prononce la phrase devenue célèbre : « Nous ne nous sommes jamais rencontrés. » Dans le jardin de son ministère, L. Fabius reçoit les équipes des journaux télévisés et déclare : « C'est une écrasante responsabilité que portent les dirigeants de Creusot-Loire [...]. En prenant en otage les salariés, en s'obstinant à privatiser les gains, à refuser les investisseurs, les dirigeants ont eu un comportement scandaleux... »

L. Fabius, qui avait beaucoup cédé pour éviter une faillite fâcheuse alors qu'il savait sa nomination de Premier ministre en poche, se retrouve en première ligne. D. Pineau-Valencienne qui, à l'inverse, avait réussi sa négociation puisque l'État avait renoncé au regroupement des filiales industrielles et même à la parité au niveau de Jeumont-Industrie, en ne sachant pas s'arrêter dans l'escalade des exigences et donc en cherchant à humilier les pouvoirs publics, perd tout crédit aux yeux de la communauté financière et industrielle. Il gagne certes sur le plan financier en se débarrassant du fardeau Creusot-Loire. Il peut même envisager sereinement la restructuration du capital. Il est enfin seul maître à bord, ne serait-ce que pour des raisons biologiques, vu l'âge moyen des commis des Empain. Au total, la stratégie élaborée avec G. Eskenazi a bien réussi. Mais à compter de ce jour, une réputation de liquidateur d'entreprises industrielles va lui coller à la peau.

Le plan Fives-Lille ou l'accueil fait à Fauvart

Creusot-Loire en faillite, la parole est théoriquement à la Justice. En fait, le dossier passe au ministère de l'Industrie et plus précisément à Louis Gallois, directeur général de l'Industrie. Il s'adresse, en bonne logique, au principal concurrent, Fives-Lille, et propose à son président, Raymond Fauvart, une mission exploratoire sur le sauvetage du groupe.

Fives-Lille, intéressé, argue de ses faibles moyens financiers et demande à l'État de lui présenter des partenaires industriels ou financiers; Fives-Lille accepterait, dans ce cadre, d'être opérateur industriel. Usinor, société sidérurgique sous perfusion et Framatome, filiale de Creusot-Loire qui dispose d'une petite fortune accumulée dans le nucléaire, acceptent de jouer ce rôle de partenaires.

L'arrivée d'un nouveau ministre retarde la résolution du problème : Édith Cresson aura à cœur de s'informer d'un dossier à forte visibilité politique, même si L. Gallois assure la continuité.

Le diagnostic établi par les trois industriels conclut à la possibilité d'une reprise sous condition d'une compression drastique des effectifs et d'actions de productivité intenses. Globalement, l'outil industriel est vieillot dans sa partie sidérurgique (l'usine du Marais n'a pas été modernisée), en surcapacité mais bien équipé en mécanique. Il faut réduire celle-ci de moitié d'autant que les marchés à la grande exportation et notamment ceux du gaz soviétique n'ont pas été renouvelés ou se raréfient. Le plan Fauvart tel qu'il sera exposé aux cadres revient à dire à des salariés qui vivent une longue agonie depuis deux ans : le pire est devant vous, il faut diviser par 2 ou au moins 1,5 les capacités humaines de l'entreprise. L'accueil fait à R. Fauvart, dirigeant de Fives-Lille et rival de toujours de Creusot-Loire, et à ses propositions, par des cadres qui ont une conscience aiguë de leurs traditions, de leurs exploits passés et de leurs potentialités, illusoires ou réelles, sera à la mesure de l'affront subi.

R. Fauvart, conseillé par Louis Gallois, croit alors judicieux d'aller exposer son plan aux salariés de l'usine mère du Creusot. L'annonce de leur venue suffit à mettre la ville entière en état d'insurrection; c'est sous la protection des CRS et alors que la révolte gronde que les missionnaires parisiens finissent par accéder à l'usine pour se heurter au mur d'incompréhension et d'hostilité d'un personnel unanime, toutes catégories confondues.

Le lendemain, R. Fauvart retire sa proposition en développant auprès des pouvoirs publics une thèse simple : travailler dans un secteur en nette décroissance est possible, quand on a peu d'argent c'est déjà plus difficile, mais avec un personnel franchement hostile et qui vous perçoit, au mieux comme usurpateur, au pire comme opportuniste profitant de l'argent de l'État pour faire disparaître un concurrent, c'est impossible.

Tout plan de reprise comporte une critique implicite des choix faits par les équipes dirigeantes précédentes. Ce qui frappe dans le plan Fives-Lille, c'est que les diversifications hasardeuses qu'incriminent si fort les hauts fonctionnaires ne sont pas véritablement mises en cause par les repreneurs. Le débarquement américain a été tenté par nombre d'entreprises françaises et peu ont réussi l'exercice. La sidérurgie est, certes, jugée globalement non compétitive, mais Creusot-Loire cherchait à s'en défaire. Par contre, l'erreur la plus coûteuse a été, selon les auteurs du plan Fives-Lille, de croire, contre l'évidence, que le marché allait repartir, qu'il fallait tenir bon, ce qui permettait de faire l'économie d'une adaptation à la demande. Trop de gens étaient payés à ne rien faire dans l'attente d'une hypothétique reprise (la providentielle commande mexicaine de turbines, puis la reprise des contrats gaziers avec l'URSS, puis les cuves nucléaires à l'export). La mécanique souffrait à son tour du syndrome sidérurgique. Dès lors que le marché se contracte et que les moyens en hommes et en outils sont inadaptés, le déficit de l'exploitation ne peut que se creuser. Dans une entreprise qui, par ailleurs, n'a pas de fonds propres, l'endettement ne peut que croître et avec lui les frais financiers, facteur de dégradation supplémentaire de résultats en période de taux réels élevés.

L'échec de la solution Fives-Lille a eu toutefois le mérite de mettre en évidence ce fait paradoxal : la communauté creusotine acharnée à défendre son outil et imperméable au discours sur les synergies, les marchés, les nécessaires réductions d'effectifs, était prête à se dissoudre dès lors que des solutions individuelles avantageuses comme le bénéfice de la CGPS étaient trouvées. L'échec du RJ ouvrait la voie à la liquidation judiciaire.

Schneider entre abîmes et firmament

La solution d'une reprise globale ayant échoué, les pouvoirs publics se résignent à un démembrement du groupe accompagné d'un plan social généreux. L'acteur central dans cette nouvelle phase est Framatome, filiale nucléaire de Creusot-Loire. Ainsi, la filiale prospère d'une société mère faillie se met en situation de racheter les biens de famille. Mais Framatome est dans une situation plus complexe encore puisqu'elle est à la fois un des éléments d'actif d'une société faillie et, en tant que telle, soumise d'abord à l'administrateur judiciaire puis au syndic; le principal repreneur; et une société en nom collectif riche mais formée par deux partenaires dont l'un – Creusot-Loire – a sombré et dont l'autre, le Commissariat à l'énergie atomique, est impécunieux.

Le ministre de l'Industrie, après avoir constaté l'échec de la solution Fives-Lille, laisse pourrir un moment la situation. Des solutions hyper-volontaristes sont alors avancées par un cadre (Robleu) qui propose de reprendre le groupe en l'état mais sans avoir le premier franc.

A l'initiative d'Édith Cresson, Creusot-Loire sera partagé entre Framatome à qui revient la mécanique, et Usinor qui reprend la métallurgie, le reste du groupe étant dispersé par le CIRI au gré des repreneurs.

Il restait toutefois à finaliser financièrement l'accord. Le CEA, qui aurait dû payer 50 % de la SNC Framatome, s'y refuse. Le ministre de l'Industrie décide alors que Framatome doit se racheter puisqu'il est le seul à disposer des fonds nécessaires! La solution est bien sûr transitoire : il s'agit de faire la soudure avec un actionnaire à trouver et auprès de qui serait reclassé le capital. Le 12 décembre 1984, le protocole est signé, Framatome paie les syndics et prend possession des lieux le 4 janvier 1985.

La reprise de Creusot-Loire réglée, le problème se déplace : il faut trouver un actionnaire à Framatome. Les pouvoirs publics n'entendent pas, en effet, que l'entreprise s'autonomise. Pour le CEA, la solution est vite trouvée : il s'estime propriétaire de 100 % du capital puisque dans une SNC, lorsqu'un des associés est défaillant, l'associé restant récupère les parts. L'État traitera le problème en entérinant la confiscation des 750 MF versés par Framatome et en choisissant les nouveaux actionnaires : CGE, EDF, Dumez.

La liquidation de Creusot-Loire est saluée par la Bourse, le titre Schneider monte de 12 % le lendemain, il quadruplera avant le krach d'octobre 1987. Débarrassé de Creusot-Loire, D. Pineau-Valencienne peut enfin se livrer à la tâche exaltante de donner un actionnariat à un groupe orphelin mais potentiellement très riche. En constituant un noyau dur avec ses amis de toujours, Claude Bebear d'Axa, G. Eskenazi (ex-Paribas), de Bruxelles-Lambert, le Vendéen Michel Albert des AGF..., D. Pineau-Valencienne consolide le groupe mais aussi son propre pouvoir. Ses alliés mis en place, il peut signifier leur congé aux vieux commis des Empain. Le fringant P-DG, nouveau leader de la croisade libérale, annonce même sa stratégie. Il veut, face à la CGE, constituer un deuxième pôle dans le matériel ferroviaire et les télécommunications; la consolidation de Jeumont-Schneider est donc sa priorité. Dans un premier temps, il reprend l'activité ferroviaire de Creusot-Loire qu'il fusionne avec celle de Jeumont-Schneider : ainsi sont réunis dans le même ensemble la mécanique et l'électrotechnique ferroviaire ainsi que les moyens commerciaux. Puis, ayant réussi l'opération et ne reculant devant aucun grand dessein, il négocie avec Siemens un *joint-venture* dans les télécom pour reprendre la CGCT et le statut de second fournisseur de France-Télécom en commutation publique. Au passage, D. Pineau-Valencienne avait débauché chez Rhône-Poulenc un brillant corpsard des mines, J.-M. Foltz. Il ne faudra que quelques mois pour que la construction s'effondre.

Dans le ferroviaire, sur un marché mondial en contraction et un marché national animé par les seuls programmes TGV, il n'y a pas place pour deux opérateurs. Jeumont-Schneider cède donc son activité à Alsthom, qui détient dès lors le monopole national. Dans la téléphonie publique, Édouard Balladur ayant choisi Ericsson pour ne déplaire ni aux Américains ni aux Allemands, Jeumont-Schneider doit renoncer à ses grands rêves et céder sa téléphonie à Bosch. Même l'électrotechnique serait à vendre. J.-M. Foltz en a tiré la conclusion en rejoignant Pechiney.

Jeumont-Schneider démantelé, D. Pineau-Valencienne n'a pas encore atteint le fond. En un raid subit, Bouygues viendra le narguer dans l'une de ses dernières chasses gardées : Spie-Batignolles. La résistance sera, pour une fois, victorieuse.

Le seul point fort du groupe reste donc Merlin Gerin. Paradoxalement, c'est l'entreprise qui a toujours joui, du fait même des conditions de son entrée dans le groupe, de la plus large autonomie. Faut-il y voir un symbole? Elle prospère, elle innove et elle se porte même candidate au rachat de la Télémécanique. Mais son appartenance à un groupe, Schneider SA, qui n'a plus de Schneider que le nom, constitue un handicap considérable. La réussite financière qu'il affiche et la stratégie qu'il proclame dans les automatismes et la distribution basse tension sont littéralement inaudibles tant la lente agonie de Creusot-Loire reste présente dans les mémoires. Pourtant, la gauche revenue au pouvoir va donner à D. Pineau-Valencienne un atout en l'autorisant à reprendre la Télémécanique après que Framatome aura été mis dans l'impossibilité par son actionnaire, la CGE, d'honorer ses engagements. On trouve là une illustration supplémentaire de la qualité des stratèges en chambre des cabinets ministériels qui avaient fait de la CGE, en 1985, l'actionnaire de référence de Framatome, et de Dumez, le modérateur. Aujourd'hui, le même ministre des Finances ne songe qu'à défaire ce qu'il avait fait trois ans plus tôt.

Avec cette opération, D. Pineau-Valencienne renoue avec le succès. L'affaiblissement de Framatome lui permet même d'éloigner la menace que cette société faisait peser sur son avenir. Le groupe de Jean-Claude Leny se retire du capital suivi de M. Fournier de la Navigation Mixte. D. Pineau-Valencienne, seul maître de Schneider, verrouille le capital avec ses amis; il a vidé l'entreprise de ses sources historiques de pertes. Recentré sur Merlin Gerin et Spie-Batignolles, il peut à présent commencer à faire la preuve de ses qualités d'industriel.

Une faillite exemplaire

En une génération, 1960-1984, le konzern français qui vient de se lancer dans le nucléaire disparaît, après avoir agonisé trois ans sur la place publique. Ce saisissant raccourci du déclin d'un empire industriel a l'évidence de l'inéluctable. Comment expliquer la faillite de Creusot-Loire? Pourquoi le premier groupe français de biens d'équipement n'a-t-il pas trouvé de repreneur? Comment expliquer qu'un État réputé colbertiste ne l'ait finalement pas sauvé? Pourquoi un gouvernement socialiste et nationalisateur en est-il venu à considérer que, pour moderniser, il fallait en passer par la liquidation d'un ex-« champion national »? Comment faire la part, dans l'issue finale, du contingent et du déterminé, du structurel et de l'événementiel, de l'interpersonnel et de l'effet de système?

Répondre à ces questions, c'est traiter de l'exemplarité de Creusot-Loire. En effet, dans ce dénouement provisoire du 28 juin 1984, se mêlent inextricablement une multitude de facteurs hétérogènes mais qui combinent leurs effets : crises de spécialisation industrielle, d'actionnariat, de relation à l'État, mais aussi conjoncture politique, économique, stratégies syndicales, micro-rivalités partisanes, ce qui explique que, comme dans un bon roman policier, si le cadavre s'offre d'emblée au regard du lecteur, il y a pléthore de mobiles et donc d'assassins possibles.

L'objectif est ici de mettre à plat, sur un exemple, les multiples dimensions de la défaillance d'entreprise et de son traitement. Le récit qui précède a permis d'isoler une pluralité de fils conducteurs qui couraient dans toutes les périodes et qui forment autant d'éléments constitutifs du phénomène de la défaillance, comme fait social total.

Le premier permet d'identifier le problème de la spécialisation industrielle et de poser la « question industrielle » dans la France de l'après-guerre. L'exemple de Creusot-Loire montre déjà comment les modalités mêmes de la reconstruction et de la première phase de l'expansion ont, par leurs traits constitutifs, préparé le terrain aux difficultés des temps de crise : la difficulté de la France à être performante dans les biens d'équipement ne date pas de 1983 et la sous-capitalisation ne date pas de l'année de sa découverte en France, en 1985.

Le deuxième permet de mettre à nu la « question capitaliste » en France, c'est-à-dire la relation entre la propriété, le contrôle et la direction. Quand le capital est fragmenté, que la capitalisation est faible et que les actionnaires de contrôle sont divisés, quand de surcroît le leader du bloc de contrôle ne parvient pas à distinguer les actionnaires oisifs des actionnaires de contrôle, alors l'entreprise est exposée, les administrateurs ne représentent qu'eux-mêmes et les dirigeants apprennent à ne plus compter sur l'actionnaire. Quand, en outre, le système financier, de par sa constitution, est incapable de fonctionner comme instance de sanction, alors on comprend mieux le mécanisme de dissimulation puis de transmission foudroyante des effets de la défaillance.

Le troisième nous permet de faire une rencontre familière, celle des jeux de la politique industrielle, spécialité nationale bien connue où de brillants hauts fonctionnaires politiques partis pour faire un groupe électromécanique puissant, aboutissent par les hasards du rapport de forces du moment, à réaliser un groupe métallurgique et mécanique sans réels actionnaires. Le monopole du financement à long terme et la volonté d'ordonner le développement du secteur autour de plans professionnels combinent leurs effets pour rendre incontournable la volonté de l'État.

Le quatrième, moins évident mais dont les effets à terme seront dévastateurs, est l'usage du modèle de la grande entreprise en France. Creusot-Loire participe du vaste mouvement de concentration de la fin des années 60 mais, comme dans le cas d'Ugine-Kuhlmann, on s'ingénie à refuser les exigences de la grande entreprise : rationalisation (c'est-à-dire économies d'échelle, optimisation de l'outil de production et de distribution, suppression des duplications d'état-major), décentralisation mais aussi formation d'un gouvernement privé doué d'une véritable capacité décisionnelle.

Le cinquième fil directeur que nous évoquerons souvent dans cet ouvrage est le processus de formation d'une stratégie. Dans le cas de Creusot-Loire, la décision de diversification après la crise de 1974 est emblématique. Elle permet de mettre au jour les mécanismes de formation d'une anticipation, de faire la part de l'idéologie managériale du moment et de certains modes de raisonnement. Ce qui apparaît rétrospectivement comme un fantastique passage à l'acte est, sur le moment, un pari argumenté.

L'exemple Creusot-Loire est également éclairant sur les premiers moments de la défaillance d'entreprise; la difficulté est une maladie honteuse qu'il faut soigneusement dissimuler : le discours churchillien n'est vraiment pas de mise dans les relations industrielles. Ph. Boulin ne cessera d'inventer des rustines pour différer le constat de la crise. Il y a de bonnes raisons à cela : avouer la difficulté et, pis encore, la disparition des fonds propres, c'est susciter une réaction de panique chez les fournisseurs et les clients et donc, objectivement, hâter la faillite. Mais la myopie des partenaires de l'entreprise (les banques notamment...) ne manque pas de surprendre et la complicité de l'État dans la dissimulation en fait dès le départ un interlocuteur obligé pour toute solution.

Cet État apparaît de surcroît plein de ressources dans le traitement de la défaillance. Tour à tour, le Trésor, le CIRI, le ministère de l'Industrie, des intermédiaires occultes ont agi pour son compte en coordonnant ses services. La solution retenue illustre le privilège régalien exceptionnel d'un État qui malmène le droit pour être efficace. Cette situation ne peut manquer de soulever un autre problème : comment expliquer en effet que l'État parvienne à se donner une expression cohérente dans un organisme comme le CIRI, alors qu'il échoue presque immanquablement dès qu'il se propose d'orienter le développement industriel ou même de coordonner ses actions dans son propre secteur d'activité (secteur public et nationalisé)?

Enfin, les micro-querelles partisanes ont joué un certain rôle dans l'issue du dossier. Quel effet ont les alternances politiques, les orientations idéologiques, les stratégies de démarcation de tel ou tel leader politique sur l'issue ou les modalités du traitement de la défaillance?

Le risque du récit chronologique est l'explication téléologique. Or, ce n'est pas parce qu'une entreprise est sous-capitalisée en 1960 et que son actionnariat est divisé, que vingt-cinq ans plus tard, elle doit faire faillite. Nombre d'entreprises dans cette situation, alors, sont aujourd'hui extrêmement prospères pour une raison paradoxale : il était logique et rationnel d'être sous-capitalisé à l'époque.

La complexité même du processus de défaillance industrielle appelle nécessairement, de la part des protagonistes et chroniqueurs, des explications réductrices, péremptoires et contradictoires. C'est ainsi qu'alternativement ou simultanément, on a incriminé dans l'affaire Creusot-Loire la crise de l'industrie des biens d'équipement de 1982-1983, le sous-investissement et la vétusté du site du Creusot, les diversifications de 1974-1978, les rivalités J. Delors-L. Fabius, le hasard qui a voulu que se soient trouvés face à face un industriel qui n'en était pas un et un homme politique plus soucieux de sa carrière que de politique. Devant l'insatisfaction de l'auteur de ces lignes, il n'était pas rare que soient alors évoqués les différentiels de compétitivité, la qualité du travailleur allemand, les effets de la mainmise du corps des mines, ou la charge de la patente. Est-il possible de sortir du simplisme des synthèses téméraires en ne se cantonnant pas dans une démarche analytique qui se contenterait d'énumérer les dimensions du problème? De quels éléments faut-il disposer pour tisser cette trame pour produire du sens sur une réalité aussi complexe, qui mêle inextricablement l'économique et le social, le politique et le culturel, avec des temporalités et des espaces variés?

L'exemple même de Creusot-Loire semble suggérer, pour l'analyse compréhensive, une triple approche : la défaillance est le produit de tendances lourdes, d'une dynamique des structures, elle est aussi le produit de stratégies politiques contingentes et de logiques d'interaction.

Dynamique des structures

Quelles sont ces tendances lourdes, économiques, sociales, politiques et culturelles? L'exemple que nous avons présenté en suggère plusieurs : les phases du cycle long de la croissance, la dynamique de la spécialisation industrielle de la France, le modèle de relation État-industrie d'après-guerre, l'économie du système financier, le modèle de la *« company town »* et le système de formation technique.

Bien sûr, il n'est pas question de traiter de ces problèmes ici mais de montrer à tout le moins comment ils s'imbriquent et constituent les ressources et les contraintes à partir desquelles des stratégies par essence contingentes – il n'y a jamais une « bonne solution » – vont pouvoir s'articuler. Ainsi la combinaison des deux premières dimensions permet-elle de soulever l'enjeu de la spécialisation française dans les biens d'équipement; la combinaison des deux suivantes installe au cœur du débat la question de l'interventionnisme et de la nature du capitalisme en France. La dernière permet de poser la révolte du Creusot en termes de communauté d'entreprise et pas seulement comme résistance au changement.

Sur la longue période et dans un espace déterminé – la France de l'après-guerre – on peut définir les états successifs relativement stables du système industriel, de la communauté décisionnelle politico-industrielle, et des règles du jeu qui président au fonctionnement de divers systèmes d'interaction. L'inertie relative des systèmes, leur viscosité rendent assez facilement prédictibles les effets sur l'entreprise de ces configurations stabilisées d'acteurs et de modèles d'action. Le fait par exemple que le financement externe des entreprises dépende d'institutions publiques ou parapubliques gérant des secteurs spécialisés et avec des procédures bonifiées permet de comprendre que le marché financier auquel l'entreprise recourt (peu du reste), ne puisse pas constituer une instance de sanction. De même, la marginalisation du ministère de l'Industrie face au Trésor fait que des solutions sont plausibles ou non du seul fait de leur origine institutionnelle. Enfin, le mode de spécialisation d'un appareil industriel n'est certes pas acquis pour toujours – l'exemple du Japon l'illustre éloquemment – mais, au sein de l'Europe, des positions ont été prises à la fin du siècle dernier que deux guerres perdues n'ont pas effacées, ce qui signifie que, sauf à fournir des efforts considérables et de longue durée ou à bénéficier de conditions exceptionnelles, un tel rapport de forces recèle une certaine stabilité. La notion de dynamique des structures résume tout à la fois la prégnance des tendances lourdes du modèle français de développement d'après-guerre et les éléments et processus de sa mise en mouvement. L'analyse des stratégies d'acteurs historiquement constitués est dès lors déterminante.

Stratégies politiques contingentes

Une entreprise, une administration – bref, un acteur politique – forme une stratégie à partir d'une connaissance de ses atouts et contraintes, de représentations des autres partenaires ou rivaux, d'orientations et d'anticipations de résultats. Les représentations sont elles-mêmes partiellement déterminées par un mode de formation, une histoire, une mémoire des stratégies passées.

Les orientations sont formées à partir d'automatismes de pensée, d'un processus d'élaboration plus ou moins collectif et surtout, à partir des outils de connaissance disponibles. Les phénomènes de modes stratégiques en témoignent éloquemment. Creusot-Loire en sera du reste plusieurs fois victime : une première fois en se découvrant, à la suite d'un audit du Boston Consulting Group, une vocation dans les tôles fortes spéciales, une deuxième fois en entrant dans le marché de la récupération et une troisième fois en se voulant fédérateur des PME de l'instrumentation scientifique. Bref, si la stratégie est un choix sous contraintes, elle n'obéit à aucune rationalité simple; elle ne se fonde sur aucune donnée qu'on puisse qualifier d'objective; elle est anticipation de résultats mais les résultats sont souvent inattendus, pervers.

Les alternances politiques (les grandes comme les petites), les changements d'actionnariat, pèsent sur l'élaboration de ces stratégies. Dans le traitement de la défaillance, il est certain que l'après-mars 1983 est fort différent de l'avant, et qu'un dossier que les hasards de la vie industrielle portent à maturité au moment où un Premier ministre en remplace un autre ont certains effets sur l'issue ultime. Creusot-Loire aurait immanquablement fait faillite entre 1981 et 1983, quelle que soit la couleur politique du gouvernement du moment, et la nature des orientations socialistes ou libérales n'aurait eu aucun effet sur son redressement, mais le traitement sociopolitique a été différent : c'est en cela qu'il y a contingence politique, effet des grandes alternances (socialiste en 1981, libérale en 1986) et des petites (P. Mauroy-J. Delors en 1981, L. Fabius en 1984).

De même, une fusion mal réalisée et qui met face à face,

en position de nécessaire coopération pour un sauvetage, des ennemis héréditaires, n'est pas à priori propice à une issue favorable. Le fait que le spasme final de la crise intervienne peu de temps après le départ du baron, ce qui fragilisait la « raffinerie » de contrôle, et que la bataille pour le pouvoir fasse rage entre gardiens de la tradition Schneider (Ph. Boulin) et raiders internes (D. Pineau-Valencienne et G. Eskenazi) ne pouvait que compromettre un redressement pour lequel les frères ennemis n'étaient pas également motivés. La fragilité financière du groupe, qui l'exposait aux tourbillons de la conjoncture et qui déterminait une stratégie hésitante de diversification et de restructuration, est le résultat de ces contingences politiques.

Logiques d'interaction

La dynamique des structures nous livre à la fois la compréhension de l'évolution historique et celle de situations datées. Le passage d'un état à l'autre de la structure s'explique par la mise en œuvre d'une stratégie, en réponse au glissement ou au déplacement d'un des paramètres de l'action. Mais l'issue d'un processus n'est jamais strictement déterminée par un état de la structure. Le sujet n'est pas le jouet d'une structure et pas davantage une simple machine d'optimisation. Pour une raison simple, le sujet ne connaît pas nécessairement son intérêt et ne désire pas nécessairement qu'il soit satisfait. Il y a donc autonomie partielle des effets du face-à-face, de l'interaction, de la tactique.

Les choix ultimes des acteurs, le cours qu'emprunte un processus décisionnel ne relèvent ni de la pure logique de l'intérêt économique, ni du pur rapport de forces. La dimension intersubjective, les processus d'interaction fournissent une dernière clé de lecture : les négociations ratées entre Berthon et L. Schweitzer, le CIRI et D. Pineau-Valencienne, D. Pineau-Valencienne et J. Peyrelevade, R. Fauvart et les cadres s'expliquent aussi en ces termes. Ces exemples de négociation montrent qu'on peut tenter d'épuiser le sens d'un processus interactif, largement déterminé, sans jamais y parvenir totalement. Le dossier Creusot-Loire constitue une maquette de la défaillance, de son histoire, de ses déterminants et de son traitement. Son mérite est de révéler les dimensions du problème et l'intérêt d'une démarche inductive. Aller au-delà de la monographie suppose de s'interroger sur les conditions de la généralisation (cf. annexe 1).

PREMIÈRE PARTIE

DE LA DÉFAILLANCE AU DÉCROCHAGE INDUSTRIEL

CHAPITRE 2

DE L'EXCELLENCE A LA FAILLITE : FIGURES DE LA DÉFAILLANCE D'ENTREPRISE

Le débat sur l'entreprise est décidément d'une grande frivolité en France. Passer sans transition de l'ignorance, de la défiance, voire de la démonisation de la figure du patron à la célébration de l'entrepreneur, seul créateur de richesses et héros moderne de cette fin de siècle, constitue un de ces raccourcis dont nous avons le secret et qui ont pour effet d'interdire la compréhension des phénomènes de croissance comme de déclin des organisations industrielles. Hier, les patrons pouvaient payer parce qu'ils étaient assis sur un trésor caché; aujourd'hui, il suffit d'appliquer « l'Évangile selon saint Mac [1] » pour être un gagneur et pratiquer l'excellence.

Cette présentation peut passer pour terriblement réductrice : ne disposons-nous pas d'une littérature grise considérable sur les performances de tel ou tel secteur d'activité, de synthèses brillantes sur les raisons de la perte de compétitivité de l'industrie nationale ou d'argumentaires imparables de syndicats professionnels sur les facteurs conjoncturels et structurels de nos faiblesses dans tel ou tel domaine d'activité? N'y a-t-il pas même pléthore de commentaires, d'histoires vraies, de récits de vie dans les magazines et les divers supports audiovisuels?

Mais il existe un fossé entre les défaillances d'entreprise, ou plus généralement les histoires individuelles d'entreprise, et l'analyse d'une performance industrielle d'ensemble. Traiter de l'entreprise en difficulté revient soit à en faire une illustration de tendances générales comme le sous-investissement, l'insuffisante ouverture à l'extérieur, l'insuffisante diversification, soit à en souligner l'irréductible spécificité en invoquant la mort d'un dirigeant fondateur, un accident de paiement ou la perte inopinée d'un grand marché extérieur.

On échappe difficilement à la métaphore guerrière dès qu'est évoquée la compétitivité économique d'une firme ou d'une nation : il est alors question de champ de bataille, de front, de bataille de l'arrière, de stratégie. On s'intéresse plus rarement à la défaite et aux vaincus. Pourtant, ceux-ci aussi avaient des troupes, des munitions, une stratégie. La défaite peut être riche d'enseignements [2]. Encore faut-il ne se méprendre ni sur le champ de bataille, qui est un champ de confusion, couvert d'un épais brouillard et dont la topographie réserve souvent bien des surprises, ni sur les adversaires, ni sur le moment de l'affrontement, ni sur les armes, ni même sur l'opportunité de l'affrontement. S'agissant d'entreprises, une diversification, par exemple, peut constituer une opportunité à saisir sur un marché en plein développement, un saut coûteux dans l'inconnu, la cause de l'épuisement du cash-flow et donc l'origine d'une défaillance.

A l'opposé d'une littérature proliférante sur les *« success stories »*, nous allons nous intéresser à des *« failure stories »* ou plus exactement à des *« success stories »* qui ont basculé dans la *« failure story »*. Pour explorer un tel domaine, il faut disposer de quelques repères et d'abord interroger la notion même de défaillance, et les causes de celle-ci. S'agit-il d'un long processus cumulatif ou d'événements brutaux attribuables à des causes singulières et identifiables?

Un tel questionnement inspire les travaux réguliers d'organismes financiers intéressés à la détection, à l'analyse et à la prévention de la défaillance d'entreprise. Le CEPME a même bâti, en coopération avec les administrateurs judiciaires, une typologie qualitative. Celle-ci classe les causes de la défaillance en fonction de leur nature structurelle et conjoncturelle. Parmi les causes structurelles, on peut citer la baisse de la demande, des choix stratégiques inadéquats, un outil de production obsolète, une succession mal assurée... S'agissant des causes plus conjoncturelles, la défaillance d'un client important, la suppression de concours bancaires, des malversations ou des frais financiers trop élevés constituent les critères le plus souvent cités. Même si les auteurs de cette étude prennent soin d'affirmer que « le processus de défaillance apparaît souvent très complexe en raison des phénomènes d'interaction qui lient entre eux les différents aspects de la vie d'une entreprise », ils n'en aboutissent pas moins à la conclusion que, « dans 80 % des cas, une seule cause originelle a pu être isolée [3] ».

Dans un rapport au Premier ministre sur la réforme des dispositifs de traitement des entreprises en difficulté, Alain Busnel [4] s'essaie pareillement à l'art de la typologie. Il distingue des causes structurelles, des accidents et des erreurs de gestion. Au premier rang des causes structurelles figurent la faiblesse des fonds propres, l'abus du crédit interentreprise, et les conditions de la sous-traitance. Trois types d'accidents classiques expliquent, pour l'auteur du rapport, près de la moitié des défaillances : la perte d'un important client ou d'un marché important ou encore la disparition du dirigeant. Mais, et c'est sans doute la contribution la plus originale du rapport, la défaillance est aussi le résultat d'une méconnaissance par l'entreprise de son fonctionnement interne, qui la conduit à prendre des décisions inadéquates. L'absence d'outils de gestion modernes est souvent à l'origine de difficultés répétées car difficilement décelables (marchés pris régulièrement à un prix inférieur au coût).

On peut comprendre cette volonté de classer et surtout d'identifier des explications monocausales : il n'est pas facile de traiter des systèmes socio-éco-techniques complexes. Le fonctionnement même d'un ministère technique le conduit à identifier et à privilégier dans le traitement tel ou tel type de facteur. Ainsi le ministère de l'Industrie, dans le cadre de sa politique des PME, a-t-il mis l'accent successivement sur l'aide à l'exportation, puis l'aide à l'équipement productique, avant de découvrir les problèmes de succession, puis de fonds propres et pour finir constater que la meilleure aide était de gestion (redécouverte récente des FRAC – Fonds régionaux d'aide au conseil [5]).

Si l'on veut éviter le simplisme des typologies à priori tout en ne renonçant pas à trouver des lignes d'analyse du phénomène de la défaillance d'entreprise, il faut se maintenir sur la ligne de crête qui consiste à travailler sur un matériau suffisamment riche pour que la réalité de l'entreprise ne soit pas occultée, et suffisamment synthétisé pour que des considérations annexes ne viennent pas entraver la compréhension.

Pour cette exploration des défaillances d'entreprise qui doit fournir les bases de la comparaison, nous avons pris un fil directeur paradoxal puisque c'est à l'aune de l'excellence telle que la définissent les bibles du management que nous apprécions les causes du déclin des organisations industrielles. Nous avons cherché ainsi à interroger les grands principes que sont la segmentation du marché, la répartition du risque, la différenciation produits, l'intégration, l'automatisation, la flexibilité... pour nous demander si la défaillance provenait d'une méconnaissance des lois de l'excellence.

En effet, si la disparition d'une entreprise qui n'a plus ni marchés, ni produits, ni compétences ne pose guère de problèmes d'interprétation au niveau micro-économique, il n'en va pas de même d'entreprises qui, à des degrés divers, combinent ces trois ressources.

La défaillance des fabricants de poêles à mazout ou de carrosses à chevaux, c'est-à-dire d'activités et de produits obsolètes, fait partie du mouvement naturel de l'économie. On pourrait certes questionner l'inaptitude de leurs dirigeants à se reconvertir mais le motif de la faillite est directement identifiable. Plus difficile est le cas d'entreprises apparemment prospères et qui vont disparaître en masse à l'occasion des crises de 1974 et 1979.

Commençons donc cette exploration par un secteur – le textile – où l'invocation de la concurrence étrangère a trop souvent tenu lieu d'explication définitive.

Guerry-Duperay : l'atelier vitrine, l'usine cathédrale et les frivolités de la mode

Cette entreprise moyenne de 400 salariés, implantée dans l'Isère et à Roanne, connaît en 1976 de graves difficultés dans ses activités traditionnelles de filage, teinturerie et tissage. L'intervention des pouvoirs publics permet une restructuration financière et l'arrivée d'un nouvel actionnaire, le groupe textile Koechlin [6] (familles Seyrig et Dollfus). Ses dirigeants parviennent à redresser l'exploitation. La nouvelle équipe engage alors un important programme d'investissement comportant une mise à niveau technologique des métiers à tisser et une nouvelle usine de teinture ultra-moderne. L'État a bien sûr contribué au financement par l'intermédiaire de l'un de ses guichets, le CIDISE, un dispositif d'aide aux entreprises dynamiques manquant de fonds propres.

En 1982, la situation financière se dégrade brutalement, la situation nette et le fonds de roulement deviennent négatifs, les frais financiers représentent 6,5 % du chiffre d'affaires. Pour les dirigeants de l'entreprise, il ne s'agit que de difficultés financières passagères dues à la transition de l'ancienne à la nouvelle usine. Toutefois, la dérive dans le coût des investissements a asséché leurs capacités financières propres et a considérablement alourdi l'endettement de l'entreprise. Ils ne peuvent donc assumer les engagements souscrits auprès du CIDISE. L'argumentation déployée est alors simple : « Aidez-nous à passer ce mauvais cap en trésorerie, après quoi la nouvelle usine, sitôt mise en marche, dégagera de fabuleux profits. »

Comme un entrepreneur sérieux ne saurait être arrêté dans son élan par de mesquines considérations passagères de trésorerie, le dirigeant de l'entreprise, qui a déjà bénéficié d'aides à la restructuration, à l'investissement et de crédits à taux privilégiés, s'adresse au ministère de l'Industrie pour demander de nouvelles aides afin d'accélérer la modernisation des métiers à tisser. Sa motivation est on ne peut plus désintéressée puisque, sollicité par les Suisses, les Japonais et les Tchèques qui proposent leurs matériels à des prix de faveur, il entend donner la préférence à du matériel français (Saurer Diedrichs) et faire de l'implantation de ce matériel dans ses usines « une vitrine de la technologie française ».

L'entreprise étant en règlement judiciaire, elle suggère au ministère de l'Industrie, au besoin par l'intermédiaire de l'ADEPA (Agence nationale pour le développement de la production automatisée), une mise à disposition du matériel par « des moyens autres que l'achat ». Bref, par patriotisme, l'entrepreneur consent à recevoir en quasi-don un matériel dont il a besoin mais qu'il ne peut financer. Une entreprise en difficulté présente souvent ce profil : la défaillance est passagère, elle est d'origine strictement financière, l'outil de production est remarquable, les ambitieux programmes d'investissement en cours seront source de félicité future mais l'urgence (un salon, une collection, un fournisseur...) commande une aide immédiate.

L'examen plus attentif confirme rarement le scénario de l'accident ponctuel. Dans le cas de Guerry-Duperay, le scénario rose va vite tourner au scénario catastrophe. La nouvelle usine est certes à la pointe du progrès. Les observateurs la qualifient de « cathédrale », d'« usine la plus moderne d'Europe ». Elle a coûté près de 60 MF (soit près de la moitié du chiffre d'affaires annuel) mais sa capacité est double par rapport à la demande que satisfait habituellement Guerry-Duperay (Capacité : 11 M de mètres pour une production 1982 de 6,5 M de mètres). Le nouvel outil ne peut donc être rentabilisé que si l'entreprise accroît sensiblement ses ventes ou réalise un important travail à façon. Plus grave encore, l'usine de teinture en continu est prévue pour traiter des séries importantes d'au moins 3 000 mètres alors que la production moyenne est de 1 000 mètres! En effet, le grand mérite des Seyrig avait été de trouver de nouveaux marchés à Guerry-Duperay dans le sportswear, diminuant de ce fait la part du chiffre d'affaires réalisé dans les cotonnades ordinaires (tissus pour vêtements de travail). Ainsi, les marchés traditionnels auxquels l'outil était adapté ont été négligés au profit d'une réorientation vers le sportswear qui suppose des séries plus courtes, des stocks plus importants et des conditions de production sous-optimales.

Mais le changement de marché n'a pas seulement des effets sur le niveau d'utilisation de la capacité de production : il déstabilise plus fondamentalement encore l'organisation et les outils de gestion. En effet, une production en grande série autorisant une comptabilité en coûts standards assez fruste, il est bien rare que des dérapages importants se réalisent mais une accumulation de petites séries, la réalisation d'une infinité de nuances dans les teintures classiques, voire de teintures spéciales (près de 500 en 1982), génèrent des coûts d'une extrême variabilité que le même outil est incapable de rendre prévisibles. Ainsi, plus l'activité sportswear se développait et plus les pertes augmentaient, les écarts constatés entre prix prévisionnels et prix réalisés allant même parfois de 1 à 10.

La carence des dirigeants devenue patente et leur incapacité à jouer leur rôle d'actionnaire établie, la recherche d'un repreneur peut commencer dans un contexte de dégradation accélérée des conditions de l'exploitation, due au double effet de l'évolution de la demande et de la démobilisation des équipes de Guerry-Duperay. En mai 1983, la perte mensuelle représente près du tiers du chiffre d'affaires. Une société espagnole, Brunet, va alors se porter candidate à la reprise. Bien implantée dans la fabrication et la commercialisation de fils et tissus en coton, elle manque d'une grosse unité de teinture. Guerry-Duperay pourrait la lui fournir et contribuer ainsi à la réalisation d'un pôle intégré dans la production de tissus jeans et sportswear. En effet, Brunet peut saturer l'usine ultra-moderne de Roanne avec du tissu écru venu d'Oria. Une modernisation et une spécialisation des outils de production, le choix de la grande série notamment dans le tissu jeans, et une intégration commerciale constituent, pour les dirigeants de Brunet qui parviennent à convaincre les pouvoirs publics, une solution acceptable.

Brunet parviendra à liguer contre son projet – qui passe par la mise à l'écart des Seyrig, des licenciements importants et une intégration dans une entreprise sous leadership espagnol –, l'unanimité de la communauté roannaise, du maire au juge commissaire en passant par les syndicats, l'encadrement et les dirigeants.

Au même moment, comme dans les contes de fées et par la grâce de l'ayatollah Khomeyni qui a chassé le chah et ses fidèles, un investisseur iranien se présente : il a des dollars plein les poches et cherche à faire des affaires. Il n'a pas beaucoup d'idées mais pense qu'il y a un marché immense pour les cotonnades teintes (les tchadors!). Tous les notables vont déployer le grand jeu de la séduction pour un homme qui avoue son incompétence en matière textile, mais déclare faire confiance à l'ancienne équipe dirigeante. Et comme un bonheur n'arrive jamais seul, l'Iranien providentiel s'engage à investir une somme deux fois supérieure (35-45 MF) à celle de l'Espagnol, à ne licencier personne et à indemniser généreusement les créanciers.

Le tribunal de commerce, séduit, finira par se rendre aux arguments de l'Iranien, cependant que l'hostilité des pouvoirs publics à cette solution entraîne localement une levée de boucliers du front uni pro-iranien, syndicats-patronat-notables, et une campagne de presse de la droite locale dans laquelle on suggère finement que seules des motivations politiques sont en cause : la gauche préférerait l'Espagne de Felipe Gonzalez aux dollars de l'Iranien exilé. Un an plus tard, l'Iranien, ayant tenu ses engagements financiers et perdu sa mise, ne reprend pas l'entreprise au terme de la location-gérance : l'entreprise est liquidée et tous les salariés licenciés. La cathédrale n'aura jamais rien produit!

Par rapport à la représentation commune de l'origine des difficultés dans le secteur textile – la concurrence des pays à faibles salaires – et des solutions habituellement préconisées – la production de biens à forte valeur ajoutée –, l'exemple Guerry-Duperay suggère que la différenciation produits n'est pas, sans transition, à la portée d'une industrie de production de masse.

Ce passage d'un métier à l'autre a été littéralement impensé dans le cas de Guerry-Duperay puisque le nouvel outil de production dans la teinture prolongeait davantage l'ancien modèle de production (séries longues, cotonnades ordinaires) qu'il ne préparait le nouveau (séries courtes, sportswear). Ainsi l'entreprise passe-t-elle sans transition du sous-investissement au surinvestissement ou, plus exactement, d'un outil archaïque à un outil ultra-moderne mais surdimensionné, comme s'il était impossible de rehausser la productivité et les performances globales d'un outil de production par adaptations progressives.

L'incapacité de l'entreprise à connaître ses coûts n'est pas due non plus, comme on le croit trop souvent, au fait que l'entreprise serait mal gérée. Ses standards rustiques fonctionnaient dans une configuration grandes séries – bien standardisées. L'absence d'outil de gestion adapté n'est que l'une des manifestations de la déstabilisation d'un système de production-commercialisation-gestion.

Bien d'autres aspects qui tiennent à l'action des pouvoirs publics, des autorités locales, du tribunal de commerce, des syndicats seraient à souligner, nous aurons l'occasion d'y revenir. Notons toutefois que les aides n'ont jamais manqué à ces entrepreneurs du textile, que le protectionnisme technologique sert à faire chanter l'État et que la volonté des pouvoirs publics clairement manifestée en faveur de la solution espagnole ne peut rien face à la coalition des notables et aux solidarités de voisinage.

A Roanne, pendant que Guerry-Duperay ploie sous la difficulté, les ARCT vivent les derniers moments d'une interminable agonie. La réduction de la demande de produits textiles et donc celle de l'offre nationale, aggravée par la délocalisation et la poussée des importations, ne suffit pourtant pas à expliquer la crise mortelle de l'industrie des machines textiles et notamment des ARCT. Voici comment meurt une entreprise naguère première mondiale (début des années 70) dans sa spécialité (machines pour la texturation).

ARCT : rater un tournant, sauter une étape

En 1971, les Ateliers Roannais de Constructions Textiles (ARCT) sont leader mondial dans les machines à texturer. Leur chiffre d'affaires est alors de 480 MF et ils comptent 1 580 salariés. L'entreprise avait été créée en 1922 par la famille Crouzet qui la dirige encore au début des années 70. A partir de 1974, Barmag, concurrent allemand des ARCT, propose une nouvelle génération de machines à commandes électroniques. La profession, habituée à une grande stabilité technologique et à une grande fidélité de la clientèle, entre dans une ère de turbulences : les produits se renouvellent vite, des gammes sont constituées, l'électronique fournit une grande souplesse d'utilisation. Dans un marché en voie de rétrécissement et où la concurrence se fait plus âpre, les ARCT, qui n'ont pas su prendre le tournant, vont rapidement perdre pied, notamment sur leur marché de référence – les États-Unis. L'activité va alors régulièrement décroître, sans que l'entreprise adapte les effectifs. Les ARCT, qui avaient connu une longue prospérité et dont les dirigeants pratiquaient une politique sociale avantageuse, vont d'abord vivre sur leurs réserves sans licencier. Le chiffre d'affaires réalisé par salarié en francs courants chutera de 304 000 F en 1971 à 201 000 F en 1981; en 1983, la masse salariale de l'entreprise est supérieure au chiffre d'affaires!

En 1978, les descendants des fondateurs se retirent; les premiers concours publics sont sollicités et obtenus; l'entreprise entreprend de refaire son retard sur son concurrent allemand sans y parvenir. En fait, l'usine a vieilli, les équipes techniques se sont peu renouvelées, les travailleurs organisés dans une CGT puissante menée par un leader charismatique parviennent à empêcher toute solution passant par des licenciements.

Une nouvelle direction décide alors de frapper un grand coup en développant une technologie révolutionnaire qui doit permettre aux ARCT de renouer avec leur grandeur passée. Le PC et la CGT vont faire de cette technologie, dite du Novacore, un étendard de la capacité d'innovation de l'industrie française et de la lutte contre la volonté de casse des gouvernements de droite et de gauche. Le Novacore, qui représentait une innovation produit (mélange de deux fibres, naturelle et synthétique) et une innovation procédé (technique de retordage), est mis au point en laboratoire au prix de l'épuisement des ressources financières de l'entreprise. L'urgence qu'il y avait à mettre sur le marché une machine qui seule pouvait assurer la survie de la firme conduira à bâcler la phase d'industrialisation du nouveau procédé, à ne guère s'interroger sur ses débouchés et encore moins sur la demande pour ce nouveau type de fil. Dès lors, le scénario se déploie selon une logique implacable : le développement et l'industrialisation de la machine prennent du retard; les utilisateurs potentiels du procédé demandent des tests pour fils, laine et coton – ce qui rallonge les délais de mise au point. L'activité de l'entreprise s'étiole chaque jour davantage; la demande de concours publics augmente sans cesse; les salariés, dont la charge de travail diminue, espèrent le miracle et s'accrochent à leurs postes.

Pendant ce temps, la concurrence ne désarme pas. Progressivement, les atouts du nouveau procédé en matière de vitesse sont battus en brèche par les procédés concurrents à jet d'air et à friction. Enfin, s'agissant d'un nouveau type de fil, son acceptation par les professionnels du textile était déterminante. Or, ceux-ci se soucient moins de la performance de la technique de retordage que de la qualité du fil et de l'apprêt du tissu. La mobilisation de la classe politique locale (on verra Jean Auroux transformé en homme-sandwich du Novacore en portant un pull tricoté avec ce fil) peut aider à obtenir des subventions mais certainement pas à faire inscrire dans le catalogue des professionnels de la maille un nouveau type de fil.

Plus les retards s'accumulent, plus les pertes s'élèvent et plus les pouvoirs publics renâclent à assurer les fins de mois. L'habileté de la CGT locale consistera à exercer un chantage permanent en le nourrissant d'arguments vraisemblables. Quand le thème du sauvetage des capacités technologiques du pays ne suffit plus, on invoque la foire de Milan où il faut absolument être présent pour prendre des commandes, et lorsque les commandes tardent à venir, on invoque l'intention du gouvernement chinois de passer commande pour des volumes tels que l'avenir de l'entreprise serait assuré (les syndicats demandent alors qu'on réembauche!). Bref, des salariés en sous-activité chronique sont ainsi parvenus pendant des années à maintenir la fiction d'une entreprise sans actionnaires ni marchés, en jouant alternativement du patriotisme technologique, de la sauvegarde de l'outil industriel et même de la qualité de nos relations avec la Chine populaire!

On empruntera l'épilogue aux grognards de Napoléon : « La classe ouvrière meurt mais ne se rend pas. » Les salariés refuseront un dernier plan de sauvetage et préféreront un licenciement collectif et une disparition de l'entreprise à des suppressions de postes et à une réembauche sélective par un repreneur (ancien cadre commercial de l'entreprise).

Le cas des ARCT est exemplaire à divers titres.

– Il illustre les effets du vieillissement d'un système technique et pas seulement d'une technologie ou d'un produit. En 1974, toute une conception des fonctionnalités de la machine et de sa construction entre en crise. De manière symptomatique, les ARCT continuaient à livrer des machines construites sur d'impressionnants bâtis en fonte là où les concurrents se contentaient de tôles. L'entreprise n'a donc pas souffert, comme on le dit trop souvent, d'avoir manqué d'automaticiens et d'informaticiens, car on peut toujours recruter les compétences qui manquent. Mais on ne change pas du jour au lendemain une culture technique figée.

– Les ARCT vivaient aussi en régime d'autarcie technologique : les succès passés les avaient convaincus du caractère irremplaçable de leurs compétences propres. Aussi fabriquaient-ils leurs fours pour les opérations de chauffage du fil, leurs pièces usinées et même leurs boulons.

– Face aux revers enregistrés sur les marchés, les ARCT, appliquant furieusement le grand principe « plus on est en retard et mieux on peut être en avance », décident de se lancer dans une innovation majeure puisqu'elle vise à promouvoir une nouvelle technique de texturation et un nouveau fil. Pour ce faire, un budget de 50 MF et 45 personnes seront engagés pendant trois ans.

– Comme il faut occuper une main-d'œuvre combative et qui sera indispensable lorsque les beaux jours reviendront, on réalisera des diversifications à grand renfort d'études stratégiques et de fonds publics. Les ARCT se lanceront dans les conteneurs, secteur lui-même en proie à de graves difficultés, les machines pour produits d'hygiène, les machines spéciales pour filatures et tissage. Ces trois diversifications n'occuperont que 118 salariés en 1985.

– En dix ans, le total des sommes engagées aura atteint près de 1 MMF dont 800 MF de fonds publics et 200 MF des actionnaires.

– Les ARCT enfin auront expérimenté les affres et les délices du vedettariat. Promus symbole de la créativité de la technique française et de la reconquête du marché intérieur par le PC et la CGT, ils demeureront intouchables pour les gouvernements successifs de droite comme de gauche. L'entreprise disparaîtra. Même l'honneur de la CGT ne sera pas sauf : l'ancien cadre Bernard Terrat qui avait été rejeté par la base syndicale parviendra à recréer une entreprise et à se faire couronner meilleur exportateur français en 1988 (prix du *Nouvel Économiste* [7]).

Chaffoteaux et Maury : autosuffisance et goût du grand large

A la différence des ARCT, Chaffoteaux et Maury avait prévu le ralentissement de son marché principal (appareils de chauffage gaz et électricité) et, dès le début des années 70, avait entrepris une diversification dans le secteur de la construction métallique en France et à l'étranger. Ainsi, une entreprise familiale, principal employeur du département des Côtes-du-Nord, a pu moderniser l'outil de production et entreprendre une diversification de ses activités. Le 20 avril 1984, à la suite d'un « accident de trésorerie », l'entreprise est admise au régime de la « suspension provisoire des poursuites ». Comment l'entreprise performante qui affichait un carnet de commandes à l'export impressionnant dans son secteur bâtiment et qui venait de se voir accorder des concours du CODIS (Comité de développement des industries stratégiques) pour la mise en place d'un atelier flexible d'assemblage, a-t-elle pu sombrer dans la faillite? En fait, comme dans nombre d'autres cas d'entreprises en difficulté, le motif immédiat de la défaillance – la crise de trésorerie – et même les raisons invoquées pour expliquer celle-ci – un retard sur un chantier algérien –

n'ont qu'un lointain rapport avec les origines réelles et profondes de la défaillance.

Le groupe Chaffoteaux et Maury est, en 1983, le second fabricant français d'appareils de production d'eau chaude et de chauffage au gaz derrière Saunier Duval, filiale de Saint-Gobain. Le chiffre d'affaires consolidé est alors de 1,3 MMF pour un effectif de 4 130 personnes en France. Le groupe est contrôlé par les familles fondatrices et majoritairement par un ingénieur qui a profondément contribué à la prospérité de l'entreprise et du bassin d'emploi : Pierre Neny. La direction est assurée par le fils de P. Neny, mais le patriarche assume de fait la responsabilité réelle de l'entreprise. Spécialisé dans les chauffe-eau à gaz, Chaffoteaux et Maury a dû faire face au déclin des mises en chantier de logements neufs (– 40 % en dix ans dont – 65 % pour les logements collectifs), à l'augmentation des installations au chauffage électrique dans le logement neuf et à l'abandon des chaufferies collectives pour des raisons d'économie d'énergie. Plus grave encore, le marché de la réhabilitation des appartements anciens, qui avait assuré un relais d'expansion entre 1975 et 1980, décline à son tour en 1981 (– 15,5 %) et en 1982 (– 20 %).

Le résultat de ces mouvements convergents a été une forte contraction de la demande de chauffe-eau et chauffe-bains à gaz (624 000 appareils en 1972, 343 000 en 1983). Chaffoteaux et Maury résistera bien au choc, à la différence de Saunier Duval, qui accuse alors 100 MF de pertes par an. Il détient en effet un certain nombre d'atouts qui lui permettent de faire la différence par rapport à ses concurrents : notoriété de la marque, qualité de l'après-vente, percée sur les marchés étrangers, innovation technologique et renouvellement de la gamme.

Même si les contrats gaziers avec l'URSS et l'Algérie font espérer une certaine reprise de la demande interne, le choc que constitue une demande durablement stagnante conduit Chaffoteaux et Maury à moderniser son outil de production, à diversifier ses activités et ses produits.

La caractéristique majeure de l'organisation industrielle de Chaffoteaux et Maury est l'intégration verticale très poussée réalisée à l'usine de Saint-Brieuc. La quasi-totalité des composants des appareils est fabriquée sur place, depuis la robinetterie jusqu'aux éléments en plastique moulé. La constante amélioration des produits a été réalisée par adjonction successive de dispositifs sur un appareil qui évoluait donc par sédimentation. L'usine, qui intègre plus de 7 000 composants dans les appareils qu'elle assemble, est ainsi elle-même un patchwork d'ateliers archaïques et d'unités ultra-modernes.

Plutôt que de rationaliser progressivement l'outil et de revoir sa politique d'intégration en ayant plus volontiers recours à la sous-traitance, en 1980 la direction décide, à la suite du recrutement d'un nouveau directeur technique, de réaliser une chaîne robotisée d'assemblage dont le coût prévisionnel s'élève à 55 MF. Prévu pour 1985, le démarrage de la nouvelle chaîne n'a pourtant guère été préparé puisque l'entreprise, fonctionnant avec l'ancienne technologie, est déjà en état de sureffectif permanent. L'incidence du nouvel outil a été évaluée par un cabinet d'audit à un sureffectif additionnel de 100 emplois et la rationalisation de la gestion de production selon les hypothèses de ventes, entre 270 et 470 emplois. Pour séduire la clientèle étrangère et assurer le plan de charge de l'usine mère, Chaffoteaux et Maury entreprend de différencier sa production en s'adaptant notamment aux normes étrangères. C'est ainsi qu'une nouvelle génération de chaudières murales (dites « à condensation »), d'un coût nettement plus élevé et d'un fonctionnement plus délicat, a été lancée en 1982 et qu'une nouvelle gamme de chauffe-eau plus économiques (à corps de chauffe en cuivre et non plus en fonte) est annoncée pour 1984.

Mais la grande affaire, pour Chaffoteaux et Maury, sera la diversification dans la construction métallique et le bâtiment. Lorsque le maintien de l'emploi est une priorité stratégique et une obligation politique, et que l'entreprise se définit par son savoir-faire technologique plus que par un métier, l'acquisition d'activités moins capitalistiques semble constituer une orientation logique. C'est ainsi que Chaffoteaux et Maury achète en 1970 une entreprise de construction métallique locale en faillite : la Société Métallurgique de Bretagne, et crée, en 1982, l'entreprise de bâtiment Tenec, chargée de mettre en œuvre, notamment en Algérie, un procédé de construction légère industrialisée.

L'audace que la nouvelle équipe technique manifeste en lançant l'atelier Bayard, hyper-automatisé, n'a d'égale que celle de l'équipe de direction du groupe qui, ne connaissant rien au secteur du BTP et encore moins aux grands contrats à l'export, surtout lorsqu'il s'agit de la très susceptible Algérie, décide néanmoins de prendre d'emblée de grands marchés à l'étranger. Cette diversification remplit son premier objectif, qui est de fournir de l'emploi aux salariés de Chaffoteaux et de créer une nouvelle base de croissance puisque les futurs marchés étrangers doivent assurer le plan de charge de la nouvelle usine de charpente métallique.

Tenec décroche un marché de 1 000 maisons préfabriquées à structure métallique auprès de la Sonatrach pour un montant de 300 MF. Ce marché se révélera un désastre absolu sur les plans technique, humain, politique et pour finir financier. Revêtus de lin blanc et d'une probe candeur, les dirigeants de Tenec et de Chaffoteaux et Maury qui assurent la trésorerie et garantissent l'opération iront de surprise en surprise. Les études géologiques sommaires avaient masqué les difficultés du terrain et la nécessité de le consolider avant construction. La localisation des chantiers et divers retards vont générer d'incroyables surcoûts de personnel, puisque celui-ci était expatrié et avait été recruté à prix d'or, Chaffoteaux et Maury n'ayant aucune compétence en matière de conduite de grands chantiers à l'étranger. Les pertes enregistrées seront à la hauteur de la frivolité des décisions des dirigeants : 210 MF avant que les autorités algériennes ne fassent jouer les différentes clauses de garantie et n'apurent les contrats (le chiffre d'affaires étant de 300 MF, on peut dire que la sous-estimation du coût a été de près de 100 %).

Ainsi, venus solliciter un concours en trésorerie de 30 MF pour passer un mauvais cap, les dirigeants de Chaffoteaux et Maury, soumis à l'expertise d'audits industriels et financiers, réalisent que la situation nette de l'entreprise est largement négative et se voient offrir le choix entre le dépôt de bilan et la recherche immédiate d'un repreneur.

On découvre à cette occasion qu'en 1976, Saunier Duval, le principal concurrent, détenait 39 % du capital de Chaffoteaux et Maury et que son projet était de réunir les deux entreprises pour en rationaliser l'outil. Face à l'opposition farouche de P. Neny et des autres actionnaires, Saunier Duval avait renoncé à son projet et cédé ses titres à des sociétés de portefeuilles. En 1985, un groupe d'investisseurs algériens et un concurrent allemand (Vaillant) se disputeront le privilège de racheter pour le franc symbolique ce leader de l'industrie des Côtes-du-Nord.

L'exemple Chaffoteaux et Maury confirme certaines observations sur les origines de la défaillance d'entreprise.

– A Roanne comme à Saint-Brieuc, une entreprise moyenne, fortement enclavée dans un territoire et contrôlée par un actionnariat familial, se trouve confrontée à une nouvelle donne technico-économique. Sa réaction est de rechercher une nouvelle activité, un nouveau marché ou une nouvelle technologie, sans remettre en cause les équilibres de base – notamment en matière d'emploi. Quelle qu'en soit l'origine, la situation se dégrade vite car l'entreprise n'a pas de réserves et s'interdit d'adapter ses effectifs.

– Face à la difficulté, l'entreprise est capable de paris étonnants comme le Novacore, le sportswear ou le marché du bâtiment algérien. Mais la défaillance révèle des sources de difficulté cachées, plus anciennes et néanmoins décisives, comme l'autarcie technologique et industrielle. Les entreprises considérées sont gérées comme des fiefs sous-traitant peu, échangeant peu avec leur environnement. Ce comportement fragilise doublement l'entreprise, incapable d'être aussi productive sur tous les composants et condamnée à une charge de travail régulière, faute de quoi le coût des stocks ou du sous-emploi devient vite prohibitif.

– Ce refus de la coopération industrielle se double d'une défense patrimoniale intransigeante. Les Crouzet, les Seyrig et les Neny n'ont pas noué d'alliances avant leur défaillance. Quand un grand industriel comme Saint-Gobain a voulu rationaliser le secteur, il s'est vu opposer le front des anciens possédants.

C'est donc dans la manière de répondre à un choc exogène, réel ou supposé, que l'entreprise se révèle et entre en crise. La brutale décroissance du marché du logement a constitué ce choc initial qui a motivé la diversification. L'entreprise Gautier, fabricant de meubles, a eu aussi à le connaître.

Gautier : le tsar du Boupère et le marché du meuble d'enfant

S'il n'avait fait faillite, Patrice Gautier aurait pu enrichir les manuels du parfait gestionnaire et fournir un cas d'école de segmentation de marché réussie. Dans le secteur traditionnel de l'ameublement, où la croissance quantitative avait tenu lieu de seule politique et où le choix pour les fabricants nationaux consistait, soit à faire de l'artisanat dans le rustique, soit à faire de l'industriel coûteux et sans style, Gautier, à partir de l'atelier familial du Boupère (village vendéen de 3 000 habitants) a résolument innové et créé un groupe dans l'ameublement. Son originalité a été de se spécialiser, en 1963, dans la chambre de jeunes. Alors que dans la profession, on se livrait à une concurrence dans les « meubles meublants » ou le « rond ménager » (sièges, tables...), il avait compris que la prospérité grandissante et le statut de l'enfant créeraient un marché spécifique. Parti d'un atelier de 60 personnes en 1966, il atteindra un effectif de 400 en 1970 et de près de 2 500 salariés (filiales étrangères comprises) en 1983. En fait, pour asseoir la prospérité de son groupe, P. Gautier avait déployé une stratégie d'intégration amont (importation de bois massif et fabrication de panneaux de particules), de spécialisation des usines par gamme de produits et de développement à l'export par des filiales de commercialisation.

A partir de 1980 toutefois, Gautier enregistre une stagnation de ses ventes et une relative substitution de produits au profit de la gamme basse. Mais l'entreprise est considérée par les pouvoirs publics comme un leader du secteur, une des rares réussites. Aussi, lorsqu'ils sont sollicités pour un apport de concours en fonds propres, consentent-ils un prêt participatif de 28 MF par le biais du CIDISE. La situation de l'entreprise apparaît alors fondamentalement saine et le concours est justifié par un ambitieux programme d'investissements de 180 MF sur trois ans.

En mars 1983, rien ne va plus, l'entreprise ne peut tenir ses engagements et le ministère des Finances mandate une commission du contrôle d'État. P. Gautier reconnaît qu'il traverse des difficultés passagères attribuées à la réduction de la consommation de meubles, elle-même due au ralentissement de la croissance du pouvoir d'achat, aux taux d'intérêt élevés, à la diminution des mises en chantier de logements neufs et à la baisse du prix relatif des meubles. Selon lui, la solution passe par la conquête de marchés étrangers, par une réduction du temps de travail et, dans l'immédiat..., par des concours publics de 30 ou 40 MF.

Un premier examen des comptes de P. Gautier tempère singulièrement l'optimisme affiché par le président fondateur du groupe : les engagements d'investissements n'ont pas été tenus, la demande anticipée est excessive et donc alourdit les stocks, enfin, les comptes ne reflètent pas la situation réelle du groupe.

Patrice Gautier tente alors le règlement judiciaire pour organiser le redressement. Comme bien souvent en pareille situation, l'ampleur du drame a été considérablement sous-évaluée : les artifices comptables (mode de valorisation des titres de participation, des prêts faits aux filiales, des stocks), ont, sur le moment, un effet euphorisant dans la mesure où ils permettent de minimiser la difficulté, mais finissent par constituer une vérité officielle à laquelle tout un chacun, au sein de l'entreprise, adhère. En fait, les prises de commandes avaient littéralement plongé à partir de septembre 1982, passant d'un niveau mensuel de 55 MF à 32 MF en janvier 1983, sans que le niveau de production ait été modifié. Résultat prévisible : une augmentation sans précédent des stocks.

L'administrateur judiciaire ne se contente pas de réduire les effectifs, de rapatrier la sous-traitance, d'instaurer le chômage technique, il entreprend une réorganisation de l'outil de production (séries courtes) pour satisfaire une demande plus volatile. Paradoxalement, la chute conjoncturelle de la demande masquera un moment l'origine réelle des difficultés. Dans le cas de Gautier, les résultats d'exploitation s'étaient profondément dégradés avant le retournement de 1983 puisqu'ils étaient passés de 50 MF en 1979 à 2 MF en 1982 en raison d'une explosion des frais généraux. La perte de 1983 (40 MF) et le doublement des stocks expriment mieux le retournement conjoncturel. Les médiocres résultats de Gautier sont donc le fruit d'une décroissance en volume à coûts fixes constants, d'une descente dans la gamme et donc dans le taux de marge, d'un approvisionnement interne peu justifié en termes de coût et d'une diversification dans le rustique en bois massif où la standardisation industrielle n'apporte aucun avantage.

Ainsi, on comprend mieux le cycle de la dégradation : le ralentissement de la demande dans l'activité qui avait fait la prospérité du groupe et autour de laquelle avait été réalisé un modèle d'intégration complet de la fabrication de panneaux à la distribution du meuble, est compensé, en termes de volume, par une descente en gamme, sans que soient remis en cause la politique d'intégration ni le coût de la structure. Au contraire, la nécessité de trouver de nouveaux marchés à l'export alourdit les frais généraux. Le phénomène a été un moment occulté par des artifices comptables : l'entreprise en effet avait filialisé ses activités, ce qui autorisait tous les jeux d'écriture possibles. Le subterfuge n'aurait pas porté à conséquence si le marché ne s'était littéralement effondré. Le choc de 1983 ne fait que traduire l'inadaptation des produits Gautier en termes de gamme et de segments de marché visés. Le tsar du Boupère était en retard d'une évolution de marché...

Diversification et marchés publics : la Franco-Belge de Chemin de fer

La concurrence n'est pas la stratégie spontanée des fournisseurs des marchés publics, qu'il s'agisse de matériel ferroviaire, électrique ou de télécommunications. A cela nombre de bonnes raisons : la nécessité d'éviter la duplication d'investissements coûteux pour des marchés limités dans le temps ou l'utilité qu'il y a à capitaliser la rente du marché national pour attaquer les marchés étrangers. Mais aussi, de moins bonnes raisons : accumuler des profits indus au détriment de services publics sans bénéfices pour la productivité et la compétitivité des industriels nationaux.

Aussi, lorsque au début des années 60 le groupe Herlicq décide, avec la création de la Franco-Belge de Chemin de fer, de se lancer dans le matériel ferroviaire et de porter la concurrence dans le club douillet formé par Alsthom, Schneider, Brown Boveri et les ANF, la RATP et la SNCF – qui préparent la modernisation du métro, le réseau express régional et une nouvelle génération de rames ferroviaires – manifestent-elles très concrètement leur soutien au nouvel entrant.

Jusqu'en 1973, la Franco-Belge se contente de fabriquer des produits banalisés, les wagons, mais lorsque la SNCF lance le plan Corail, la RATP les nouvelles rames bleu et blanc (MI 77) et surtout le matériel d'interconnexion (MI 79), la Franco-Belge est non seulement candidate pour une part substantielle du marché, mais elle entend jouer les premiers rôles et assurer la maîtrise technologique du produit le plus sophistiqué (le MI 79). Le matériel d'interconnexion est destiné à circuler sur deux types de rails avec deux types de tensions et à desservir deux types de quais : ceux de la SNCF et ceux de la RATP. La difficulté de la tâche est telle que le premier prototype livré explose. Mais la Franco-Belge est déterminée : elle recrute les meilleurs spécialistes en les débauchant chez les concurrents et fait aux clients des propositions de prix inégalables. Pour être crédible, cette stratégie n'en nécessitait pas moins une référence majeure auprès d'un client solvable et exigeant. La Franco-Belge la trouvera à Atlanta, aux États-Unis.

Début 1979, la réussite est totale : la Franco-Belge détient en portefeuille la commande du métro d'Atlanta. Elle partage avec Alsthom et Jeumont-Schneider le marché du MI 77 et détient l'exclusivité du marché le plus prestigieux, le plus technique : l'interconnexion (le MI 79). La Franco-Belge est leader du marché de la fabrication des matériels tractés (voitures de chemin de fer et de métro) : son chiffre d'affaires est de l'ordre de 800 MF et sa capacité de production représente le tiers des marchés traités annuellement. Certes, pour obtenir ces marchés, la Franco-Belge a calculé ses prix au plus juste, elle a dû investir lourdement (100 MF), a sous-estimé la difficulté et les délais de mise au point et a considérablement accru ses charges salariales en recrutant du personnel de qualité et en surpayant par rapport à ses concurrents sa main-d'œuvre ouvrière; du moins a-t-elle assuré le plan de charge de Raismes, son usine du Valenciennois (près de 2 500 salariés) et damé le pion à Alsthom.

En fait, en cette année 1979, le groupe Herlicq – dont la Franco-Belge est l'une des trois filiales –, connaît des difficultés autrement plus sérieuses avec ses chantiers navals Constructions navales et industrielles de la Méditerranée (CNIM) : pertes dans l'offshore, hausse des coûts non maîtrisée, etc. Une solution a été trouvée grâce à des concours publics directs et indirects (aides à la marine marchande notamment), mais le groupe a dû s'engager financièrement plus avant.

Mi-1979, la Franco-Belge avoue des difficultés de trésorerie passagères attribuées au retard mis par la SNCF et la RATP à répondre à ses légitimes demandes de révision de prix. Elle reconnaît toutefois que l'ensemble de la profession va devoir gérer une chute des commandes après l'achèvement des grands programmes et se dit disposée à en discuter avec ses collègues.

Simultanément, le CIASI et le ministère de l'Industrie se saisissent du dossier puisqu'il faut à la fois régler l'incident de trésorerie et penser l'adaptation du secteur à la décroissance de la demande. Dans un premier temps, M. Herlicq, soutenu par son banquier chef de file, entend préserver ses intérêts et ne pas communiquer à ses concurrents les informations pourtant nécessaires à une éventuelle restructuration du secteur. La difficulté est si peu vécue comme dramatique que M. Herlicq, à la différence de ses concurrents, fait valoir des commandes imminentes à l'exportation (États-Unis et RDA) et des contacts féconds avec Budd, Thyssen et General Electric.

Mais, comme souvent, l'incident de trésorerie masque des difficultés autrement plus sérieuses. Dans le cas de la Franco-Belge, l'important programme d'investissements a été financé sur ressources internes sans consolidation des fonds propres et les marchés ont été enlevés à de telles conditions de prix et de délais que chaque matériel est livré à perte – l'estimation de celle-ci variant entre une et trois fois la situation nette. Pis encore : les concours apportés par le groupe Herlicq à la Franco-Belge, et notamment les garanties données, si elles devaient jouer, entraîneraient tout le groupe dans la faillite.

Le 7 juillet 1980, la Franco-Belge est déclarée en règlement judiciaire. Aucune entreprise ne se déclare candidate à la reprise, même au franc symbolique. Un cartel des concurrents est alors formé à l'initiative des pouvoirs publics pour assurer la continuité des projets en cours. Malgré de très substantielles revalorisations tarifaires consenties par la RATP et la SNCF, le syndicat de reprise refusera de donner une garantie de bonne fin aux clients.

La nouvelle société ainsi formée, Soferval, va poursuivre durant deux ans son activité à coûts croissants au point que SNCF et RATP décideront de revoir à la baisse leurs programmes d'investissements, estimant que les conditions du renouvellement ont radicalement changé. En fait durant cette période, la Soferval est au point géométrique des tensions. Tension entre l'État et Alsthom pour que la reprise se fasse sans licenciements et à un coût en subventions raisonnable pour la puissance publique; tension entre Soferval et la RATP et la SNCF pour que les matériels indispensables à l'interconnexion soient livrés à un coût qui ne soit pas prohibitif; tension entre Alsthom et ses concurrents pour que la rationalisation nécessaire du secteur se fasse autour du duopole formé par Alsthom et Schneider en attendant que ce dernier à son tour jette l'éponge.

L'exemple de la Franco-Belge de Chemin de fer fournit un cas de figure d'excellence puis de défaillance assez inédit. Un groupe familial présent dans la construction mécanique et les chantiers navals décide sur le tard de se diversifier dans un secteur mûr et sur un marché tenu par un oligopole. Sans avantage technologique initial ni capacité propre d'en créer, il décide d'acheter des compétences. Un tel choix n'est pas d'avance condamné à l'échec puisque le nouvel entrant, en jouant la concurrence, est l'allié objectif du client. La preuve est même faite que le dernier entrant sur le marché peut maîtriser la technologie la plus pointue et décrocher une référence majeure sur le marché le plus compétitif : les États-Unis. Comment expliquer alors l'échec? Dans une structure de marché où un oligopole de la demande fait face à un oligopole de l'offre, celui qui joue la concurrence gagne nécessairement dans l'immédiat. Toute la question est de savoir comment il tarifie son bien et quelle part de la rente du monopole revient au producteur et au consommateur. Dans le cas de la Franco-Belge, à l'évidence la sous-tarification a été excessive par rapport aux prix pratiqués par l'oligopole, par rapport aux coûts propres de l'entreprise et surtout par rapport à la capacité financière d'un groupe familial connaissant par ailleurs des difficultés. On peut sous-coter si l'on a des atouts, si l'on gère bien et si l'on a des réserves, mais quand on achète les atouts, qu'on ne connaît pas ses coûts et que l'on finance l'investissement par du découvert, la stratégie de la concurrence est alors suicidaire.

Poclain, une réussite et une faillite exceptionnelles

Une politique d'innovation permanente, une stratégie d'alliances avec un partenaire étranger puissant et une implantation sur les grands marchés de consommation constituent, semble-t-il, le triangle magique de la réussite en temps de crise comme en temps de croissance. C'est la politique que mena avec obstination un entrepreneur hors de pair, Georges Bataille, avant d'être écarté de son entreprise pour cause de pertes « sidérurgiques ».

La première pelle hydraulique du monde voit le jour en 1951 à l'initiative de G. Bataille, fondateur de Poclain. Les effectifs de la modeste entreprise qu'il dirige sont alors de

100 personnes. Quelque dix ans plus tard, en 1963, 10 000 pelles de ce type ont été vendues dans le monde, des filiales commerciales ont été créées en RFA, en Italie, aux États-Unis, au Royaume-Uni, au Canada et des licences de fabrication cédées, notamment au Japon.

En 1966, une première diversification est réalisée dans le domaine des grues mobiles avec la création de Poclain Potain Matériel. Par ailleurs, la compétence pointue acquise par Poclain dans le domaine de l'hydraulique haute pression le conduit à filialiser cette activité (Poclain Hydraulics) en 1970, et à devenir concepteur et réalisateur d'ensembles hydrauliques. En 1973, Poclain est le premier constructeur mondial dans sa spécialité et le premier groupe français de matériel de BTP. Il est présent commercialement aux quatre coins du monde et a démarré quelques unités de production à l'étranger, notamment en Belgique.

La crise de 1974, qui se traduit par un ralentissement des grands travaux et donc de la demande en matériels BTP, frappe de plein fouet une entreprise engagée dans un ambitieux programme d'extension des capacités de production, de diversification dans les chargeurs, d'approfondissement de sa maîtrise de la technologie sophistiquée de l'hydraulique haute pression et d'internationalisation. Le président fondateur est alors convaincu du caractère transitoire de la crise, tant il reste de besoins d'équipement à satisfaire, notamment dans les nouveaux pays industriels. Il redouble donc d'efforts pour élargir sa gamme et trouver à la grande exportation de nouveaux marchés (Iran...). En 1977, il doit toutefois se résoudre à trouver de nouvelles sources de financement. Le groupe américain Case Tenneco, qui était son licencié, rachète 40 % du capital, devient premier actionnaire mais maintient G. Bataille en place. Au passage, celui-ci perd son réseau international qui se trouve intégré à Case.

La reprise du marché international en 1979-1980 permet à Poclain de passer ce mauvais cap et de renouer avec les bénéfices (en perte en 1978, Poclain affiche 100 MF de bénéfices en 1980 pour un chiffre d'affaires de 2 747 MF). La terrible crise de 1981-1983 va plonger le secteur du matériel de BTP, au niveau mondial, dans la plus grave récession qu'il ait connue depuis la guerre. Elle atteint d'autant plus Poclain que l'entreprise avait déjà été affaiblie par le premier choc de 1974 et qu'elle connaissait des problèmes endémiques tels l'insuffisance notoire de moyens financiers, le poids des filiales composants hydrauliques et grues mobiles. La crise de 1981-1983 conjugue en fait deux phénomènes : l'insolvabilité des pays du tiers monde qui entraîne l'arrêt ou le report des grands chantiers et la saturation des marchés développés qui déplace la demande des gros engins vers le petit matériel adapté à la rénovation et à l'entretien [8]. De surcroît, très engagée en Iran et en Iraq, la compagnie subit de plein fouet les effets de la guerre. Aux conséquences de la crise viennent s'ajouter les difficultés spécifiques à Poclain. L'étroitesse des marges financières pratiquées l'avait conduit à rogner sur son effort de recherche et donc à prendre le risque de voir s'éroder son avantage technologique. De surcroît, sa volonté de maîtrise technologique dans le domaine des composants hydrauliques allait lui coûter très cher en termes de coûts d'approvisionnement et de mise au point. Au moment donc où s'exacerbe la concurrence, Poclain est plus cher que les Japonais de près de 40 % sur les grands appels d'offres internationaux et de 10 à 15 % sur les marchés européens. Une étude comparative de la structure de coûts de Poclain avec celle de ses concurrents allemands révèle que, malgré une charge de main-d'œuvre supérieure, les Allemands dégagent une marge confortable alors que l'entreprise française avoue des pertes. La différence se situe clairement dans les coûts d'approvisionnement en composants.

En fait, le marché avait changé et Poclain ne s'en était pas rendu compte : les grosses pelles, expliquait G. Bataille, ont un avenir « à long terme » même si le segment qui se développe le plus en 1981 est celui des petits engins. G. Bataille a donc, sur la lancée de ses succès initiaux, continué à élargir la gamme, à sophistiquer son offre technologique et à tarifer au prix fort. Ce faisant, il perdait les marchés du tiers monde car ses machines étaient hors de portée, du fait de leur sophistication technologique (hydraulique haute pression et moteurs lents) et même des États-Unis, qui préfèrent les matériels rustiques et robustes. Le métier même de producteur de matériel de BTP avait changé et Poclain ne l'avait pas intégré dans sa stratégie. Alors que ses concurrents se transformaient en assembleurs optimisant le coût d'achat de leurs approvisionnements, Poclain restait encombré d'une filiale de composants hydrauliques en pertes constantes. Enfin les techniques de production avaient changé et, si Poclain l'a compris, il n'avait ni les moyens ni la taille pour suivre. En 1982, Poclain est le quatrième fabricant mondial de pelles hydrauliques : il a été dépassé par trois firmes japonaises qui peuvent ainsi étaler leurs coûts sur des séries plus longues, standardiser les composants et même délocaliser l'assemblage.

Bref, sur un marché globalement en forte décroissance (réduit d'un tiers en volume aux États-Unis, en RFA et en France), où la concentration s'accélère (fusion Volvo-BM-Clark-Equipement, Liebherr-OK) où la concurrence devient féroce (la Communauté instaure des droits anti-dumping contre le Japon) et où tous les grands perdent de l'argent (à l'exception toutefois des Japonais et de Liebherr), Poclain tente de survivre mais sa situation financière ne lui laisse guère d'espoir à terme.

C'est dans ce contexte qu'intervient la deuxième crise financière de Poclain. Malgré la présence d'un actionnaire étranger puissant, Poclain, dont le niveau d'endettement représente les deux tiers du chiffre d'affaires (en 1982 les frais financiers s'élèvent à 6 % du chiffre d'affaires), fait appel à l'État. Au ministère de l'Industrie, on croit pouvoir se saisir de cette opportunité pour refranciser ce champion de l'industrie nationale. Fives-Lille fait un tour de piste et formule un diagnostic qui, s'il a le mérite du bon sens, n'a pas l'heur de plaire aux fonctionnaires en charge du dossier. La prescription est simple : il faut se défaire de la filiale composants hydrauliques et de la filiale grues mobiles, optimiser la politique d'achat de composants, investir dans les nouvelles technologies de production, réduire de façon drastique les effectifs et recapitaliser l'entreprise. Le consensus se fera rapidement entre les pouvoirs publics et G. Bataille pour refuser un tel plan. Les banques seront donc mises à contribution (consolidation de dettes, octroi de prêts participatifs), l'actionnaire américain et un financier saoudien aussi. Avec 44 % du capital, l'actionnaire américain prend le pouvoir. Il licencie (les effectifs passent de 7 250 en 1980 à 4 781 en 1984), ferme les usines en Espagne et en Irlande, modernise l'outil de production et intègre complètement Poclain dans l'ensemble Case, sans parvenir pour autant à stopper les pertes : 283 MF en 1982, 236 MF en 1983, 234 MF en 1984, soit chaque fois près de 10 % du chiffre d'affaires.

Malgré un apport financier en capital et prêts participatifs d'environ 700 MF, l'entreprise est à nouveau en état de dépôt de bilan en 1986. Pis : alors que l'équilibre était annoncé, Poclain va battre en 1986 tous ses records de pertes : 368 MF pour un chiffre d'affaires de 2,8 MMF. A nouveau, il faut trouver 700 MF en fonds propres. La baisse du dollar et de la livre sterling et surtout l'effondrement du marché du Moyen-Orient sont à l'origine de ces pertes, expliquent les dirigeants. A nouveau sollicités, les pouvoirs publics renvoient l'actionnaire à ses responsabilités mais acceptent que la fiction de la francité de l'entreprise disparaisse. Poclain, fusionné avec les filiales de Case en France, devient ainsi un simple département d'une filiale américaine. Au passage, G. Bataille a racheté la filiale composants hydrauliques et poursuit ses recherches dans le secteur : il pense avoir trouvé d'autres débouchés notamment dans le militaire. Gageons qu'il ne fera plus de pertes.

Avec Poclain, une nouvelle configuration de l'excellence et de la défaillance est introduite puisqu'il s'agit de la figure type de l'ascension de l'entrepreneur innovateur qui, dans le cas d'espèce, se termine par la quasi-faillite. Ici, nulle explication par le patrimonialisme, le malthusianisme, le goût immodéré pour la pure recherche, la peur du grand large ou une affinité élective avec un État providence.

La crise de 1974, si elle constitue une rupture très réelle dans le mouvement de la demande, n'en révèle pas moins l'erreur d'interprétation faite par G. Bataille et son équipe sur les ressorts véritables de leur prospérité.

– L'intégration de la production n'était qu'un pis-aller au regard des pratiques des concurrents, plus assembleurs que fabricants. Pour G. Bataille, c'était la base de l'avantage compétitif. L'activité hydraulique ne sera pas seulement source de pertes directes, elle sera aussi un facteur décisif du renchérissement des approvisionnements et donc de la perte de compétitivité.

– La montée en gamme vers les appareils les plus puissants mais aux marchés les plus étriqués méconnaissait la double évolution vers les outils les plus légers et les plus mobiles dans un contexte de recul des grands travaux d'infrastructure, et vers la généralisation de composants hydrauliques moins sophistiqués et moins fragiles.

– La croyance en la reprise du marché peut se comprendre dans une perspective volontariste mais elle est rigoureusement incompatible avec la structure financière d'une entreprise familiale. L'alliance avec le partenaire américain, si elle apportait les moyens qui faisaient cruellement défaut, a prouvé qu'elle ne permettait pas de recréer un marché disparu, même pas de mener une guerre des prix aux Japonais. Poclain illustre donc un cas de figure original où l'interprétation faite par les dirigeants des conditions du succès est le facteur déterminant du choix de politiques qui mènent à la défaillance.

La surréaction : une pathologie du processus décisionnel

Six entreprises, choisies parmi tant d'autres, illustrent chacune à sa manière la proximité entre excellence et défaillance.

L'une a péri d'avoir vu trop grand, trop moderne, trop vaste, passant du sous-investissement au surinvestissement mais en négligeant les transformations du marché auquel elle s'adressait.

L'autre, longtemps habituée à régner sans partage dans un domaine très technique et découvrant que ses rivales l'avaient rejointe, a cru qu'elle pouvait retrouver son avantage technologique en y consumant ses maigres ressources. Le succès tardant à venir, elle se prêta complaisamment au statut de martyr de la technique française.

La troisième, que son succès dans un produit d'une qualité proverbiale avait hissée à la fonction de mère nourricière d'un bassin d'emploi, n'a pas craint d'affronter le grand large et les pointes les plus avancées de la haute technologie pour assurer l'emploi au pays, oubliant au passage qu'on ne se baptise pas bâtisseur en Algérie quand on maîtrise la fabrication de chauffe-eau en terre bretonne.

La quatrième a chevauché la vague de la société de consommation et l'avènement de l'enfant roi avant que les rêves de grandeur et d'autosuffisance ne s'écroulent aux premiers frimas.

A la cinquième, rien ne semblait impossible (l'appui politique servant de substitut à l'argent qu'elle n'avait pas) : elle défia l'oligopole, décrocha des marchés, débaucha des compétences avant de découvrir qu'elle produisait à perte.

La dernière est l'une des plus belles « *success stories* » françaises de l'après-guerre : entrepreneur infatigable issu du monde rural, inventivité technique unanimement saluée, expansion mondiale foudroyante et finalement... rachat sans gloire par un Américain qui continue à y engloutir des fortunes [9].

On aurait pu aussi citer Tilly, ce bouillant Breton devenu un des grands mondiaux de la volaille surgelée qui, parti de rien, a écumé les marchés arabes avant de s'effondrer victime de son succès et des donneurs de conseils qui l'avaient encouragé à s'intégrer dans l'alimentation pour animaux et à construire des chaînes ultra-modernes d'abattage de volailles. On aurait pu évoquer Vivalp, fabricant d'électroménager, et tant d'autres encore, passés sans transition des honneurs et des diplômes de meilleur exportateur ou manager, à la faillite.

Ces exemples permettent de dégager, à défaut d'une typologie des causes de la faillite, les moments d'un processus de défaillance, les points de fragilité et de basculement du système social complexe qu'est une entreprise.

A l'origine, on peut identifier un choc exogène réel ou imaginaire dont les effets avérés ou anticipés commandent de réagir, aux yeux des dirigeants. Il peut s'agir de l'irruption d'une nouvelle technologie, de l'épuisement d'un marché, de l'apparition d'un produit substitut, du renchérissement de matières premières ou, de manière plus générale, de la perception confuse d'un ralentissement de la croissance, d'une déflation ou du déclin de la compétitivité. Peu importe que la menace perçue ait un effet direct ou pas, immédiat ou lointain, définitif ou réversible sur la vie de l'entreprise : il suffit que le phénomène soit jugé susceptible de remettre en cause les équilibres de la firme pour qu'il produise un réaménagement de la stratégie. Si, pour prendre un exemple, le renchérissement du coût du pétrole pour une entreprise de textile synthétique est une donnée incontournable, pour une entreprise de chauffe-eau c'est déjà moins évident, et pour une entreprise de meubles la prévision suppose un tel corps d'hypothèses que la mesure de l'effet direct est hors de portée du chef d'entreprise.

L'un des effets majeurs du choc exogène est la déstabilisation du système de pouvoir de l'entreprise. Celle-ci est habituellement structurée autour du patron fondateur et de quelques proches régnant sur des directions fonctionnelles étanches. La réponse de l'organisation relève alors bien souvent de la surréaction. Le choc étant mal compris et mal analysé, la situation réelle de l'entreprise étant bien souvent opaque aux yeux de ses propres dirigeants, la sortie de crise passe alors par la diversification hasardeuse (Tenec), l'introduction brutale de nouvelles technologies de production (chaîne Bayard) ou la grande exportation (Tilly).

En effet, une entreprise moyenne a souvent construit son système organisationnel par sédimentation et par démembrement du travail de direction. L'équipe dirigeante, lorsqu'elle existe, fonctionne nécessairement à la centralisation – puisque le patron propriétaire, souvent fondateur et lui-même technicien, prend toutes les décisions –, et à la délégation large, puisque chaque direction fonctionnelle est maîtresse de son domaine. Ainsi, logique commerciale et logique technique se déploient de manière autonome. L'irruption de la nouvelle orientation dans un paysage figé depuis longtemps trouble le rapport des forces, les réseaux de communication, les automatismes de pensée, les attentes des uns par rapport aux autres [10]. Ainsi, dans le cas de Guerry-Duperay, la nouvelle orientation commerciale qui consistait à se redéployer vers le tissu mode a pleinement réussi, à ce détail près que la direction technique continuait à raisonner en termes de capacité de production et de minimisation du coût. Dans le cas de Chaffoteaux et Maury, l'embauche d'un nouveau directeur technique féru d'automatismes va engager l'entreprise dans l'aventure hors de portée de la chaîne Bayard tout en créant au P-DG un problème de sureffectifs à résorber.

Le trait peut paraître forcé : ne vante-t-on pas à juste titre la souplesse, la flexibilité, la capacité d'adaptation et la vitesse de réaction des PME par rapport à de grandes organisations engoncées dans leurs routines bureaucratiques?

Mais les cas cités ne sont déjà plus de petites entreprises et pas encore des grandes. Avec des effectifs de 500 à 5 000 salariés, des positions significatives sur le marché national et l'expérience d'une rapide croissance, elles se trouvent dans un entre-deux où coexistent des formes modernes d'organisation et de circulation de l'information et un processus décisionnel qui oscille entre le fait du prince et la non-décision. Cette structure organisationnelle juxtaposant les baronnies sous la férule d'un patron monarque qui, avec le temps, n'intervient que par éclipses et sur un mode contradictoire, a d'autant plus de chances de perdurer que les dirigeants en question ont contribué à une grande réussite qui les a durablement installés dans la conscience de leur mérite.

Tous les cas présentés racontent la même histoire : celle d'un entrepreneur qui, par virtuosité technique, sensibilité aux mouvements du marché ou habileté financière, a réussi à créer une entreprise qui va vite prospérer, enrichissant son fondateur mais aussi le territoire qu'il pourvoit en emplois et en impôts locaux. Comme en période d'expansion, c'est la course à la capacité et à la maîtrise des approvisionnements qui est cruciale, on comprend que ces dirigeants fondateurs aient privilégié les stratégies d'intégration amont-aval ainsi que les structures organisationnelles fonctionnelles et qu'ils aient porté un moindre intérêt à la gestion de production. Le commercial chez Gautier, le technique chez Chaffoteaux, la recherche aux ARCT constituent les pivots autour desquels ces différentes entreprises s'organisent et prospèrent longtemps. Nul ne peut ni n'est alors outillé, au sein de l'organisation, pour dominer la dérive commerciale, facteur de surstockage, la sédimentation technique et sa contre-productivité, la recherche de moutons à cinq pattes qui épuisent l'entreprise. Quand la crise, réelle ou perçue, est là et qu'elle commande de réagir, l'entreprise y répond bien souvent sur un mode qui aggrave les dysfonctions passées. En effet, en période de prospérité, l'entreprise ne s'était pas donné les moyens d'une connaissance fine de son fonctionnement interne parce que le problème, alors, était de croître, et que croissance et inflation effaçaient les erreurs. Cette forme de surréaction est la double conséquence de la méconnaissance du fonctionnement interne et de la nature de la transformation de l'environnement à laquelle l'entreprise doit répondre.

En période de crise, les problèmes de qualité, fiabilité, délai, gestion de production, de sérieux dans l'évaluation des coûts et la maîtrise des frais sont les conditions de la compétitivité voire de la survie. Plutôt que de remettre en cause des équilibres sociaux, organisationnels, humains, l'entreprise, souvent avec la complicité de l'État, tente alors la sortie aventureuse par l'automatisation à outrance, le virage commercial à 180°, la diversification radicale ou la grande exportation.

Le mécanisme de la défaillance peut alors s'enclencher – les ressources ne suivant pas. Au moindre retournement conjoncturel, la trésorerie s'alourdit, les inévitables retards dus à la mise au point des matériels tournent à la catastrophe et, bien sûr, l'erreur ne pardonne pas.

Est donc en cause dans la défaillance d'entreprise, ce que

l'on pourrait nommer, une « pathologie du processus décisionnel ». Une entreprise, et surtout une PME, est en effet un ensemble structuré et stabilisé, un complexe d'interactions, une mémoire, des croyances et un corps de procédures routières pour traiter les problèmes lorsqu'ils surviennent. La crise réelle ou imaginaire déstabilise l'ordre ancien et avant que ne s'en crée un nouveau, il peut s'écouler un temps de désorganisation fatal à l'entreprise.

CHAPITRE 3

L'EFFET DE CHEMINÉE

Dans une société de droit et une économie de marché, la faillite sanctionne l'inadaptation d'une offre productive à une demande marchande et/ou l'inaptitude du propriétaire et de l'équipe dirigeante à gérer un secteur d'activité et une organisation humaine. La faillite a même cette vertu éminente de contribuer à la réallocation de ces ressources rares que sont le capital et le travail qualifié. En effet, la survie par des moyens artificiels d'une activité condamnée entrave la croissance des entreprises saines, consomme du capital, fixe une main-d'œuvre et peut interdire le renouvellement du tissu industriel surtout dans les zones de mono-industrie (tel Schneider-Le Creusot) [1].

La faillite constitue même, pourrait-on dire, la légitimité ultime de la propriété privée. Un entrepreneur, une entreprise, privés du spectre de la faillite ou plus simplement de la sanction du marché sont fondamentalement délégitimés. La théorie classique ne définit-elle pas le profit comme la rémunération du risque [2]? Le fonctionnement concret des entreprises pendant les années de crise 1974-1984 est bien sûr aux antipodes d'un tel schéma. Il n'était alors question que du coût socio-économique global de la suppression d'emplois, de la responsabilité sociale de l'entreprise, des obligations qu'avait celle-ci à l'égard de son bassin local d'emploi et de l'intérêt national qui commandait de sauver à tout prix telle ou telle entreprise [3]. Nous sommes donc passés, sans que cela ait été théorisé ou formulé dans nos catégories juridiques (sauf partiellement dans le droit du travail), d'une conception patrimoniale de l'entreprise à une autre d'essence publique qui fait du droit de propriété un élément parmi d'autres du droit de l'entreprise; l'État, gardien sourcilleux du bien public et défenseur des intérêts privés, devenant par la force des choses une administration omniprésente.

Mais si cette nouvelle conception permet de comprendre que la sanction par le marché qu'est la faillite soit interdite ou à tout le moins différée, reste à expliquer pourquoi toute défaillance significative – le seuil peut en être très bas – interpelle immédiatement l'État central. Les premiers cas présentés ont permis de commencer à cerner les circonstances et les modalités de l'appel à l'État et les formes de l'intervention de celui-ci. Mais on ne comprend guère pourquoi des conflits, des enjeux très locaux ou très sectoriels mobilisent immédiatement les appareils étatiques. Actionnaires et banquiers, fournisseurs et clients, salariés et syndicats, élus et fonctionnaires locaux pour qui sont en jeu capitaux et financements, débouchés et commandes, emplois et conditions de travail, impôts et services locaux, ont apparemment un intérêt évident à trouver des solutions; ils sont directement intéressés à la survie de l'entreprise.

Faire la part entre la demande d'intervention (dont il va s'agir dans ce chapitre) et la demande induite créée par l'offre d'intervention matérialisée par un guichet public, n'est certes pas aisé. Mais dans un premier temps on peut s'interroger sur la capacité de l'entreprise et de son environnement à traiter la difficulté. Si la défaillance n'est pas traitée au niveau où elle se constate, la pathologie du processus décisionnel interne à l'entreprise se complique d'une pathologie supplémentaire du système des relations de l'entreprise avec son environnement.

En effet, on pourrait défendre à titre d'hypothèse que, sauf cas de déclin irrémédiable d'entreprises produisant des biens définitivement obsolètes et sans marchés, actionnaires et banquiers de même que salariés ou donneurs d'ordres, fournisseurs, clients industriels ont intérêt à tenter un sauvetage interne. Pourquoi donc les dossiers remontent-ils à l'État? Faut-il incriminer des actionnaires, uniquement préoccupés de se défausser de la faillite sur un État, socialisateur ultime du risque industriel? les banques qui seraient allergiques au risque industriel? les donneurs d'ordres qui ne conçoivent la sous-traitance que sur le mode de la pure servitude? Faut-il mettre en cause les syndicats qui, en faisant appel à l'État, veulent éviter un face-à-face avec l'employeur susceptible de remettre en cause le sacro-saint principe de l'irréversibilité des avantages acquis? Ou encore les élites politico-industrielles locales qui préfèrent incriminer l'État plutôt que de penser le développement local? Faut-il reconsidérer le rôle d'une administration judiciaire prompte à se draper dans la toge de l'indépendance du pouvoir judiciaire tout en ne dédaignant pas non plus l'interpellation de l'État. Bref, avant de considérer les raisons historiques et circonstancielles qui font intervenir l'État, encore faut-il apprécier la nature d'une demande d'intervention provenant d'acteurs multiples et faire éventuellement justice d'un discours reçu sur le mal français, selon lequel une entreprise soumise à un patronat égoïste, à des banques agioteuses, à des donneurs d'ordres esclavagistes, à des distributeurs travaillant contre les produits nationaux, à des syndicats revendicatifs, ne pourrait que péricliter.

L'actionnaire ou le syndrome Bernard Palissy?

S'il fallait classer les comportements des patrons faillis de PME sur une échelle dont les extrêmes seraient le patron prédateur et le patron Palissy, on observerait une nette concentration côté Palissy. Dans la quasi-totalité des cas étudiés, c'est pratiquement la norme.

Qu'entend-on par « syndrome Bernard Palissy »? Lorsqu'une entreprise est en difficulté, le patron – souvent créateur, organisateur et véritable leader d'une communauté de travail – est directement mis en cause. Sont alors menacés l'œuvre d'une vie, un réseau de relations interpersonnelles, une image de soi, une figure sociale, et lorsque pointe un espoir de redressement il n'est pas rare que ce patron-là cède tous ses actifs personnels, « brûle » tout ce qu'il a acquis pour sauver l'entreprise.

Dans le cas de Cerabati – une entreprise de céramique spécialisée dans le grès cérame et dirigée depuis la dernière guerre par Mme de Vogüé –, la propriétaire n'hésitera pas à réaliser des actifs immobiliers et personnels pour secourir une entreprise dont elle était l'actionnaire mais, plus encore, l'âme. Cette décoratrice, ancienne étudiante aux Beaux-Arts, qui continuait à dessiner à la main les motifs de ses collections de carreaux, totalement indifférente aux tendances du design italien et aux nouveaux goûts manifestés par les acheteurs français, soutiendra son entreprise contre les donneurs de conseils mandatés par l'État ou les repreneurs trop pressés. Elle finira par trouver un dirigeant qui tentera le redressement interne par resserrement de gammes, compression des coûts de commercialisation, rationalisation de l'outil de production, abandon des créneaux trop largement occupés par les Italiens, etc. A l'inverse, pour certains patrons, l'entreprise est un vecteur d'enrichissement parmi d'autres et il n'est pas rare qu'on lui fasse alors supporter des frais indus sous forme de salaires excessifs et peu justifiés, voire des dépenses somptuaires qui constituent autant de moyens de distribuer des profits sans en assumer le coût fiscal. Il arrive même qu'un patron failli parvienne à faire échouer une solution de reprise en exigeant pour lui-même ou les siens, et sans justification réelle, des salaires et des avantages en nature exorbitants. Dans le premier cas l'appel à l'État est le moyen ultime de sauver ce qui peut l'être, fût-ce au prix de la perte du patrimoine accumulé en une vie d'entrepreneur. Dans le second cas, le chantage à l'emploi auquel seraient particulièrement sensibles les notables et les pouvoirs publics permet, malgré la faillite, d'arracher des avantages personnels.

S'agissant de la grande entreprise, on observe pareillement les deux types de comportements : Marcel Boussac illustre sur une grande échelle le choix du patron paternaliste qui engloutit sa fortune pour tenter de sauver son empire; D. Pineau-Valencienne, à l'inverse, fournit l'exemple le plus achevé de la socialisation des pertes et de la privatisation des bénéfices.

Marcel Boussac commence à connaître, dès le milieu des années 60, des difficultés; il ne cessera de réaliser des actifs personnels ou d'écorner l'empire pour faire face aux pertes grandissantes, pour reculer les adaptations nécessaires et rester fidèle au contrat moral qui le liait comme patron paternaliste à ses salariés. Lors de la crise ultime de 1978, il proposera de céder les haras de Jardy, le journal *L'Aurore*, l'écurie de chevaux de course Marcel Boussac et d'autres éléments de son patrimoine pour sauver ce qui peut l'être et financer le plan de redressement qu'il défend alors. Les pouvoirs publics l'entendront.

A l'inverse, D. Pineau-Valencienne comprend que pour

consolider son pouvoir, organiser à son profit le contrôle de l'actionnariat et viabiliser ce qui reste de l'empire Empain-Schneider, il lui faut absolument couper les branches mortes en préservant au maximum les filiales prospères pour ne pas les mettre en danger industriellement et pour survivre personnellement à la faillite. Il cédera donc tour à tour la Société Métallurgique de Normandie, HES, Creusot-Loire, etc. Après quoi, santé refaite et capital verrouillé, il partira à l'assaut d'entreprises prospères comme la Télémécanique.

Ces exemples mettent au jour la différence entre l'entreprise considérée comme patrimoine ou comme entité économique.

Patronat Palissy et patronat prédateur ne sont que deux figures d'une même réalité : celle du patronat patrimonial, c'est-à-dire d'une fusion de l'entreprise, entité économique, et d'un patrimoine personnel dont on use et abuse. On comprend dès lors que le raisonnement qui voudrait que le propriétaire rationnel cherche à réaliser son bien avant la défaillance a peu de chance de se concrétiser. En effet, d'une part, l'intéressé n'a pas toujours conscience de la défaillance à venir; d'autre part, décider de se séparer de son entreprise c'est s'amputer de son œuvre. Le propriétaire va plutôt tenter, soit le redressement interne, soit la perpétuation de ses conditions d'existence antérieures mais sans le risque industriel. Rappelons que, dans le cas de Chaffoteaux et Maury, les tentatives de regroupement du secteur sous l'égide de Saint-Gobain échouèrent car le patron voulait transmettre son entreprise à son fils. De même, dans les cas de Michelin ou de Peugeot, l'élargissement de l'actionnariat, qui permettait de lever les financements nécessaires, fut refusé par les propriétaires en titre. L'État intervient donc quasi nécessairement, parce qu'il ne peut contraindre l'actionnaire à consentir à sa propre mise à l'écart et qu'en même temps, il ne peut prendre le risque de voir se former un abcès social.

Mais quand bien même une entreprise aux abois se prêterait aux desiderata d'un éventuel repreneur, encore faut-il que celui-ci vienne à se manifester. Or, l'entreprise défaillante ne suscite guère de vocations de repreneurs, hormis chez les chasseurs de primes.

Dès lors, face à un actionnaire attaché à son entreprise et refusant d'entendre son véritable intérêt, les pouvoirs publics ne peuvent qu'assister passivement au processus de dégradation avant qu'on ne vienne faire appel à eux, ce qui arrive bien souvent quand il est trop tard. Ce constat a inspiré le législateur qui a voulu instaurer des procédures d'alerte, un droit de regard des salariés, mais une telle orientation ne peut relever que du vœu pieux tant elle est antinomique de la dynamique économique, des règles de gestion et du droit de propriété.

S'il est une formule qui choque très légitimement ceux qui ont en vue l'intérêt général, l'économie des deniers publics et un idéal d'équité sociale, c'est bien celle de « socialisation des pertes et privatisation des bénéfices ». Certes, on peut trouver choquant que les intérêts de famille Wendel aient été préservés après le naufrage de la sidérurgie et la nationalisation de fait de 1978. On peut pareillement trouver scandaleux que les Willot ou les actionnaires de Schneider SA retrouvent une prospérité financière insolente après avoir mené leurs entreprises à la faillite, leurs salariés au chômage et les localités qui les accueillaient aux friches industrielles. Mais cette formule est parfaitement rhétorique : imagine-t-on l'État entraîner dans une faillite totale un groupe industriel qui veut se défaire d'une filiale déficitaire, uniquement par souci d'équité sociale? A la vérité, la perte est toujours socialisée et, dans une société libérale-conservatrice, il est difficile d'éviter la privatisation des bénéfices. On peut imaginer des techniques d'intervention qui permettent à l'État, non seulement de retrouver sa mise, mais même d'être intéressé aux résultats. C'est ce que prévoient timidement les clauses de retour à bonne fortune qu'avec un rituel imperturbable, les fonctionnaires du Trésor introduisent dans les protocoles financiers de sauvetage des entreprises. L'exemple de Chrysler aux États-Unis montre pourtant qu'un authentique gouvernement libéral peut à la fois aider, pour des raisons industrielles et sociales, et bénéficier du redressement. Le dispositif retenu dans cette affaire fut d'une grande simplicité : l'État fédéral consentait une garantie pour les emprunts contractés par Chrysler auprès du système bancaire. En échange de la garantie, l'État prenait en nantissement un paquet de titres. Afin de veiller à la bonne utilisation des fonds, l'État fédéral soumettait Chrysler à un double contrôle du Congrès et de l'administration. Le redressement réalisé et la dette soldée par anticipation, l'État fédéral réalisait une belle plus-value en cédant en bourse les actions détenues en garantie qui, du fait du redressement, avaient vu leur cours bondir. Constatons pour l'instant que ce modèle n'a guère été suivi en France [4].

Des banques allergiques au risque industriel?

Figure constamment décriée par le petit patron, tel se présente le banquier, rivalisant dans l'opprobre avec le fonctionnaire. Dans la période 1974-1984, le banquier a été souvent pour l'entrepreneur celui par qui le malheur arrivait. Insensible aux délais de mise au point d'un produit, aux accidents de toutes sortes que sont un retard, la perte d'un client important, une mauvaise affaire à l'export ou même à de légitimes paris... perdus, le banquier tranche souverainement, dispose d'un droit de vie et de mort sur l'entreprise. Une fermeture des lignes de crédit ou, plus fréquemment encore, le simple gel des concours sonnent bien souvent comme un arrêt fatal. Encore faut-il préciser que ce stade ultime est souvent précédé de ce qu'on nomme « la mise en Dailly », qui consiste pour la banque à substituer à des concours à risque des concours sans risque puisqu'elle devient propriétaire des créances que l'entreprise détient sur ses clients. Cette technique, qui revient à « affermer » l'entreprise comme les puissances coloniales l'avaient fait de leurs débiteurs indélicats (la Chine, l'Égypte ou l'Iran), est particulièrement honnie des chefs d'entreprise qui, légitimement, y voient le stade terminal d'une agonie.

Mais si le banquier n'était décrié que par le petit patron, on pourrait facilement mettre ce ressentiment sur le compte d'un certain poujadisme. A la vérité, des hommes aussi peu suspects de telles réactions que les hauts fonctionnaires du Trésor, les grands industriels et l'ensemble de la gauche politique instruisent le même procès : celui d'une banque allergique au risque industriel. Daniel Lebègue, directeur du Trésor, concède dans un cours professé à Sciences po : « L'un des reproches traditionnellement faits à la banque en France, c'est que les banques sont loin des entreprises; et il est vrai qu'elles ont sans doute pris moins de risques que leurs consœurs dans d'autres pays pour favoriser la création et le développement d'entreprises [5]. »

Un important patron nous confiait cette anecdote à propos de la connaissance que les banques ont de leurs clients industriels. Sollicité pour prendre la présidence d'un groupe industriel qui venait de connaître de graves difficultés, il s'adressa à tous les grands banquiers de la place pour leur demander leur avis. Celui-ci fut unanime : le groupe était redressé et il recelait de considérables atouts. Les activités qui allaient se révéler désastreuses quelques mois plus tard étaient celles-là mêmes qui étaient vantées par ces banquiers perspicaces.

Nombre de grands patrons, moins virulents dans la forme, n'en tiennent pas moins le même langage : la banque française évalue mal le risque industriel, elle est plus sensible aux réputations mondaines ou au notabilisme qu'aux réussites arrachées dans la bataille des marchés. Pour tout dire, la banque française n'aime pas l'industrie. Secteur qu'elle abandonne soit au réseau, soit aux services du contentieux, soit, pour les grandes affaires, à des hommes issus du Trésor qui raisonnent alors en financiers purs.

C'est sur la base d'une telle analyse qu'ont été décidées les nationalisations bancaires de 1945 et justifiées celles de 1982. C'est pour pallier cet état de fait qu'ont été multipliées les créations institutionnelles, de l'Institut de développement industriel (IDI) au Fonds industriel de modernisation (FIM). Un ministre de l'Industrie aussi interventionniste que Jean-Pierre Chevènement obtenait des succès faciles dans les assemblées de patrons de PME et plus encore dans les congrès socialistes, en dénonçant la timidité de son collègue des Finances et la tyrannie du Trésor, opposée à la création de la fameuse Banque Nationale d'Investissement qui, par son action, allait redonner sa chance à une industrie nationale enfin débarrassée de la tyrannie du court terme imposée par les banques.

Pour leur défense, les banques commerciales invoquent la spécificité de leur métier qui est de consentir des concours à court terme à partir des dépôts de leur clientèle, ce qui les contraint à un objectif essentiel : la sécurité. Nulle aversion donc pour le risque industriel, mais simple réaffirmation d'une pratique professionnelle conforme et d'une obligation légale faite par les autorités de tutelle. Un tel argument n'est certes pas décisif : la banque, face à l'entreprise en difficulté, aurait plus à gagner à participer à un redressement réussi qui lui permettrait de récupérer ses concours et d'assurer un courant d'affaires continu qu'à précipiter une chute qui rend inévitable la perte des crédits engagés...

Telle est effectivement la démarche habituelle, selon les banquiers, mais à une double réserve près : la banque, face à la Justice, ne doit pas prêter le flanc à la qualification de « dirigeant de fait [6] » passible de poursuites pénales, et le sauvetage d'une entreprise en difficulté doit être assimilé à une mission d'intérêt général réalisée sous l'égide ou avec la caution des pouvoirs publics.

Ainsi, pour les banquiers, la contradiction entre les intérêts du déposant et ceux de l'emprunteur ne se résout, dans le cas de l'entreprise en difficulté, que par l'intervention de l'État. En fait la vraie question est ailleurs.

On l'a vu, le patronat patrimonial de la petite comme de la grande entreprise fait peu appel à des fonds propres externes pour financer le développement. L'alternative est entre le freinage de la croissance ou le recours à l'endettement. Pour la raison simple que l'actionnaire veut rester maître chez lui et que les banques commerciales sont des banques de « bas de bilan », privilégiant l'escompte et les crédits à court terme et non des banques de « haut de bilan », impliquées dans le risque industriel par une participation dans le capital ou la mise en place de concours à long terme. Philippe Jaffré trouve même de bonnes raisons à cette double stratégie patrimoniale et de financement de bas de bilan : « Possibilité de déduire les intérêts des emprunts de l'assiette de l'impôt sur les bénéfices alors que les dividendes sont taxés au niveau de l'entreprise puis au niveau du bénéficiaire, difficulté de concrétiser les plus-values nées de la prise de participation dans une entreprise par l'introduction en Bourse, etc. »

On comprend mieux, dès lors, les raisons objectives de la fragilité financière de l'entreprise : faiblesse des fonds propres, importance des concours financiers à court terme et caractère disproportionné du crédit interentreprises en France. Une remise en cause des conditions de paiement, une brusque hausse des taux, un encadrement du crédit strict et l'entreprise devient vulnérable. De surcroît, si le marché se retourne et en cas de choix malheureux, la défaillance est au bout du chemin.

L'intervention de l'État dans la période 1974-1984 s'explique donc par la nature même du système bancaire : importance des banques commerciales, en majorité du secteur public, maîtrise par l'État des organismes financiers dispensateurs de prêts bonifiés de toute nature. Ces facteurs jouent autant sinon plus que la volonté ou l'infirmité des banques françaises qui mépriseraient l'industrie nationale.

Et pourtant, peu présentes dans les conseils d'administration des entreprises clientes, n'intervenant pas sur les fonds propres, responsables des dépôts de leurs clients et mal armées pour évaluer les risques industriels, ces mêmes banques tant décriées ont accompagné les entreprises dans cette période difficile au point qu'elles peuvent encourir la critique d'un certain laxisme dans les concours apportés.

On pourrait citer nombre de dossiers où les banques ont été plus sensibles à des facteurs sociopolitiques locaux et à l'injonction gouvernementale qu'à leurs propres résultats. Cette situation illustre une fois encore la vacuité des explications culturalistes qui attribuent une stratégie ou un comportement à un trait culturel comme l'allergie au risque industriel des banquiers français. La réalité est plus simple : c'est le mode même de structuration du système financier et sa logique de fonctionnement depuis les grandes réformes de la Libération qui, plus qu'une quelconque malédiction pesant sur la France, expliquent les choix très concrets dans le traitement des entreprises en difficulté.

Il reste pourtant à écarter la thèse extrême, que certains banquiers défendent, selon laquelle la profession a été capable de traiter les dossiers d'entreprises en difficulté sans l'État; seule la volonté d'intervenir de celui-ci expliquant les excès et les retards. De fait, le CCF a réglé le dossier Nobel-Bozel; le Crédit du Nord, Campenon Bernard, le Crédit Lyonnais, Trigano... Mais en réalité, dans ces dossiers, les banques intervenaient davantage comme actionnaires que comme créancières, ce qui permettait à l'État de ne pas s'en saisir et de laisser faire.

On peut à l'inverse évoquer les cas de Michelin ou de Peugeot, qui ne devront leur salut auprès des banques qu'aux instructions données par la puissance publique alors qu'il s'agissait d'entreprises à la notoriété incontestée et qui traversaient en 1983-1984 une phase périlleuse. Sans les concours de l'État et les garanties apportées, les banques n'étaient pas prêtes à apporter les financements nécessaires à ces deux groupes!

Le sous-traitant : partenaire ou variable de réglage?

Lorsqu'un sous-traitant majeur d'une industrie, qui se conçoit de plus en plus comme concepteur et assembleur de modules et de pièces largement produits ailleurs, est en difficulté, on est en droit d'attendre, notamment dans le domaine de l'automobile, que le constructeur vienne au secours du sous-traitant. Toutes les études montrent en outre que la force de l'industrie automobile allemande ou japonaise s'explique en partie par cette solidarité. Les groupes automobiles sont solidement adossés à des équipementiers puissants, auxquels des contrats de long terme les lient. La préférence nationale va jusqu'à l'acceptation de légers surprix. Une telle politique paraît d'autant plus justifiée que la sous-traitance de spécialité, dans le cadre d'un partenariat solide, a le double mérite de favoriser l'innovation de l'équipementier et de sécuriser l'approvisionnement du constructeur, là où l'application d'une politique d'achat au meilleur prix apparaît à courte vue puisqu'elle troque un gain immédiat contre une dépendance, source de retard technologique systématique. L'expérience même des constructeurs nationaux aurait dû les inciter à une telle politique puisque, ne trouvant pas d'équipementiers nationaux capables de leur fournir les composants nécessaires à l'électronique automobile, ils en vinrent à créer leurs propres filiales (Renix par exemple), avant de constater qu'une activité intégrée était sous-optimale dès lors qu'on n'obtenait pas d'avantage comparatif. D'où vient alors que les défaillances d'équipementiers aussi importants que Valeo, Allinquant, les Fonderies de Montupet, De Carbon, etc., n'aient guère suscité de soutien de la part des constructeurs et que, dans ce cas également, le recours à l'État se soit progressivement imposé? Le simple constat qu'une entreprise est défaillante parce que distancée dans son secteur, ne saurait à l'évidence suffire puisque la reprise de Valeo par Carlo De Benedetti et de De Carbon par General Motors infirme cette assertion. Considérons donc plus en détail le cas de ces équipementiers défaillants et voyons quelles ont été les logiques en présence.

Entreprise familiale, premier fabricant d'amortisseurs, Allinquant écoulait jusqu'en 1983 75 % de sa production auprès de Renault à qui le liait de surcroît un accord de partenariat. Le ralentissement des commandes de Renault, dû pour partie à une diminution de la production et pour partie à une diversification des sources d'approvisionnement (Boge, RFA), provoque une rapide dégradation de la situation financière à laquelle ne peuvent faire face les actionnaires. Les banques refusent alors d'apporter les concours nécessaires. Le règlement judiciaire est prononcé le 21 octobre 1985 et provoque une rapide dégradation de la situation, Renault ayant décidé de ne s'approvisionner qu'à concurrence de 35 % de ses besoins auprès d'Allinquant. Le tribunal de commerce saisi de plusieurs propositions de reprise, choisit la firme allemande Fichtel und Sachs. Mais la concomitance des affaires De Carbon (amortisseurs) cédé à General Motors, Jaeger-Solex cédé par Matra à Fiat, et Valeo en proie à une OPA lancée par C. De Benedetti provoque un sursaut : Allinquant sera marié à Luchaire, qui se découvre à cette occasion une vocation dans les amortisseurs. Mais comme l'incompétence de Luchaire dans le secteur pouvait inquiéter Renault, il fut décidé que Luchaire s'appuierait sur Sagem pour l'électronique, sur Vallourec pour les tubes, sur l'Allemand Boge pour les nouvelles technologies. Comme par ailleurs l'entité Allinquant était très sous-dimensionnée par rapport aux grands mondiaux japonais et américains dont la production était dix fois supérieure, ou allemands (trois fois supérieure), il fut décidé que Luchaire rechercherait une alliance avec les Japonais.

Ainsi, alors que Renault avait pris son parti d'une prise de contrôle par l'étranger d'une entreprise familiale longtemps performante mais qui n'avait su s'intégrer à un groupe ou fédérer les entreprises françaises du secteur (De Carbon par exemple), le ministère de l'Industrie a suscité une solution formellement française qui n'évitait pas la dépendance technologique et n'assurait pas l'avenir – ne serait-ce que parce que Boge était moins puissant que Fichtel und Sachs et qu'il n'était pas lui-même à l'abri d'une reprise par une entreprise plus puissante...

Le cas Valeo constitue l'idéal type de la relation constructeur-équipementier. L'affaire n'a jamais pris la tournure dramatique des autres dossiers. Il n'y eut même pas réelle défaillance : tout au plus, un plan de redressement qui tardait à produire ses effets. Il serait donc abusif de traiter Valeo sur le même mode que les très nombreuses entreprises moyennes qui, à la même époque, déposent leur bilan ou sont cédées dans la hâte. Mais pour apprécier la stratégie des constructeurs par rapport aux équipementiers et expliquer la remontée à l'État, le cas Valeo est exemplaire.

Valeo, qui réalise en 1985 11,5 MMF de chiffre d'affaires, dont 45 % à l'étranger, est un grand groupe industriel français. Il a eu de surcroît le mérite de parvenir à fédérer et à intégrer nombre de PME dans l'équipement automobile. Valeo a connu des difficultés liées au ralentissement du marché, à l'exacerbation de la concurrence et à l'accélération technologique dans le secteur. Mais en ayant plus tardivement commencé la rationalisation de l'outil de production et, surtout, en ayant été contraint de développer excessivement son endettement faute d'actionnaires, Valeo s'est imposé une charge financière insupportable. Les gros actionnaires ont progressivement fait défection au point qu'en 1985, le plus gros d'entre eux, Suez, détenait moins de 5 % du capital. L'entreprise était donc contrôlée par son conseil d'administration et, plus précisément, par le président A. Boisson, ses amis, et ses cadres méritants.

En 1985, une augmentation de capital et d'importants financements obtenus de l'État (FIM) ou suscités par lui (Crédit national, crédits bancaires) permettent d'alléger la charge des frais financiers (de 6 % à 4,2 % du chiffre d'affaires, ce qui reste très excessif) et de reprendre les investissements. L'entreprise semble tirée d'affaire lorsque C. De Benedetti lance son OPA. Cette annonce fait l'effet d'une bombe : que le condottiere jette son dévolu sur le premier équipementier national choquait déjà, mais qu'il ait le soutien de Suez et de son président J. Peyrelevade, un proche de P. Mauroy, constituait un scandale majeur. En fait, Suez avait d'abord cherché, sans succès, à adosser Valeo à un groupe automobile national. Il fit ensuite une tentative de recapitalisation du groupe en organisant un tour de table auquel était invité l'Allemand Bosch. Le président A. Boisson refusa. Enfin, Suez essaya de faire nommer n° 2 un grand industriel français provisoirement au chômage pour indocilité à l'égard de son ministre de tutelle. A. Boisson s'y refusa, prétextant la nécessité d'être équipementier pour savoir diriger Valeo.

Dans un système où la sanction du marché (les pertes accumulées) n'a pas plus d'effet que la sanction de l'actionnaire, qui vote avec ses pieds en se retirant, la direction peut effectivement gouverner à sa guise. Elle est libre de prendre les orientations les plus inattendues, comme une diversification dans les composants industrialisés pour le bâtiment, ou l'augmentation de participation dans une filiale déficitaire, ou même la distribution d'un dividende alors que le groupe est régulièrement déficitaire. Cette liberté n'est bornée que par la faillite ou le raid boursier.

Saisi à la suite de l'OPA, le ministère des Finances essaiera d'organiser la résistance à l'envahisseur en classant Valeo « Défense », sous prétexte que le groupe fournissait quelques transmissions pour des engins militaires et en suscitant des vocations d'actionnaires chez Peugeot et Renault. En guise de réponse, Georges Besse déclarera en forme de boutade : « Carlo De Benedetti est un industriel remarquable; il est italien et réside en Suisse, c'est un Européen qui a l'inconvénient de ne pas avoir la nationalité française [7]. » Le président de Peugeot Jacques Calvet se répandra en déclarations exprimant une mâle résolution : « L'industrie automobile ne peut être privée de son principal équipementier. » Mais Renault comme Peugeot refuseront d'entrer au capital, d'apporter de l'argent frais et d'assumer une responsabilité de gestion dans le groupe. La solution finalement trouvée réside dans un habillage financier : actionnaires français et italiens sont à parité au niveau du bloc de contrôle mais C. De Benedetti est le gestionnaire. Le reste du capital est dispersé dans le public, ce qui assure le caractère « français » de l'entreprise. En fait, avec 20 % du capital, C. De Benedetti a le pouvoir : il nomme les dirigeants (français), travaille avec des capitaux français et consent à distribuer quelques rentes aux actionnaires passifs français (à savoir la CGIP).

Ces deux exemples montrent que lorsque les équipementiers connaissent leurs premières difficultés, ils tentent d'abord de se réassurer auprès des deux constructeurs nationaux avec lesquels ils réalisent 70 % de leur chiffre d'affaires. Pour les constructeurs, leur démarche signifie renchérissement des approvisionnements et, à terme, détérioration de la qualité et déphasage technologique. Dès lors, les équipementiers recherchent des alliances étrangères ou un rachat pur et simple. Devant l'aggravation des difficultés, l'État se trouve interpellé soit parce qu'il y a licenciements, soit parce qu'il doit autoriser l'investissement étranger, soit même parce que les constructeurs manifestent des inquiétudes. Au nom de la solidarité entre constructeur et équipementier, l'État demande à ceux-là de prendre des engagements tangibles – ne serait-ce que par souci de cohérence : on ne peut à la fois dépeindre, en termes apocalyptiques pour l'industrie automobile nationale, une situation de dépendance par rapport à un fournisseur étranger et, en même temps, refuser de consolider l'équipementier national. D'autant que Fiat, les constructeurs japonais et allemands soutiennent leurs équipementiers – quand ils ne les intègrent pas. Face à leurs responsabilités, les constructeurs refusent le soutien et somment l'État d'agir au nom de l'intérêt national.

Cette position n'est pas aussi contradictoire qu'il y paraît à première vue. En effet lors de la première série de difficultés qu'ont connue les équipementiers, les constructeurs ont été contraints d'intervenir financièrement et commercialement. Ils ont dû ainsi consentir des garanties de commande et des prix avantageux sans obtenir en retour ni amélioration de qualité, ni développement de la capacité innovatrice, ni sécurité dans les approvisionnements. Ils en vinrent à considérer que mieux valait la disparition d'un équipementier peu performant plutôt que l'alourdissement de leurs charges. Le soutien de la SEIM à Romans sera la dernière opération de ce type.

Lorsque Valeo connaît à son tour des difficultés, l'enjeu est tout autre. Le refus de Peugeot (Renault étant exonéré vu sa situation financière désastreuse) est donc plus difficile à expliquer. Sauf à considérer un fait déterminant : une entreprise qui vient de sortir de graves difficultés a besoin de préserver des degrés de liberté dans sa gestion, la sous-traitance étant l'un de ses degrés. En France, la relation équipementier-constructeur a souffert d'un défaut de visée stratégique. Les constructeurs ont soumis leurs sous-traitants de capacité à une pression de tous les instants sur les volumes et les prix, et leurs sous-traitants de spécialité à un régime qui rendait difficiles l'innovation et l'investissement. Dès lors, la défaillance est venue souvent sanctionner une dégradation plus ancienne dans la qualité, la compétitivité, l'inventivité. Cette politique à courte vue a affaibli les constructeurs puisqu'ils ne disposaient plus d'équipementiers à même de les suivre et qu'ils ne pouvaient accéder qu'aux technologies banalisées des équipementiers étrangers intégrés aux constructeurs.

Mais cette vision à courte vue était la réponse nécessaire d'entreprises par ailleurs terriblement contraintes. Lorsque la stratégie de croissance à outrance par acquisition [8] ou développement de capacités [9] a été adoptée par les constructeurs nationaux pour des raisons qui tenaient tout à la fois au choix d'une orientation et à l'exigence interne de plein-emploi de la main-d'œuvre existante, elle créait en même temps des contraintes spécifiques : accroître les parts de marché, augmenter la productivité sans licencier, absorber les hausses de coûts sans augmenter les prix, surinvestir sans fonds propres suffisants et, en bout de course, emprunter toujours davantage pour combler les pertes et rester compétitif. Une entreprise aussi contrainte dispose de faibles marges de manœuvre. La pression sur l'équipementier est l'une d'entre elles, la cession d'actifs une autre (Renault), la pression sur l'État une troisième. Pour peu que l'équipementier soit lui-même en déshérence, confronté lui aussi à des sureffectifs, à des blocages de prix, à une désertion de l'actionnariat et qu'il vive en vase clos, alors la solution de la prise de contrôle pour un groupe étranger devient moins inexplicable et même nécessaire, quel que soit l'habillage juridique.

Acheter une part de marché ou faire éliminer un concurrent par l'État?

La défaillance d'un concurrent permet de pousser plus avant la concentration du secteur, de rationaliser l'outil de production, de réaliser des économies d'échelle et de comprimer les coûts de structure. Lorsque la logique de marché s'applique, la disparition de l'entreprise défaillante permet le rachat des actifs viables après liquidation, et le déclassement des outils obsolètes. En France où, semble-t-il, on répugne à toute forme de darwinisme, tel n'est pas le cas. Une entreprise qui souhaiterait réaliser les avantages de la concentration doit en passer par le rachat et le redressement externe. Cette situation aurait donc dû créer une opportunité pour les entreprises en difficulté, et pourtant, là aussi, le recours à l'État s'est imposé.

Sanction du lent déclin de sa société mère, Dunlop Ltd, et de la déshérence dans laquelle lui-même était tombé, Dunlop SA dépose son bilan en octobre 1983. C'est un

Irlandais, John Boyd Dunlop qui inventa en 1888 le pneumatique (en fait un boudin sur une planche en bois). Sa société deviendra un des grands manufacturiers mondiaux du pneumatique. Au début des années 60, l'effondrement de l'industrie automobile britannique entraîne Dunlop dans sa chute. Dès 1889, le Français Clément Bayard avait acheté la licence Dunlop et créé une société de droit français. En 1889, Michelin invente le pneu déjantable. Cette rapide histoire n'a d'autre intérêt que de planter le décor de la faillite de 1983. En effet, les bizarreries du statut de Dunlop SA – filiale de Dunlop Ltd, car acquise par la société mère à la fin du siècle dernier et, en même temps, société de droit français propriétaire de la licence de base –, ouvrent une fantastique opportunité pour Michelin.

En effet lorsque les actionnaires de Dunlop Ltd décident de désinvestir le secteur pneu, après le mariage avorté avec Pirelli et alors que l'activité anglaise génère de lourdes pertes et que la filiale française commence à connaître des difficultés (1978), l'acheteur japonais Sumitomo (ancien licencié de Dunlop) se déclare prêt à racheter l'ensemble des filiales européennes à l'exception de la française. Les Japonais se refusent à acquérir une société en pertes dans un pays dirigé par une coalition socialiste-communiste et où les syndicats manient plus volontiers la revendication qu'ils ne manifestent leur patriotisme d'entreprise. Abandonné par son ancien actionnaire, refusé par l'acquéreur du groupe, porté à bout de bras par l'État français depuis la mi-82, Dunlop SA, avec ses 5 580 salariés, serait condamné s'il n'était juridiquement propriétaire de la marque Dunlop pour la France. Fort de cet atout, l'acquéreur de l'entreprise en faillite pourrait non seulement bénéficier en France de l'image de marque Dunlop, rehaussée par le transfert de technologie japonais, mais, grâce aux dispositions du Marché commun, aller vendre en Allemagne sous la marque Dunlop des pneus manufacturés en France, interdisant ainsi à Sumitomo de tirer un quelconque bénéfice de son acquisition. Pour Michelin, le concurrent, c'est l'occasion idéale pour conforter sa part de marché et assurer la taille critique à sa filiale Kléber Colombes. Les Japonais comprennent alors que leur rêve secret de voir disparaître la société française s'évanouit et en viennent à reconsidérer leur position.

Paradoxalement, alors qu'il est sollicité quotidiennement

par le CIRI pour faire connaître ses conditions de reprise, Michelin, au même moment, se met à jouer ouvertement la disparition du concurrent. Alors que se forme progressivement un front des cadres, des syndicats de salariés, du CIRI, du syndic pour la solution japonaise, Michelin se refuse à faire la moindre proposition, préférant jouer de ses relations dans les appareils d'État pour obtenir la disparition pure et simple du concurrent. Lorsque l'entreprise est mise en liquidation (avec un délai de quarante-cinq jours) et que la solution japonaise est bouclée, Michelin consent enfin à faire une proposition qui revient à diviser les effectifs par dix et donc à faire quasiment disparaître l'usine mère de Montluçon, qui se trouve dans le fief électoral du député communiste Lajoinie! Finalement, la cession aux Japonais se fera. Michelin, qui avait cru obtenir de l'État l'élimination d'un concurrent et la récupération gratuite de la part de marché ainsi laissée libre, se retrouve sur son marché national face à une concurrence autrement plus redoutable que celle que lui faisait le vieux manufacturier agonisant qu'était Dunlop. Au passage, le CIRI aura facilité l'entrée du cheval de Troie japonais!

On assiste à une situation rigoureusement symétrique de l'affaire de la faillite de Motobécane. Cette entreprise de 4 600 salariés connaît en 1983 une crise qui cumule les effets du déclin régulier depuis 1974 du marché du cyclomoteur et de la brusque contraction en 1981-1982 du marché de la bicyclette. Peugeot, un moment présent dans le capital de son principal concurrent, s'était progressivement retiré et assistait passivement à la dégradation de la situation, espérant sans doute que la sanction du marché libérerait un espace pour sa propre expansion. Pourtant salariés, dirigeants et pouvoirs publics ont la mauvaise idée de ne pas laisser mourir l'entreprise. Il se trouve même que l'avionneur national Marcel Dassault envisage de reprendre l'entreprise en péril pour peu que Peugeot accepte un rôle de direction technique et industrielle. PSA s'y refuse. Comme toujours en pareil cas, surtout lorsqu'il s'agit d'un secteur où la suprématie mondiale des Japonais est incontestée, il ne faut pas attendre longtemps pour qu'un repreneur nippon se manifeste. En l'occurrence, Yamaha. L'entrée d'un concurrent aussi puissant constitue à n'en pas douter un péril mortel pour Cycles Peugeot. C'est du moins la thèse défendue auprès des pouvoirs publics par les dirigeants de PSA.

Nous reviendrons plus loin sur les modalités complexes de l'intervention d'un État multifacettes et multicritères dans le traitement de ce genre de dossiers, et notamment sur les techniques d'habillage utilisées pour que le caractère national de solutions fondamentalement étrangères soit préservé. Dans le cas Motobécane, le passage sous contrôle Yamaha va se faire de manière progressive. Ce que Peugeot n'a pu obtenir par des mécanismes de marché, il a essayé de l'arracher aux pouvoirs publics en agitant l'épouvantail nippon alors même que cette entreprise était par ailleurs associée à Honda, concurrent de Yamaha.

Dunlop, Motobécane : deux entreprises longtemps prospères, deux employeurs importants, fragilisés par les crises de 1974 et 1981 mais plus encore par la perte de capacité technologique et la défection de leurs actionnariats. Pourtant, dans leurs difficultés, ces deux entreprises avaient un atout : leur part de marché. Un concurrent rationnel au sens de la micro-économie devait accepter de payer le prix pour acheter cette ressource. En France, Peugeot et Michelin refusent cette démarche et prétendent même l'interdire aux autres. Et lorsque la menace est décidément imminente, Michelin ira jusqu'à réclamer des subventions astronomiques pour consolider une poignée d'emplois (1 MMF pour 500 emplois). Ainsi l'État est-il à nouveau sommé d'intervenir par des concurrents qui ne veulent ou ne peuvent saisir une opportunité de marché.

Le fait que Michelin et Peugeot aient connu à la même époque une crise financière aiguë n'est bien sûr pas étranger à la décision, mais la volonté d'interdire, même à des repreneurs français, la possibilité d'organiser le redressement, indique assez la démarche d'entreprises dominantes qui en viennent à se considérer comme les propriétaires légitimes du marché national, assignant à l'État le soin de défendre ce territoire contre tous ceux, par essence mal intentionnés, qui voudraient y pénétrer.

Faut-il alors entonner le grand air de la perversité de la relation État-grands groupes, ou encore celui de la faillite du patronat français victime de sa reproduction endogamique au sein de dynasties familiales ou d'appareils d'État [10]? Certes non. Le problème posé à Peugeot et à Michelin est beaucoup plus banal. Frappés de plein fouet par une crise de la demande au moment où l'un a engagé un très important programme d'investissements aux États-Unis et au Brésil et où l'autre essaie de digérer l'acquisition de Chrysler-Europe, et alors qu'ils manquent tous deux de ressources financières et doivent réduire de manière drastique leurs effectifs, ils ne peuvent bien évidemment traiter la défaillance de leurs concurrents. Dès lors, leur prétention à vouloir interdire toute solution de reprise extérieure n'est que le signe de leur fragilité et leur appel à l'État une demande de protection. On peut certes objecter à cet argument que, dans une économie de marché, un actionnaire défaillant peut être remplacé par un autre et une équipe dirigeante faillie par une autre, cela supposerait que les marchés financier et du personnel dirigeant existent ou soient efficients, et que les anciens actionnaires renoncent à leur rôle. Tel ne fut pas le cas.

Le pouvoir ouvrier à l'abri de l'État : la VOA

Le désespoir, la violence ouvrière ont parfois de curieuses cibles. Alors que la sidérurgie est nationalisée, de fait depuis 1978 et en pratique depuis plus longtemps encore, lorsque les sidérurgistes veulent donner une expression forte à leur protestation contre le énième plan de restructuration concocté dans des antichambres ministérielles, ils s'attaquent au château du maître de forges, témoin lointain et inutile d'une prospérité éteinte et d'une toute-puissance révolue.

Les ouvriers bretons des Forges d'Hennebont au milieu des années 60, en organisant le sac de la préfecture, se montraient plus clairvoyants. Certes, leur entreprise appartenait à des intérêts privés mais ces Bretons savaient que seule une pression violente sur le pouvoir central était à même de sauver celle-ci ou, à défaut, de susciter la création d'emplois.

Que les syndicats fassent appel à l'État dans un conflit industriel aigu, on peut le comprendre dans le contexte français, si l'enjeu de la survie pouvait rapprocher salariat et patronat. Que l'intervention de l'État offre un substitut commode à l'impossible face-à-face est un trait ancien de notre système de relations industrielles [11].

Nombre de conflits dans des entreprises défaillantes révèlent que l'appel à l'État vise en fait la substitution pure et simple au patron failli. Au-delà du maintien de l'emploi et de l'activité, on réclame souvent la confirmation des menus privilèges arrachés dans des circonstances plus favorables, alors que l'entreprise n'est plus viable ou lutte pour sa survie. Pour illustrer ce cas de figure extrême, l'affaire de la Verrerie Ouvrière d'Albi paraît exemplaire.

Une coopérative ouvrière de 500 personnes (SCOP) créée en 1896 sous l'impulsion de Jean Jaurès après la révolte de Carmaux et qui avait longtemps confortablement vécu dans le verre creux mécanique (bouteilles pour vins, apéritifs et spiritueux et accessoirement boissons non alcoolisées), entre en crise en 1985. Voici les arguments des parties concernées.

Le bureau syndical (CGT) – l'une des têtes de la dyarchie qui gouverne la VOA – émet son diagnostic. L'entreprise souffre à la fois du poids des importations, notamment italiennes (argument national-productiviste), de la concurrence « assassine » des « dinosaures » (BSN et Saint-Gobain – c'est l'argument des petits contre les gros), de l'étranglement par des banques ponctionnant la totalité de la richesse de l'entreprise (argument des profits spéculatifs réalisés sur le dos de la production, seule créatrice de richesses), et de la prévention passée de la communauté financière qui aurait obligé à autofinancer une partie substantielle des investissements (l'argument devient surréaliste).

Le directeur général, un ancien cadre dirigeant de Saint-Gobain Emballage recruté pour rassurer les banques, tient un discours différent :

– La VOA a une structure juridique (SCOP) hétérodoxe par rapport à ses caractéristiques économiques : le verre creux mécanique est un secteur hyper-capitalistique, qui connaît de surcroît une accélération technologique, laquelle requiert toujours plus de capitaux : les frais financiers représentent 10 % du chiffre d'affaires, c'est une forme de record absolu!

– Grâce à l'aide des pouvoirs publics et des banques, la VOA a pu soutenir le rythme des investissements, mais l'outil est dépareillé, les instruments de contrôle de qualité manquent et des investissements supplémentaires sont nécessaires.

– La proximité du Bordelais assure des débouchés, mais la VOA livre essentiellement des produits bas de gamme. De plus, l'augmentation des cadences d'embouteillage sur nouvelles machines ayant été mal gérée, les produits sont de moins bonne qualité – défaut compensé par une guerre des prix ruineuse pour l'entreprise. Celle-ci accumule donc les pertes. Des tentatives dans le cognac ou les vins mousseux auraient pu permettre un redressement des marges mais l'entreprise a échoué : elle n'a pas su fabriquer des bouteilles qui résistent à la pression.

A partir de 1982, les difficultés croissantes dans la production, le commercial, le financement aboutissent à une prise de pouvoir par la CGT. La structure formelle de pouvoir dans une SCOP permet un tel dénouement. Celle-ci comprend trois échelons : l'assemblée générale, le conseil d'administration élu par l'AG, et le P-DG, élu par le conseil d'administration. Mais comme, dans l'entreprise, tout sociétaire ou candidat sociétaire adhère obligatoirement à la CGT, le bureau syndical pèse de tout son poids. En outre, la dyarchie installée en 1982 à la demande des banques permet au syndicat, qui contrôle le conseil d'administration, de jouer comme instance de revendication alors qu'il est légalement l'instance décisionnelle suprême. Constitué de 12 membres (8 salariés – en fait 8 permanents CGT – et 4 représentants d'institution comme l'union régionale CGT, la fédération nationale CGT des travailleurs du verre, la fédération des coopératives de consommateurs et la confédération générale des SCOP), ce conseil d'administration est supposé prendre des décisions stratégiques et de gestion dans un contexte turbulent et composer avec un dirigeant voulu par les banques honnies.

Un audit de la gestion de l'entreprise dépeint une organisation lourde et lente à réagir, organisée selon un principe bureaucratique de séparation des tâches et des fonctions et d'avancement à l'ancienneté. Il souligne le hiatus entre le mythe de « la verrerie la plus moderne d'Europe » et une réalité infiniment plus triviale où les insuffisances en matière de qualité, d'entretien, d'organisation de production, de rendement sont criantes. Résultat : la productivité de l'usine est nettement plus faible que celle des « dinosaures » ou des concurrents italiens, le manque de compétences, de qualification et l'inorganisation de la production et de l'ordonnancement étant compensés par des effectifs tant productifs qu'improductifs pléthoriques. Dernière plaie de ce système, l'audit mentionne « une surclassification systématique, un mode de rémunération inflationniste, une compensation intégrale à chaque diminution du temps de travail ». Bref, un système à la soviétique d'avant la perestroïka, que Mikhaïl Gorbatchev n'aurait pas de mots assez durs pour dénoncer.

La situation financière reflète cet état de délabrement avancé. Pour être tirée d'affaire, l'entreprise a besoin d'une injection de capitaux (près de 100 MF d'après une première estimation, alors que les fonds propres sont de 20 MF et les dettes à long moyen terme de 163 MF), c'est ce que la VOA demande à l'État providence.

Face à la montée des périls et à l'exemplarité de la Verrerie de Jaurès, un consensus se forme rapidement sur la nécessité de réussir dans les meilleures conditions le redressement. Aussi fait-on appel au président de la confédération générale des SCOP, ancien président des AOIP, ancien P-DG de la VOA jusqu'en 1978, M. Vieu, pour élaborer un plan, remobiliser l'entreprise autour des impératifs de la qualité et de la compression des coûts, instaurer une vraie direction sur les ruines d'un système de copinage et de préférence politique, bref requalifier, remettre au travail et négocier les concours publics et bancaires. Un plan de redressement sera élaboré. Nous reviendrons plus loin sur les modalités d'intervention du CIRI.

Notons simplement qu'une SCOP, inadaptée au regard de l'intensité capitalistique requise par le secteur, fondamentalement sous-productive, ne survivant et n'investissant, malgré de considérables pertes, que par la bonne grâce d'un pouvoir politique et de banques ayant renoncé à juger en fonction de critères économiques, réussit à interpeller l'État, à le mettre en situation de verser de nouveaux concours, voire à s'opposer avec succès à la solution qui s'imposait.

Comment ne pas comprendre à nouveau que les salariés actionnaires de la VOA, s'ils rendent difficile le redressement final par leurs exigences et la défense intransigeante de privilèges d'un autre âge, ne font que calculer un rapport de forces et affirmer que la communauté passe avant les contingences de la gestion micro-économique? L'efficacité de l'appel à l'État passe par l'utilisation de plusieurs registres d'argumentation et par une subtile stratégie d'alliances.

Qui peut nier le drame que représente pour Albi la disparition de la VOA? Certainement pas les élus locaux. Qui, dans un gouvernement de gauche, peut prendre la responsabilité d'assassiner J. Jaurès une seconde fois? En tout cas, pas L. Fabius, soupçonné de libéralisme rampant alors qu'il entend inscrire son projet socialiste dans la lignée de J. Jaurès. Qui peut oser dénoncer sur la place publique le népotisme de la principale confédération ouvrière? Qui, enfin, peut oser affirmer, à droite comme à gauche, que la coopération ou la participation sont une anomalie à effacer rapidement dans les secteurs capitalistiques, si l'on veut renouer avec l'efficacité économique?

Magistrature économique : l'indépendance sans le risque

Quand une affaire est admise au règlement judiciaire, la parole est aux tribunaux. Certes le procureur peut requérir dans le sens voulu par l'administration mais le tribunal est souverain. L'exemple de Guerry-Duperay illustre ce cas de figure. Deux repreneurs s'affrontaient : un Espagnol avec un solide projet industriel, un Iranien avec des dollars et le maintien de l'équipe faillie. Le tribunal de commerce a choisi la solution iranienne, l'État a fait appel, mais le tribunal a mis en œuvre la solution iranienne. Le tribunal a pris ses responsabilités en ne sollicitant pas de concours particuliers de l'État; l'État également, puisqu'il n'a pas entravé l'application de la solution choisie par le tribunal. Mais il arrive que l'administrateur judiciaire défende une solution et fasse ouvertement pression sur les pouvoirs publics pour qu'ils l'endossent et la financent alors qu'ils s'y refusent pour des raisons de stratégie industrielle ou, plus simplement, de manque de crédibilité. Un tel cas de figure peut surprendre et pourtant administrateurs judiciaires et présidents de tribunal de commerce ne sont pas loin, dans de multiples affaires, de réclamer une compétence exclusive tout en voulant faire jouer à l'État le rôle de guichet d'aides. Le traitement de l'affaire Richier l'illustre de manière exemplaire.

La société Richier est une entreprise de matériel de BTP qui connaît, dès 1972, des difficultés. Elle est alors dirigée par son fondateur, âgé de soixante-quinze ans. Créée après la Première Guerre mondiale par M. Richier pour construire des bétonnières, l'entreprise s'est progressivement diversifiée (outils de terrassement, matériels de construction de routes et de bâtiments, matériels de manutention..., location de matériels). Elle dispose de forges et de fonderies intégrées. L'entreprise est alors jugée trop dispersée, moins performante que Potain, trop dépendante du marché algérien, insuffisamment innovatrice dans son métier de base, malgré des aides publiques fournies dès 1968 (pour la mise au point de centrales à béton) et confrontée à un marché dur où les points de parts de marché gagnés génèrent des pertes et où les parts de marché perdues hâtent la défaillance finale.

Tour à tour Ford en 1972, Sambron en 1979 rachètent l'entreprise avec l'espoir de rationaliser la production, d'étendre les séries et de réaliser les fameuses économies d'échelle, source de profits futurs et surtout seul gage de survie dans un marché en proie à la guerre des prix. Malgré les abandons de créances consenties par Ford, des aides publiques cinq fois supérieures à la mise initiale de Sambron, l'entreprise ne parvient ni à se redresser ni à consolider les emplois (reprise de 1 100 salariés sur 2 000).

Le règlement judiciaire intervient le 20 mai 1981. L'administrateur provisoire se met en chasse d'un repreneur tout en essayant de contenir les pertes et d'assurer une exploitation normale malgré la défiance manifestée par les fournisseurs. L'histoire se met alors à bégayer. Faire reprendre Richier par Sambron était aventureux, mais le risque était au moins assumé par un professionnel incontesté. Rien de tel avec le groupe COPAG, un moment candidat et vigoureusement soutenu par l'administration judiciaire. Il s'agit d'un conglomérat fait de bric et de broc, dirigé par un personnage curieux, Serge Agranatt qui, en reprenant Richier, se propose de relancer le marché par une stratégie commerciale offensive. Non content de jeter aux orties l'ancien système de distribution en affirmant avec aplomb que seuls la publicité et l'effort promotionnel peuvent faire vendre dans le secteur, il affirme sa détermination d'étendre la gamme, de diversifier les produits et même d'étudier et de lancer des produits jamais fabriqués par Richier comme les petites pelles et chargeuses et les petits compacteurs vibrants. La force du plan réside dans sa vraisemblance et sa technicité apparente, puisque sont intégrées des politiques qui visent à pallier les insuffisances de la gamme offerte. Mais prétendre qu'une entreprise virtuellement en faillite depuis dix ans est capable de redevenir performante dans son domaine d'activité, d'entreprendre avec succès des diversifications majeures, tout en récupérant son marché national et en réussissant une percée majeure à l'export, alors qu'elle est sans fonds propres, révèle une crédulité rare. Le plan de restructuration élaboré par S. Agranatt, en accord avec l'administrateur provisoire, est évalué à 160 MF sur quatre ans. Le plus gros de l'effort étant fait par les créanciers, l'État donne un accord de principe. Mais à la mi-mars 1982, Albaret – entreprise de matériel de BTP spécialisée dans les compacteurs – se déclare candidate au rachat de cette partie de l'activité de Richier. Pourtant, la solution Agranatt continue à avoir l'avantage jusqu'au jour où les intéressés apprennent que le groupe COPAG est lui-même en cessation de paiements et que les agissements de son président intéressent la police.

Exit la solution Agranatt. Le CIRI essaie alors de donner une consistance à la solution Albaret cependant que l'administrateur judiciaire est reparti à la chasse au repreneur, qu'il trouvera en la personne de Gilles Poncin, un industriel qui dirige avec son fils deux petites entreprises – l'une de négoce et l'autre de fabrication de pièces mécano-soudées pour matériel de BTP. Il ne s'agit plus de faire racheter une entreprise par une autre trois fois plus petite (rachat Sambron), mais par une entreprise (Ardennes Équipement) dix fois plus petite : c'est la grenouille qui veut se faire plus grosse que le bœuf. Et pourtant, c'est le plus sérieusement du monde que l'administration judiciaire va défendre ce qu'on appellera le plan Poncin. Celui-ci prévoit la relance de productions abandonnées par Ford (les niveleuses), le lancement de nouveaux produits (les chargeuses-pelleteuses) et l'extension de la gamme aux mini-pelles hydrauliques. Comme la présence de constructeurs puissants sur un marché en voie de rétraction interdit la réussite d'un plan qui vise à faire renaître un éternel moribond, le plan Poncin insiste sur la nécessité de satisfaire les demandes en équipements spéciaux des clients, bref de faire du sur mesure pour tirer son épingle du jeu. Et pourtant, l'administrateur judiciaire défendra vigoureusement ce plan contre le ministère de l'Industrie, qui le juge peu crédible, et le CIRI, qui entend favoriser une reprise par appartements avec Albaret comme chef de file. Il plaidera dans la presse la nécessité de sauver Richier et de faire confiance à G. Poncin et s'interrogera même, ingénument mais à haute voix, sur la tiédeur des pouvoirs publics alors qu'il sait que le coût pour le contribuable serait de 80 MF (30 MF en subventions et 50 MF sous forme de prêt bonifié) en cas d'échec.

La solution Poncin est alors adoptée. La coalition formée par l'administrateur judiciaire et le repreneur a merveilleusement fonctionné, d'autant qu'elle préservait à court terme le maximum d'emplois même si elle aboutissait à ponctionner lourdement les finances publiques.

Le 25 février 1983, le CIRI prend acte du refus de l'administrateur judiciaire de renégocier les termes de l'accord. Il accepte finalement la solution Poncin tout en soulignant ses risques élevés d'échec et parvient au passage à limiter quelque peu les concours publics. Le 14 décembre 1983, après un nouvel audit, on découvre que les pertes sous administration provisoire continuent (10 % du chiffre d'affaires!). Les hypothèses sur lesquelles était fondé le concordat que s'engageait à présenter le repreneur n'étant plus réunies, tout est à recommencer. Malgré la crédibilité affaiblie des repreneurs, l'État respecte ses engagements et leur maintient sa confiance.

Le 9 mai 1984, le tribunal de Nanterre prononce la résolution du concordat et la mise en liquidation des biens de la société Richier : 712 salariés sur les 810 restants sont licenciés. A nouveau, des acquéreurs se manifestent, mais pour reprendre le service de distribution qui a toujours procuré une rentabilité élevée. Le choix n'a plus aucun caractère stratégique. L'entreprise industrielle est morte. La préférence accordée à un distributeur français peut à priori permettre d'endiguer un moment la pénétration étrangère : c'est cette motivation qui explique que, tout en s'en remettant « à la sagesse du tribunal » selon l'expression convenue, une légère préférence ait été formulée en ce sens.

L'histoire de Richier fournit une illustration supplémentaire de l'effondrement de l'industrie française du matériel de BTP, de la volatilisation de l'actionnaire, des curieuses vocations de repreneur qui naissent là où l'argent public coule à flots. Pour notre propos, l'attitude de l'administration judiciaire ne manque pas d'intérêt : soutenir, contre l'évidence économique, une reprise disproportionnée pourrait se justifier pour des raisons de paix sociale, mais ce n'est pas à l'administration judiciaire d'en juger. Soutenir, parce qu'on est convaincu que *« small is beautiful »*, un micro-repreneur, peut se justifier, mais on voit mal au nom de quoi l'État serait sommé d'apporter son obole. Enfin et surtout, interpeller l'État sur la place publique et le sommer de soutenir une solution à laquelle il se refuse, relève d'un curieux mélange de genres de la part d'un mandataire de justice. Pourtant, un comportement aussi curieux a sa rationalité propre : les mandataires de justice ont pour mission de maintenir l'entreprise, le temps qu'une solution soit trouvée, sans creuser les pertes de l'entreprise par leur gestion. Une telle exigence est parfois difficile à respecter. La logique juridico-institutionnelle impose donc que l'administrateur judiciaire, s'il ne veut pas être mis en cause personnellement, trouve une solution de reprise qui permette d'exonérer la gestion passée. L'État doit alors être le complice, consentant ou obligé, d'un montage où il apporte ses fonds; l'administrateur peut jouer sur un clavier étendu pour arriver à ses fins, le soutien des salariés et des notabilités locales étant décisif.

L'entreprise défaillante face aux notables : l'effet Rotary

La défaillance d'une entreprise est vécue localement comme un drame mais plus encore comme une injustice. La perception qu'ont les notables patronaux ou politiques locaux de l'activité économique est floue. S'y mêle pour partie une fierté légitime, tirée souvent de quelque gloire passée, la conscience du rôle irremplaçable des activités existantes et une incapacité à juger de l'état réel d'une entreprise et encore moins de la qualité d'un management. Il s'ensuit que la défaillance ne peut qu'avoir des causes extérieures : une concurrence injuste de pays à bas salaires ou à modes de vie différent, une prudence excessive de banquiers frileux face aux innovations décisives que met au point l'entreprise, un simple accident de trésorerie dû à la défaillance d'un client, à la perte d'un marché ou à l'augmentation des charges imposées par l'État. Dès lors, c'est le plus légitimement que la communauté locale, toutes tendances politiques confondues, avec le soutien de la chambre de commerce et du groupement patronal local, voire du président du tribunal de commerce, somme l'État d'intervenir, d'arrêter le gâchis, de préserver les finances publiques locales, les revenus des commerçants : pour tout dire, la survie d'un bassin d'emploi, d'une commune ou d'un département. Pour peu que les salariés manifestent vigoureusement, la pression s'organise à l'échelon local, puis régional, enfin national. La difficulté change alors de camp. Comment expliquer en effet qu'une entreprise doit disparaître parce qu'elle a fait son temps, que ses produits ne trouvent plus preneur et qu'à l'aider, on handicape l'économie, on rigidifie le tissu industriel? Pour les victimes, comme le notait A. Costa de Beauregard qui, au cabinet de Barre, eut à traiter ces problèmes dans une période aiguë, « il n'y a pas de fatalité économique, seulement une calamité qu'il serait possible de conjurer [12] ». Lorsque aux victimes directes de la défaillance se joignent les élites économiques et politiques locales et plus encore les autorités morales, alors l'État saisi ne peut opposer la logique du marché ou la nécessaire flexibilité de l'économie : il est sommé moralement et politiquement d'intervenir.

Des situations de ce type se sont fréquemment produites dans le passé, qu'il s'agisse de la sidérurgie, de la construction navale ou des charbonnages, mais la mobilisation locale a été aussi forte sur certains des dossiers déjà présentés. Dans le cas Guerry-Duperay, on a pu voir comment la reprise iranienne a été imposée par des élites locales, les syndicats et le tribunal de commerce unanimes. De même pour le renouvellement des concours aux ARCT ou pour la sauvegarde de la coopérative ouvrière à la VOA. Dans tous ces exemples, il s'agit d'un unanimisme réactif : alliance contre l'État central, pour le rappeler à son devoir, pour le sommer d'intervenir sans qu'il soit jamais question de la validité de l'intervention, de l'intérêt économique bien compris du bassin d'emploi et encore moins de la contribution de la collectivité locale ou du groupement patronal à un redressement réel. Le préfet, du reste, se fait plus l'avocat du consensus territorial auprès de l'État central que l'expression locale de la volonté de l'État central [13].

Avec la décentralisation [14], loin d'assister à une prise de responsabilité des élus par rapport au tissu industriel local, on relève une curieuse démarche mimétique : les collectivités territoriales reproduisent les errements de l'État, avec moins de moyens. L'engagement de Marseille dans le sauvetage de Titan-Coder et de Terrin et, plus encore, celui de Saint-Étienne au profit de Manufrance, par le risque qu'ils ont fait peser sur les finances locales à travers les garanties données (emprunt de Manufrance auprès d'une banque commerciale suisse, cautionné par la municipalité!), ont constitué des expériences formatrices pour l'ensemble des collectivités locales. Ces expériences condamnent-elles le développement local?

Depuis longtemps, on connaît l'exemple de communautés locales menant une authentique politique de développement territorial. Le rôle joué par les jeunes chambres économiques de Nantua-Oyonnax ou du Choletais témoigne, non seulement de la capacité des élites locales à penser leur reconversion et leur développement hors l'État, mais plus encore à illustrer une nouvelle tendance de l'organisation productrice selon Michael Piore et Charles Sabel : le réseau industriel [15].

L'histoire d'Oyonnax est celle d'un bourg de montagne industrieux dont les paysans-artisans vont réussir, grâce au savoir-faire accumulé dans la production de peignes, le passage du buis au Celluloïd puis au plastique avant de s'imposer dans la lunetterie et les industries de la mode. Chaque fois qu'une technologie, un matériau, ou un marché nouveaux viennent menacer l'activité de la cité, celle-ci se mobilise, investit collectivement dans la formation ou l'introduction d'une nouvelle technologie pour que le savoir-faire accumulé ne se dissipe pas et que la ville ne perde pas ses emplois. Le Choletais fournit un autre exemple bien connu. Dans un secteur textile sinistré où il n'est alors question que de désertification comme dans les vallées vosgiennes, un ensemble de PME dynamiques, fédérées par une chambre patronale entreprenante, explore sans cesse de nouveaux segments de marché, en s'appuyant sur la mode, l'émergence d'un marché des jeunes et de l'enfant et, pour ce faire, collabore, se spécialise, met en commun des moyens, crée des événements, sous-traite [16]. Bref, le modèle italien tant vanté pour sa souplesse, sa créativité, sa mobilité, sa capacité à organiser la spécialisation mais aussi la coopération, connaît quelques terrains d'application en France [17].

Les expériences de développement local sont trop rares ou trop récentes (les technopoles) pour qu'on puisse y déceler un changement d'orientation des élites locales. Retenons donc qu'elles participent au concert d'appels qui montent vers l'État quand la défaillance surgit. Le notable exerce alors une fonction tribunicienne plus que décisionnelle; il exprime les attentes de son électorat plus qu'il ne s'estime responsable de la solidité du tissu industriel local. En cas de défaillance, un véritable front se forme, qui mêle dans la confusion la plus extrême les intérêts légitimes des salariés menacés de perdre leur emploi, ceux moins légitimes de patrons qui veulent échapper à la sanction du marché et ceux d'élites locales qui préfèrent maintenir leur cohésion et leur influence plutôt que de se mettre en question. C'est ce qu'un rapporteur nommait

« l'effet Rotary » et que nous avons pu observer dans nombre de dossiers et notamment Guerry-Duperay.

Au terme de ce parcours une conclusion s'impose : l'entreprise ne fait pas système avec son environnement; en revanche, celui-ci fait système avec l'État. Dès lors « l'effet de cheminée » qui fournit un titre à ce chapitre se trouve pleinement confirmé. On se trompe nécessairement lorsqu'on fait appel aux bons sentiments pour sauver une entreprise et qu'on s'étonne du peu d'échos rencontrés. Il n'est pas toujours dans l'intérêt de l'ensemblier de soutenir l'équipementier et pas davantage pour un concurrent de tendre une main secourable à une entreprise rivale. De même, les procès faits à la banque de dépôts manquent leur objet. L'État a prévu des systèmes financiers spécialisés pour les concours à moyen et long termes. Enfin rien ne vient confirmer une éventuelle infirmité congénitale du capital national. La croyance en une aptitude spontanée des acteurs à chercher en permanence le bien public ne cesse d'étonner de la part de l'État. Les entreprises, petites ou grandes, publiques ou privées, capitalistes ou coopératives, défendent les intérêts de leurs organisations tels qu'elles les perçoivent au moment où elles sont sollicitées. L'État, du reste, donne lui-même rarement l'exemple de la vertu puisque ses décisions sont changeantes et que les règles qui sont censées s'appliquer à tous dans un État de droit sont fréquemment contournées.

Dès lors que la régulation par la faillite est interdite pour raisons sociopolitiques, par la reprise externe à cause d'un manque de visibilité, il en découle presque nécessairement l'appel à l'État. Comment résister au chœur unanime des industriels, des syndicats, des élus qui réclament un ballon d'oxygène transitoire et décisif? Comment refuser à l'industriel national, par définition vertueux, la protection réclamée face à l'envahisseur? Comment sacrifier les forces vives de la création technique pour quelques traites impayées? L'État ne saurait le faire et s'abstient de le faire. La régulation interne à l'entreprise elle-même étant improbable parce que le procès en légitimité du syndicalisme ouvrier et du fait patronal n'a pas cessé d'être instruit, le débouché obligé de la revendication est étatique. Finalement, l'État intervient parce que toutes les régulations sont inopérantes, ce qui ne veut pas dire que ce même État n'ait pas contribué à les débrancher. La régulation capitaliste n'opère plus quand l'État est le garant ultime du risque industriel ou qu'à tout le moins une gestion patrimoniale du capital l'installe dans ce rôle. La régulation locale n'opère pas davantage quand les élites locales sont irresponsables ou déresponsabilisées et que le front unique notabiliste est plus payant que la tentative de traiter rationnellement la défaillance industrielle. La régulation bancaire est par avance délégitimée dans un système où l'incitation publique à l'endettement a été forte et où, par constitution, la banque française se limitait au financement du bas de bilan. Tout concourt donc à rendre inéluctable l'intervention de l'État. Celle-ci est le résultat des intérêts bien compris des différentes parties.

Mais sur quoi intervenir, comment et pour quoi faire? Si l'on appréhende correctement les attentes, encore faut-il mieux saisir l'objet de l'intervention. Traite-t-on avec des outils de portée générale des pathologies individuelles de processus décisionnels et des stratégies de repli des acteurs intéressés à la solution des faillites? Mais, à leur tour, ces outils n'ont-ils pas été conçus pour intervenir sur une crise plus générale, comment en dégager alors les éléments topiques?

Répondre à ces questions revient à traiter de l'exemplarité des cas présentés. En quoi des histoires par définition singulières nous renseignent-elles sur la structure économique et plus encore sur le processus de délitement d'un appareil industriel? Au-delà du constat de la radicale spécificité des cas présentés, en quoi notre compréhension des phénomènes de défaillance nous aide-t-elle à penser le décrochage? S'il n'est guère de rapport évident entre les circonstances de la faillite d'un constructeur d'engins de travaux publics et l'attachement archaïque d'une châtelaine à la peinture sur céramique, comment expliquer que la distribution des entreprises en difficulté n'obéisse ni à un pur hasard ni à une stricte détermination sectorielle?

CHAPITRE 4

LA CRISE DE L'INDUSTRIE EXTENSIVE

La distribution des défaillances d'entreprise n'obéit pas à un pur hasard. Il faut donc mettre au jour les déterminants de la concentration temporelle et sectorielle de celle-ci. Si l'on écarte les secteurs qui, avant le choc pétrolier, posaient de graves problèmes, comme la construction navale, la sidérurgie et les charbonnages, chronologiquement, il y eut, après 1974, trois grandes vagues. L'une a concerné les biens intermédiaires faiblement internationalisés (composants, bâtiment, tannerie), les biens de consommation (chaussure, textile), et d'anciens secteurs abrités (imprimerie, papier). La seconde, plus tardive, a amplifié la première (jouets, céramiques, tuileries, sanitaires, fonderies d'acier), mais elle a atteint aussi le secteur des biens d'équipement (matériel de mines, matériel sidérurgique, machines-outils, machines à bois). La troisième enfin a touché le cœur de l'appareil industriel : les matériels industriels et de travaux publics, le matériel agricole, l'équipement automobile, la chimie lourde, le pneumatique et, de manière particulièrement aiguë, la réparation navale.

Le repérage des concentrations sectorielles masque habituellement un fait plus décisif encore : on assiste dans ces années 1974-1984 à la lente propagation d'un phénomène qui concerne, au départ, l'entreprise familiale spécialisée et, à l'arrivée, le groupe industriel multiactivité adossé à l'État.

Après 1974, les premiers dossiers de défaillances concernent des entreprises familiales de secteurs traditionnels; à partir de 1978-1979, des groupes industriels familiaux vacillent, c'est le cas de Herlicq avec la Franco-Belge et les Chantiers Navals de la Méditerranée, des Boussac ou des Seyrig dans le textile, de Crouzet dans la machine textile, de G. Bataille dans le matériel de travaux publics, des Darblay dans la pâte à papier, des Sciaky dans la machine-outil et la mécanique. Puis, en 1980-1981, ce sont des groupes industriels un moment promus « champions nationaux » qui à leur tour défaillent : Pechiney-Ugine-Kuhlmann, le groupe Empain-Schneider, le groupe Agache-Willot. Enfin, dans la période 1982-1984, des secteurs entiers de l'industrie des biens d'équipement mécanique qui constituent la base manufacturière d'un pays développé et les grandes sociétés d'ingénierie (AMREP, CLE, CLECIM, Doris, Technip, Heurtey), qui leur sont liées, menacent de disparaître, cependant que les groupes apparemment les mieux établis connaissent une crise d'une gravité extrême : Peugeot, Michelin, Renault, Thomson, Bull, DMC, Aussedat-Rey, Lesieur, Prouvost, Valeo... En fait seuls l'industrie de luxe, l'agro-alimentaire, la distribution, le BTP et les services informatiques n'ont pas été secourus par l'État dans le cadre d'une procédure d'urgence. Ce qui ne veut pas dire qu'il n'y eut pas crise et restructuration dans ces secteurs ni que les champions nationaux n'aient pas dû, dès 1978-1979, reconsidérer leur configuration et leur stratégie. Le BTP, la distribution et les services informatiques sont globalement plus concentrés au terme de la période. L'agroalimentaire a bénéficié de multiples aides – BSN et Perrier ont disposé de prêts du Fonds industriel de modernisation (FIM). Rhône-Poulenc et Pechiney, à partir de 1980, ont redessiné complètement leur portefeuille d'activités. Seule l'industrie de luxe a pu franchir le gué sans encombre.

Les difficultés rencontrées par ces entreprises n'étaient bien sûr ni de même nature ni d'égale gravité. Il faut donc faire la part de la crise structurelle et de l'effondrement conjoncturel, de la crise de spécialisation et d'une structure de financement inadéquate au risque pris, de la crise de rentabilité et de la défection d'un actionnariat.

Les cas déjà présentés et plus encore le matériau dont ils sont extraits suggèrent un modèle explicatif de la défaillance d'entreprise, de l'effet des anticipations macroéconomiques des acteurs sur leurs choix stratégiques et de la relative concentration sectorielle. Mais le problème n'est pas seulement de comprendre les raisons propres aux diverses crises sectorielles, il est de rendre compte de la panne constatée dans la dynamique intersectorielle. Pourquoi l'appareil industriel qui, avant 1974, avait su résorber les activités déclinantes et redéployer ses moyens, est-il comme saisi d'engourdissement après cette date? Pourquoi tant d'entreprises innovantes de la mécanique, nées après-guerre, disparaissent-elles avec les années de crise au point que la France de 1989 paraît avoir refermé la parenthèse du rattrapage d'après-guerre? Comment comprendre l'absence d'effets de diffusion de l'industrie de luxe vers les industries de biens de consommation, de l'électronique professionnelle vers le grand public ou la mécatronique?

Au-delà de l'approche sectorielle, l'analyse permet d'isoler trois groupes d'activités aux évolutions spécifiques mais qui permettent de mettre au jour les caractères marquants de la spécialisation acquise.

Le premier a trait à ce qu'on pourrait nommer les industries de la reconstruction, la filière matériaux-matériel-biens d'équipement ménager ou, si l'on préfère, les industries de l'urbanisation, une filière BTP élargie vers l'amont et vers l'aval. Dans la crise que connaissent les secteurs de matériaux (tuiles, composants bois, plâtre, céramiques...), du matériel de BTP (grues, pelles, compacteurs), de l'équipement de la maison (chaudières, sanitaire, électroménager...), de l'ameublement, ce simple constat entre pour beaucoup : au début des années 70, la France a achevé sa reconstruction et sa démographie ne justifie plus de massifs investissements. Se rattachent à ce premier groupe l'industrie des matériels agricoles et celle des biens d'équipement industriels : le problème n'est plus de construire des capacités de production supplémentaires.

Le second concerne précisément l'industrie des biens d'équipement mécanique. La France a globalement raté le tournant de l'électronisation des équipements industriels. En cela, elle était en bonne compagnie puisque l'Allemagne aussi avait manqué le tournant et il n'était pas rare de lire en 1981 que la RFA allait être définitivement supplantée par le Japon. Tel ne fut pas le cas. Comment expliquer alors le rebond allemand et la disparition pure et simple de la machine-outil française pour ne prendre que cet exemple? Quel a été notamment l'effet de la politique des grands projets sur la spécialisation acquise?

Le troisième a trait à ce qu'on peut nommer la généralisation en matière de biens de consommation de l'économie de la mode. La disparition d'une grande partie de la tannerie française, de la chaussure, du textile, de l'ameublement, de la faïence tient au fait que la France, patrie de la grande mode, n'a pas su réussir la différenciation produits.

La crise de l'industrie extensive est le produit de ces tendances. Lorsque l'effort de reconstruction s'épuise, que les spécialisations acquises après-guerre dans un climat de pénurie et de protection ne sont pas consolidées, que le tissu industriel est fragilisé par l'inflation et les marges étriquées, tout choc exogène déstabilise l'entreprise et l'empêche de répondre. Lorsque le tournant technologique des industries de l'information est manqué, que la différenciation produit s'exacerbe et que la gestion sociale se fige, le passage à l'économie de variété est nécessairement retardé. Enfin, dès lors que les marchés s'ouvrent, que les taux d'intérêt réels deviennent positifs et que les marges s'érodent, le cercle vertueux de la croissance à crédit, de la profitabilité par l'inflation et de la compétitivité par la dévaluation se transforme en spirale infernale. Considérons ces différents éléments avant d'en saisir le mode d'imbrication.

La fin du « building cycle » d'après-guerre

A l'origine des grandes vagues de croissance, il y a, disent les historiens économistes, des ruptures majeures dans l'ordre technologique, dans les moyens de transport ou dans les activités de construction et d'équipement : ce qu'ils nomment des *« building cycles »*, c'est-à-dire des efforts massifs de reconstruction consécutifs à une guerre ou à une longue stagnation [1]. Après-guerre démarre l'un de ces *« building cycles »* dont les effets à distance transforment en profondeur l'économie et la société.

La priorité est alors clairement accordée aux travaux publics et non au logement : il faut reconstruire les infrastructures ferroviaires, routières, portuaires, développer la production d'énergie, viabiliser le territoire. De fait, de 1944 à 1954, 510 000 logements seulement (en dix ans) seront achevés. Le véritable tournant s'amorce en 1954 à l'initiative de P. Mendès France qui inscrit dans le budget un effort sensible en faveur de la construction : d'une moyenne de 80 000 logements terminés en 1952 et 160 000 en 1954, on passe à 292 000 en

1958. A compter de cette date, on assiste à une nouvelle accélération de la construction immobilière, essentiellement à l'initiative des pouvoirs publics, *via* la Caisse des dépôts : en 1967, 423 000 logements sont achevés; en 1972, 546 000 et dans les travaux du Plan on envisageait alors d'atteindre un rythme de 700 000 logements par an. Après un pic en 1973, la décrue s'amorce – 397 000 mises en chantier en 1980 – qui tourne vite à l'assèchement du marché : en 1986, 295 000 mises en chantier seulement. Un mouvement comparable peut être observé dans les travaux publics après les grands programmes ferroviaires, routiers et autoroutiers déjà cités. Un chiffre illustre cette décrue : dans l'ensemble du secteur BTP, les effectifs passent de 1980 à 1986 de 1 496 000 à 1 184 000.

Les effets industriels de ce cycle de la construction ont été considérables. Le BTP constitue en effet un secteur client d'une importance décisive pour l'industrie des biens intermédiaires (matériaux de construction, matériaux d'isolation, verre...), pour l'industrie des biens d'équipement professionnel (matériel de BTP, matériel de levage), pour l'industrie des biens d'équipement ménager (sanitaire, électroménager...), pour les biens de consommation et pour les services marchands... Bref, autour du BTP, un véritable « bloc de croissance » s'est formé après-guerre qui a puissamment déterminé l'activité industrielle et dont l'affaiblissement à partir de 1974 va produire des effets en chaîne dont on n'a pas mesuré l'ampleur.

En effet, la croissance du secteur n'a pas seulement entretenu une forte demande adressée au secteur industriel, elle a induit des comportements économiques particuliers. Le secteur du bâtiment – les comptes nationaux l'établissent – a pu croître dans un environnement marqué par une pénurie intense. Il a de ce fait imposé des prix particulièrement rémunérateurs : le BTP a bénéficié d'un transfert de surplus du secteur industriel. Par ailleurs, l'effet combiné de la pression de la demande et de l'aide de l'État a permis que l'entreprise marginale fixe le prix, malgré l'émiettement du secteur. Cela peut paraître paradoxal dans la mesure où l'État commandite, finance, aide directement ou indirectement près de 70 % de l'activité, mais l'État ne pesant guère sur la structure du secteur, les tentatives d'industrialisation du bâtiment ont régulièrement échoué. De fait, dans cette période euphorique, la multiplicité des acteurs décisionnels, la profonde imbrication des entreprises dans le tissu local, et le rôle incontournable de celles-ci dans le financement des partis politiques ont produit une situation de concurrence factice permettant à la firme la moins productive de vivre correctement. Ainsi de 1949 à 1970, l'appareil productif de la branche connaît un développement « extensif » : les effectifs s'accroissent au rythme des chantiers, les investissements en matériel sont pléthoriques, le partage de la valeur ajoutée se fait en faveur du capital, le secteur croît sans s'industrialiser véritablement [2].

La décroissance absolue de l'activité du secteur va avoir des effets dévastateurs pour des entreprises habituées à une croissance régulière. N'ayant pas vu venir le retournement de la demande, ou ayant anticipé une reprise jamais venue, ou d'hypothétiques marchés extérieurs, ces entreprises ont continué à étendre leur capacité de production.

Les effets de ce retournement vont être amplifiés par les transformations qui affectent alors les entreprises du BTP. Celles-ci, en effet, du fait de leur opulence, faisaient un usage extensif de leur matériel, surinvestissant et déclassant rapidement le matériel.

Dès qu'elles découvrent les nécessités de la gestion suscitées par le vaste mouvement de concentration initié par Bouygues, les entreprises de matériel BTP connaissent une baisse plus que proportionnelle de la demande qui leur est adressée. Enfin, le fait que le BTP soit un secteur bénéficiaire d'un transfert de surplus indique suffisamment que la croissance du secteur matériel a profité, par le biais des prix relatifs, davantage aux entrepreneurs du BTP qu'aux industriels des matériels. Ce phénomène explique que la période d'expansion n'ait pas été l'occasion d'une accumulation de réserves financières, et qu'à l'inverse, le retournement de marché ait si rapidement déstabilisé des entreprises formellement prospères. La réduction de l'activité du secteur, les disparitions d'entreprises, la concentration, le moindre renouvellement des parcs machines ont pour effet d'exacerber la difficulté pour les secteurs dépendant du BTP. Ainsi, malgré une croissance forte, et du fait d'une rentabilité médiocre, les entreprises de matériel de BTP ne parviendront pas à accumuler de réserves pour les jours difficiles : la course à la capacité de Poclain, la volonté de Richier de constituer une gamme et les difficultés connues par ces entreprises au moment du retournement illustrent ce phénomène.

Cette logique de la croissance extensive est également à l'œuvre dans le secteur de l'équipement de la maison. En 1974, 90 % des ménages possèdent un réfrigérateur et 50 % un lave-linge, 82 % ont un téléviseur; l'électroménager et l'électronique grand public, tirés par le logement, constituent l'un des fondements les plus essentiels de la croissance auto-entretenue des 20 Glorieuses. Si l'on prend le cas de l'industrie de l'ameublement, on est frappé de constater les similitudes avec la croissance du marché de l'habitation principale : la progression en volume de la consommation de meubles a été de 18,5 % par an de 1943 à 1964 puis de 9,4 % de 1965 à 1970; de près de 9 % de 1970 à 1976 [3]. Cette forte croissance a permis à une multitude de PME de survivre jusqu'à la grande purge de 1982-1984, lorsque le secteur victime d'un retournement conjoncturel se découvre démuni face à la concurrence étrangère, à l'évolution des pratiques de consommation et, plus généralement, aux effets de la démographie et de la décroissance de la part relative du meuble dans le budget des ménages.

L'origine des fabricants de meubles permet de comprendre leur attitude face au retournement. Nous avons vu comment Gautier, qui avait fait le choix judicieux d'une spécialisation sur un créneau de marché, a été emporté par la tourmente. Il était alors le nº 2 du secteur. L'histoire du nº 3, le groupe Omnium Financier du Meuble est encore plus édifiante. Ce groupe réunissait un ensemble d'entreprises hétéroclites nées du rapprochement de Laffa – une firme présente dans le tube ménager, que Michelin avait secourue un moment et dont il voulait se débarrasser – et de la Compagnie Française du Meuble, elle-même filiale de la Rochefortaise, une grande affaire coloniale spécialisée dans l'importation et le négoce du bois qui s'était reconvertie dans l'ameublement après son repli sur la métropole. Le mariage des deux affaires sera conçu pour libérer de grandes banques et Michelin imprudemment engagés dans le secteur et certes pas pour répondre au défi d'Ikea ou des designers italiens.

Cet exemple illustre la situation qui a prévalu jusqu'en 1974. Dans un contexte de rapide croissance auto-entretenue, sur un marché d'abord entrouvert puis totalement ouvert aux importations dès la fin des années 60, ont émergé et se sont développées des entreprises qui fournissaient un marché plus qu'elles ne servaient des clients. Ainsi ce vaste tissu des PME de l'ameublement, des céramiques (dont Cerabati par exemple), des tuileries, des chauffe-eau, du sanitaire, du meuble ont connu une certaine prospérité pendant la phase de grande croissance en ignorant pour la plupart la segmentation du marché, le design, la qualité, la concurrence étrangère, la transformation des réseaux de distribution et même la décroissance du nombre des mises en chantier de logements neufs. L'objectif était quantitatif et point n'était besoin d'être industriel ou artisan du meuble pour prétendre jouer un rôle.

La notion de croissance extensive vaut pour les industries liées à l'habitat comme pour les autres industries de la reconstruction et du rattrapage, qu'il s'agisse des travaux publics et des grands chantiers privés ou des investissements corporels en matériel. Dans ces cas, la demande adressée à l'industrie des biens d'équipement a constitué un puissant stimulant. Schneider nous a permis de cerner cette réalité. Sa croissance a d'abord été tirée par la demande nationale de biens d'équipement, l'entreprise a alors volontairement baissé la garde face aux Allemands, elle s'est ensuite tournée vers les pays sous-developpés ou à commerce d'État avant de succomber, victime de sa sous-capitalisation et de ses dissensions internes, laissant en héritage le pire : un secteur biens d'équipement mécanique délabré (HES, diversifications Creusot-Loire...), et le meilleur (secteur nucléaire). L'histoire de Schneider est emblématique de l'évolution du secteur. La débâcle intégrale de la machine-outil, malgré de multiples concours étatiques, le confirme également.

La quête d'une spécialisation dans les biens d'équipement mécanique

L'histoire de l'industrie française de biens d'équipement est celle de l'impossible spécialisation malgré une volonté publique sans cesse confirmée et la mise en place d'une multitude de dispositifs incitatifs. Combien de fois, à bout d'arguments, les industriels n'en sont-ils pas venus à donner cette explication ultime du processus de délitement continu des industries du secteur : « Que voulez-vous, les Français n'aiment pas la mécanique, les polytechniciens refusent de s'intéresser à la production, ce serait déchoir, les Arts et Métiers, qui étaient une école de mécaniciens, ont préféré devenir une grande école et ils ont donc abandonné la mécanique, les banquiers ont fait leurs plus mauvaises affaires en mécanique, ils ont fini par se convaincre qu'il n'y avait que des pertes à récolter dans le secteur, en un mot la mécanique ne peut exister si personne n'en veut, c'est un secteur maudit. » Un tel discours, illustré de mille et un exemples, finit toujours par dériver sur les mérites comparés de l'ouvrier allemand et de l'ouvrier français, il met en avant les goûts exotiques des Français, toujours prêts à louer la machine allemande et à dénigrer la machine française.

Une étude historique des spécialisations industrielles confirme pourtant ce sentiment diffus. En 1913, les exportations de produits manufacturés français ne représentent que 45 % des ventes analogues allemandes et 38 % des anglaises [4]. A l'exception des armes et des automobiles, les Français sont relativement absents du commerce des biens nés de la seconde industrialisation et notamment celui des biens finis professionnels (biens d'équipement, matériel électrique, équipements agricoles); ils maintiennent par contre une présence traditionnellement forte dans le secteur des biens de consommation de luxe [5].

Dans le cas de la machine-outil, on constate que les jeux sont faits dès 1913 puisque la production française de machines n'atteint pas le sixième de celle de la Grande-Bretagne, le onzième de celle de l'Allemagne, le vingt-deuxième de celle des États-Unis. En fait, dès le milieu du siècle dernier, les professionnels du secteur réunis autour de A. Schneider dans l'Union des constructeurs dénoncent l'ouverture des frontières, proposent à l'État des « mesures propres à assurer le développement de leurs industries en France », et stigmatisent la faiblesse coupable des Français à l'égard du matériel étranger, l'insuffisant effort de l'État en matière d'équipement, son incapacité à fixer et à se tenir à une politique régulière de commandes, à des prix rémunérateurs.

Dès avant la Première Guerre mondiale, les termes du problème sont correctement posés par la profession. La demande, très irrégulière et extrêmement diversifiée, interdit toute offre structurée; celle-ci est au contraire fragmentée, fragile, davantage portée par des artisans astucieux que par des industriels. Dès lors, les utilisateurs nationaux y compris les arsenaux, s'adressent à l'étranger, ce qui conduit les producteurs nationaux à jouer sur les prix pour arracher des commandes et, quand ils les obtiennent, à ne pas satisfaire la clientèle en délais, qualité, fiabilité et service après-vente. Le cercle vicieux est enclenché : une faible rentabilité interdit les investissements et la recherche, programmant ainsi la disparition à terme de l'artisan astucieux. Cette instabilité de l'offre conduit en réaction les grands industriels utilisateurs de l'automobile, de l'aéronautique, à se doter eux-mêmes de leur propre activité machine-outil qui affaiblit d'autant les indépendants du secteur. Ce scénario va se déployer selon une logique implacable avant la Première Guerre mondiale, pendant les années 20, après la Seconde Guerre mondiale. L'explication ne tiendrait donc pas à une inaptitude culturelle à être performant dans l'industrie des biens d'équipement mais plutôt à la difficile consolidation en période de crise, de bourgeonnements prometteurs dans les périodes de forte croissance.

En effet, que la France ait été faiblement spécialisée dans les biens professionnels finis en 1913 n'explique pas que la même situation émerge au terme des crises des années 70. L'exemple du Japon et celui – contraire – de l'Angleterre, en fournissent une vigoureuse illustration. On ne sait pas assez que certains parmi les grands de la machine-outil japonaise ont commencé comme licenciés d'entrepreneurs français. Ce fut le cas d'Amada pour Promecam, HES vendait au Japon dans les années 50. Que s'est-il donc passé?

Le parallélisme entre les situations de nombre d'entrepreneurs français de la machine-outil ou du matériel agricole ou encore du matériel de BTP ne peut être fortuit. Au départ de ces entreprises, une innovation, une trouvaille par un agriculteur, un artisan mécanicien, un ingénieur Arts et Métiers. La croissance, le développement sont portés par la reconstruction, l'expansion dans un contexte marqué par une relative stabilité des technologies et la longévité des produits. La première ouverture des frontières entre 1958 et 1967 est même bien absorbée. Certes, la pénétration des matériels allemands augmente mais les entreprises existantes parviennent à se maintenir et à trouver les financements nécessaires. Toutefois, les indices de fragilité ne manquent pas : à chaque plan de refroidissement, il faut prévoir des mesures particulières pour les industries de biens d'équipement. Globalement les entreprises ont une rentabilité médiocre, une structure financière fragile et un endettement élevé.

Ce secteur va être victime, à la fin des années 70, d'un mouvement qui imprime une accélération décisive à la crise endémique du secteur. L'industrie des biens d'équipement mécanique cesse d'être une activité de petites séries à durée de vie longue, fondée sur des solutions techniques individualisées pour entrer dans l'ère de la grande série, de la modularisation et de la standardisation des composants. Une activité relativement protégée, exercée par des PME dont le savoir-faire tenait lieu de recherche, s'est trouvée ainsi déclassée. Dans un marché qui se rétracte du fait de la crise de l'investissement, la concurrence faite à l'industrie nationale par des entreprises qui avaient pris plus tôt le tournant de la nouvelle industrie sera fatale. Ainsi la concomitance d'une avancée technologique, facteur d'obsolescence accélérée des matériels, la bataille mondiale pour les parts de marché dans un contexte marqué en France par la baisse de la demande de biens d'investissement et la crise de l'endettement vont avoir raison des entreprises qui survivaient. Les industriels du secteur vont alors lancer un appel angoissé à l'État. Il y répond en incitant à l'investissement accéléré dans les nouvelles technologies, au regroupement et au renforcement des liens entre fournisseurs de biens d'équipement et utilisateurs. L'échec des différents plans révèle l'épuisement d'un modèle de croissance qualifié ici d'extensif. En situation de forte pénurie ou de forte croissance, des entreprises qui ne sont pas nécessairement armées pour la compétition peuvent naître et se développer, elles peuvent même être innovantes. Une faible variabilité technique et un marché relativement protégé peuvent, durant une génération, permettre à celles-ci de prospérer, mais une brusque accélération technologique les déstabilise fortement. A partir de là, et dès lors que, pour des raisons de spécialisation, il n'émerge pas de grands opérateurs qui concentrent et rationalisent le secteur, les PME prises individuellement peuvent, soit jouer une stratégie patrimoniale et se vendre au plus offrant ou se reconvertir comme négociants ou comme importateurs de matériel étranger, soit jouer avec l'État la carte du bond en avant.

Mais réussir simultanément le bond technologique, la croissance par fusion, même avec l'aide de l'État, dans un contexte de concurrence exacerbée, est hors de portée quand on est soi-même mal assuré de ses ressources.

Peut-être est-ce là en effet que se situent les vraies différences. La mécanique lourde allemande était donnée pour menacée à la fin des années 70, le Japon devait la balayer [6] : il n'en a rien été; pourtant, les spécialistes ne manquaient pas d'explications. Les uns, armés de la théorie du cycle de vie du produit, invoquaient la maturité et le déclin des activités de biens d'équipement traditionnels au profit des technologies électroniques de l'usine du futur. Les autres insistaient sur l'obsolescence des compétences de l'encadrement et de l'ouvrier allemand, prisonniers d'un système technique mécanique quand les Japonais inventaient et pensaient mécatronique. En France même, où on n'est jamais en retard d'une mode, on entendait des hauts fonctionnaires et des politiques expliquer gravement que le retard français était sa chance car il lui permettait de sauter une étape dans le développement industriel en accédant directement à la maîtrise de la robotique, des ateliers flexibles, des automates de production, au lieu de refaire le long chemin des Allemands dans la mécanique, les commandes hydro-pneumatiques, etc. La déroute française dans la machine-outil, la mécanique lourde, l'ingénierie et, plus généralement, les biens d'équipement professionnel, a sonné comme un rappel aux vérités d'évidence : on ne réussit pas l'usine du futur quand on n'est pas mécanicien; c'est là que résident les obstacles techniques, et non dans une électronique vite banalisée. On ne réussit pas dans les nouvelles techniques de production quand on dispose d'une main-d'œuvre peu formée soumise à un encadrement d'autorité. On ne refait pas un retard avec de l'argent public quand le terreau de formation, de compétences, d'encadrement, de culture technique manque [7].

Cet apprentissage-là aussi sera fait rapidement par les élites technocratiques françaises qui, après avoir vanté les plans sectoriels, découvrent l'importance de la culture technique, de la formation et de la requalification du travail ouvrier [8], bref l'importance de la gestion de production dans la formation du résultat. Dès lors, la variable coût salarial perd de son importance au profit de la productivité, de la qualité, du service, de la fiabilité, etc...

Si des hésitations subsistaient, Antoine Riboud, dans un rapport remarqué [9], vient de le rappeler : le coût du poste de travail est tel qu'on doit considérer l'ouvrier comme le responsable d'un investissement majeur de l'entreprise; dès lors, sa formation, sa qualification, son initiative sont les clés de la rentabilité de l'entreprise.

Comprendre les raisons de la contraction du secteur des biens d'équipement en France, nécessite d'aller plus loin : pourquoi n'y a-t-il pas eu de repreneur actif dans le secteur? Comment se forme un secteur maudit? En fait, quand un secteur se compose d'entreprises également affaiblies et de grandes entreprises dont les priorités sont étrangères au secteur, il ne faut guère s'étonner qu'il ne se trouve pas de repreneurs. Il y a une logique industrielle dans la stratégie du retrait. L'hémorragie permanente du secteur constitue un appel d'air pour les entreprises étrangères. Inverser le mouvement devient d'autant plus coûteux que le marché national est trop étroit. Enfin, choisir comme axe de développement l'industrie des biens d'équipement mécanique, c'est nécessairement faire un investissement beaucoup plus risqué que d'autres.

Les processus décrits pour la machine-outil sont rigoureusement transposables dans la machine à bois (Guillet), la machine textile (Saurer Diedrichs, Ateliers Roannais de Construction Textile – ARCT), le matériel sidérurgique et le matériel des mines, les machines de conditionnement et le matériel d'imprimerie (filiales de Creusot-Loire emportées dans la tourmente).

L'idée de « secteur maudit », même étayée par l'expérience historique, les caractéristiques de l'industrie extensive et les difficultés conjoncturelles, ne saurait constituer un argument pleinement satisfaisant. L'exemple de Creusot-Loire, premier groupe mécanique français, suggère une explication complémentaire : la crise du secteur national de l'industrie des biens d'équipement est aussi le produit d'une stratégie de spécialisation.

– Après-guerre, la SCAC et le groupe Schneider comme les autres industriels du secteur ont été considérablement sollicités pour reconstruire et fournir les outils de production de la sidérurgie, de la chimie mais aussi des centrales thermiques et des cimenteries. Ils ont de ce fait vécu à l'abri, avec des crédits et des clients français en produisant et en livrant du matériel français. Lorsque ce marché vint à se tarir ils réagirent tardivement, envisagèrent des sorties de l'hexagone mais sans en avoir réellement les moyens financiers, techniques et humains.

– Creusot-Loire, en matière de matériel sidérurgique, est

licencié d'une firme allemande (coulée continue), son concurrent (Fives-Lille), également présent dans le secteur, est licencié de firmes allemandes et américaines. Les Français, à la différence des Japonais, ne sont pas parvenus à s'affranchir des technologies étrangères; ils paient dès lors des redevances qui pèsent sur leurs éventuelles marges. Dans le vaste secteur des biens d'équipement, Creusot-Loire a en fait choisi le nucléaire. Ce pari aurait pu lui garantir un avenir brillant, d'autant que l'entreprise disposait d'importants atouts : l'inscription dans un programme d'intérêt national, l'appropriation d'une technologie d'origine américaine, la confiance d'un client puissant et des modalités de préfinancement particulièrement avantageuses. Sur ces bases, un réel avantage technologique et de marché a pu être constitué qui pouvait être valorisé sur les marchés extérieurs. Les réponses nationales à la crise de l'énergie et à l'enjeu nucléaire en ont décidé autrement.

– A défaut de toujours disposer de technologies propres, Creusot-Loire a vite compris l'intérêt de faire des offres groupées pour les grands marchés d'équipement et d'offrir des usines et des systèmes de production clés en main; d'où l'idée de créer des filiales d'ingénierie : Creusot-Loire Entreprises et CLECIM. Trop tard venu sur des marchés occidentaux tenus par des fabricants nationaux, Creusot-Loire, dans le cadre de la politique des « grands contrats », a réussi une percée significative dans les pays de l'Est et les pays sous-développés. Comme ces marchés se sont raréfiés du fait de la crise de l'endettement, l'entreprise française se trouvait handicapée au moment où la compétition s'exacerbait.

Un pays de taille moyenne comme la France ne peut exceller dans tous les compartiments du jeu industriel. Dire que la France a raté la consolidation des entreprises manufacturières nées après-guerre est une manière de lire la réalité; une autre consiste à rappeler que les positions dans le nucléaire ont été acquises sans doute au détriment d'autres. On ne peut pas à la fois saluer les grandes réussites de l'après-guerre dans le nucléaire, l'espace, l'aéronautique, le ferroviaire, l'armement et les télécom et, en même temps, ignorer les effets de ces choix sur la machine-outil, l'électronique grand public, la chimie, les biens d'équipement professionnel, les composants électroniques, etc.

Lorsque des acteurs de marché ont quotidiennement à faire des choix dans l'affectation de ressources rares entre un grand projet porté par l'État, source de financements privilégiés, de débouchés assurés, et de transfert de technologies de pointe et d'un autre côté des marchés difficiles, exposés, à faible visibilité, comment s'étonner que des entreprises sous-capitalisées privilégient l'aventure du « grand projet ». Les stratégies de la CGE, de Thomson et même de Schneider ne s'expliquent pas autrement.

Lorsque de surcroît, comme dans le cas de Schneider, l'État prétend disposer des bénéfices dégagés par l'entreprise privée sur marchés publics pour soutenir des canards boiteux, il ne faut guère s'étonner que le grand projet ne permette même pas à l'entreprise bénéficiaire d'accumuler les réserves nécessaires aux aventures du grand large.

Il y a une efficacité proprement industrielle au choix du « grand projet » comme vecteur de développement. La forte visibilité de l'objectif, la concentration des moyens, la mobilisation intellectuelle, le soutien politique ostensiblement affiché constituent une incitation puissante pour des industriels qui non seulement se trouvent garantis, financés et protégés, et qui ont en outre le sentiment de servir l'intérêt national.

Économie de la mode et concurrence imparfaite

Une crise survenant dans les secteurs des biens intermédiaires et de l'équipement ménager, due à l'épuisement du *« building cycle »* d'après-guerre, l'échec de la spécialisation voulue dans le secteur décisif de l'industrie manufacturière et la réussite induite par les grands projets dans certaines branches de la mécanique, il ne restait guère à la France, outre l'agriculture, l'armement et l'automobile, que l'industrie des biens de consommation pour manifester une spécialisation par rapport à ses partenaires. L'un des paradoxes majeurs, pour qui observe l'histoire industrielle récente, est le hiatus qui s'est installé en France entre industries de la mode et industries des biens de consommation. L'industrie du luxe – spécialité française de toujours – n'a guère contribué au renouvellement des industries des biens de consommation à la différence de ce qui peut être observé en Italie par exemple. D'un côté l'excellence, le prestige, une politique de griffe pensée d'emblée à l'échelon international, de l'autre un long sommeil débouchant souvent sur des disparitions ou des absorptions.

Le cocktail détonant de créativité, de différenciation-produits, de flexibilité, de rapidité de réaction de l'offre, et de forte identité de marque ou de griffe qui font la spécificité des industries du luxe n'a guère essaimé dans les biens grand public. La constitution et l'entretien d'une image de marque forte et de prix raisonnables caractéristiques de rares entreprises comme Eram ou Devanlay sont restés l'exception, Boussac fournissant la norme négative. Combien d'entreprises de meubles, de chaussures, de faïences, de textile-habillement, de cycles, bref d'entreprises de biens de consommation banalisés au catalogue-bottin travaillent en permanence dans des conditions sous-optimales avec du matériel vieilli, une force de vente inadaptée, et dans une parfaite ignorance des logiques et contraintes de la nouvelle distribution.

L'économie de la mode, notion que nous empruntons à Gilles Lipovetsky [10], désigne ce que, à la suite de Chamberlain, les économistes décrivent depuis les années 20 comme la différenciation-produits à l'origine de la concurrence imparfaite [11]. Les économistes du début du siècle avaient en effet remarqué que la stratégie des producteurs était d'éviter la concurrence par les prix en différenciant par la publicité, la marque, l'innovation, des biens perçus comme interchangeables. Pour ces économistes, la publicité devenait ainsi une barrière à l'entrée sur le marché. Gilles Lipovetsky décrit en fait un processus qui a connu une accélération récente : « La société centrée sur l'expansion des besoins est avant tout celle qui réordonne la production et la consommation de masse sous la loi de l'obsolescence, de la séduction, et de la diversification, celle qui fait basculer l'économique dans l'orbite de la forme mode. »

Cette économie de la mode a vu, au cours des dernières années, sa pénétration s'accélérer dans des secteurs jusque-là moins sensibles; elle a de ce fait rendu la consommation plus fragmentée, plus volatile et donc plus imprévisible. Elle a paradoxalement rendu leurs chances à des industries condamnées à la délocalisation du fait de leur fort contenu en travail humain. En effet la conjonction des technologies électroniques de découpage et d'assemblage des pièces, des outils flexibles de production d'une part et la volatilité de la mode et donc de l'obsolescence accélérée des produits d'autre part, ont permis d'amorcer un processus de relocalisation des outils de production. Quand l'essentiel est dans la création de formes éphémères, l'argument du coût de la main-d'œuvre passe au second plan par rapport à l'impératif de disponibilité du produit. Pourtant la France n'a pas su saisir sa chance et la longue litanie des entreprises disparues au cours des années 70 et 80, dans le textile, la chaussure, la faïence, en témoigne amplement.

Une étude de l'INSEE illustre ce constat empiriquement établi : la France est spécialisée dans le haut de gamme et le bas de gamme; elle a abandonné le milieu de gamme à l'étranger. « Dans l'habillement, l'écart de prix entre les exportations et les importations s'accentue pour de nombreux articles. Il s'agit d'une spécialisation dans le haut de gamme qui résulte pour partie de la stratégie des producteurs et des distributeurs français. En effet depuis la fin des années 60, les goûts en matière d'habillement se sont profondément transformés avec, notamment, une forte demande pour des articles de bas de gamme et de moyenne gamme fréquemment renouvelés. Simultanément, de nombreux pays producteurs apparaissent auxquels leurs faibles coûts salariaux donnent une position très forte pour le bas de gamme. Quant aux producteurs français qui auraient pu être compétitifs dans la fabrication d'articles de moyenne gamme, ils ont le plus souvent continué à fabriquer des articles de haut de gamme vendus par le petit commerce, délaissant les débouchés croissants de la gamme moyenne distribués surtout par les grandes surfaces qui s'approvisionnent à l'étranger [12]. »

Ce que le statisticien saisit à un niveau d'agrégation élevé, par l'analyse de l'évolution de la structure du commerce extérieur et, plus finement encore, dans l'analyse des effets prix et qualité dans l'explication du mouvement d'ensemble, confirme les observations que nous avons pu faire dans les secteurs de la chaussure, de l'habillement et, plus généralement, dans les secteurs de biens de consommation.

Nulle fatalité bien sûr à cette évolution. Faut-il rappeler que la RFA a une performance globale dans l'habillement masculin bien supérieure à la France. En Allemagne, la combinaison réussie entre une technologie souple, une attention portée à la création, une politique de marque, une internationalisation poussée ont permis à une entreprise comme Hugo Boss de mieux réussir que Bidermann, pourtant chargé de diffuser de très prestigieuses griffes. A l'autre extrémité, l'exemple du Prato, déjà cité, illustre la capacité d'une région industrielle frappée par la perte des marchés coloniaux à réagir, à repenser son organisation et sa spécialisation, et à fournir aujourd'hui un modèle de souplesse et d'adaptabilité par le recours massif aux technologies de pointe, à une sous-traitance finement pensée et à une coordination de tous les instants avec les créateurs et les distributeurs.

Ce qui permet le mieux d'illustrer cette conversion d'industries comme l'habillement, la chaussure, l'ameublement, d'entreprises de main-d'œuvre promise à délocalisation servant un marché indifférencié, en des industries de mode mobiles, créatrices, hyper-compétitives, c'est encore l'histoire comparée de Boussac-Willot et de Devanlay (cf. chap. 6) ou celle d'Eram dans le secteur de la chaussure.

En intégrant la fabrication et la distribution, la création et le marketing, la technologie et la mode, la publicité et la gestion de stocks, Eram est parvenu depuis 1945 à servir une demande bas de gamme qualifiée d'anarchique et fortement concurrencée par l'Asie du Sud-Est. La stratégie de L. Cligman, P-DG de Devanlay illustre magistralement la reconversion d'un industriel du textile fournissant à des grandes centrales captives un produit banalisé, en industriel de la mode doué de l'esprit de géométrie. En effet, non content de rationaliser, de moderniser l'outil, d'optimiser la gestion de stocks, de supprimer de multiples références coûteuses, en imposant des normes de rentabilité minimum, il oblige à raisonner en termes de contribution d'activités au résultat du groupe, il incite à la montée en gammes et à la gestion dynamique du portefeuille d'activités. Enfin et surtout, en se redéployant et en concentrant son effort sur quelques produits et quelques segments de marché comme Lacoste, dont il développe la gamme, augmente la notoriété par l'investissement publicitaire et promotionnel, Léon Cligman assainit et pérennise son entreprise. A l'autre extrême, le lent déclin de Boussac s'explique essentiellement par le fait que le groupe n'a pas su trouver de réponses au déclin de ses activités traditionnelles et que les Willot, qui ont été mis en selle par le gouvernement de l'époque et qui disposaient du fabuleux capital marque de Dior, ont fait le choix d'un développement dans l'immobilier, la distribution et non dans le textile.

Le déclin des industries françaises de biens de consommation est le produit de plusieurs évolutions convergentes.

– La pression des bas salaires des pays en voie de développement a objectivement affaibli les entreprises de biens banals qui n'ont investi ni dans la marque, ni dans l'outil de production, ni dans la qualité, ni dans la distribution et qui n'ont jamais atteint la taille critique.

– La désorganisation du tissu industriel : « Dans les années 60 la bonneterie et la confection ont joué des difficultés du tissage et de la filature en cherchant à bénéficier d'approvisionnements extérieurs à moindre prix. Puis, alors qu'elles étaient elles-mêmes confrontées à leur tour à une forte concurrence étrangère dans les années 70, la distribution a contribué à les mettre en difficulté en développant les courants d'importation [13]. » Cette thèse de Léon Cligman illustre ce que l'on pourrait nommer la théorie des dominos. Lorsqu'un domino tombe puis un autre, arrive un moment où l'ensemble de la construction s'effondre. Il y a une spirale de la perte de compétitivité et de savoir-faire d'un secteur qui est l'image inverse du cercle vertueux de la montée en gamme, illustré par la démarche japonaise dans l'électronique grand public ou l'automobile.

– Les stratégies des principaux acteurs du secteur pendant les années de crise et notamment le désinvestissement de fait, le redéploiement des activités, le manque d'investissements dans les technologies nouvelles qui sont à la fois coûteuses et source de considérables augmentations de productivité, l'insuffisante percée dans leurs secteurs traditionnels de la créativité et de la qualité dont sont coutumières les industries de la mode, et les bas prix requis par l'économie du secteur : autant d'éléments qui traduisent la volonté des industriels du secteur de désinvestir lorsqu'ils le peuvent et des industriels de la mode de rester en retrait. Comme le rappelait L. Cligman, 77 % des importations françaises proviennent des pays développés (CEE, États-Unis) pour une bonne raison : « Le textile-habillement est devenu une industrie capitalistique, technologique et intensive en matière grise. » Un concept nouveau résume ce passage de la production de masse promise à délocalisation à l'économie de la mode : celui d'économie de la variété. L'histoire des industries de biens de consommation a connu trois phases : la production de masse de biens génériques; la production de masse différenciée; la production flexible. Dans le premier cas, la concurrence se fait par les prix, dans le second par la marque, dans le troisième par l'hyper-choix. La France, là aussi, n'a pas su saisir l'opportunité. Elle commence à le faire : la bataille actuelle dans l'industrie du luxe, la renaissance de l'industrie textile constituent les indices du nouveau cours.

Crises de rentabilité, d'endettement et d'actionnariat

Les évolutions décrites et ce qui les sous-tend : la pénétration et l'extraversion de l'appareil industriel français, la transformation des structures de consommation, l'importance du secteur étatico-industriel, n'expliquent pas que des entreprises et plus encore des secteurs aient décliné. Le problème en effet n'est pas de désigner les facteurs exogènes à l'entreprise qui expliquent qu'elle ait subi un ou plusieurs chocs, il n'est pas dans la description du mécanisme de propagation même si des réponses à ces questions seraient fort utiles; il est plutôt dans la non-réponse à un choc exogène. Dans les chapitres précédents nous avons décrit les phénomènes de surréaction à la crise, et montré comment se formaient des stratégies suicidaires à partir de représentations et d'anticipations filtrées par les croyances propres aux dirigeants d'entreprise; nous avons même commencé à évoquer des facteurs lourds comme la spécificité du rapport éducation-organisation industrielle, ou l'acclimatation tardive en France du modèle de la grande entreprise et son échec dans la mécanique lourde et plus généralement les biens d'équipement. Un élément toutefois revenait régulièrement : l'incroyable fragilité financière d'entreprises largement dépendantes de l'endettement de court terme pour leur exploitation, le financement des stocks, voire même pour la réalisation de paris risqués à l'export. Ce constat empirique peut-il se vérifier dans une analyse plus globale des structures d'endettement, et des niveaux de rentabilité et d'autofinancement des entreprises françaises, c'est ce que nous allons voir à présent.

La crise de l'endettement et de la rentabilité va frapper d'autant plus fort qu'elle est fille du modèle de croissance extensif que nous avons décrit plus haut. Depuis 1974, la rentabilité des entreprises s'est fortement dégradée. La baisse du taux de marge (rapport excédent brut d'exploitation/valeur ajoutée) et celle de la productivité du capital ont combiné leurs effets (valeur ajoutée/capital fixe brut installé) pour aboutir en 1982 à un creux historique de rentabilité. Une telle situation a eu bien sûr des effets décisifs sur l'investissement et l'endettement.

La baisse du taux de marge depuis 1973 est elle-même le produit d'un double phénomène : la hausse de la part des frais de personnel dans la valeur ajoutée et la hausse des prix des consommations intermédiaires. La dégradation de la rentabilité des entreprises est le fruit de la poursuite de la baisse tendancielle de la productivité du capital (depuis 1964) et du taux de marge. Si l'on essaie d'affiner le constat de l'INSEE en passant des entreprises en général aux entreprises industrielles, on constate que la rentabilité économique baisse de moitié entre le premier choc pétrolier et 1982.

Indicateurs de rentabilité des entreprises
(Sociétés et quasi sociétés non financières hors grandes entreprises nationales)

Année	*1*	*2*	*3*
1972	28,9	19,3	8,4
1974	27,3	18,1	7,1
1982	22,5	11,7	2,2

Légende :
1 Taux de marge = excédent brut d'exploitation/valeur ajoutée.
2 Rentabilité économique brute = excédent brut d'exploitation/capital fixe engagé.
3 Rentabilité financière = profit net/actif net.
Source : INSEE, *Ecoflash*, 12, octobre 1986 : « La rentabilité des entreprises ».

La hiérarchie sectorielle de la rentabilité fournit des indications intéressantes. Au sommet, les industries agroalimentaires et, en queue de liste, la sidérurgie et la construction navale, mais aussi (on retrouve là nombre de secteurs largement cités dans les développements précédents) la production d'équipement industriel, la fabrication de machines-outils et la construction ferroviaire.

Si l'on considère à présent non plus la rentabilité mais la profitabilité, c'est-à-dire la différence entre la rentabilité et le taux d'intérêt apparent, et si l'on cherche à apprécier l'effet levier de l'endettement (dettes/capitaux propres), on aboutit aux résultats suivants.

Dans un contexte d'inflation constatée et anticipée et compte tenu de la faiblesse des fonds propres, il est rationnel de s'endetter et, par le jeu de l'effet de levier, la profitabilité est améliorée. Si, à l'inverse, le double pari économique et financier qui fonde l'endettement est infirmé par les faits et que donc la rentabilité économique baisse et les taux d'intérêts réels s'élèvent, alors l'entreprise est prise en tenaille et le levier se transforme en « massue »; c'est ce qu'on va observer dans ces années noires consécutives au deuxième choc pétrolier.

L'effet levier dans l'industrie 1981-1983

Secteur	*1*	*2*	*3*	*4*	*5*	*6*	*7*
Agroalimentaire	27,3	19,2	13,5	10,6	2,9	144,9	17,7
Biens intermédiaires	20,7	10,7	5,1	10,1	– 5,0	258,6	– 7,8
Biens d'équipement prof.	18,7	8,6	4,9	4,5	0,4	370,5	6,1
Biens d'équipement ménag.	18,4	10,1	4,8	9,5	– 4,8	168,2	– 3,5
Construc. automobile	14,2	9,8	2,8	12,0	– 9,1	257,3	–20,9
Biens de consommation	20,4	17,4	12,7	11,1	1,6	166,1	15,3
Ensemble de l'industrie	20,3	11,8	6,9	8,4	– 1,6	247,3	2,9

Légende :
1 Taux de marge brute.
2 Taux de rentabilité brute.
3 Taux de rendement économique net.
4 Taux d'intérêt apparent.
5 Profitabilité.
6 Taux d'endettement.
7 Taux de rentabilité financière nette.
Source : INSEE, *Ecoflash*, octobre 1986.

La rentabilité financière baisse de moitié entre 1973 et 1977. Après une remontée notable entre 1977 et 1979, la chute reprend, brutale : en trois ans, de 1979 à 1982, la rentabilité financière diminue des deux tiers et atteint le niveau particulièrement bas de 2,2 %. Mais l'année 1982 est importante à un autre titre puisqu'elle marque le retournement de l'effet de levier : pour la première fois depuis les années 60, la rentabilité financière est devenue inférieure au rendement économique. Dès lors, la priorité sera au désendettement plus qu'à l'investissement : l'économie s'installe dans la dépression. Au total trois phénomènes ont contribué à la dégradation de la rentabilité financière des entreprises : baisse du rendement économique, hausse concomitante des taux d'intérêt, accroissement du taux d'endettement. Si à nouveau on se limite aux entreprises industrielles, les évolutions sont encore plus marquées : la profitabilité est négative à partir de 1982, l'effet de levier joue d'autant plus fort que le taux d'endettement a doublé entre la fin des années 60 et 1982. La rentabilité financière de l'industrie atteint un minimum historique en 1982 : 1,7 %.

« La crise a révélé aux entreprises une fragilité qui croît avec le niveau de leur endettement », conclut M. Bernard dans sa note de synthèse pour l'INSEE. On ne peut mieux dire; des entreprises faibles dans des secteurs affaiblis par le mouvement économique d'ensemble ne peuvent se permettre la moindre erreur, le moindre retournement conjoncturel, le moindre retard dans l'adaptation aux nouvelles conditions, faute de quoi elles sont condamnées : nos exemples le montrent de manière éclatante; les données agrégées de l'INSEE le confirment [14]; le rapport entre capitalisations boursières et résultats nets des grands groupes européens l'illustre. La grande entreprise française est moins rentable, moins capitalisée et plus fragile que ses voisines européennes. D'après l'enquête de *La Vie française* [15] sur les 500 premières capitalisations boursières en Europe, la France fait pâle figure : aucun groupe français ne fait partie du groupe leader, les 10 premières entreprises anglaises pèsent 4,5 fois plus que les françaises, encore celles-ci ne représentent-elles que 29 % de la capitalisation des 180 entreprises anglaises classées parmi les « 500 ». Plus surprenant, les 10 premiers groupes espagnols pèsent plus lourd que les français. Si l'on considère à présent les forces et faiblesses sectorielles françaises, on constate que la capitalisation boursière de Fiat est 3,5 fois supérieure à celle de PSA. La première société pétrolière française (Elf-Aquitaine) pèse huit fois moins que la première européenne (Royal Dutch Petroleum).

Une telle faiblesse a des origines variées, mais la médiocre qualité des résultats constitue en elle-même une désincitation à lever des capitaux sur le marché, et donc un encouragement à accroître l'endettement. En effet, quel que soit le secteur industriel considéré, l'excellence de la gestion, les avantages comparatifs détenus, les groupes industriels français, par rapport à leurs concurrents européens, ont des rentabilités au minimum deux fois moindres et des niveaux d'endettement deux fois supérieurs. Le tableau en annexe 2 (p. 331) l'établit de manière décisive.

Concentration et modèle de la grande entreprise

L'évocation des affaires de BTP, de biens de consommation ou même de biens d'équipement fait la part belle aux sagas individuelles d'entrepreneurs fondateurs, bienfaiteurs de leur village, mais la face cachée des souvenirs de grandeur ressassés par des dirigeants sur le déclin est la difficulté qu'il y eut dans ces secteurs à réaliser les indispensables regroupements. N'y a-t-il donc pas en France un problème d'acclimatation de la forme « grande entreprise » au sens où l'entend Alfred Chandler [16], c'est-à-dire un groupe industriel multibranche, structuré à partir d'unités décentralisées disposant de l'ensemble des ressources nécessaires à la gestion d'un marché, qui sépare les responsabilités fonctionnelles et opérationnelles, qui internalise la concurrence au lieu de l'abandonner aux mécanismes aveugles du marché? En effet, des historiens comme A. Chandler aux États-Unis ou Maurice Lévy-Leboyer en France font du mouvement de concentration et d'adoption de la forme grande entreprise l'un des moteurs de l'efficience et de la dynamique capitalistes. A l'inverse, la concentration tardive des grands groupes à base française dans un spectre d'activités étroit n'a-t-il pas handicapé l'industrie française et affaibli sa capacité à répondre à la crise? Pourquoi assiste-t-on depuis 1974 à cette célébration des vertus de la PME? Faut-il y voir la résurgence du rêve d'une société d'équilibre ni trop urbaine, ni trop rurale, ni trop industrialisée, ni trop agraire, ni dure aux petits, ni favorable aux grands, bref, de l'idéologie conservatrice petite-bourgeoise avec laquelle le parti modernisateur avait rompu de manière éclatante après-guerre?

Le plaidoyer pour la grande entreprise est suffisamment combattu par les tenants de l'entreprise à taille humaine ou du *« small is beautiful »* pour qu'il faille y revenir. A. Chandler voit dans la grande entreprise moderne un vecteur de la rationalisation industrielle par la concentration, l'organisation d'une solidarité entre activités à cycles de rentabilité différents et une forme organisationnelle qui réconcilie logiques de production et de distribution, de centralisation et d'autonomie, d'intégration et de différenciation.

Pour reprendre l'expression chère à A. Chandler, la main visible du management, c'est-à-dire de la planification et du marché interne, se substitue à la main invisible du marché facteur de pénurie et parfois d'inefficience. M. Lévy-Leboyer [17], dans nombre de ses écrits sur le phénomène entrepreneurial en France, reste dans la ligne de A. Chandler et s'interroge sur les effets de l'apparition tardive du modèle de la grande entreprise en France. Pour lui, la fragilité du capitalisme français et l'intervention grandissante de l'État trouvent leur origine dans l'incapacité des entrepreneurs français à constituer des groupes puissants, une première fois à la fin du siècle dernier, car les profits dégagés du chemin de fer furent stérilisés par des emplois forcés, une seconde fois du fait de l'intensité de la crise des années 30, et une troisième fois après-guerre avec les nationalisations.

Quelques repères temporels permettent de brosser à grands traits l'histoire des débuts de la grande entreprise en France par rapport à celle des États-Unis et des nations européennes plus avancées. Les États-Unis connaîtront à la suite de l'action des *tycoons* industriels et financiers leur révolution de la grande entreprise en 1880-1890. Celle-ci a tenu les promesses que ces initiateurs en attendaient : production de masse, économies d'échelle, substitution de la *« public company »* (entreprise dont le capital est disséminé et dont le contrôle de fait revient au management) au capital familial, distribution à l'échelle du continent, petits prix et grandes marges. Les compagnies qui aujourd'hui encore tiennent le haut du pavé comme ATT, American Tobacco, General Electric, Du Pont de Nemours, Swift, Armour, Standard Oil, datent de cette époque. Certes, la véritable *merger-mania* qui se développe à la fin du siècle suscite des excès que la loi antitrust (Sherman Act, 1890) va essayer de limiter, mais les États-Unis ont quand même réussi une colossale transformation de leurs structures industrielles.

Ce n'est qu'au début des années 20 qu'on constate un phénomène du même type en Europe de l'Ouest. Certes la chimie et la mécanique allemandes se développent dans le dernier tiers du XIXe siècle. L'Angleterre opère alors un double repli vers le marché colonial et les biens de consommation. Mais si la croissance interne est forte, aucune entreprise ne peut alors prétendre rivaliser en taille, en chiffre d'affaires, en organisation interne avec les compagnies américaines. La situation commence à changer dans les années 20 et 30 avec l'apparition de grands groupes comme ICI ou l'IG Farben.

En France, on observe des développements significatifs dans le matériel électrique; des premières concentrations interviennent dans les années 20. Mais le mouvement va être stoppé par la grande crise, il ne reprendra, et encore à l'initiative des pouvoirs publics, qu'après-guerre et pour des services publics. Au début des années 60, les grandes firmes telles Rhône-Poulenc, CGE, Thomson, Wendel font pâle figure face aux ICI, Hoechst, BASF, et Bayer dans la chimie, Siemens dans l'électricité, Philips dans l'électronique grand public ou Thyssen dans la sidérurgie.

Il faudra attendre la fin des années 60 pour assister à la grande vague des fusions françaises qui interviennent soit à l'initiative de l'État comme dans le cadre du plan sidérurgie de 66 (Wendel-Sidelor), soit à l'initiative d'une entreprise privée aidée par un pouvoir politique ombrageux pour interdire à un concurrent étranger de s'implanter par rachat d'une entreprise française (Pechiney-Tréfimétaux), soit à l'initiative d'entreprises liées par des participations croisées et qui aspirent à dénouer un écheveau de participations devenu ingérable (Rhône-Poulenc, Pechiney et Saint-Gobain dans la chimie), soit enfin, parce que, au terme d'une longue période de prospérité, la dynamique de l'expansion et les finances disponibles rendaient possible ce qui ne l'était pas auparavant (BSN dans l'alimentaire).

Le panorama actuel de la grande entreprise est le résultat de ces interactions complexes entre structuration publique du système financier – l'économie de financements administrés –, pilotage des activités par la demande publique – l'effet « grands projets » – faiblesse des fonds propres et extrême retard dans le mouvement de concentration. La vertu de la grande entreprise est qu'elle permet non seulement les économies d'échelle dans une activité donnée mais plus encore la progression régulière du chiffre d'affaires et des résultats du fait d'une répartition des risques entre activités à cycles variables. Encore faut-il que la grande entreprise ne soit pas juxtaposition d'activités, empilement de hiérarchies par firmes d'origine, dyarchie au sommet, maintien en activité des sites obsolètes, pérennisation des sureffectifs et doubles emplois, et ne se transforme pas en conservatoire d'activités hétéroclites. Trop souvent les fusions ont été réalisées en France sous condition de maintien des sites, des effectifs ouvriers, et des avantages d'équipes dirigeantes pléthoriques. Il va de soi que dans de tels cas, les promesses sont vite oubliées; si elles ne le sont pas, le remède est alors pire que le mal.

La crise de l'industrie extensive est le moment où se superposent et interagissent un phénomène classique de défaillances d'entreprises, dû à la dynamique des spécialisations, et le passage sous la ligne de flottaison (en termes de compétitivité) d'entreprises et de secteurs fragiles du fait d'un choc macroéconomique exogène; mais c'est surtout le moment où s'épuisent un modèle de développement et un mode de régulation sectorielle. Lorsque se cumulent les effets des impasses d'un type de spécialisation, d'une économie d'endettement et du mode d'organisation des activités d'un secteur, le défi qui se trouve posé aux autorités politiques est de taille. Comment l'État répond-il alors au problème? Quels outils notamment mobilise-t-il pour traiter une crise profonde et aux origines lointaines?

DEUXIÈME PARTIE

L'ÉTAT D'URGENCE

CHAPITRE 5

LES COMMANDOS DE L'ANTICRISE

Si l'on croit les chroniqueurs des années de crise, il y eut au cœur de l'administration d'authentiques aventuriers modernes : les rapporteurs du CIASI-CIRI. Ils les ont nommés tour à tour : cow-boys, shérifs, infirmiers de campagne, SAMU volants, ou même MASH, ces chirurgiens de guerre américains aux thérapeutiques sommaires et à l'humour dévastateur. Le trait peut paraître audacieux pour des fonctionnaires issus du Trésor ou cooptés par lui et dont la mission est le traitement à chaud, avec tous les partenaires politiques et sociaux, économiques et financiers, administratifs et judiciaires, de la défaillance d'entreprise. Pourtant, comme les aventuriers du cinéma, ils ne comptent pas leur temps, paient de leur personne, ne regardent pas aux moyens. La fin glorieuse excuse bien des torsions de bras ou des dérogations aux règles, bien des consentements forcés et des montages financiers peu orthodoxes. Ayant touché au but, ils se retirent eux aussi sous la tente, et continuent à égrener au coin du feu le récit sans cesse renouvelé de leurs exploits passés et plus encore de la chaude fraternité qui un moment les lia dans l'action.

L'administration, et particulièrement celle qui traite des entreprises, ne signifie pas inéluctablement pratiques tatillonnes, contrôles mesquins, fonctionnement routinier. Au contraire, leur extrême proximité des lieux où sont produites les règles et les normes confère un extraordinaire pouvoir de transgression à ceux qui sont en avance d'une loi.

L'innovation administrative

En 1974, lorsque est créé le Comité interministériel pour l'aménagement des structures industrielles devenu en 1982 le Comité interministériel de restructuration industrielle, les pouvoirs publics n'imaginaient pas l'ampleur ni même la nature réelle du travail à réaliser; ils savaient seulement que la crise, passagère ou durable, ferait des victimes et qu'il fallait intervenir. La palette des réponses administratives classiques à une situation nouvelle est large : l'État peut intervenir à partir d'un outil d'intervention déjà opérationnel (le Trésor par exemple), créer une structure *ad hoc* (un bureau du Trésor ou de l'Industrie spécialisé dans le traitement des entreprises en difficulté), décider de créer un comité interministériel doté d'un secrétariat sans moyens propres (c'est le cas le plus fréquent). Avec le CIASI, l'État a préféré faire œuvre originale, puisqu'il ne correspond à aucune de ces formules : c'est un comité interministériel où la présence des directeurs d'administration centrale est requise *intuitu personae,* et où un secrétariat, constitué de professionnels triés sur le volet, instruit les dossiers, prépare les solutions et les soumet au comité pour décision.

Formellement, la structure créée est interministérielle et animée par le Trésor, son domaine d'activité est la PME qui connaît un accident de trésorerie. Le pouvoir de saisine est confié aux préfets, aux cabinets et aux directions d'administration centrale de l'Industrie, des Finances et de la DATAR. En pratique, la structure ainsi créée sortira de son domaine de compétence parfois même à la demande des pouvoirs publics; elle traitera les dossiers Creusot-Loire, Manufrance et NORMED, elle pratiquera l'autosaisine et expérimentera une variété de solutions qui vont de la simple organisation du face-à-face à la gestion de fait médiatisée par de « faux nez » publics ou privés.

Avec la création en 1974 du CIASI, presque tous les traits du « modèle bureaucratique » sont pris à revers : spécialisation des tâches et division du travail, règne de la règle universelle et impersonnelle, existence d'une hiérarchie d'autorité, protection par le statut, séparation des fins et des moyens, fonctionnaires agissant « sans amour, sans passion, sous la simple pression du concept de devoir » selon la formule de Max Weber.

L'absence de frontières entre le politique et l'administratif, le public et le privé, la norme et le choix discrétionnaire, le flou dans les finalités assignées, la plasticité de l'outil créé, la latitude laissée aux acteurs sur les plans politique, technique, et l'importance même, pour les politiques menées, des réseaux formés dans l'exercice de cette singulière profession, font que toute étude sur l'action de l'État dans le traitement des défaillances d'entreprise exige un détour par cette étrange peuplade que constituent les rapporteurs. Au fil de leur discours, le rappel des règles fondatrices du CIASI se mue rapidement en une autre histoire, nourrie de faits d'armes, qui fournit la matière de véritables récits picaresques.

Pour le chercheur dont l'objet est l'analyse du CIASI-CIRI, c'est la première surprise. Parti pour faire un essai de sociologie administrative et s'apprêtant à traquer les subtilités de fonctionnement d'une structure interministérielle, il se trouve confronté à une telle accumulation de comportements « déviants » qu'il ne peut que renoncer ou se réfugier dans l'analyse de... l'« innovation administrative », ce qui est une autre façon de dire que l'administration ordinaire n'a pu faire face au choc de la crise et n'a trouvé son salut que dans l'invention d'une forme qui déroge à tout ce qui incarne l'administration : les modes d'action du CIASI ont plus à voir avec l'esprit d'entreprise, voire de commando, qu'avec les logiques d'action de l'organisation bureaucratique [1].

L'analyste de ce qui est malgré tout une politique publique sectorielle est frappé par le caractère quasi accessoire des objectifs de l'intervention, des techniques mises en œuvre, de l'évaluation des résultats pour les acteurs de cette politique [2]. Les rapporteurs sont en revanche intarissables sur la dimension ludique de l'intervention, sur la tranche de vie intense qu'a représentée pour chacun d'entre eux le passage au CIASI-CIRI, sur la véritable communauté un moment formée au sein du pratico-inerte administratif.

Toute analyse doit commencer par là : les acteurs nous content une histoire, la vérité de leur intervention est dans le récit qu'ils en font, avec ses lacunes et ses morceaux de bravoure.

Faits d'armes et morceaux de bravoure

Cette histoire a sa structure, ses invariants et comporte des modulations propres à chaque rapporteur. Fait singulier pour une instance administrative, elle est déjà partiellement publique, ce qui signifie que nos vaillants aventuriers, pompiers volants, incorruptibles ou autres chirurgiens de campagne, ont eu à cœur de faire connaître au grand public leur action et plus encore le sens qu'ils lui donnaient. Aucune des anecdotes n'est fortuite, la répétition dans la confidence, la récurrence des images sont signifiantes [3]. Quels sont donc ces récits partagés qui ont partiellement fait l'histoire de ces années de crise?

D'abord, mille et un épisodes cocasses qui mettent en scène des hauts fonctionnaires d'autorité comme ce préfet tiré du lit au milieu de la nuit par un jeune rapporteur, pour le rappeler à ses devoirs et le prévenir des effets possibles d'une faillite, d'une fermeture d'usine ou d'une solution partielle. Cette scène sans cesse racontée et agrémentée de détails tous plus véridiques les uns que les autres remplit une fonction : le rapporteur du CIRI dont la trajectoire professionnelle est banale (c'est le cas de tous les rapporteurs non issus du Trésor) jouit d'un intense pouvoir dont il use avec émerveillement.

C'est le procureur chargé de requérir contre un repreneur non agréé avant le prononcé d'un jugement de location-gérance. Là, le rapporteur, fasciné par la machine judiciaire, découvre qu'il peut la pénétrer et en gauchir le fonctionnement. L'insistance sur la directivité pratiquée, puisque le substitut requiert à partir d'un texte écrit par le rapporteur, le grandit encore davantage.

C'est le syndicaliste confédéral pris à témoin des persécutions que subit le rapporteur de la part d'une base intraitable et qui intervient dans le sens voulu, faisant cesser immédiatement appels anonymes et menaces personnelles. La qualité du partenaire – ici la CGT –, de son organisation, de son centralisme bureaucratique a bien sûr pour effet de valoriser encore davantage le rapporteur, cet homme aux mains nues capable de faire reculer l'appareil confédéral muré dans son hostilité au pouvoir politique.

C'est le président d'une importante banque nationalisée sommé de signer un protocole avant son départ ou de renoncer à un week-end bien mérité. Le caractère jubilatoire d'une telle pratique et sursignifié par l'évocation précise du contexte, la veille d'une fête carillonnée, la description des tactiques de retardement des uns et des autres et, pour finir, l'invocation de la volonté du ministre qui désarme les oppositions les plus tenaces.

C'est le patron d'entreprise en difficulté, notable en ses terres, qui arrive au CIRI bardé de recommandations et qui subit un interrogatoire en règle alors qu'il pensait venir toucher des subsides. La complaisance avec laquelle sont décrits les signes de la puissance passée et l'avilissement de la situation présente ont une fonction centrale : illustrer le credo du haut fonctionnaire à qui la médiocrité de la classe entrepreneuriale française fait obligation d'intervenir encore et toujours.

Ce sont les collègues fonctionnaires de l'administration fiscale, sociale, du travail qui acceptent les pires turpitudes au regard du droit pour éviter que ne se forme un dangereux abcès de fixation dans telle ou telle région ou, plus simplement, pour tenir compte des observations d'un ministre personnellement attaché à la solution d'un problème local.

Citons encore ce comité appelé à trancher sur une usine textile vosgienne enserrée dans un écrin de montagnes, blottie près de son clocher, qui s'apprêtait à rendre en raison un « arrêt de mort » et qui décide de sauver l'entreprise après en avoir contemplé la photo.

De tous ces récits se dégage une image de toute-puissance. Le rapporteur, tel un démiurge moderne, tranche de la vie et de la mort de l'entreprise. Pour ce faire, il dispose des infinies ressources de la puissance publique et de relais d'influence dans la banque, la justice et même les confédérations syndicales. Il n'est limité dans sa course pour le bien public ni par les règles administratives, ni par la séparation des pouvoirs, ni même par les vénérables hiérarchies. On comprend que cette exceptionnelle concentration d'atouts pendant une brève période, dans un contexte économique délicat, ait pu susciter la naissance d'une « communauté » au sens sociologique du terme.

Sociologie d'une communauté déviante

Avant d'être un outil d'intervention plus ou moins efficace, plus ou moins autonome par rapport aux pouvoirs politiques et aux tutelles administratives, le CIASI-CIRI est d'abord une communauté, soudée par un fort sentiment d'appartenance, une solidarité forgée dans un environnement hostile, une conscience aiguë de sa situation exceptionnelle. Le CIASI-CIRI n'est pas seulement un rassemblement d'individus aux trajectoires variées qu'unirait un commun refus de l'institué. C'est un lieu de travail et de vie qui rompt momentanément avec les logiques de la vie domestique et des corps d'appartenance. A la différence de l'administration structurée en corps hiérarchisés, le CIASI-CIRI mêle hauts fonctionnaires et banquiers du privé, aristocrates et fils du peuple, technocrates sourcilleux et fins tacticiens politiques. Pour appréhender une telle population, il faut en passer par la galerie de portraits, la description des multiples facettes d'une communauté d'appartenance, l'analyse des processus de structuration interne du groupe.

Si l'on prend comme période de référence les années 1982-1983, coexistent au sein du CIRI des individus aux cursus et aux personnalités singulièrement différentes puisqu'on y trouve le banquier austère et précis, le croisé du service public, l'aristocrate, le hussard chargeant sabre au clair, la mécanique intellectuelle brillante, le héros de la classe ouvrière, le « juge rouge », le négociateur à l'éternel sourire, le mauvais garçon occupé à ses coups. Il faut imaginer ces « caractères » confrontés à d'autres dans l'administration, le syndicalisme, la justice et l'entreprise. Le face-à-face qui s'instaure entre un rapporteur du CIRI et un vieil administrateur judiciaire aux manières de chanoine, ou avec un dirigeant cégétiste du syndicat du Livre intransigeant, pratiquant le rapport de forces à l'état brut, ou encore avec le patron défait qui n'ose pas affronter sa femme après avoir tout perdu, ou enfin avec les escrocs rutilants qui se cachent parfois derrière les professionnels de la reprise, ne manque jamais de saveur.

Comme dans les garnisons et les pensionnats, rien dans la formation, ni dans la trajectoire personnelle, ni dans la carrière ultérieure ne peut rapprocher des personnalités aussi contrastées et pourtant, le temps d'un passage au CIASI-CIRI, ils vont partager un ensemble de valeurs communes et pratiquer une forme d'intervention peu banale.

De même que c'est avec les civils qu'on fait des soldats, c'est avec des professionnels variés que l'on fait des rapporteurs, d'où l'importance de la sélection, de la formation et de la socialisation dans la communauté. Le principe administratif sur lequel est fondé le CIASI-CIRI laisse toute latitude au secrétaire général issu du Trésor pour recruter des rapporteurs dans diverses filières. Inspection des finances (jeunes inspecteurs en tournée et inspecteurs des finances), corps techniques d'État (X-Ponts) et établissements financiers spécialisés (Banque de France, Crédit national, CEPME, BFCE, 4C). En 1981, s'ajouteront deux nouvelles filières qui ne remettront pas en cause le principe (magistrats, Inspection du travail).

Le haut fonctionnaire est d'emblée immergé dans un dossier de PME. Il apprend à marche forcée la comptabilité, le droit privé et à déjouer les pièges de la gestion d'une PME. Le banquier, plus habile en ces matières, devra se familiariser avec les procédures et les hiérarchies administratives. Pour l'un comme pour l'autre l'épreuve de vérité est la gestion d'une situation de crise. Celle-ci concentre des difficultés techniques : comment sauver une entreprise qu'on connaît mal, dont les données sont peu fiables et l'encadrement hors jeu? Sociales : comment annoncer les nécessaires restructurations quand les travailleurs marchent sur la préfecture, détournent des trains ou sont sous vos fenêtres? Politiques : comment aider le pouvoir à sauver la face quand il n'y a pas de solutions et qu'il faut afficher des résultats?

Toutes ces difficultés ne constituent qu'un versant du problème. Le nouveau rapporteur travaille sous le regard des anciens et du secrétaire général, prêts à le jauger immédiatement, attentifs au faux pas possible, à la naïveté de la solution proposée, aux pièges dans lesquels le rapporteur est tombé. La rédaction de la première note au comité, et pis, de la fameuse note au ministre, plonge le rapporteur dans les affres de la création solitaire. Les corrections du secrétaire général dans la formulation et surtout dans le montage envisagé sont toujours vécues comme un trauma. Une fois admis, le rapporteur rééditera cette procédure de bizutage pour les nouveaux.

Pendant les deux ou trois ans que le rapporteur passe en moyenne au CIRI, il doit renoncer à ses habitudes et aux rythmes de la vie domestique. Tout passe après la solution de problèmes toujours vécus dans l'urgence, dans un sentiment d'extrême précarité tant les intérêts en jeu sont multiples, fragmentés, et la frontière séparant la solution inacceptable de la sortie honorable, mince. Dès lors, la cohésion interne de l'équipe est décisive. Les rapporteurs sont d'ailleurs interchangeables dans la vie de travail, puisque nulle spécialisation ne les rive à un secteur – et même dans la vie privée... L'exemple d'un secrétaire général qui avait commis l'imprudence d'avoir un rendez-vous à dîner et qui, à l'heure du dessert, envoie pour le remplacer un de ses rapporteurs en témoigne éloquemment. Cette cohésion est d'autant plus forte qu'une agression extérieure est commise ou est susceptible de l'être. Combien de fois un rapporteur inexpérimenté n'a-t-il pas subi « le coup du râteau » – technique qui consiste à liquider un maximum de concours à la veille d'une faillite – de la part de banquiers trop contents de s'en tirer à bon compte, et que de fois les aînés ne sont-ils pas intervenus pour ramener dans le droit chemin les auteurs de ces indélicatesses, vieux routiers de la banque commerciale?

La pression extrême subie quotidiennement, un harcèlement de tous les instants pour peu qu'ils se mêlent à des difficultés personnelles, peuvent avoir raison des constitutions les plus solides. Ce fut le cas d'un rapporteur malmené par un banquier qui, malgré la part dérisoire qu'il avait dans un pool, se refusait avec la dernière énergie à donner un accord sans lequel plus rien n'était possible. Là aussi, les valeureux anciens eurent à cœur de venger leur collègue éploré.

La communauté ne saurait souffrir un leader qui lui serait imposé pour des raisons de hiérarchie administrative ou d'équilibre politique. Le leader est l'homme qui agit quand la situation commande et dont on sait, de par ses actions passées, qu'il agit « bien ». Il est respecté pour sa clairvoyance, sa science supérieure des situations de conflit ou des dossiers particulièrement complexes. Il distribue conseils et encouragements et se retrouve en première ligne dès que la communauté est menacée. La parole donnée par l'un des siens vaut la sienne propre; il s'y tient quoi qu'il en coûte. Il doit être le meilleur, le plus agile, le plus habile, le plus intelligent. Sa compétence justifie sa position. Les premiers secrétaires généraux du CIASI-CIRI ont tous eu des carrières exceptionnelles. Le premier, Michel Pébereau, après avoir créé le CIASI et posé des règles strictes pour la gestion des deniers de l'État, connaîtra, au Trésor et dans les cabinets, une carrière fulgurante, interrompue par l'arrivée de la gauche; il est aujourd'hui président du CCF. Le second, Jean-Claude Trichet, créera le

Club de Paris, après avoir développé les compétences du CIASI dans le redressement interne; il est aujourd'hui directeur du Trésor, après avoir été directeur de cabinet d'Édouard Balladur. Le troisième, Philippe Jaffré, a atteint le poste en vue de n° 2 du Trésor; il a mené la barque des privatisations avant de pantoufler au sommet du Crédit Agricole après l'alternance de 1988. Le quatrième, Gilles Guitton, a atterri au Crédit Agricole comme n° 3 au côté de Jean-Paul Huchon avant d'aller au CIC. Le cinquième et dernier de la lignée des inspecteurs des finances, Pascal Lami, après une carrière aussi fulgurante que les précédents au Trésor, a joué un rôle important dans les cabinets Delors et Mauroy : il est aujourd'hui le directeur de cabinet de J. Delors à Bruxelles. Le sixième, Jean de Rosen, administrateur du Trésor, a réintégré son administration d'origine après son passage au CIASI. Le dernier de la période active du CIASI-CIRI, Robert Léon, fait une brillante carrière au côté de Bernard Arnault, d'abord chez Dior et aujourd'hui chez LVMH.

Tous ces secrétaires généraux ont laissé aux rapporteurs et, plus encore, aux banquiers, industriels et administrateurs judiciaires, le souvenir d'individualités exceptionnelles. Au CIASI-CIRI il ne suffit donc pas d'être le chef légal pour prétendre diriger le groupe, encore faut-il être légitimé.

Pourtant tout milite dans une administration pour que ne puisse se former une communauté fusionnelle; en effet, la nomination d'un secrétaire général obéit formellement à des considérations politiques ou liées aux hiérarchies administratives instituées. Mais, s'il est vrai que les premiers secrétaires généraux sont issus du corps administratif le plus prestigieux et si la cote du CIASI est directement indexée sur la proportion et la qualité des inspecteurs des finances qui y passent, il reste que les considérations politiques n'ont pas empêché un Pascal Lami, technocrate de gauche, d'être nommé secrétaire général par le centriste René Monory.

Que se passe-t-il quand le chef légal n'est pas légitimé? Le cas s'est présenté; la cruauté des rapporteurs est alors sans limites. Un nouvel équilibre interne se forme, des sous-groupes apparaissent et de nouveaux réseaux de solidarité se tissent. On ne comprend rien à l'incroyable nostalgie de ceux qui en ont été ni à l'efficacité du dispositif si on évacue cette dimension et plus encore l'implication totale et constante des rapporteurs.

L'histoire du CIASI-CIRI est riche d'exemples de ratages dans les sauvetages d'entreprises et, bien souvent, un rapporteur défait l'œuvre patiemment accomplie par un prédécesseur. Là encore, la communauté impose sa règle : les torts de l'ancien ne seront pas évoqués. Les rapporteurs partagent une représentation commune de leur micro-société comme une organisation de relations denses et harmonieuses où les positions et les obligations des uns et des autres sont strictement définies et reconnues.

S'il ne s'agissait que de décrire l'organisation informelle qui donne toute son efficacité à un instrument administratif, les détails de la vie communautaire auraient peu d'importance, même s'il n'est guère commun de dépeindre l'administration en ces termes. Il y a un intérêt proprement théorique à décrire les mécanismes de formation, de sélection, et d'évaluation des rapporteurs du CIASI et de la communauté qu'ils contribuèrent à former. L'offre d'intervention dépend largement des orientations des rapporteurs et du fonctionnement de la bande.

Les rapporteurs du CIASI-CIRI, quoique d'origines professionnelles, politiques et institutionnelles variées, et au-delà des idéologies manifestes (libérale-sociale, sociale-démocrate...) partagent une même idéologie spontanée qui se nourrit de leur commune pratique. L'intervention de l'État est à la fois nécessaire et peu souhaitable. Nécessaire, car le capital français – engoncé dans son patrimonialisme, son provincialisme et sa pusillanimité – est incapable de faire face aux défis de la crise. Peu souhaitable, car l'intervention de l'État contribue à installer le patronat dans une attitude d'expectative et de dépendance qui aggrave le mal qu'on veut traiter. Bref, l'État intervient car il est le seul à pouvoir se substituer à un capital défaillant, à une société locale notabiliste et à un syndicalisme incantatoire. Ce discours se décline. Dans le cas des entreprises en difficulté, le discours savant du CIRI comporte des développements sur l'incapacité du capitalisme français à susciter un marché de la reprise d'entreprises et sur la nécessité corrélative dans laquelle s'est trouvé l'État de simuler, par son intervention, un quasi-marché avant de l'institutionnaliser par la réforme financière. De même, si personne ne se déclare dupe de la mission affichée, « apporter des concours en trésorerie ponctuels pour entreprises fondamentalement saines », une autre représentation, communément partagée, veut que l'intervention du CIASI ait permis la manifestation de problèmes juridiques et sociaux originaux qui auraient généré à leur tour des dispositifs d'intervention plus adéquats à un état de crise prolongée.

Enfin, l'État, incarnation suprême de l'intérêt général s'exprimant par l'intermédiaire des rapporteurs, peut traiter en profondeur la société locale en opposant à la logique des passions la froide raison de la stratégie industrielle, non dénuée toutefois d'un brin de sensibilité politique. Les hommes du CIASI-CIRI sont les accoucheurs de la modernité, des professionnels du traitement des entreprises défaillantes, capables d'en assumer les dimensions politiques, économiques et culturelles. Ils ne parlent pas au nom d'intérêts propres mais comme porteurs d'un projet d'intérêt général pour la société française. Selon eux, l'opposition vient à la fois d'un capital recroquevillé sur ses privilèges et d'une bureaucratie frileuse, soucieuse de la règle et du statut plus que de la promotion du changement.

Cette idéologie spontanée explique les mécanismes de socialisation propres à l'institution et le mode de fonctionnement interne. A rebours du fonctionnement administratif classique, le CIASI-CIRI est ennemi du formalisme; l'institution n'a ni hiérarchie affichée, ni papier à en-tête, ni procédures formalisées, ni existence propre sur les plans institutionnel et budgétaire. Certes, des notes sont produites, des bilans affichés mais l'organisation reste rebelle aux processus d'évaluation. En fait, le CIASI-CIRI produit lui-même les critères de l'évaluation de son action, frustes et strictement confidentiels, ce qui ajoute au mystère et donc à l'aura de l'institution.

Il distingue les « dossiers normaux » traités rationnellement, les « dossiers atypiques » qui, de par leur ancienneté ou leur sensibilité, justifient des concours porportionnellement plus élevés, les « commandites publiques » ou entreprises de solidarité pour lesquelles l'État fait de gros efforts financiers pour geler la situation sociale. Cette élégante typologie permet d'afficher un excellent taux de réussite dans les sauvetages d'entreprises et dans le nombre d'emplois sauvés, avec une mise limitée de l'État et un très fort effet de levier (rapport entre concours privés mobilisés grâce à l'intervention de l'État et concours publics en crédits de politique industrielle (CPI), primes d'aménagement du territoire (PAT), etc. Comme tout dossier qui entre au CIASI-CIRI est considéré comme nouveau même s'il a été traité l'année précédente et que le montage s'est effondré, les résultats en termes d'emplois sauvés et de coût pour l'État de l'emploi sauvé peuvent masquer des réalités moins favorables. En fait, ces données ne peuvent guère être débattues sauf à l'occasion d'une mission de l'inspection dont le rapport restera confidentiel pour une raison simple : à divulguer ces données, on donnerait des idées aux chasseurs de primes, aux patrons, élus locaux et banquiers qui pourraient réclamer pour le dossier le traitement le plus favorable.

Une communauté forte, soudée et vivant de surcroît dans un espace clos, borné n'est pas nécessairement déviante. Tout fonctionnement d'une administration concrète repose sur des accommodements avec la règle, sur une personnalisation des relations et sur de multiples dérogations [4]. Mais « les coups [5] », le pouvoir que s'arroge (au nom d'intérêts supérieurs sur lesquels nous reviendrons) une structure capable de contraindre les banquiers, de jouer en virtuose de l'art de la faillite, d'inventer des repreneurs, de parrainer des montages financiers que l'éthique administrative réprouve, de créer de toutes pièces des fictions d'actionnariat, voire de se doter d'hommes de l'ombre capables de renseigner ou de réamorcer une négociation là où elle était arrêtée, tels sont les traits de ce que nous appelons une communauté déviante. Autant de faits d'armes dont le soubassement réside dans la capacité extraordinaire de cette structure interministérielle à rappeler les entreprises publiques à leur devoir, débloquer les procédures, accorder souverainement les exemptions fiscales et les étalements de charges sociales et même des révisions de marchés publics, pour la seule cause qui vaille : le sauvetage d'entreprises et d'emplois, parfois aussi de clientèles électorales.

De la torsion de bras

Un exemple extrême – celui d'un conglomérat de petites affaires mal gérées et en difficulté – permet de comprendre mieux que de longs développements ce qu'est l'art de la torsion de bras dans les relations CIASI-CIRI-banques.

Un banquier a qualifié le traitement de cette affaire par le CIRI de « racket avec la complicité des pouvoirs publics ». Au départ, une entreprise X, qui connaît des difficultés provisoires à la suite de la réalisation d'une usine surdimensionnée en Auvergne. C'est du moins ce que vient expliquer son patron à François Michelin. Celui-ci, magnanime, au nom d'une solidarité notabiliste locale, accepte d'entrer dans le capital et de mettre en place des financements pour que l'entreprise franchisse cette mauvaise passe. Très rapidement, cet engagement pris à la légère devient douloureux. F. Michelin s'adresse à la Société Générale pour être débarrassé d'une participation qui lui coûte et qui est de surcroît totalement étrangère à son champ d'activité. Dans ces cas-là les grandes banques savent tirer une épine du pied à un bon client pour consolider une relation d'affaires. Un audit commandé par la Société Générale sur l'état de l'entreprise X conclut à l'absence de toute perspective de redressement : l'affaire est mal gérée, totalement désorganisée, ses coûts sont astronomiques. La seule solution est alors dans la fuite. Après avoir vainement tenté de transférer le fardeau à un collègue banquier, la Société Générale décide de payer le prix fort pour se dégager. Le dossier arrive au CIRI qui, au même moment, avait fort à faire dans le même secteur, avec l'entreprise Y. L'idée du rapporteur a été de marier les deux entreprises également condamnées, ce qui permettait de faire tomber la part de capital détenue par Michelin à 30 %, de répartir l'effort entre les trois vieilles (un tiers du capital pour la BNP, le CL, et la SG) et de faire rentrer une société de développement régional (un tiers du capital).

L'union réalisée, le cauchemar commence. Au fil des mois, les pertes enflent, immédiatement comblées par des prêts dont on sait qu'ils ne seront jamais recouvrés. Pour le CIRI, le scénario de la mise à mort peut se déployer sans entraves. Michelin, qui avait réussi à faire descendre sa participation, attend la faillite. Les banques engagées dans le capital, sachant l'entreprise condamnée, transforment tous leurs concours en « Dailly » – procédure qui permet de gager les financements à court terme par la prise en otage du compte clients, un peu à la manière des puissances occidentales prenant en gage le service des contributions douanières de l'Égypte pour s'assurer du remboursement d'une dette. Le CIRI enfin tient tout le monde puisque la preuve a été faite que les actionnaires non seulement n'ont pas redressé l'entreprise mais qu'ils ont pris des gages en cas de faillite. La riposte va s'organiser selon une logique imparable et une certaine inventivité technique, l'audace du rapporteur étant quelque peu confortée par le souci manifesté par le ministre à l'endroit de la ville, siège de l'usine. X et Y étant dans un état de déshérence total, un repreneur, le groupe P, se manifeste. En effet, une entreprise en forte perte mais dont les actionnaires sont riches et puissants peut avoir une certaine valeur : celle que sont prêts à payer les actionnaires pour s'en débarrasser.

Le schéma de reprise arrachera des cris aux banquiers malmenés doublement, comme prêteurs et comme actionnaires. Comme pourvoyeurs de crédits, ils se verront contraints de renoncer aux gages pris sur le compte clients (Dailly) en les cédant au repreneur pour 30 % de leur valeur, ce qui représente un premier cadeau de plusieurs dizaines de millions de francs. Comme actionnaires, ils céderont leurs parts pour le franc symbolique et consentiront une « libéralité » de 90 MF. Le mécanisme de cette libéralité – en termes fiscaux désigne le cadeau fait à une maîtresse – mérite d'être conté. Les actionnaires consentent un prêt à moyen terme de 90 MF à une société installée dans un paradis fiscal, créée par le repreneur. Cette société dépose son bilan le jour qui suit, le crédit se trouve sinistré et la banque autorisée à le provisionner. L'argent n'est pas perdu pour tout le monde puisque la société P, installée dans un pays exotique, a transféré le produit du prêt à la société française chargée de reprendre l'ensemble X-Y.

Un montage aussi hétérodoxe, conçu dans un bureau du Trésor, laisse rêveur. On ne sait ce qu'il faut le plus saluer dans l'exploit réalisé : la renonciation forcée au Dailly imposée aux banques lors d'une réunion dramatique où des invectives furent lancées de part et d'autre et un banquier expulsé de la réunion? La bonne affaire réalisée par un repreneur qui, avant de mettre le premier centime, reçoit en don gracieux le capital et le compte clients préalablement garnis par les actionnaires et banquiers? Le rapporteur inventif capable de penser le montage exotique et de le réaliser? Le Trésor qui abrite une telle équipe alors qu'il constitue par ailleurs la tutelle des banques? Le ministre dont l'autorité surplombe toute l'affaire et qui, au nom d'attaches personnelles, tient à la solution la plus favorable aux intérêts des salariés et de la collectivité locale?

Bien sûr, il entre dans ce dispositif une bonne part de comédie. Les cris d'orfraie des banquiers ne visent qu'à adoucir une violence qu'ils savaient inéluctable et justifiée, la dramatisation de la négociation avec l'expulsion d'un banquier ne changeait rien à l'affaire entre partenaires qui se connaissaient et s'appréciaient, l'organisation du silence téléphonique à la veille de la réunion de bouclage est un stratagème pour faire passer la peur dans le camp gouvernemental alors que la pression n'avait cessé de peser sur les banques. Quant au montage financier surréaliste, il relève de cette dimension ludique propre au traitement des dossiers qui en fait tout le sel, toute la jouissance et qui est l'un des ingrédients de la connivence de la communauté des rapporteurs.

L'art de la faillite

Comment faire repartir une entreprise après en avoir allégé les effectifs, en rassurant les salariés, et en dotant le repreneur d'un solide matelas financier sans qu'il en coûte beaucoup à l'État? La réponse est dans l'art de gérer la faillite.

Le dépôt de bilan est une sanction, il présente de multiples inconvénients, il s'accompagne d'une mobilisation des salariés, d'une inquiétude des fournisseurs, d'une fuite des clients, de la suppression du crédit bancaire et du crédit interentreprises. Il ne saurait donc y avoir de bon usage de la faillite. Et pourtant... La simple perspective d'une telle issue peut conduire les salariés à faire des concessions, les gros fournisseurs à accepter d'être réglés moins rapidement, les gros clients à accélérer leurs paiements. Les partenaires financiers peuvent avoir un égal intérêt à favoriser la survie sans accroître les risques en recourant par exemple à la procédure Dailly, à l'escompte, à la mobilisation de créances à l'export. Les pouvoirs publics enfin peuvent reporter les échéances d'URSSAF, de TVA, d'impôt sur les sociétés, de taxe professionnelle, etc.

Mais un bon dépôt de bilan, en l'absence d'autres solutions, peut préparer les conditions du redressement. Le dépôt de bilan a, certes, une incidence négative puisqu'il fait disparaître le crédit fournisseur, mais il présente un immense avantage : l'AGS prend en charge la dernière paie avant le dépôt de bilan. Le syndic peut alors commencer à adapter les moyens de l'entreprise à son marché et, par exemple, procéder à des licenciements. Là aussi, l'AGS prend en charge le coût des licenciements (on parle d'avances...), le versement des indemnités légales, des congés payés, etc. L'entreprise connaît alors un état d'euphorie financière puisque, du fait du dépôt de bilan, il y a « déchéance » du terme des emprunts contractés par l'entreprise. Le passif ne coûte plus rien en principal et en intérêts. Enfin la faillite, dès lors qu'elle est traitée par les pouvoirs publics, constitue l'espoir du concours pour un redressement interne ou une reprise externe.

Quelle est donc la logique de fonctionnement de ce mécanisme providentiel, l'AGS? L'Association pour la gestion des créances des salariés est une association patronale, loi de 1901, créée par la loi du 27 décembre 1973 et alimentée par une cotisation de 0,25 % de la masse salariale. Sa mission est simple : « En cas d'indisponibilité – c'est-à-dire d'une hypothèse de règlement judiciaire ou de liquidation de biens – le syndic peut, pour financer le passif salarial exigible à la date du règlement déclaratif dû par l'entreprise, faire appel au concours de l'AGS. » Ce concours est dit subrogatoire puisqu'il ne s'agit que d'une avance récupérable, l'AGS se substituant aux salariés dans la masse.

Dès que cette faculté est ouverte, la gestion du dépôt de bilan peut être optimisée par le rapporteur pour accroître les chances d'un redressement, mais aussi pour minimiser les concours de la puissance publique et ponctionner au maximum l'AGS, cet organisme patronal. En effet, un dépôt de bilan à la veille des congés légaux et à une date ajustée permet de favoriser une reprise en distribuant des salaires et donc en désamorçant la révolte des salariés. L'AGS offre d'autres ressources encore. Elle ne peut verser les indemnités légales que si le licenciement intervient effectivement. Il arrive pourtant que des salariés veuillent poursuivre l'activité en créant une coopérative ouvrière. L'apport des indemnités de licenciement reçues est indispensable pour former le capital, mais l'AGS peut plaider que la reprise du contrat de travail la dispense de tout versement. Et pourtant, en pratique, l'AGS accepte que le syndic licencie les salariés, lesquels touchent des prestations qu'ils s'empressent de remettre dans la SCOP qui reprend les contrats de travail.

Ces techniques combinées avec d'autres comme le choix d'un tribunal de commerce pour un dépôt de bilan plutôt qu'un tribunal d'instance, moins ouvert aux nécessités de la poursuite de l'exploitation dans l'attente de l'élaboration d'une solution de reprise, a pu permettre au CIASI-CIRI de reculer des échéances, de réussir quelques sauvetages, en tout cas de minimiser pour la puissance publique le coût du sauvetage ou les désagréments d'une situation où les salariés seraient laissés pour compte.

L'invention du repreneur : l'affaire Sartec

Si les rapporteurs du CIASI ne traitent que de cas désespérés, il en est de plus désespérés que d'autres : entreprises sans marché, sans actionnaires, aux produits et aux outils de production vieillis. De tels cas se présentent dans des contextes franchement détestables : nul repreneur ne veut se déclarer, nul banquier n'est prêt à croire à la viabilité industrielle de l'entreprise. Lorsque, de surcroît, de telles entreprises sont localisées dans le fief électoral d'un dirigeant politique en vue et que les syndicats en jouent, trouver une solution économique confine à l'impossible. Et pourtant il y a, selon le vocabulaire convenu, « obligation de résultat ». A l'impossible, les rapporteurs du CIRI sont précisément tenus.

Quand les repreneurs se font rares voire absents, on les invente. Tel Caligula nommant consul son cheval, le CIASI baptise repreneur soit un cadre désargenté et saisi par le prurit entrepreneurial, soit une entreprise sans moyens qui sait pouvoir trouver dans le statut de repreneur l'assurance de ressources régulières en même temps que la gratitude de l'administration et du notable local à qui elle sauve la mise. Certes la démarche n'emprunte jamais aux seuls ressorts du pur cynisme : un serviteur de l'État, fût-il blanchi sous le harnais, a besoin de croire aux solutions qu'il invente; il nommera donc synergies ce qui est pure juxtaposition; entrepreneur dynamique et inventif un patron sans capitaux; et mauvaise passe ce qui est le stade ultime d'une perpétuelle agonie. Il n'en reste pas moins que sur le papier la solution la moins crédible est parée de vertus insoupçonnées. La nécessité ne suffit pas à fonder une solution, il y faut de la vraisemblance et une certaine dose de croyance. C'est ce qu'illustre l'affaire Sartec.

Sartec est une entreprise d'intérim dirigée par son fondateur, un entrepreneur particulièrement dynamique, M. Chappaz. L'entreprise, pourtant sans moyens financiers, se développe rapidement par croissance externe et se diversifie dans les services industriels puis dans l'industrie. L'explication réside dans la rencontre doublement intéressée entre M. Chappaz et le CIASI. Le premier, par ambition, certains ajoutent par mégalomanie, veut croître très vite. Son atout : offrir un havre de respectabilité à des entreprises en difficulté. Les seconds, par nécessité politique, doivent absolument trouver une solution. Ils disposent pour ce faire des fonds publics et d'une capacité d'influence propre à dégeler les partenaires nécessaires et notamment les banquiers. Ainsi, l'entrepreneur aide l'État à l'aider. Sur cette base, Sartec a absorbé une série d'entreprises comme Munch, Frouard, Losey, Tailleur et la société des Ateliers de la Méditerranée, héritage du groupe Terrin.

En quelques années, cette société d'intérim qui faisait 250 MF de chiffre d'affaires et comptait 250 personnes est passée à 900 MF de chiffre d'affaires et à 3 000 salariés. Cette croissance est largement le fait de l'État puisque 70 % du chiffre d'affaires du groupe provient d'entreprises apportées par le CIRI. Au passage, ce mini-conglomérat s'était lancé dans la chaudronnerie industrielle, dans l'emballage spécialisé (pour Dassault), la logistique (gestion de stocks), la maintenance de raffineries...

L'entrepreneur, qui avait sans doute lu des manuels de gestion et qui devait donner des gages de sérieux à l'administration, se lance alors dans la structuration de son empire. Il décide de regrouper ses entreprises et entreprend la construction d'un luxueux siège social qui, sitôt livré, se voit peuplé de jeunes cadres aux dents longues. L'équipe ainsi formée (plus de 100 cadres dans le holding) se croit compétente alors qu'elle est seulement gavée de fonds publics. Plus le conglomérat effectue des reprises difficiles (deux pour la seule année 1982) et plus il s'enrichit. Les paradis artificiels de la reprise créent une situation d'accoutumance. Les reprises pour le franc symbolique apportent dans le court terme de la trésorerie et des quasi-fonds propres sous forme de prêts participatifs. Mais, sitôt l'effet dissipé, le mini-conglomérat est confronté aux vrais problèmes des entreprises reprises : gestion approximative, sureffectifs, sous-équipement, absence de fonds propres. Parallèlement, le conglomérat, né de la volonté administrative et pour la quiétude du politique, devient de ce fait insubmersible. Qui mieux alors que le rapporteur du CIASI, véritable architecte du conglomérat aux pieds d'argile, peut mettre de l'ordre et éventuellement convaincre ses collègues de contribuer à nouveau au sauvetage d'un groupe formé d'éclopés divers de la crise? Rien que de très classique dans cette démarche; les grands corps existent d'abord comme réserve de candidats au pantouflage et peu de gens s'en offusquent. Qu'un ancien rapporteur du CIRI soit appelé à diriger un mini-conglomérat qu'il a contribué à former relève d'une démarche identique à celle du corpsard des Mines appelé dans une société pétrolière ou d'un inspecteur des finances pantouflant dans la banque ou l'assurance.

Passé de l'autre côté de la barrière, le rapporteur en cause découvre, atterré, l'au-delà des chiffres et des propos lénifiants : le groupe constitué à marches forcées est menacé d'effondrement. Pendant que les cadres débattent gravement de la contribution du sponsoring à l'image de marque du groupe, l'entreprise perd sa substance et ne s'en rend pas compte. Promu directeur général-adjoint chargé des affaires financières, l'ex-rapporteur du CIASI entreprend de renouer avec les banquiers et de constituer un outil de gestion. Mais la déliquescence est telle que la trésorerie du groupe ne pourra attendre que l'outil qui devait permettre de l'appréhender soit tout à fait prêt et, de fait, le nouveau D-GA verra ses pronostics les plus pessimistes régulièrement confirmés. L'expérience de rapporteur allait permettre dans un premier temps de déjouer les pièges habituels des banquiers comme la transformation de concours risqués en Dailly. L'essentiel va se jouer dans la négociation de concours financiers avec les pouvoirs publics. Des demandes exorbitantes, eu égard à la taille de l'entreprise, la situation singulière du D-GA d'un groupe en quasi-faillite qui n'est autre que l'ancien rapporteur du CIASI et l'intérêt insistant du ministre pour « un dossier de circonscription » vont conduire à un traitement discret « hors comité ».

Le récit de la négociation puis du sauvetage mérite d'être conté. Côté CIASI, un rapporteur à qui on a enseigné l'art d'économiser les deniers publics et surtout une pratique du traitement des dossiers qui fait peser la pression sur l'entreprise, ses actionnaires quand ils subsistent, et ses banques. De l'autre, un ancien rapporteur reconnu par ses pairs comme un virtuose du montage de solutions pour entreprises en difficulté et qui intervient de surcroît dans une affaire concernant la circonscription du Premier ministre.

Pendant que le premier mime le traitement classique en s'entourant d'audits et d'expertises diverses sur l'état réel du groupe, l'autre rassure et avance des demandes financières modérées. Dans un premier temps, on réaménage la dette et on s'observe. Puis les demandes se font plus importantes et impératives et le recours au politique plus visible. Les demandes refusées en comité reviennent sous forme de consignes du cabinet du Premier ministre. L'argument utilisé est imparable : les pertes cumulées et les demandes financières corrélatives trouvent leur origine dans les reprises précédemment réalisées, il faut donc continuer à payer. Le CIRI résiste aux pressions mais assure les fins de mois. Pendant ce temps, le mini-conglomérat revient de ses rêves de grandeur, l'épuration de l'encadrement est menée à grands frais et les actionnaires sont mis à contribution. Mais plus le CIRI voit clair dans les turpitudes de gestion de Sartec, plus il est contraint d'aider sa créature à survivre, ne serait-ce que pour éviter d'être éclaboussé par le scandale.

Le secrétaire général du CIASI a beau faire des effets de manche, tenir le discours de la vertu budgétaire, il n'en est pas moins conduit à consentir un prêt FDES sur vingt-cinq ans avec un différé de dix ans à un taux ridicule. Le dossier avait été bien « bordé » au double sens politique et technique du terme, et le dénouement savamment mis en scène. En effet, l'ex-rapporteur du CIASI, en position de demandeur, s'était rendu à la réunion ultime, celle de la mise à mort, après avoir préparé ses arrières politiques et juridiques. Le jour où le tribunal de commerce devait se prononcer sur le dépôt de bilan, une réunion est convoquée au CIRI, qui met face à face l'entreprise et ses dirigeants, les banquiers, le secrétaire général du CIASI et le rapporteur en charge du dossier. Le conclave ne peut se séparer sans solution, d'autant que le tribunal doit se prononcer. La tension ne cesse de monter, comme dans les films à suspense les mieux réalisés. La victime désignée, en l'occurrence l'entreprise en faillite, se propose d'aller déposer le bilan. Le secrétaire général appelle alors les cabinets ministériels soigneusement chapitrés par notre hussard (650 emplois en cause dans la circonscription de L. Fabius). Ordre est donné de ne pas déposer le bilan mais le temps presse, le tribunal doit se réunir et il faut empêcher l'entreprise d'y être représentée. Le CIASI cédera en prenant quelques gages sur le futur (audit, recherche d'un nouveau dirigeant, de nouveaux actionnaires, etc.).

En fait, avant cette réunion dramatique mais toute de faux-semblants, l'ex-rapporteur conseiller du groupe failli avait assuré ses arrières au tribunal de commerce en obtenant un délai supplémentaire dont n'avait pas connaissance le secrétaire général du CIASI. L'avenir assuré, un dépôt de bilan avec procédure de conciliation est organisé qui permet de faire payer les banques et de rentrer des capitaux nouveaux. Pour que la fin soit morale, l'ex-rapporteur du CIASI qui, fort de ses compétences, avait arraché à ses successeurs des concessions excessives, sera symboliquement sacrifié. A la suite de l'audit, un nouveau directeur général est recruté, l'actionnaire majoritaire accepte sa progressive mise à l'écart par entrée de nouveaux actionnaires. Au côté de Chappaz dont la part en capital fond, on trouve Indosuez et Charterhouse. Toute l'astuce des experts du CIRI, une fois la survie assurée, va consister à rogner les bénéfices antérieurs de l'actionnaire et à conditionner les concours, accordés mais non débloqués, à des concessions quant à l'actionnariat des cadres et à l'entrée d'un nouveau groupe dans le capital. Mission est alors confiée à deux banques d'affaires pour qu'elles trouvent un repreneur industriel sérieux, ce sera Ecco. Le montage financier particulièrement astucieux qui va faciliter l'entrée du nouvel actionnaire comportait deux volets : un apport en capital de l'ancien actionnaire qui ne lui laissait que 30 % du capital, un emprunt obligataire avec bons de souscription d'action, ceux-ci étant portés par une filiale de l'IDI dans l'attente de la prise de pouvoir par Ecco.

Ainsi, cette affaire démarrée par un coup de force d'un ancien rapporteur passé au privé qui sait utiliser les ruses de son ancien métier pour aboutir à ses fins, se termine par un montage financier subtil qui permet à l'administration d'obéir au politique mais en traînant suffisamment pour que la solution finale ouvre la voie à un véritable capitaliste. Au passage, le hussard du CIRI devenu industriel s'est retiré, mais sans être mis en cause dans les montages qui avaient présidé à la constitution du groupe Sartec.

L'AOIP ou comment faire payer les autres

En 1979, l'Association des ouvriers en instruments de précision (AOIP) qui employait 4 600 personnes a été conduite, à l'instigation de la Direction générale des télécommunications

(DGT), à abandonner son activité téléphonie publique et à céder ses moyens d'exploitation et son personnel dans le secteur à Thomson et à CIT Alcatel. La coopérative ouvrière n'était plus à même de rester dans la course technologique dans un secteur devenu hyper-capitalistique, et encore moins de réunir les capitaux nécessaires.

Le protocole d'accord du 5 janvier 1980, négocié à l'initiative de la Direction des affaires industrielles et internationales (DAII) dédommageait généreusement la coopérative ouvrière puisque non seulement les usines, le fonds de commerce et les stocks étaient rachetés à un bon prix alors qu'ils n'avaient plus de valeur commerciale dès lors que la DGT abandonnait ses commandes en centraux électromécaniques et que l'AOIP était incapable de se reconvertir dans les centraux électroniques, mais qu'en plus, les repreneurs s'engageaient à garder l'AOIP comme sous-traitant en installations à concurrence de 10 % des marchés DGT et à acheter nombre de matériels fabriqués par les AOIP. La DAII enfin, en intervenant auprès des banques, permettait à l'AOIP d'assainir sa situation financière et d'obtenir des concours financiers importants.

Après cette opération qui avait ramené les effectifs à 1 500 personnes et divisé le chiffre d'affaires par quatre, l'AOIP n'est jamais parvenue à trouver les conditions d'une activité équilibrée. Bien qu'ayant bénéficié de concours financiers substantiels, l'AOIP n'a consenti à se spécialiser dans la téléphonie privée qu'après avoir tenté une série de diversifications qui étaient hors de portée : divisions industrielles (tôlerie à Évry et usine de composants à Béziers), mesures, automatismes, navigation-robotique, installations...

En effet il est apparu rapidement que, hors l'activité installations, très rentable, toutes les autres activités constituaient des sources de pertes. L'AOIP va connaître trois crises qui obéiront au même scénario. De graves difficultés de trésorerie interpellent l'État. Le CIASI nomme un audit qui propose un recentrage des activités que l'AOIP refuse. La situation se dégrade : il faut parer au plus pressé. La DGT et les banques sont alors mises à contribution. La DGT, en particulier, accorde des marchés d'études, des abandons de pénalités et des révisions de marché cependant que le CIASI mobilise les concours du FDES. L'AOIP finira par abandonner son activité de téléphonie privée après qu'un rapprochement avec la SAT et MITEL a échoué malgré, là aussi, des crédits d'études de la DGT très bien venus. En 1985 enfin, Jeumont-Schneider accepte de reprendre la téléphonie privée d'AOIP et celle-ci de se replier sur une petite activité mesures et automatismes.

Cette histoire rapidement esquissée pose nombre de problèmes sur les attentes des fabricants à l'égard de l'État, sur le statut coopératif dans les secteurs capitalistiques, sur le rôle de la DGT, tuteur du secteur, sur l'intervention des Finances et sur la gestion de la crise ponctuelle. C'est la DGT qui, dans le cadre de sa politique d'achat, décide d'éliminer AOIP. La DAII se comporte à la fois en banque d'affaires, en leader de pool bancaire, en tuteur du secteur, et en juge de paix. La DGT, en payant cher l'élimination d'un fournisseur, croit pouvoir se débarrasser d'un canard boiteux; elle laisse donc les AOIP s'engager dans une aventure ruineuse : la téléphonie privée de grande capacité. C'était compter sans le pouvoir politique qui tient à préserver la paix sociale, et sans le Trésor qui, en cas de difficulté, sait pouvoir compter sur les moyens financiers d'une administration riche.

De fait, lorsque la crise est là et que la cessation de paiements pointe, le CIASI fait alliance avec la direction du Budget laquelle, en exonérant l'entreprise des pénalités sur exécution de marchés et en suggérant à la DGT d'accorder des crédits d'études, a le pouvoir de battre monnaie en se servant des réserves des Télécom. La DGT proteste mais s'exécute chaque fois et aide l'entreprise à boucler les fins de mois. Cela ne saurait suffire; le CIASI a besoin d'afficher des solutions durables et peu coûteuses pour les finances publiques. Là aussi, la DGT est une alliée de choix puisqu'en tant qu'acheteur public elle peut assurer des commandes, être indulgente sur la qualité et laxiste dans la fixation des prix. La DGT participe donc à l'élaboration de plans de sauvetage toujours définitifs ou décisifs : l'AOIP se verra par exemple reconnaître une compétence en télé-surveillance. La DGT n'est pas dupe de cette situation; si elle accepte de jouer ce rôle coûteux en termes financiers mais qui ne remet pas en cause sa stratégie, c'est pour payer son autonomie, éloigner le politique des vrais enjeux et plaire à la tutelle des Finances.

L'économie du don : La Chapelle-Darblay

Qu'arrive-t-il lorsqu'une entreprise n'a plus ni actionnaires, ni capital, ni banquiers, ni fournisseurs, qu'elle est abonnée aux subsides de l'État depuis dix ans, que son équipement est totalement obsolète mais que, pour son bonheur, les hasards de la géographie l'ont localisée dans un territoire électoral que se disputent trois poids lourds de la politique (L. Fabius, J. Lecanuet, R. Leroy)?

Inutile d'introduire un faux suspense : l'État se substitue aux capitalistes, se fait investisseur, chasseur de têtes, ingénieur d'affaires, au nom du caractère stratégique de l'industrie de la pâte à papier. Et pour qui en douterait, il suffirait d'évoquer les jours sombres que ne manquerait pas de connaître en temps de guerre une France privée de papier journal, donc de quotidiens, donc de démocratie, pour se convaincre de la nécessité d'impliquer l'État dans la reconstruction d'une industrie sinistrée.

Tout commence en 1968. La société est constituée par les apports industriels des papeteries de La Chapelle et des papeteries Darblay. L'actionnariat est alors mixte, le groupe britannique Bowater (usine de Saint-Étienne-du-Rouvray, ex-Chapelle) et le groupe familial Darblay. En 1971, après le retrait des Britanniques et l'entrée de Paribas au capital, à la demande des pouvoirs publics, la famille Darblay et l'équipe dirigeante qu'elle avait réunie sont formellement aux commandes. Elles réorientent alors le groupe vers le secteur imprimerie/écriture au détriment du papier de presse, transforment les machines, se dotent d'un nouveau réseau de distribution et prennent le contrôle des papeteries de Navarre en 1972-1973. Pour Paribas, qui ne procède pas à un audit stratégique, le problème est de transformer la gestion d'une entreprise familiale et non d'en repenser la stratégie.

Le groupe Chapelle-Darblay-Navarre est alors le premier fabricant français de papiers impression-écriture; il fournit 50 % du papier journal consommé en France à un acheteur unique, la Société professionnelle des papiers de presse. L'industrie papetière va être particulièrement touchée par la crise de 1974 et le renchérissement des matières premières. Une brusque contraction de la demande s'ensuivra, qui touche plus fortement encore le groupe Chapelle-Darblay en cours de réorientation stratégique. Une perte de plus de 100 MF vient solder l'exercice 1975 (pour un chiffre d'affaires de 930 MF), laissant prévoir pour la mi-76 le dépôt de bilan.

Le CIASI est appelé à intervenir. Il tente alors une double opération visant à franciser La Chapelle-Darblay et à moderniser son outil de production. Ce sera un échec. Paribas, associé à l'IDI, a certes pris le contrôle du capital mais n'a pas assumé des responsabilités de gestionnaire. Se considérant comme porteur de parts pour le compte de l'État, Paribas, qui n'a guère investi dans l'étude du secteur et de l'entreprise malgré les bouleversements de 74, s'en remet tout naturellement à l'État pour reconstituer le capital, combler les pertes et lui désigner d'éventuels nouveaux partenaires. Le CIASI essaiera donc, après avoir jugé notoirement insuffisant le plan de redressement interne, de créer un grand pôle normand de la pâte à papier en mariant La Chapelle-Darblay avec le Groupement Européen de la Cellulose (GEC). Le GEC connaissant lui-même des difficultés tout aussi sérieuses, on envisage un rapprochement avec Béghin-Say (Corbehem). Le deuxième plan de restructuration échoue. L'État aidera à la prise de contrôle du groupe par l'IDI et Paribas sur une base 50/50.

Début 1980 : le groupe allemand Haindl propose à Paribas de racheter ses parts. Avec sa clairvoyance coutumière, Paribas refuse de se séparer de sa participation. Mi-1980, à nouveau La Chapelle-Darblay est en faillite, à nouveau le CIASI est saisi. La différence est que la crise devient chronique. Le groupe ne souffre pas seulement des effets du deuxième choc pétrolier qui ont abouti au renchérissement des matières premières et de l'énergie et, par voie de conséquence, à une contraction de la demande, mais plus encore de la vétusté du matériel, des sureffectifs qui gonflent les frais de personnel et des frais financiers dus à l'insuffisance notoire de fonds propres. Fin 1980, la situation de trésorerie est considérée comme désespérée, les fournisseurs exigent d'être payés comptant. Éviter le dépôt de bilan coûterait à l'État plus de 200 MF, et encore cela ne résoudrait rien car les investissements nécessaires pour aligner l'équipement de La Chapelle-Darblay sur celui des concurrents européens comme Haindl (substitution au bois et à l'énergie importée de pâte recyclée à partir de vieux papiers) sont évalués à 650 MF pour la période de 1978-1983. Le ministre de l'Industrie du gouvernement Barre n'entend pas abandonner une entreprise toujours jugée stratégique, mais la volonté des actionnaires de se défausser complètement sur l'État conduit au dépôt de bilan le 12 décembre 1980. Une hausse du prix d'achat du papier journal acceptée par la SPP, les facilités du règlement judiciaire et la mise en place de prêts participatifs (80 MF) jusqu'en juin 1981 permettent de tenir et d'attendre le résultat des présidentielles.

La hausse du dollar, l'élection d'une Chambre rose horizon, le volontarisme industriel affiché d'un gouvernement d'union de la gauche, la combativité retrouvée de syndicats qui savent les élus locaux légitimement attachés à leur circonscription expliquent que, malgré le règlement judiciaire, le déficit se creuse. La direction mise en place par Paribas démissionne, le pouvoir devient vacant à La Chapelle-Darblay; malgré l'urgence aucune décision n'est prise. Dans ce contexte, le CIASI innove : non content de faire les fins de mois de l'entreprise, pour que l'exploitation se poursuive il consent même un prêt participatif à la masse des créanciers.

En septembre 1981, l'État ne contrôle plus la situation; les incidents techniques se multiplient, les grèves sporadiques désorganisent la production, le plan de charge est insuffisant, l'encadrement est en roue libre, la productivité décline, les créances rentrent mal et les prix des matières premières indexés sur le dollar s'envolent. Pour limiter ses concours, le CIASI, dans l'attente d'une solution scandinave, en vient à solliciter les banques tout en leur garantissant la sortie grâce à des mobilisations Dailly.

En octobre 1981, le consortium scandinave des producteurs de papier journal propose une solution pour Grand-Couronne, spécialisée dans le papier journal; le groupe Stora en serait l'opérateur industriel. S'agissant de Saint-Étienne-du-Rouvray, spécialisé dans le papier impression-écriture, le groupe suédois Modo suggère la conversion technique (production à partir de pâtes chimiques). Dans les deux cas, les investissements sont lourds, les concours publics sollicités importants et les licenciements significatifs. Le gouvernement décide donc de ne pas décider, c'est-à-dire de créer une commandite publique. Administrée formellement par un administrateur judiciaire, l'entreprise se contente de survivre et le Trésor fait un chèque mensuel pour couvrir les besoins. L'échec de la solution scandinave a au moins eu un mérite : faire prendre conscience aux administrations et aux politiques de l'état de délabrement avancé de l'entreprise sur les plans de la technique, de la qualité du management et de la position compétitive. La solution passait nécessairement par le recours à une expertise étrangère, par une injection massive de fonds publics pour mener à bien les investissements requis et par la reconstitution d'un véritable actionnariat.

D'octobre 1980 à mai 1984, période de la commandite publique où Paribas et l'IDI agissent comme prête-nom de l'État, la question est : l'État doit-il financer ou non la modernisation d'un secteur décrété stratégique, et si oui, à quel niveau?

Après l'échec des solutions françaises autour de Béghin-Say et Cellulose du Pin, rendu inévitable par la prétention de l'un à étendre la commandite à ses propres activités en difficulté, et le refus de l'autre de jouer le rôle d'opérateur; après l'échec de solutions étrangères trop coûteuses et trop risquées politiquement, le dossier va se débloquer avec l'arrivée de L. Fabius à la tête du ministère de l'Industrie. Consigne est donnée à son cabinet de trouver une solution, la perspective de l'abandon pur et simple de l'activité étant exclue.

Confronté à l'impossibilité politique et pratique de faire reprendre La Chapelle-Darblay par une entreprise étrangère du secteur du fait de la sainte alliance de la CGT et du syndicat patronal des papetiers, le ministère de l'Industrie va explorer une nouvelle piste, celle du recrutement d'un professionnel de haut niveau. John Kila, redresseur d'entreprises papetières en difficulté, formé à l'américaine, venait de remettre sur pied avec l'argent public le champion hollandais Parenco. Sa connaissance du secteur, la place qui lui était reconnue dans le monde fermé du papier (équipementiers, ingénieristes, industriels, fournisseurs), sa disponibilité pour une affaire financièrement intéressante en faisaient un candidat de choix pour rééditer en France l'opération Parenco.

Parenco, dirigé par J. Kila, soumet aux pouvoirs publics un premier plan de redressement qui prévoit la fermeture de Grand-Couronne (1 500 suppressions d'emplois dans la circonscription de L. Fabius). Béghin-Say qui songe toujours à faire reprendre par l'État son usine de Corbehem annonce alors à grands sons de trompe la possibilité de maintenir les deux sites et la remise aux pouvoirs publics d'un plan démontrant la viabilité du projet. Le plan n'arrivera jamais, si ce n'est sous la forme de deux feuillets manuscrits, mais l'effet voulu est obtenu : la CGT, qui n'avait pas besoin d'un tel soutien, fait échouer le projet.

De juin à novembre 1983, les grèves succèdent aux actions de commando et aux démonstrations de force devant les ministères et les préfectures. Parenco revoit sa copie et propose un nouveau plan qui permet le maintien en activité des deux sites moyennant une lourde charge financière pour l'État.

Au moment où le ministère, décidé à en finir, se résigne à l'effort financier requis, le groupe Parenco disparaît, racheté par Haindl. Il faut encore innover. J. Kila, ancien dirigeant de Parenco, est toujours disposé à appliquer son plan, il a toutes les compétences requises. L'État a déjà accepté de faire un effort financier hors du commun mais ce que la morale relative de l'aide publique accepte pour une entreprise ayant pignon sur rue, fût-elle étrangère, devient tout à fait indécent quand il s'agit d'un individu. Et pourtant le conseiller de L. Fabius, ancien secrétaire général-adjoint du CIASI y parvient. En janvier 1984, le plan est bouclé, une cascade de sociétés est créée qui permet à J. Kila, par le biais de quatre sociétés à tiroirs et pour moins de 1 MF, de contrôler une entreprise de 2 MMF de chiffre d'affaires et qui coûte à l'État directement ou indirectement 3 MMF.

Le montage financier, fruit de l'inventivité des hauts fonctionnaires issus du CIASI, mérite qu'on s'y arrête. Au sommet de la pyramide, une société holding Parenco France au capital de 1 MF, détenue majoritairement et présidée par J. Kila. A l'étage inférieur, une seconde société holding, Reparo, au capital de 1,5 MF détenue à 67 % par Parenco France (Paribas et la Sopari/IDI détiennent chacun 16,5 %) et présidée par J. Kila. Encore en dessous, une troisième société holding, la Financière Chapelle-Darblay, au capital de 3 MF contrôlée par Reparo à 51 % (Paribas et Sopari ont chacun 24,5 % du capital), et présidée par J. Kila, reçoit en quasi-subvention de l'État 900 MF (avance remboursable à 0,1 %). A la base de l'édifice, la Société Nouvelle Chapelle-Darblay au capital de 3 MF, contrôlée à 99,9 % par la Financière CD, dotée par l'État d'une subvention d'équipement d'un montant de 1,4 MMF, et présidée par J. Kila. Ainsi un homme seul, certes compétent, mais non engagé financièrement, se voit confier 3 MMF (900 MF de subventions + 1,4 MMF de prêts participatifs + 900 MF de crédits bancaires à taux bonifiés) et la disposition de 34 % du capital de la SNCD, pour reprendre près de 1 000 salariés. Dans la longue histoire des interventions publiques c'est un exemple digne de figurer dans le *Guiness des records,* mais ce n'est là qu'une vue partielle des enjeux.

De 1971 à 1984, La Chapelle-Darblay a été perpétuellement

assistée par l'IDI et Paribas à la demande de l'État puis directement par le Trésor; financer des pertes durant cette longue période n'a guère posé de problèmes d'orthodoxie budgétaire. Si une telle entreprise a survécu à tant de gouvernements de couleur politique variée mais apparemment également interventionnistes, c'est que, sans doute, l'idée d'abandonner le fabricant national de pâte à papier n'a jamais pris consistance et que les risques de mécontenter des élus locaux influents ou de heurter de plein fouet la CGT n'ont jamais été pris.

Face à la défaillance avérée de l'actionnariat familial puis institutionnel, et compte tenu de la vétusté des matériels, de l'archaïsme des technologies, de la très forte intensité capitalistique du secteur, la reprise par un groupe étranger était la seule solution. L'opération pouvait se faire par étapes pour ménager les tendances chauvines de la CGT et d'une fraction du patronat, les anciens actionnaires acceptant alors de « porter » des titres.

La crise du secteur, l'échec des solutions Haindl, Stora, Modo, Parenco et le peu de sérieux de l'offre de Jean-Marc Vernes ont conduit à ce montage par lequel un homme, certes compétent mais installé sur un tas d'or par l'État, est chargé de moderniser un outil de production, de former des hommes et au total de faire, avec l'aide d'ingénieristes et d'équipementiers parmi les meilleurs au monde, d'une entreprise sans ressorts et sans ressources un acteur majeur sur la scène papetière européenne. Ce montage sera très critiqué : il favorisait un ministre en vue, dotait un inconnu d'un pouvoir fabuleux aux frais du contribuable, et donnait satisfaction à la CGT sur le maintien des deux sites.

L'alternance de 1986 sera l'occasion de rouvrir le dossier. Le prétexte en sera fourni par le commissaire à la concurrence, Peter Sutherland, un libéral irlandais intransigeant, qui déclare illégale l'aide publique octroyée. En fait tous les pays européens recourent à la subvention directe ou indirecte pour faire vivre leur industrie papetière face au retrait des actionnaires privés et à la concurrence nord-américaine et finlandaise. En Grande-Bretagne on use des subventions à l'aménagement du territoire et des surprix du papier journal pour maintenir à flot les usines nationales. Une usine a même été financée par les Finlandais sur crédits export sans intérêts. En Allemagne, la subvention fédérale est faible mais les Lander et les communes complètent largement sans le déclarer à Bruxelles. En Hollande, les nouveaux investissements de Parenco ont été totalement financés sur crédits publics. Le ministre libéral Alain Madelin, qui n'était pas mécontent de dénoncer les turpitudes socialistes, bloqua la dernière tranche de l'aide publique, mettant ainsi en difficulté La Chapelle-Darblay alors engagé dans un effort d'investissement qui ne devait produire des bénéfices plantureux qu'à partir de 1988. La partie de bras de fer entre le ministre et J. Kila finit par le retrait de J. Kila et l'entrée en scène de Pinault. L'homme, dont la compétence de redresseur d'entreprises et la totale incompétence en matière papetière n'étaient pas contestées, était notoirement lié à la nouvelle majorité : pour le rendre respectable le ministère de l'Industrie décida de faire appel au groupe québécois Cascades qui avait fait une entrée remarquée en France avec la reprise de l'usine de La Rochette. Curieusement, les socialistes ne firent rien pour dénoncer le scandale et certains ex-rapporteurs du CIASI-CIRI apportèrent leur concours à François Pinault.

Ainsi, La Chapelle-Darblay aura mobilisé en près de vingt ans tous les instruments de l'intervention discrétionnaire de l'État : un bureau du Trésor ancêtre de D2, le CIASI, le ministère de l'Industrie avec l'IDI et Paribas comme prête-nom. L'entreprise aura été transformée en commandite publique, puis cédée à un entrepreneur étranger, avant d'être confiée à un tandem qui ne tardera pas à se défaire.

Les faux nez de l'État

La faillite a d'abord pour effet de faire disparaître l'actionnaire. Certes, il arrive que des plans de redressement interne permettent de remettre en selle un actionnariat défaillant en lui facilitant l'accès à des ressources financières longues. Il arrive également qu'une institution financière parapublique accepte d'entrer dans le capital. Mais quand l'entreprise ne peut se redresser par elle-même (cas le plus fréquent), la solution passe par la recherche d'un repreneur extérieur. Toute la pratique du CIASI-CIRI a consisté à aider un tel repreneur pour lui assurer les meilleures conditions de succès à faible coût pour les finances publiques. Le cas de La Chapelle-Darblay montre même que l'État est capable de créer de toutes pièces une structure d'actionnariat pour permettre à un entrepreneur dynamique de faire revivre un secteur d'activité et par là d'éloigner la perspective de troubles sociaux. Mais hormis ce cas, il arrive fréquemment qu'une entreprise en difficulté ait consommé tous ses capitaux, que ses actionnaires soient faillis et qu'il ne se présente guère de repreneurs acceptables par l'ensemble des parties. On crée alors « une commandite publique », terme qui fleure son vieux français et qui signifie que l'État finance sans être propriétaire à travers un « faux nez » qu'il a mis en place ou qui est une survivance de l'ancien actionnariat. Le rapporteur du CIASI se trouve alors dans une curieuse situation : il est un gestionnaire de fait alors que bien souvent il avait recommandé la fermeture de l'usine; il ne peut investir et moderniser car on le lui interdirait; il doit donc faire des chèques pour couvrir les pertes et veiller à ce que la tension sociale reste sous contrôle.

Tout l'art du « faux nez » consiste à permettre à l'État de soutenir contre l'évidence et face à un éventuel recours devant les tribunaux qu'il n'est pas « dirigeant de fait ». Il est donc important que l'ancien actionnaire, même défaillant depuis une décennie, continue à contrôler formellement le capital – l'astuce consistant alors à financer les pertes par des prêts FDES ou des prêts participatifs. Dans le cas des ARCT dont on a pu dépeindre dans un précédent chapitre les caractéristiques et les difficultés – développement du Novacore et rêve de nouveaux marchés, hypertrophie du pouvoir syndical face à un encadrement pusillanime et à un patron failli, surclassification et sous-qualification, archaïsme du système technique – la solution a consisté à adopter le statut de société à directoire et conseil de surveillance. Le directoire, nommé de fait par les pouvoirs publics, exerce un mandat de gestion, tandis que le conseil de surveillance dans lequel siègent les anciens actionnaires, assure une image respectable en présidant formellement au devenir de l'entreprise et en contrôlant l'usage de fonds qui ne sont pas ceux des actionnaires mais de l'État. Il va de soi que les actionnaires consentent à l'État une promesse de cession de titres qui, le moment venu, favorisera la reprise. C'est ainsi qu'on peut réaliser une nationalisation de fait en maintenant une fiction d'entreprise privée vivant avec les concours publics. Le passage à un statut de ce type n'est certes pas maîtrisé et le choix du montage financier manifeste la capacité du CIASI à rendre acceptable ce qui ne l'est pas plutôt qu'à innover dans le traitement de la défaillance. En pratique, les ARCT ont bénéficié d'abord d'un plan de redressement interne financé par l'État et les banques. Les actionnaires (les frères Crouzet) décrochent en 1978, l'État agrée la nomination d'un dirigeant indépendant (Mothé) qui ne parviendra pas à s'affirmer face à la CGT. En 1982, dans le contexte politique et syndical que l'on sait, l'État fait nommer un nouveau dirigeant qui ne parviendra pas à exister : les ARCT sont en effet devenus un dossier national dont Henri Krasucki traite en direct avec P. Mauroy. Fin 1983, deux administrateurs provisoires sont nommés, puis à nouveau un dirigeant reconnu compétent début 1985, les plans de restructuration se succèdent à un rythme échevelé, les contacts avec d'éventuels repreneurs extérieurs se multiplient, la CGT refuse, l'État paie, jusqu'en 1985, lorsque la décision politique sera prise de ne pas aller au-delà des efforts déjà fournis. En décembre 1985, le dépôt de bilan intervient et la liquidation de biens suit.

Le deuxième type de faux nez auquel l'État aura largement recours, même s'il le pare du titre moins scandaleux de structure de portage, est l'intervention dans l'actionnariat de l'IDI ou d'une SDR qu'on contre-garantit par ailleurs. L'IDI sera ainsi mise à contribution dans La Chapelle-Darblay, Boussac... L'importance du recours à l'IDI et le souci de ne pas « polluer » excessivement son portefeuille d'activités conduiront d'ailleurs à isoler les participations douteuses dans une filiale particulière, la SOPARI.

On peut générer les autres cas en combinant différemment la présence ou non des anciens actionnaires, le caractère indépendant ou non du dirigeant nommé, la nature et le rôle des concours publics, simple colmatage de pertes d'exploitation ou/et aides à l'investissement. Ainsi, dans le cas des filiales abandonnées par le groupe Schneider, celui-ci est à la fois faux nez de l'État au niveau de la structure de l'actionnariat mais aussi mandataire de l'État pour la gestion des entreprises qu'il avait réussi à mettre en faillite. Comme on le verra avec l'exemple du Saut du Tarn, l'imagination n'est bridée par aucun type de contraintes dès lors qu'il faut sauver à tout prix et qu'aucun acteur économique raisonnant sur des bases industrielles n'est prêt à s'engager. Pour maintenir l'unité d'un conglomérat hétéroclite en faillite, l'État suscitera la création d'une société de gestion et financera le capital de celle-ci par une quasi-subvention. Enfin, au grand désespoir posthume des pionniers de Rochdale, la forme ultime du faux nez de l'État est la coopérative ouvrière.

La convergence, tout particulièrement en 1982, d'une crise industrielle intense, de la volonté de reconquête du marché intérieur, de la redécouverte par la gauche du rôle économique du mouvement coopératif, et de la volonté de la confédération des SCOP d'expérimenter une logique alternative à celles du public et du privé ont contribué à faire de la SCOP la panacée dans les situations industrielles et sociales ingérables. On comprend que, soumis à une obligation de résultat, confronté à un salariat combatif et sans perspective économique autre que le lent déclin, le rapporteur, soucieux par ailleurs d'économiser les deniers publics, en soit venu souvent à considérer la SCOP comme une solution élégante car porteuse de l'air du temps. L'on vit donc fleurir des SCOP dans des industries lourdes et capitalistiques comme une cristallerie, des fonderies, des entreprises de bois. Pourtant, au même moment, les difficultés des plus anciennes réussites des SCOP (AOIP et, plus tard, VOA) ou des Coop auraient dû alerter. Certes, l'État finançait ces reprises et faisait pression sur les banques pour qu'elles suivent mais les salariés remettaient leurs indemnités en jeu et les fréquents échecs coûtaient au total plus aux salariés qui se retrouvaient chômeurs et sans indemnités.

Les sous-marins : l'affaire Saut du Tarn

Dans les situations proprement inextricables, quand toutes les parties se figent dans une posture de refus, quand il n'y a ni bonne solution industrielle ni bonne solution sociale ni réelle justification à un effort financier de l'État, même en pure perte, et que de surcroît les ultimes propositions du CIRI sont refusées, reste à inventer un CIRI du CIRI, un intervenant encore moins regardant pour gérer, au mieux des contraintes politiques du moment, une affaire dont plus personne dans la communauté industrielle, financière et administrative ne veut plus entendre parler, ce sera le cas de l'affaire Saut du Tarn.

Ce petit conglomérat de limes et râpes, de vannes et d'outillage à main, d'aciérie, de fonderie et de laminage, enclavé dans le Tarn à Saint-Juery et figé dans des technologies, des outillages et des produits dignes d'un musée des industries du

XIXe siècle, a commencé à connaître des difficultés en 1967. L'État met alors en place un premier concours financier de 13 MF devant permettre le redressement interne. Un an plus tard, l'entreprise dépose son bilan.

Cette même année 1968, une société nouvelle du Saut du Tarn de 1 400 personnes est créée à l'initiative des pouvoirs publics. Aucun industriel n'ayant accepté de reprendre cet ensemble disparate, les pouvoirs publics ont demandé à une personne physique de constituer une « société de gestion » au capital de 1 MF pour reprendre en location-gérance l'ensemble des moyens de l'ancienne entreprise, l'État apportant une subvention de 7,5 MF pour constituer les fonds propres. On remarquera cette variété nouvelle de « faux nez » que constitue la « société de gestion ». L'entreprise redémarre, investit et modernise son outil de production, notamment dans le secteur vannes. Une grosse commande soviétique laisse même un moment espérer que l'entreprise est tirée d'affaire. Dès 1977, l'entreprise renoue avec les pertes, le CIASI tente alors un redressement interne; l'échec est sanctionné par l'admission au règlement judiciaire fin 1981.

Commence alors une nouvelle phase du traitement de la défaillance dans laquelle seront tentées des solutions de reprise globale, puis partielle, avec chaque fois des plans d'accompagnement sociaux généreux. Ces solutions vont se heurter, pour leur volet industriel, au refus intransigeant des syndicats; le volet social, qui comportait une application non justifiée mais généreuse de la CGPS (cessation anticipée d'activités avec préretraite pour les salariés de plus de cinquante ans) sera plus facilement accepté. La perspective d'un voyage présidentiel dans la région Midi-Pyrénées va permettre aux syndicats de mobiliser les élus locaux et de faire pression sur les cabinets. La solution élaborée au CIASI, qui comportait une centaine de licenciements secs et supposait un démembrement de l'entreprise par cession des diverses activités à des repreneurs différents, sera abandonnée. C'est alors qu'on fait appel à un consultant indépendant, adepte de la diplomatie secrète, spécialiste des situations difficiles, mandataire occulte des pouvoirs publics pour renouer les fils du dialogue et faire en sorte que le voyage présidentiel se déroule dans de bonnes conditions. Des promesses seront faites : ni licenciements ni démembrement. Des sauveteurs providentiels manifesteront leur intérêt puis se retireront : Schlumberger; un Iranien riche en dollars viendra à passer par là. La solution trouvée sera plus coûteuse pour l'État, plus dure pour les salariés (260 licenciements secs). Elle fait intervenir quatre repreneurs, mais elle sauve les apparences car formellement l'unité du groupe est maintenue puisqu'une société d'économie mixte à capitaux départementaux, dénommée « structure de cohérence », coiffe l'ensemble.

Ainsi, il aura fallu une application dérogatoire de la CGPS, l'invention d'un repreneur doté financièrement par l'État, puis l'invention d'une structure de cohérence pour maintenir la fiction d'une unité ou de l'existence d'un actionnaire. Le voyage présidentiel aura mis hors circuit le CIRI, suscité l'apparition d'un homme de l'ombre et, pour finir, provoqué le retour du CIRI. Au passage, une collectivité locale devenait opérateur industriel. Ce feu d'artifices d'initiatives toutes plus « innovatrices » les unes que les autres exprime la fantastique latitude du politique et des appareils administratifs quand une volonté politique s'affirme contre la régulation par le marché.

L'étonnante aptitude des serviteurs de l'État à assouplir les rigueurs de la règle, le formalisme des professions judiciaires, et à trouver des substituts vraisemblables à des capitalistes faillis, à des marchés évaporés et à des produits inadaptés, bat en brèche l'idée reçue sur les lourdeurs bureaucratiques ou la faible adaptabilité à de nouvelles situations de l'appareil d'intervention. Le CIASI-CIRI, comme le bureau D2 du Trésor, ou le ministère de l'Industrie ont su faire preuve d'une remarquable capacité à gérer la défaillance d'entreprise. Mais une fois le constat de cette flexibilité administrative empiriquement établi, on ne progresse que partiellement dans la compréhension du phénomène. Trois séries de questions se posent en effet.

– Que font ces hauts fonctionnaires d'élite de leur liberté d'action, du pouvoir discrétionnaire dont ils disposent et de la fantastique aura qui entoure l'administration politique? Font-ils de la restructuration industrielle? Et si tel n'est pas le cas, quel sens peut-on trouver à leur action? Peut-on en évaluer l'efficacité? L'enjeu, on l'aura compris, est celui des politiques publiques.

– Comment une telle administration a-t-elle pu émerger dans le pratico-inerte administratif et quel effet en retour une telle innovation institutionnelle produit-elle sur le système politico-administratif? En effet, l'administration économique recherche constamment des mécanismes de coordination réellement efficaces; l'échec en matière de politiques des entreprises publiques et la réussite pour les défaillances d'entreprise fait problème.

– Si l'on situe l'innovation administrative dans la moyenne période (limitée ici à l'après-guerre) et que l'on s'interroge sur les conditions sociopolitiques de l'émergence d'un tel outil d'intervention, on est nécessairement conduit à traiter du rôle de l'État dans la modernisation économique et dans le traitement de la crise.

CHAPITRE 6

L'ÉTAT ET LA RESTRUCTURATION INDUSTRIELLE

N'avoir que l'efficacité en vue, et pour ce faire, précéder la loi, solliciter les textes, arracher les consentements, disqualifie l'accusation de lourdeur bureaucratique souvent avancée dans la critique du fonctionnement de l'État. Mais une question surgit alors nécessairement : que fait l'État de cette flexibilité, de cette adaptibilité et du caractère relatif des contraintes administratives? Contribue-t-il et de quelle manière au redressement des entreprises? Parvient-il à réaménager les structures industrielles et à redéployer l'appareil productif des secteurs en déclin vers les secteurs porteurs?

L'État joue son rôle de garant de l'intérêt national, d'acteur du développement économique, d'instance de socialisation du risque industriel lorsqu'il mobilise l'ensemble de ses moyens d'intervention pour sauver une entreprise voire un secteur d'activités. Mais le gouvernement et son instrument étatique peuvent user de ces ressources pour entretenir une clientèle électorale : on a alors affaire aux classiques dossiers de circonscription; la survie de telle tannerie ou de telle fonderie n'ont pas d'autre explication. Enfin il peut avoir pour but non de préserver les intérêts d'un élu et pas davantage de relancer une activité qu'il sait obsolète, mais de ménager des transitions, d'étaler les effets sociaux d'une conversion.

Le problème est qu'on ne rencontre jamais à l'état pur tel ou tel cas de figure ne serait-ce que parce que étaler les effets d'une reconversion suppose adhérer au plan que l'on met en place, et qu'on a toujours de bonnes raisons stratégiques pour défendre un dossier de circonscription. Ainsi la redistribution des bénéfices politiques, la gestion sociopolitique du déclin industriel et une stratégie volontariste de recomposition de l'appareil industriel sont-elles inextricablement mêlées. Pourtant il importe de faire la part de l'activisme partisan, de la stratégie industrielle et de la gestion du compromis sociopolitique parce que la France, à la différence d'autres pays, a un État qui a toujours revendiqué un rôle dans la modernisation économique et que seul il s'est doté d'une politique et d'un instrument spécifique de traitement de la défaillance industrielle.

On pourrait imaginer qu'un tel problème relève de la politique industrielle, de l'aménagement du territoire ou de l'emploi, qu'il donne lieu à la mise en place de dispositifs d'aide ciblés – à la gestion, à l'exportation, à l'innovation technologique, à la prospection des marchés, au rapprochement d'entreprises –, qu'il est du ressort du système bancaire, des collectivités territoriales, des syndicats professionnels, des chambres consulaires ou de l'administration judiciaire. Or, on le sait à présent, l'État intervient pour favoriser le redressement interne ou rechercher un repreneur extérieur, décide de la viabilité d'une solution, fait procéder à la vente par appartements, invente même des fictions de holding avec de vrais faux actionnaires afin de s'exonérer de toute responsabilité en cas d'échec définitif. Toute mise en série des dossiers traités révèle l'incroyable diversité des cas et des solutions trouvées. On peut pourtant repérer des situations types et questionner les logiques d'intervention.

Trois dossiers seront évoqués ici; leur choix obéit à la combinaison de trois critères : la nature du portefeuille d'activités (une entreprise même en grave difficulté peut receler des activités « à haut potentiel »); l'existence ou non de candidats à la reprise (leur absence radicale complique singulièrement la recherche d'une solution même temporaire); le rôle actif ou passif de l'État dans la promotion de solutions industrielles et dans la sélection du personnel dirigeant. L'intervention de l'État s'analyse alors comme une mise entre parenthèses provisoire des règles du marché et des normes d'action de l'administration, soit pour permettre à l'entreprise de retrouver par elle-même un pouvoir de marché, soit pour en manifester l'impossibilité par la mise en œuvre concrète d'une autre logique, soit par le simple constat de l'absence de solution.

Boussac : les promesses n'engagent que ceux qui les écoutent

Janvier 1989. Au terme d'une bataille courte mais intense, B. Arnault s'empare du premier groupe de luxe mondial : Louis Vuitton-Moët-Hennessy. Mai 1988, le groupe Arnault, repreneur de Boussac et de l'empire Willot avec l'aide de l'État, cédait l'activité textile au groupe Prouvost après l'avoir considérablement « dégraissée ». Quelques mois plus tôt, il avait fait de même avec l'activité hygiène (Peaudouce) pareillement cédée au groupe Mölnycke. Ainsi s'achevait la longue histoire des faillites à répétition de ce qui fut le premier groupe textile français. L'entreprise Boussac-Saint-Frères n'est aujourd'hui qu'une coquille vide dans un groupe, Arnault et Associés, spécialisé dans le luxe et la distribution.

Cette disparition fait problème : dix ans de soutien de l'État à Boussac puis à Agache-Willot puis à la Compagnie Boussac-Saint-Frères et enfin à B. Arnault n'avaient d'autre finalité que de sauver le textile et d'éviter à tout prix le découplage Dior-Boussac, activités prospères (luxe, distribution, immobilier, hygiène) et activités en crise (tissage, confection, linge de maison...). Comment expliquer que l'État ne soit pas parvenu à atteindre ses objectifs et que les repreneurs qu'il a choisis aient fait si peu de cas d'engagements explicitement souscrits? Il ne faut certes pas fétichiser les accords passés entre l'État et un opérateur privé; l'évolution des stratégies est légitime. L'action de l'État n'a pas par ailleurs une seule finalité. Mais ce qui est en cause dans l'affaire Boussac ne relève pas de l'adaptation mais de l'inversion, ce qui ne peut manquer d'interroger rétrospectivement les engagements pris.

La défaillance industrielle de Boussac est exemplaire au même titre que celle de Creusot-Loire. Elle est de celles qui permettent de lire à livre ouvert les maux d'une industrie, d'un capitalisme, d'un mode d'intervention de l'État et, pour tout dire, la pathologie des relations État-industrie. On se limitera ici volontairement à l'aspect du traitement par les gouvernements successifs et les appareils d'État de la défaillance d'un grand groupe multi-activités.

1978, le naufrage de Boussac : l'État choisit les Willot

Tout a déjà été dit sur le lent déclin de l'empire cotonnier des Boussac, sur la part des difficultés objectives et les effets de l'entêtement d'un capitaliste en fin de règne [1], la concurrence des pays en voie de développement dans les secteurs à fort contenu de main-d'œuvre qui se manifeste d'abord par la fermeture des marchés nationaux à l'importation puis par l'inondation des marchés des pays développés [2]; le retard de la France par rapport à l'Italie ou à l'Allemagne dans la confection homme ou enfant; les effets sur l'emploi des considérables gains de productivité autorisés par les nouvelles technologies [3]; enfin, et plus fondamentalement encore, la part déclinante dans les budgets familiaux du poste textile. Tous ces éléments ont constitué autant de difficultés objectives pour une industrie caractérisée par son émiettement, le patrimonialisme de ses patrons petits ou grands, la rareté de pôles de regroupement modernistes consacrés au textile et disposant de réelles compétences gestionnaires.

En 1978, Boussac, qui affiche 100 MF de pertes pour un chiffre d'affaires de 800 MF, n'est que l'ombre de l'empire cotonnier d'antan : 11 500 salariés répartis en 30 sites industriels contre 25 000 salariés en 1952 dans 65 usines. Toutefois, Boussac a préservé quelques positions dans le tissage cotonnier (tissus Boussac), les produits finis (Jalla) et la confection (Rousseau, Dior, Blizzand). En fait, au moment où Marcel Boussac se retire après avoir échoué dans ses tentatives de redressement interne et fait avorter différents projets d'alliance avec Prouvost et Courtaulds, seuls Prouvost, DMC et Willot jouent le rôle de fédérateurs des entreprises du secteur.

Le 5 octobre 1978 l'ensemble des sociétés du groupe Boussac passe sous le contrôle des Willot. La procédure juridique retenue comportait une prise en location-gérance de Boussac par la Société Saint-Frères avec engagement de rachat à forfait de l'ensemble des actifs pour 700 MF. Avec cette opération, les Willot s'achètent une conduite. Raiders avant la lettre qui se paient sur la bête et vivent de la réalisation des actifs dormants d'entreprises familiales vermoulues, ils accèdent à la dignité de bâtisseurs de groupes industriels parrainés par le Trésor et les grandes banques nationalisées [4].

Ils vont du reste acquérir rapidement un grand commis de l'État – gage certain de respectabilité. Au moment de la reprise, le groupe Willot compte 26 000 salariés dont 18 000 dans le textile, il réalise un chiffre d'affaires de 6,2 MMF dont plus de la moitié dans la distribution et les services, 10 % dans le textile et 3 % dans la confection. Vingt-deux ans plus tôt, avant la fusion avec Agache (lin), le groupe réalisait 215 MF de chiffre d'affaires. Entre ces deux dates, l'ensemble Willot s'est constitué comme groupe multibranche par acquisitions et rationalisation permanente des activités textiles d'Agache, de Saint-Frères, par redéploiement du capital vers la distribution avec les acquisitions de La Belle Jardinière, du Bon Marché et des Galeries Anspach, et par autonomisation du patrimoine immobilier de toutes les firmes absorbées dont il a fait un instrument de financement.

Avec cette première mort de Boussac mise en musique financièrement par le CIASI et socialement par le plan Vosges, se mettent en place les éléments du malentendu qui ne se dissipera que dix ans plus tard. Si les Willot ont été préférés à Maurice Bidermann, contre l'avis du Trésor et des professionnels qui jugeaient son plan plus solide techniquement, c'est parce que les banques qui, en l'occurrence, ont fait preuve de leur légendaire clairvoyance en matière d'affaires industrielles, étaient à la fois séduites par le talent de ces rationalisateurs du textile et par la solidité supposée de leur situation financière (les fameux gages immobiliers qui rassurent tant les banquiers!). Quant au Trésor, le fait d'avoir exercé des pressions sur les banques pour les conduire à financer un plan de redressement interne mené par Jean-Claude Boussac en 1977 le mettait en position délicate pour les forcer à nouveau à soutenir leur candidat. Ainsi une relation de pouvoir classique bénéficiait circonstanciellement aux Willot, lesquels avaient su par ailleurs circonvenir le ministre R. Monory [5]. Un talent de rationalisateurs sur le papier avait réussi à masquer les pratiques réelles, c'est-à-dire émiettement des structures, abandons brutaux d'activités, déménagements de sites. Cette pratique du dépeçage n'a pas été toutefois sans quelques résultats puisque les Willot en ont tiré plus de la moitié de leur autofinancement, l'autre moitié provenant de la réalisation d'actifs immobiliers dormants.

Le premier malentendu est là : on confie la restructuration d'un groupe textile malade à un groupe textile d'origine dont toute l'action démontre la volonté d'en sortir. Les Willot n'ont pas toujours eu une gestion strictement orthodoxe au regard de la loi mais ils n'ont jamais fait mystère de leur volonté de développement dans la distribution, l'hygiène et l'emballage. Derrière Boussac, il y a Dior, les propriétés immobilières et quelques marques. Or, l'intervention de l'État permet aux Willot de racheter Boussac pour 700 MF c'est-à-dire pour rien puisque les modalités de paiement prévues font la part belle aux Willot qui s'acquittent de leur dette en cédant des actifs de... Boussac (*L'Aurore,* les haras de Jardy, l'écurie de course) en récupérant des prêts publics antérieurement consentis... à Boussac et en promettant de commencer à rembourser le reliquat sur quinze ans... à partir du 30 juin 1981. Pour prix de leur bonne volonté, les Willot se voient consentir de nouveaux concours bancaires.

Boussac-Saint-Frères (BSF) naît du rapprochement des activités textiles des deux groupes d'origine, Boussac et Agache-Willot. Il compte 29 000 salariés concentrés dans huit départements (19,3 % des effectifs dans le Nord, 15,6 % dans les Vosges, 11,3 % dans la Somme) pour un chiffre d'affaires de 4,5 MMF.

De 1978 au 30 juin 1981, les Willot restructurent Boussac-Saint-Frères à leur manière : les effectifs fondent mais insuffisamment eu égard à l'ampleur de la crise qui sévit et de l'affaiblissement continu d'activités et d'entreprises sous-investies et sous-capitalisées. BSF perd 25 % de ses effectifs alors que la moyenne du secteur est de 13,7 % et malgré cela le rapport profitabilité (EBE/CA) passe de 6,9 % en 1979 à 1,8 % en 1981 et les frais financiers bondissent de 5,6 % en 1979 à 8,2 % en 1981. Pis : le seul talent incontesté des Willot – la gestion d'entreprises de distribution –, va précipiter leur déconfiture avec la reprise manquée des Galeries Anspach en Belgique et de Korvettes aux États-Unis.

La solution CIASI 1978 – faire mener une politique textile aux Willot qui rêvaient distribution, en refusant d'agréer un groupe textile (Bidermann) – avait fait long feu. Fin 1980, les Willot retrouvent le chemin des palais ministériels et tiennent le discours convenu : la situation est plus grave que prévu; pour bien faire, il faudrait licencier plus de 5 000 salariés, mais des concours publics, un report des charges fiscales et sociales permettraient d'étaler des mesures aussi impopulaires surtout à la veille d'élections présidentielles.

Faire rendre gorge aux Willot : une exigence morale n'a pas de prix

Le 30 juin 1981, les Willot doivent régler leur première échéance pour le rachat de Boussac; ils se déclarent insolvables; les banquiers refusent de voler à leur secours : le dépôt de bilan de BSF est inévitable. Va-t-on se saisir de l'occasion pour lancer une politique textile nouvelle en rupture avec la stratégie immobilière et commerciale des Willot? Les nouveaux pouvoirs publics y sont déterminés et les fonctionnaires politiques qui peuplent les cabinets (P. Lami ancien secrétaire général du CIASI est directeur-adjoint du cabinet Delors) sont décidés à ne pas laisser se reproduire la vieille règle de la socialisation des pertes : les Willot doivent payer. Au ministère de l'Industrie, P. Dreyfus est sur la même longueur d'onde, il déclare au Parlement qu'il veut « faire rendre gorge aux Willot ». P. Mauroy, Premier ministre particulièrement concerné par une faillite qui frappe très durement son propre département, se saisit du dossier.

Dans cette affaire, tout milite pour un traitement exemplaire : l'exigence morale, la volonté industrielle, le nouveau cours social, la nécessité de freiner la désertification des régions de vieille industrialisation. L'exigence morale n'est guère discutable, la faillite des Willot est due pour partie à une aventure américaine financée par l'ensemble des affaires du groupe, au détriment d'une activité textile négligée, et de Dior qui a servi de pompe à dividendes. La volonté industrielle a nom « reconquête du marché intérieur », rénovation des industries traditionnelles par les technologie modernes, relance de la consommation populaire. Le textile, ce mal-aimé des gouvernements de droite, est rapidement promu secteur témoin de la nouvelle logique industrielle. L'écoute de salariés ballottés par une gestion chaotique et éprouvés par un déclin permanent des activités, des emplois et de l'espoir est d'autant plus volontiers affichée qu'elle obéit à une conviction et à une nécessité : BSF est en grève. Enfin, la concentration des difficultés en Picardie, qui cumule les effets des crises du textile, de la fonderie, de la construction mécanique et de la chimie de base (soit près de 60 % des emplois), et en Lorraine, qui cumule les crises textiles et sidérurgiques (33 % des effectifs industriels), font obligation aux pouvoirs publics d'intervenir.

Les premières décisions sont courageuses puisqu'on fait nommer un administrateur judiciaire parisien de grand talent, Me Chassagnon, lequel s'empresse de remettre au travail les salariés, de rétablir le crédit fournisseur, de renégocier les concours bancaires. L'unité du groupe est maintenue officiellement pour des raisons de synergie industrielle et d'imbrication financière des sociétés; en réalité pour une double raison : ne pas mécontenter les syndicats qui en font une question de principe et faire payer aux activités prospères (Dior) le sauvetage des activités en difficulté (le textile).

Mais très rapidement, la machine s'emballe, non du fait des salariés ou d'une aggravation de la situation mais par excès de bonne volonté de hauts fonctionnaires et de ministres qui veulent tous apporter leur contribution à la solution. Me Chassagnon, nommé à l'initiative des Finances et avec le concours de la Justice, après avoir remis en activité le cœur industriel du groupe (BSF), évité la « pollution » des activités saines (BM, BJ, Conforama et Dior) et réglé les contentieux Anspach et Korvettes, présente au ministère de l'Industrie sa solution. L'État peut acquérir les titres des Willot pour un franc; en échange, il doit garantir une relative impunité pour les actes de gestion à l'exception d'éventuelles malversations personnelles. Dans une société libérale où les activités commerciales sont régies par la loi, l'actionnaire reste le maître de l'entreprise, il ne peut être déchu de ses droits que par la nationalisation – mais Agache-Willot n'est pas au programme –, ou par la liquidation de biens – mais le gouvernement a par avance écarté cette issue. L'argument de Me Chassagnon est imparable, il n'a qu'un inconvénient : faire bon marché des grands principes. En nommant Me Chassagnon, le gouvernement avait irrité le tribunal de commerce de Lille; en ne le suivant pas dans ses conclusions et, pis, en envoyant Anatole Temkine en mission, il met Me Chassagnon en porte-à-faux. La mission Temkine voulue par le ministre de l'Industrie peut se justifier. Quoi de plus normal pour ce ministère que d'avoir sur place son homme qui de surcroît a des titres à faire valoir : ancien président d'Essilor et de l'IDI, il peut recueillir les desiderata des salariés et esquisser un audit du groupe pour d'éventuels repreneurs. Mais ce parachutage a pour effet de crisper l'administration judiciaire qui refuse d'engager la masse dans la restructuration de l'entreprise, réclame la prise en charge financière par l'État d'une exploitation déficitaire et concrètement entrave la mission.

Pour semer encore davantage la confusion, le Premier ministre entre dans la danse en chargeant le président de l'IDI, Dominique de La Martinière, d'une mission (une de plus) de redressement. Celle-ci semble la bonne : la mission est large puisqu'elle comporte un triple volet industriel, organisationnel et financier. La lettre de mission est d'une rare qualité, elle répond par avance à tous les problèmes : les intérêts contradictoires des créanciers, des actionnaires, des mandataires de justice et des banquiers sont résolus parce que juxtaposés; les prétentions contradictoires des services sont abolies par la structure interministérielle type CIASI dont s'entoure D. de La Martinière de par la volonté du Premier ministre. Cet œcuménisme se retrouve dans la stratégie industrielle fixée puisqu'on assigne à l'entreprise la triple mission de renforcer le cœur textile, d'intégrer la distribution et de diversifier pour trouver des emplois de substitution.

Cette lettre est le triomphe du président D. de La Martinière : le voilà remis en selle, et de quelle manière, lui qui avait échoué en 1978 dans la promotion de la solution Bidermann après avoir été abandonné au milieu du gué par les banquiers, ses actionnaires; lui qui, après l'arrivée de la gauche au pouvoir, se sentait menacé personnellement et comme responsable d'une institution promise à disparition si la Banque Nationale d'Investissement chère aux socialistes était créée. Muni donc d'un tel viatique, il constitue son équipe, recrute Georges Jollès, le directeur général de Bidermann, un préfet de gauche désœuvré, Gérard Belorgey, mobilise la fine fleur de l'IDI et multiplie audits et consultations. Très rapidement, deux solutions émergent : la liquidation de biens qui écarte les Willot et permet de reconstruire sur une base saine, et la location-gérance.

En attendant, malgré l'horreur que lui inspire la naissance d'une commandite publique, le Trésor assure les fins de mois. Très logiquement, compte tenu des engagements pris par l'État vis-à-vis des salariés et selon des modalités techniques arrêtées par D. de La Martinière, l'État opte pour la location-gérance. Une nouvelle entreprise au capital de 100 MF (l'IDI est actionnaire majoritaire) est créée, la Compagnie Boussac-

Saint-Frères (CBSF). Elle est chargée de prendre en location-gérance les actifs de BSF, l'intégralité des effectifs, et à terme de racheter le holding Willot. Ce montage juridico-financier est d'un parfait classicisme. Certes, l'actionnaire est un faux nez de l'État, les banques ont été requises pour participer au capital, renoncer à leurs gages et reconstituer le crédit-fournisseur; l'équipe de direction est divisée et l'ensemble du groupe à la dérive. Mais, en s'interdisant de racheter les titres Willot, de recourir à la liquidation de biens comme à la nationalisation et en reprenant les actifs contre une reconnaissance de dette de 2 MMF à BSF (contrôlé par les Willot), l'État a réussi ce prodige de transférer d'un seul coup les atouts aux faillis! Le phénomène est masqué par les procédures judiciaires en cours, les Willot risquent le bagne, personne n'envisage alors qu'ils soient blanchis par la justice mais si cette hypothèse venait à se réaliser, à la faveur du redressement du groupe, les Willot se retrouveraient à la tête d'une fortune.

Au moment donc où la solution La Martinière triomphe et où son montage est mis en application, l'Élysée intervient pour promouvoir à la tête de la CBSF la candidature d'un géographe méritant, René Mayer. Comme à plaisir l'État s'acharne ainsi à se contredire et à créer avec application les conditions de l'échec des solutions qu'il impulse. Faut-il le rappeler, l'État a d'abord poussé la candidature des Willot, mais en leur demandant de faire la politique de M. Bidermann. Non seulement, ils n'en firent rien mais Boussac connut la faillite. Puis ce fut la nomination de Me Chassagnon et l'élaboration d'une solution pragmatique laissée sans réponse puis de fait abandonnée. Temkine fut alors nommé par l'Industrie et mis dans l'impossibilité de réussir la mission qui lui avait été confiée. Enfin (mais c'est une fin provisoire...) le Premier ministre nomme La Martinière, accepte son montage financier, commence à le réaliser en créant la CBSF avec l'IDI comme actionnaire principal. C'est le moment que choisit l'Élysée pour nommer R. Mayer et lui demander de mettre en musique un plan, de travailler avec une équipe, et de collaborer avec un actionnaire qu'il n'a pas choisi et qu'il va s'attacher à écarter pour exister. C'est peu de dire que l'échec est programmé, mais le pire reste à venir.

Spoil System industriel, rivalités administratives et coordination gouvernementale

La CBSF constituée, un actionnariat accouché au forceps mais qui a le mérite d'exister, le retour à la paix sociale, les bombes Anspach et Korvettes désamorcées, les Willot en attente de jugement et dont les titres sont sous séquestre, R. Mayer aux affaires, une équipe de direction au travail autour de G. Jollès, un professionnel du secteur peu contesté, bref, comme le note un haut fonctionnaire « la situation est sous contrôle ». En fait, chacun des éléments positifs énumérés constitue soit une bombe à retardement, soit une contradiction étouffée, soit la promesse d'affrontements terribles.

La paix sociale est certes revenue mais au prix de la promesse du maintien de l'unité de groupe et de l'engagement de ne pas licencier. La CBSF est constituée mais elle est virtuellement en faillite depuis son premier jour de fonctionnement car l'activité génère des pertes, les sureffectifs sont patents et le plan de restructuration appliqué timidement. De plus, BSF, resté dans le giron de la SFFAW, perçoit des loyers, a été débarrassé des sources de pertes et voit sa créance sur CBSF garantie par l'IDI. La volonté louable de remettre au travail l'entreprise a eu pour effet de reconstituer les atouts des Willot.

Se découvrant une vocation managériale et étourdi par la puissance que confère la direction d'une entreprise, même malade mais qui connaît provisoirement, du fait de la faillite, une euphorie financière, le président R. Mayer s'entoure d'une équipe à sa dévotion, entreprend de restaurer l'image du groupe et, pour ce faire, mène un train de vie fastueux, emménage dans un nouveau siège social, s'entoure de conseils en tout genre et commande des audits stratégiques en rafale. Assuré du double soutien de l'Élysée et du ministère de l'Industrie, et pour affirmer définitivement un pouvoir qu'il sait peu légitime, R. Mayer se sépare rapidement de G. Jollès, dernier représentant de la compétence textile dans l'état-major et garantie du sérieux de l'entreprise pour les banques. Celles-ci, commises d'office au capital du groupe, renâclent de plus en plus; le président de Paribas, ancien directeur du Trésor, nommé à ce poste par le gouvernement socialiste, dénonce dans une lettre toute de fureur retenue les mœurs détestables qu'inaugure à ses yeux le mode de traitement de l'affaire Boussac. Il fait une leçon au ministre sur l'art de réussir une nationalisation. Le démantèlement progressif du système La Martinière ne pouvait manquer d'avoir pour effet d'antagoniser les relations entre l'actionnaire et le dirigeant. L'actionnaire, ne pouvant démettre le dirigeant, plaide auprès des pouvoirs publics la nécessité de trouver un actionnaire de substitution.

Les effets cumulés d'une crise textile qui s'approfondit, d'un actionnariat rebelle et d'un management contestable vont conduire l'État à financer directement les pertes et à envisager sérieusement une solution de reprise externe. Celle-ci se prépare à l'IDI en accord avec la Chancellerie, sous l'œil bienveillant des Finances. En fait, c'est une équipe de complices spécialistes du traitement de l'entreprise en difficulté – ils s'étaient connus au CIASI – qui mène les négociations, le rôle de l'IDI étant purement passif. Cette équipe entretient de bons rapports avec l'administrateur judiciaire qui affirme disposer dans son coffre d'une promesse de cession de parts (20 % du capital de la SFFAW) pour 20 MF signée par les Willot. Les quatre frères sont en effet en bien mauvaise posture; ils ont été condamnés en première instance et sont par ailleurs l'objet de poursuites pénales et fiscales. Pour prix de leur renonciation à tout rôle actif dans le groupe qu'ils avaient forgé et dont ils connaissaient les trésors cachés, ils réclamaient 20 MF alors que dix-huit mois plus tôt ils se satisfaisaient du franc symbolique. Le président de l'IDI croit alors tenir entre ses mains tous les atouts, d'autant que les critiques contre le style de management, pour ne pas dire l'incompétence de R. Mayer, enflent et se développent sur le mode de la rumeur.

Boussac ou les effets industriels de la présidence absolue

La menace se précisant, R. Mayer prend les devants et va commettre la transgression majeure en toute impunité : il prend langue avec les Willot. En effet, la sortie de la location-gérance, parce que la liquidation de biens restait politiquement interdite, passait nécessairement par la cession des titres des Willot, la promesse de ne pas s'opposer à une solution concordataire et, de fait, la collaboration à une solution qui les excluait définitivement.

Le 10 juillet 1983 Mayer, triomphant, annonce à ses administrations de tutelle et à ses parrains politiques la signature de protocoles qui constituent aux yeux de tous ceux qui eurent à les connaître de véritables monstres juridiques puisqu'ils recèlent plusieurs causes graves de nullité et une forme de scandale moral puisque non seulement les Willot dictent leurs conditions financières mais qu'ils obtiennent de surcroît une réhabilitation, la promesse de l'indulgence de la justice et la prise en charge par un organisme d'État des dommages et intérêts pour d'éventuelles condamnations.

Dans leur principe, ces accords prévoient la sortie de la location-gérance et la prise de contrôle de la SFFAW par les actionnaires de la CBSF. Afin d'éviter d'avoir à payer les actions rachetées aux Willot, ce qui contrevenait trop ouvertement à l'exigence morale, les protocoles prévoyaient un paiement en obligations des actions cédées avec des clauses de remboursement anticipé. De fait, le prix de cession implicite fut évalué à près de 50 MF. Les repreneurs s'engageaient en outre à se substituer aux Willot pour les procédures judiciaires en cours, portant notamment sur les transferts indus de capitaux par la prise en charge de dommages et intérêts. Enfin il était accordé des avantages personnels aux Willot comme des reconstitutions de carrière et même l'embauche de l'un d'entre eux comme conseiller du président R. Mayer. Au terme d'une série de réunions interministérielles d'une rare violence où tout un chacun était, non pas appelé à porter un jugement industriel, de technique financière ou d'opportunité politique, mais sommé de se déclarer pour ou contre le président de la République puisque tout désaveu de R. Mayer était un désaveu de celui qui l'avait nommé – l'accord est arraché. Les menaces du conseiller élyséen, Alain Boublil, font de l'effet : « Si Mayer est battu, il y aura un bain de sang, les têtes rouleront dans le caniveau. » L'accord amendé pour le purger de ces causes de nullité est approuvé après que les banques s'y sont opposées, que le président de l'IDI a mis sa démission dans la balance et que la Chancellerie a marqué ses réserves. Cette victoire à l'arraché, qui entraîne la démission de D. de La Martinière, la révolte des banques et l'éviction du président du CCF, discrédite définitivement un président R. Mayer, pourtant victorieux sur le papier.

Dans un ouvrage consacré aux dossiers noirs de la gestion socialiste en matière industrielle, dont Boussac, J.-M. Quatrepoint et son équipe développent avec un grand luxe de détails cet épisode [6]. Mais l'histoire ne se ramène pas aux intrigues d'un individu puissant et maléfique à qui on prête de ce fait une influence disproportionnée. L'accumulation de détails témoigne plus de la haine que ce conseiller non issu du sérail a pu inspirer que de son réel pouvoir. Le problème est de savoir plutôt pourquoi, à un moment donné, toutes les instances politico-administratives se mettent en roue libre sur un dossier. L'explication est alors nécessairement multidimensionnelle.

La CBSF s'enfonce dans la crise; derrière les proclamations triomphantes sur le renouveau de Boussac, les chiffres parlent, les versements mensuels de la SOPARI-IDI ne cessent de croître.

La recherche de repreneurs est menée activement, les candidatures se multiplient, spontanées ou suscités, mais aucune solution ne se dégage. Il y a en effet un préalable : il faut décider soit du maintien de l'entité, soit de son éclatement. Dans un cas, la procédure de règlement judiciaire doit déboucher sur un concordat, le tribunal de Lille a alors le pouvoir de décision. Dans l'autre, l'État peut provoquer la liquidation de biens compte tenu des concours apportés et des pertes potentielles. Le ministère des Finances qui est favorable par principe à une solution qui économise les deniers publics ne veut pas soutenir les solutions de reprise en gestation. Le ministre peut aller à l'affrontement pour faire cesser une situation scandaleuse mais il règne alors un curieux climat politique, tout le monde attend la nomination d'un nouveau gouvernement.

Dans un tel contexte politico-administratif où ne se dessinent pas de solutions alternatives convaincantes à la gestion Mayer, la détermination du conseiller élyséen peut faire la différence provisoirement. Signer un protocole n'engage pas de manière décisive car la reprise suppose que l'État nationalise de fait ou trouve de nouveaux actionnaires. Le problème n'a donc pas évolué : la course aux repreneurs est rouverte.

Dior : l'affaire derrière l'affaire

M. Bidermann entre à nouveau en piste, L. Cligman aussi, mais nul dans la profession n'est vraiment à l'écart. Le véritable dilemme reste : vente par appartements ou maintien à tout prix de l'intégrité du groupe. En fait, on peut distinguer quatre types de repreneurs qui vont effectuer un tour de piste plus ou moins important.

– Les repreneurs professionnels candidats systématiques pour la publicité, pour voir, ou pour faire une éventuelle bonne affaire comme Bernard Tapie. Il fut question un moment d'un tandem Tapie-Willot. En tout cas, cette perspective fut agitée par R. Mayer pour justifier sa négociation et rendre crédible le risque d'un concordat présenté par les Willot.

– Les repreneurs inventés : le faux CIASI logé à l'IDI fera appel à A. Lebard, un ancien cadre dirigeant de firmes importantes (Lyon-Allemand, Nobel-Bozel, Nasa, Radar), devenu patron mercenaire. Sa candidature était soutenue par les banques qui exigeaient l'éviction de R. Mayer avant tout engagement en capital.

– Les repreneurs sollicités : les entreprises textiles comme DMC et Devanlay, ou plus exactement leurs dirigeants Julien Charlier et L. Cligman, furent tour à tour approchés par les représentants de la puissance publique pour une reprise du groupe Agache-Willot. L'un refusa pour cause de gestion de ses propres difficultés et l'autre mit des conditions quant à l'avenir de Dior. L'IDI avait du reste déjà approché entre 1981 et 1983 les industriels du luxe comme Moët-Hennessy, les industriels à la recherche de diversifications comme BSN, ou les holding financiers en cours de redéploiement comme Chargeurs. Tous étaient prêts à se dévouer pour reprendre... Dior.

– Les candidats spontanés : M. Bidermann à nouveau, mais il refuse de négocier avec les Willot estimant que cela relève de la responsabilité de l'État; plus tard B. Arnault, héritier d'une moyenne entreprise d'immobilier de loisirs.

Quelle que soit l'initiative, les pouvoirs publics sont en permanence mis en demeure de renoncer à l'option prise dès les premiers jours, le groupe hérité des Willot fascine et rebute en même temps puisqu'il recèle Dior et les usines textiles vermoulues des vallées vosgiennes, Le Bon Marché et les imperméables Blizzand. En fait l'affaire Boussac – et c'est son drame – n'a jamais été une affaire de redressement industriel, commente un acteur perspicace, « elle a fasciné tout le monde car derrière il y avait Dior, c'est-à-dire l'argent facile généré par la vente de la griffe, le sexe, les jolies filles à profusion et le pouvoir sur le Tout-Paris pour celui qui tenait Dior ».

Nombre de stratégies de reprise ou d'enracinement dans un poste ne s'expliquent pas autrement. Mais il est des stratégies subtiles et d'autres moins. Dior est d'abord préservé de la tourmente de la société mère. Un professionnel reconnu de l'industrie de luxe, Jean-Paul Elkann qui, après avoir redressé Givenchy, était passé dans la mouvance de l'IDI, est nommé directeur général avec promesse de succéder au président J. Rouet. Elkann réalisait sur son nom une sorte d'unanimité puisqu'il était le candidat commun de la tutelle (le ministère de l'Industrie), de l'administration judiciaire et de l'actionnaire (l'IDI). Le président Jacques Rouet est alors unanimement célébré pour son action à la tête de Dior mais moins pour son goût du luxe, son traitement et ses conditions de vie fastueuses.

Le processus de succession arrangé va déraper : J. Rouet sera écarté mais après que J.-P. Elkann a démissionné. La raison en est que J.-P. Elkann, gestionnaire rigoureux et moraliste, ne supporte pas la gestion de saltimbanque de J. Rouet, et... le retard mis à sa propre ascension; il l'accuse donc d'abus de biens sociaux. Ce conflit au sein de l'establishment crée une fantastique opportunité pour R. Mayer, lequel n'aura d'autre souci que d'occuper la place... D. de La Martinière aussi. Pratiquement, tout le Tout-Paris est candidat, ne serait-ce qu'à un fauteuil au conseil d'administration, les limousines défilent devant les palais gouvernementaux, les candidatures spontanées se multiplient, les pressions en tout genre aussi, et ce sont des hauts fonctionnaires, d'anciens militants qui sont chargés de constituer le conseil d'administration de l'establishment. Dans ces cas-là la sagesse conseille de ne pas trancher. Une solution d'attente est retenue et Dior ne sera pas disjoint de l'ensemble du dossier Willot.

Boussac entre politique industrielle et déminage électoral

En octobre 1984, les Willot qui avaient signé au profit de R. Mayer une promesse de cession de parts, en signent une seconde au profit de B. Arnault. Dès lors, les pouvoirs publics doivent choisir entre la solution Bidermann, techniquement argumentée, industriellement légitime, socialement sévère, et nécessitant le recours à la liquidation de biens; ou la solution Arnault, plus risquée dans sa partie industrielle, mais qui a le mérite de lever l'obstacle juridique des Willot puisque ceux-ci s'engagent à céder par tranche de 5 % (soit 20 % pour les quatre frères) l'ensemble de leur capital à B. Arnault et au consortium financier formé avec Lazard et Worms.

Très habilement, B. Arnault, qui sent la méfiance des hauts fonctionnaires à son endroit (après tout il n'est qu'un financier sans expérience, un éventuel homme de paille des Willot) va chercher la compétence technique chez J. Charlier de DMC, s'engage à ne conférer aucun rôle aux Willot, fait des promesses quant au développement du textile, annonce de maigres licenciements et ne demande pas de concours publics significatifs. Il va même jusqu'à promettre un poste à R. Mayer le protégé de l'Élysée. En échange de tant de promesses et d'un apport de 400 MF en fonds propres, il réclamait la renonciation par l'État au protocole de juillet 1983 (accord Mayer-Willot) et la mainlevée des séquestres sur les actions SFFAW (pris au profit de l'État), un classique abandon de créances de la part de la SOPARI pour 380 MF et la cession des parts détenues par celle-ci dans la CBSF pour le franc symbolique : soit au total un abandon de 480 MF par l'État. Pour faciliter la reprise, l'État accorde de surcroît quelques mesures fiscales comme le règlement transactionnel des contentieux fiscaux et des concours en quasi-fonds propres à concurrence de 400 MF. Muni de ces garanties et de la bénédiction de l'État, B. Arnault peut présenter sa proposition concordataire, entrer au capital de la SFFAW et en détenir la majorité avec ses associés (actionnariat après augmentation de capital de 400 MF : frères Willot 16,6 %, B. Arnault 4,1 %, groupe d'investisseurs 51,5 %, autocontrôle 17 %, public 10,9 %).

Le bilan de l'action gouvernementale sur ce dossier est terrible. Qu'il s'agisse de l'ambition industrielle affichée, de la volonté de préserver l'emploi, d'afficher une exigence morale face aux Willot, de préserver le groupe dans sa structure intégrée, de la capacité de l'État à restructurer en faisant preuve de créativité dans les solutions, l'échec fut total, sans bavure. Il est un domaine pourtant où l'on peut parler de succès, c'est celui de la gestion politique de ce naufrage industriel; le mélange détonant d'amateurisme, de complaisance à l'égard d'amis politiques, de crainte révérencieuse à l'égard de la volonté supposée du président, ne fut pas mis au débit du gouvernement socialiste grâce à la gestion réussie par le cabinet Fabius de la sortie du dossier. Un gouvernement modernisateur et rassembleur ne pouvait traîner longtemps une telle casserole et la proposition Arnault, malgré ses immenses défauts et le fait qu'elle ait signifié le reniement de tout ce qui avait été entrepris, ne pouvait être écartée. Les temps avaient changé, la volonté de déminer le terrain électoral en refermant un dossier mal engagé et mal traité l'emportait finalement sur la stratégie industrielle et les grands principes. Et pourtant l'issue ne manque pas de cruauté [7].

B. Arnault licenciera beaucoup plus que prévu. Il s'était engagé à conserver 12 252 emplois contre 11 228 pour M. Bidermann. Fin 1986, il n'en avait préservé que 10 412 et annonçait aux pouvoirs publics 3 500 à 4 000 suppressions d'emploi supplémentaires. Le groupe textile ainsi réduit à sa plus simple expression sera cédé à Prouvost en mai 1988 et l'hygiène, secteur de tous les espoirs, troqué à un groupe suédois contre une belle plus-value. Pendant ce temps, B. Arnault rachetait Céline, créait une maison de haute couture pour Ch. Lacroix, débauché chez Patou, et entrait en force dans le capital de Moët-Hennessy-Louis Vuitton dont il deviendra le premier actionnaire en payant en actions Dior!

Quant aux Willot qui étaient prêts à céder leurs titres pour 1 franc puis 20 MF puis pour 52 MF, ils finirent par les céder pour plus de 400 MF, l'État perdant dans cette affaire, selon les estimations, entre 400 et 990 MF.

Dans le naufrage, les technocrates ne sont guère épargnés, ils apparaissent comme excessivement conditionnés par les rythmes politiques, mal à l'aise face aux habiletés redoutables des avocats d'affaires, incapables de générer une solution et de s'y tenir. La coordination interministérielle fait penser à un véritable bateau ivre puisque quand elle est institutionnalisée, on n'a de cesse de l'écarter, pour la reconstituer immédiatement sous forme de comité *ad hoc,* mais dès lors, chaque administration a son mot à dire, ce qui nécessite périodiquement la nomination d'hommes providentiels (A. Temkine, puis G. Plescoff) et la recréation de quasi-CIASI.

En fait, l'affaire Boussac est le double produit du *Spoil System* politique à la française et de la sédimentation des procédures administratives dans le champ industriel – domaine qui se trouve par ailleurs régi par le droit des affaires. Dans un tel contexte, les exigences morales et les volontés industrielles à éclipse sont de peu de poids. Le politique, dans cette affaire, ne se détermine pas sur des enjeux de contenu mais de forme, il est prêt à abandonner ses projets les plus affirmés pour des raisons de calendrier politique. C'est ce que la gestion politique du dossier Boussac enseigne au-delà du naufrage industriel qui la provoque.

Devanlay : État mécène et affaires de famille

Dans les interventions de l'État au profit d'entreprises en difficulté, il est aussi des *success stories* et, parmi celles-ci, il en est une que les acteurs se plaisent à raconter à satiété, celle d'un groupe textile moribond en 1974 et devenu joyau du second marché en 1987. Mais une réussite industrielle et financière même éclatante ne peut atteindre à la dimension du mythe, il y faut quelques grands sentiments et quelques actions d'éclat. Précisément cette histoire en fournit à profusion puisqu'il y sera question d'une vieille dynastie textile menacée de disparaître et sauvée par un gendre prodige, et d'une collection privée d'art africain et de toiles sauvées des vils prêteurs sur gages que sont les banquiers par un haut fonctionnaire du Trésor amateur d'art et soucieux du patrimoine national.

Une crise textile aggravée par une affaire de succession

Au début des années 70, Devanlay cumule les effets d'une crise textile qui le frappe de plein fouet et d'une crise de contrôle due à la désaffection d'une partie des actionnaires et à une succession mal assurée. Pierre Lévi, qui avait forgé le groupe et l'avait adossé à la distribution (Nouvelles Galeries) se trouvait confronté simultanément à l'obsolescence de ce modèle d'intégration (vieillissement des magasins, des produits, de l'image, tensions sociales) et à un effondrement de la rentabilité dans son secteur maille et même dans l'ensemble de son activité textile.

Pour affronter les temps nouveaux, Pierre Lévi avait confié à son fils François Lévi la direction opérationnelle du groupe. Pour les banques, lourdement engagées, cette succession n'était qu'un intermède. En effet, les pertes étaient telles – 40 MF par an pour un chiffre d'affaires de 600 MF que des mesures drastiques s'imposaient. Maurice Lauré, président de la Société Générale et ami de P. Lévi, parvient d'abord à le convaincre de recruter des directeurs financiers compétents, d'améliorer la qualité de son encadrement technique et de nommer un vrai directeur général pour ses différentes affaires. Très rapidement, le problème change d'ampleur; les pertes accumulées ont rendu négative la situation nette du groupe, il faut reconstituer les fonds propres. F. Lévi qui avait amorcé le tournant vers la mode (Timwear) et recruté largement (création de directions centrales du style, de l'informatique, etc.) est discrédité. Certaines filiales comme Scandal touchent le fond avec des pertes proches du chiffre d'affaires, d'autres s'épuisent en une concurrence, source de pertes constantes (Colroy : marque Chesterfield).

Mais P. Lévi, principal employeur de Troyes et dirigeant d'un groupe de 5 à 6 000 salariés, n'arrive pas à se convaincre de l'extrême gravité de la situation. Collectionneur réputé, il avait l'habitude de donner en gage aux banques certaines de ses toiles pour obtenir des crédits supplémentaires. Le procédé s'apparentait à une mise au Mont de piété des joyaux de la famille mais tout le monde y trouvait son compte, les banques étaient flattées de se voir confier des toiles qui ornaient les bureaux présidentiels et P. Lévi était persuadé que les œuvres d'art qu'il confiait continuaient d'appartenir au patrimoine national. L'été 1974, le groupe subit la disparition accidentelle de son directeur général; au même moment, la Société Générale découvre que le trou s'est encore creusé et que les fonds propres deviennent négatifs de 30 à 40 MF. La crise était là et bien là, et le navire était sans pilote.

Une famille à bout de souffle mais qui ne veut pas dételer, un holding parasite et brouillon, des activités qui, à de rares exceptions près, sont toutes passées au rouge, des actionnaires minoritaires qui se considèrent comme « *sleeping partners* », des banques qui se sentent « collées » et qui veulent sauver la mise, et une catastrophe sociale en perspective dans le fief électoral de Robert Galley, le temps n'était plus aux atermoiements.

Pour la Société Générale et son président, leader du pool bancaire, la solution passait par le recours à « un vrai manager du textile »; le nom de Léon Cligman, gendre de P. Lévi et patron d'Indreco, est avancé. P. Lévi essaie dans un premier temps de contourner l'obstacle en s'adressant à R. Galley, maire gaulliste de Troyes, pour obtenir des concours publics. L. Cligman est certes un redresseur d'entreprises et un gestionnaire de talent mais c'est un homme autoritaire qui n'a pas l'habitude de partager le pouvoir; le mettre en selle c'est d'une certaine manière, pour P. Lévi, introduire une inégalité de traitement entre ses enfants dans la succession, c'est surtout désavouer son fils. Jean-Pierre Fourcade, ministre des Finances, saisi par son collègue, charge ses services d'étudier l'affaire, c'est le moment où Michel Pébereau réfléchit à la création du CIASI.

Pressé par les banques, P. Lévi continue à manifester sa réticence à l'égard de la candidature Cligman.

L'incident de paiement aura raison de ses hésitations, les banques qui ont moins de raisons que M. Lauré de patienter, refusent certaines échéances. La perspective du dépôt de bilan oblige P. Lévi à composer. Il fera donc appel à L. Cligman mais les conditions d'entrée dans le capital seront négociées pour que la famille ne soit pas lésée matériellement ni surtout symboliquement. L'intervention du ministre des Finances produit immédiatement son effet, les banques sont vertement rappelées à l'ordre et sommées de faire les échéances. Quant au traitement de fond, commencé au bureau C1 du Trésor par M. Pébereau, il sera poursuivi au CIASI par son premier secrétaire général qui n'est autre que M. Pébereau.

Avant tout plan de redressement et alors que l'entreprise est profondément désorganisée, les banques mettent en place les concours. L. Cligman prend la direction effective début novembre 1974. En six semaines, avec l'aide des cadres en place, il élabore un plan en sept points comportant des désinvestissements, des compressions d'effectifs, l'élimination pure et simple de la structure d'état-major, de nouvelles règles de gestion et de calcul de la rentabilité. La réalisation du plan doit permettre à Devanlay de retrouver une rentabilité normale en deux ou trois ans. Les négociations avec les banques et la puissance publique sur l'enveloppe financière, la géographie du capital dureront six mois mais le volet industriel du plan reçoit un début d'application immédiate.

Comment faire renaître un groupe textile moribond?

La stratégie Cligman va se déployer selon quelques axes clairs et facilement assimilables par l'encadrement et les salariés du groupe.

Le premier objectif est de tarir les sources de pertes structurelles, et notamment d'abandonner les activités pour lesquelles la part de marché détenue est faible, par exemple les gaines et soutiens-gorge Scandal.

C'est en fonction du même objectif et pour éviter dans le futur des pertes grandissantes que L. Cligman va s'attacher à rationaliser le marché du collant, sitôt le baron Bich en charge des affaires de Dim. La guerre des prix que se livraient Dim (groupe du baron Bich) et Chesterfield (filiale Colroy) était ruineuse; il fallait donc renoncer à la concurrence pour retrouver les profits. Cette mesure raisonnable n'avait pu être prise jusque-là à cause de l'inimitié traditionnelle entre les deux groupes. L. Cligman, toute fierté mise à part, noue le dialogue avec le baron Bich et lui propose la cession pure et simple de Colroy. Méfiant, le baron hésite; n'allait-il pas doubler le volume de ces pertes en doublant le chiffre d'affaires, fallait-il s'embarrasser d'usines et d'un personnel important et peu qualifié? Les conditions financières proposées par L. Cligman finissent par le convaincre. L. Cligman va payer 22 MF pour se séparer du contrôle de Colroy, ce qui revenait à subventionner le repreneur, et conserve 33 % du capital. Deux ans plus tard, la preuve du redressement faite, le baron Bich achète les 33 % restants du capital pour 22 MF.

Le deuxième objectif est de rentabiliser les activités maintenues. L. Cligman édicte une règle de gestion impérative : toutes les ventes du groupe doivent dégager une rentabilité avant frais financiers de 12 à 14 %. Dès lors, l'ensemble des activités du groupe doit être passé au peigne fin. Pour les cadres maison, appliquer un tel principe suppose une révolution mentale. Jusque-là en effet, les objectifs étaient formulés en termes de chiffre d'affaires et quand les profits n'étaient pas au rendez-vous, on incriminait la dureté des temps. La consigne donnée par L. Cligman signifie qu'il faut gagner de l'argent, au besoin en réduisant le chiffre d'affaires : seule une base assainie peut permettre la reprise d'un mouvement de croissance. Un tel plan s'accompagne de graves compressions de personnel notamment chez Timwear et Bonbon. Mais pour L. Cligman il faut distinguer la nécessaire rentabilité de l'obligation de solidarité.

La rentabilisation nécessaire passe également par l'optimisation de la gestion de stocks. En effet, habituellement, par défaut de maîtrise, l'entreprise perdait en liquidant les stocks ce qu'elle avait gagné en vendant. L. Cligman n'a pas inventé cette règle élémentaire de bonne gestion qui consiste à comprimer au maximum les stocks mais il a fait admettre que dans l'industrie de la mode il faut, soit travailler avec des stocks nuls, soit incorporer le coût du stock dans le prix de revient et décider alors de l'opportunité qu'il y avait à produire.

Le troisième objectif, encore plus crucial pour une entreprise au bord de la faillite, consiste à retrouver des marges de manœuvre financière vis-à-vis des banques. Pour ce faire, L. Cligman cède à la valeur du marché des stocks survalorisés comptablement, comprime au maximum les frais généraux, et fait admettre à ses cadres une réduction de salaire. En effet, au nom de la décentralisation nécessaire, L. Cligman émet un message particulièrement clair puisqu'il fait passer les effectifs du siège de 60 à 5 personnes et qu'il supprime toutes les directions centrales... du style, du marketing, et de l'informatique. Enfin, parce qu'il devait licencier, L. Cligman fait de l'*« outplacement »* avant l'heure : tous les membres du holding se sont vu proposer des postes opérationnels dans les filiales, leurs salaires ont été renégociés, parfois à la baisse. Pour le personnel ouvrier, un plan à moyen terme a été élaboré, intégrant départs naturels et mutations. Le résultat s'est révélé exemplaire : en acceptant un sureffectif provisoire de deux ans, aucun licenciement n'a été effectué.

A ce stade, le lecteur peut légitimement se demander si les règles de l'excellence existent et s'il suffit de les appliquer pour réussir. Tous les chapitres consacrés à l'analyse de la défaillance d'entreprise démontrent précisément le contraire et pourtant, dans le cas de Devanlay, le succès est au bout du chemin. La réponse à cette objection ne peut qu'emprunter au célèbre mot de Napoléon, « la politique est un art tout d'exécution ». Parvenir à formuler une stratégie, la faire partager, initier des modifications de comportement sans susciter de réactions de rejet quand on arrive seul, précédé d'une réputation certes flatteuse mais obérée par l'appartenance à la famille, n'est apparemment pas si simple.

Au Trésor, l'ingénierie financière du redressement

Dans un premier temps, les banques marquent leur méfiance à l'égard d'un plan jugé excessivement ambitieux quant aux objectifs de redressement et de rentabilité. Volonté de profiter des difficultés de l'entreprise et de l'implication de l'État pour se dégager d'un mauvais risque? Expression d'un doute légitime? Toujours est-il que les banques n'acceptent de maintenir leur concours à court terme et de mettre en place un prêt à moyen terme de 35 MF que contre une prise de gage sur la collection Lévi, alors que le plus gros de l'effort était fait par l'État *via* le CIASI sous forme d'un prêt FDES de 150 MF.

Les moyens du redressement assurés, il fallait reconstruire un actionnariat. Pour les banques, L. Cligman devait prendre le contrôle. Écarter la famille Salomon et les actionnaires suisses ne posait guère de problèmes; ils s'étaient désintéressés depuis longtemps de l'avenir de la firme. L. Cligman pouvait ainsi prendre les deux tiers du holding Arts et Biens qui contrôlait le groupe Devanlay-Recoing. P. Lévi, qui avait apporté sa collection en garantie et réalisé nombre d'actifs personnels pour participer à l'augmentation de capital prévue dans le montage financier, refusa la position des banques. Le montage final assura à L. Cligman la réalité du pouvoir sans la pleine possession du capital mais dans l'équité patrimoniale. L. Cligman ne prit en effet que 28 % du capital du holding de contrôle Arts et Biens, les cinq héritiers eurent chacun 9 %. Ainsi L. Cligman et sa femme contrôlaient près de la moitié du bloc de contrôle (35 sur 73 %), les 27 % restants étant partagés entre les actionnaires suisses et la famille Salomon.

Une fois les problèmes de financement de l'exploitation et

de structure du capital résolus, restait à régler le sort de la fameuse collection Lévi prise en gage par les banquiers. En effet, on ne pouvait exclure qu'en cas de difficultés nouvelles les banquiers n'aient la tentation de réaliser leur gage. Ce que les conditions de banque classiques n'avaient pas permis, la connivence culturelle entre le directeur financier de Devanlay et le secrétaire général du CIASI allait le permettre. P. Lévi, grand amateur d'art, voulait faire don à la ville de Troyes de l'ensemble de sa collection et il était inquiet à l'idée que ses toiles soient reléguées au fond de coffres de banquiers et qu'elles puissent être dispersées. Le directeur financier va donc se faire l'interprète de l'industriel mécène auprès du haut fonctionnaire du Trésor. P. Lévi intervint auprès de R. Galley qui régla l'affaire, dit la légende, par un échange de petits mots avec le ministre des Finances en plein Conseil des ministres. A nouveau M. Pébereau, secrétaire général du CIASI, fut saisi de l'affaire. La solution finalement trouvée ne manque pas d'élégance : le CIASI ajouta 35 MF en prêts FDES ce qui permit de désintéresser les banquiers qui durent lâcher leur gage. Les banquiers auraient pu retirer leurs concours à court terme, bons joueurs ils n'en firent rien. La donation P. Lévi put se réaliser.

Phénomène rare dans ce genre de dossier, les prévisions sur lesquelles le plan avait été bâti furent confirmées et la stratégie exécutée. Les cessions d'activités, les rationalisations et la décentralisation furent réalisées. La vente des stocks et l'échenillage des coûts menés avec constance. La santé financière s'améliora aux dates prévues; l'objectif des 12 % fut atteint dès la troisième année et Devanlay finit même par rembourser les prêts du FDES.

Pour aboutir, cette affaire a bénéficié d'une conjonction exceptionnelle de facteurs favorables : un patron Palissy, un manager du textile hors de pair, véritable professionnel du redressement d'entreprises et membre de la famille de surcroît, des banques encore inexpertes, et un haut fonctionnaire éclairé. En fait, un facteur a été déterminant : la qualité du dirigeant et de sa stratégie.

Certes, la crise intervient au début des années 70 et devient aiguë en 1974, c'est-à-dire à une période où la réalisation d'actifs dormants est encore possible *(« asset stripping »)*. M. Lauré, le président de la Générale, a su détecter la difficulté et négocier la transition en ménageant P. Lévi. Celui-ci fut capable de donner des gages aux banques et, en cédant des biens personnels, d'augmenter le capital. Il est vrai également que sans le talent et la force de persuasion du chef de bureau du Trésor vis-à-vis des banques, le plan n'aurait pu être réalisé. Enfin, sans l'entregent politique d'un notable gaulliste, il est probable que les concours publics n'auraient pu être réunis aussi rapidement. Mais, tous les autres dossiers l'enseignent, il est bien rare que le sauvetage d'une entreprise performante ne bute que sur les moyens financiers ou la maîtrise de la ressource politique. C'est trop souvent l'absence de repreneur sérieux qui fait obstacle.

L'invention de la valeur retranchée : Normed

La crise de la navale est de celles qui poussent les acteurs sociaux et les commentateurs aux extrêmes; aussi, ne faut-il guère s'étonner de la dureté des mouvements sociaux et de leur retentissement médiatique. La navale n'est pas seulement l'un des symboles des vieilles industries; c'est aussi l'un des rares témoins vivaces de communautés ouvrières profondément enracinées dans une culture et un territoire. La crise de la navale, permanente depuis 1951, et qui a connu des phases aiguës en 1977-1979, rebondit en des termes inédits en 1981. L'alternative telle qu'elle est formulée alors est entre un drame social et un drame économique. Lorsque le marché de la construction navale est profondément déprimé, que l'offre française est inadéquate et non compétitive, que les entreprises sont abandonnées par leurs actionnaires et que les salariés laissés pour compte se refusent à troquer le statut de travailleur oisif contre celui de chômeur dans des régions en voie de désertification industrielle, alors il y a de quoi parler de drame. Formulé en ces termes, le problème en effet revient à choisir entre un désordre et une injustice, entre le maintien d'une activité destructrice de richesses et le déclassement brutal d'outils industriels et de travailleurs enracinés. La brève histoire de Normed est emblématique des processus par lesquels l'exigence de solidarité conduit l'État à se transformer en planche à billets actionnée par des dirigeants faillis et les salariés en assistés pratiquant le chantage du désespoir, l'issue trop prévisible étant la disparition pure et simple de l'entreprise malgré ou à cause d'une débauche de moyens financiers publics.

La navale : une activité assistée depuis 1951

La France comptait en 1950 14 chantiers navals et guère plus de 5 en 1981. Entre ces deux dates, un profond bouleversement de la construction navale au niveau mondial est intervenu : les pays de l'Europe occidentale (Association of West European Shipbuilders) voient leur part du marché mondial se réduire comme peau de chagrin puisque de 1976 à 1984, celle-ci passe de 12 % à 5,5 % alors que celle du Japon déjà élevée (46 %) passe à 51,5 % et que la part de la Corée explose littéralement de 2 % à 11 %. Le résultat de la montée des nouveaux chantiers et de la contraction de la demande est l'apparition d'une surcapacité mondiale évaluée à 40 %. Mais s'il ne s'agissait que de cela, la position de la France ne serait pas dramatique; l'activité navale est en effet cyclique et on ne désarme pas un chantier parce qu'on est dans le creux d'un cycle. Le problème que connaissent les chantiers français est en effet double : d'une part leur position compétitive est structurellement défavorable puisque le prix de revient d'une tonne de jauge brute compensée (tjbc) est de 7 700 F en Corée, 16 000 F en RFA, 25 000 F en France; d'autre part leur spécialisation est inadéquate. Les chantiers navals français et notamment ceux qui vont être regroupés dans la Normed, disposent d'un outil de production hétéroclite et vieilli, d'une insuffisante compétence dans les bateaux techniques et souffrent d'un relatif abandon et d'une gestion défectueuse des sites. Or, les Japonais et les Coréens ont appliqué la même technique de montée en gamme. Ils ont commencé par fabriquer des bateaux simples où des gains d'expérience peuvent être réalisés; puis ils ont construit les bateaux techniques à des prix nettement plus bas que ceux pratiqués par les Européens. Les pays européens réagissent par une retraite d'abord ruineuse puis plus intelligente, notamment en Suède et en Finlande qui, en faisant le choix de créneaux étroits et en abandonnant les bateaux banals, parviennent à survivre. Incapables de mener à bien une telle mutation, les chantiers français ne parviennent plus à couvrir leurs frais variables. La crise dont souffre la France n'est donc pas une crise cyclique de demande mais une crise structurelle d'offre sur laquelle vont venir se greffer une crise d'actionnariat, une crise de l'aide publique [8] et une crise politique.

Dans un pareil contexte de dégradation continue de la compétitivité des chantiers français, l'aide instituée en 1951, pour tenir compte de l'écart de compétitivité entre la France et le Japon, contribue à creuser le fossé. En effet, l'aide est fondée sur le nombre de tjbc (une tjbc correspond à cinq heures de travail) et le contenu en valeur ajoutée nationale. Ces critères induisent nécessairement des comportements pervers, puisqu'ils incitent à gonfler le volume d'heures de travail et à acheter auprès des équipementiers français, lesquels surcotent systématiquement. Il faut en effet beaucoup de vertu ou d'inconscience pour renoncer à une rente garantie par l'État même si le résultat en est une lente mais inexorable perte de compétitivité. Ce processus déjà contestable va déraper quand, du fait de la contraction extrême du carnet de commandes, la négociation de la subvention à la tjbc se fera bateau par bateau pour atteindre rapidement des taux qui altèrent gravement les fondements de l'acte économique de production. Cette situation interviendra après la constitution de la Normed. Il faut donc au préalable essayer de comprendre pourquoi l'État a estimé utile de réunir 3 chantiers navals en difficulté pour constituer la Normed.

Normed : une société en faillite le jour de sa création!

L'idée de constituer la Normed par regroupement des chantiers de Dunkerque (groupe Schneider), de La Ciotat (groupe libanais de l'Intrabank) et de La Seyne (groupe CNIM Herlicq) remonte à 1978, lorsque est réalisé le pôle Alsthom-Atlantique sous la conduite de la CGE. La logique formelle plaide en effet pour un regroupement des moyens, une rationalisation de l'outil de production, l'harmonisation et la spécialisation des investissements. Les hommes de cabinet qui entourent R. Barre à Matignon (A. Costa de Beauregard) et qui travaillent en étroite collaboration avec ceux de Rivoli, de l'Élysée et de Grenelle, conçoivent alors un plan de réduction graduée de la capacité de production avec commandes garanties afin de faire régresser progressivement les effectifs tout en donnant du travail aux salariés restants. Un tel plan a d'autant plus de chances de réussir que les actionnaires libanais de La Ciotat veulent se retirer, que la CNIM bénéficie déjà de mesures de redressement financées par l'État et que Schneider n'a pu fusionner les activités également infirmes de la sidérurgie et de la navale dans la SMN-DN en 1977 pour bénéficier d'une trésorerie intégrée que grâce à l'État (fusion SMN et Chantiers de France-Dunkerque). La restructuration ne se fera pas et le plan Barre sera abandonné en cours de route. La sagesse politique commandée par la proximité des échéances électorales conduit à différer une restructuration indispensable et à gérer au jour le jour les difficultés. Le projet Normed resurgit fin 1981 mais dans un contexte politique radicalement changé : la gauche unie au pouvoir a la ferme volonté de mettre fin à la casse industrielle. Le Premier ministre est un homme du Nord, et celui de l'Intérieur règne sur le grand port de la Méditerranée. La Normed (Chantiers du Nord et de la Méditerranée) va donc naître sous cet efficace parrainage. Volontarisme industriel, protection de fiefs politiques locaux et souci de pacifier le jeu social militent donc pour la réalisation de cette entité.

La nécessité dans laquelle va se trouver le gouvernement de trouver des solutions aux difficultés du groupe Schneider va déclencher la restructuration du secteur de la navale. En effet, l'apport à Usinor de l'activité sidérurgie de la Société Métallurgique de Normandie (SMN) impose le traitement de l'activité navale, d'autant que le dépôt de bilan est probable avant la fin de l'année. Les hasards du découpage des fonctions gouvernementales et la volonté politique du Premier ministre vont faire que le secrétariat à la Mer sera chargé du dossier. Ce premier ministère de la Mer voit dans la restructuration de la navale « sa grande affaire », il va vouloir faire de trois chantiers malades fonctionnant dans un contexte de dépression, un « pôle privé » de la navale, capable de concurrencer le pôle public constitué autour d'Alsthom-Atlantique. On retrouve là les séduisantes constructions équilibrées sur le papier qui font les délices des technocrates et les meilleures opportunités pour les capitalistes avisés. Elles se résument à l'adage populaire « quand on a touché le fond, ça ne peut pas aller plus mal ». Une telle vision, faut-il le préciser, permet aux capitalistes faillis comme Schneider de se désengager, c'est-à-dire de socialiser les pertes tout en servant l'intérêt général.

Fin 1981, le dépôt de bilan de la SMN n'est évité que grâce à des concours bancaires confortés par l'État pour un montant de 180 MF. A compter de ce moment, la mécanique de la fusion est enclenchée dans les pires conditions puisque l'État commence à se substituer à l'actionnaire sur la base de prévisions établies par l'actionnaire. L'expérience montrera que les atouts de Dunkerque ont été largement surestimés et que le carnet de commandes recelait des pertes cachées considérables. Le deuxième chantier appelé à participer au pôle privé, celui de la CNIM était mal connu malgré l'aide fournie par le CIASI en 1979 mais les actionnaires, très affaiblis par leurs déboires industriels (affaire franco-belge), s'étaient engagés à céder leur activité navale à toute société désignée par l'État. Enfin, dernier candidat au regroupement, les Chantiers Navals de La CIOTAT (CNC) dont la situation apparaissait saine et les résultats positifs mais dont surtout les actionnaires voulaient se retirer.

Rétrospectivement, un tel projet de fusion entre chantiers orphelins sous les auspices d'un État qui se refuse à nationaliser semble irréel, et pourtant il s'est trouvé des hauts fonctionnaires pour parler de synergies et de rationalisation et des hommes politiques pour afficher une ambitieuse politique de la navale à partir de tels chantiers!

Fin 1982, la Normed est officiellement constituée; son capital est de 300 MF et sa capacité de production de 250 000 tbjc par an. Moins d'un an plus tard, le dépôt de bilan n'est évité que par la mise sous perfusion de fonds publics. En fait, une reconstitution des états comptables révèle que la société était en faillite le jour de sa création.

L'actionnaire failli se retire mais prête ses « experts » à l'État

Si l'État pouvait prendre en charge le financement du « pôle privé » de la navale encore fallait-il qu'on trouve un actionnaire privé qui accepte le rôle de paravent. Schneider qui était en train de se désengager méthodiquement de l'industrie lourde ne pouvait refuser de rendre ce service à l'État, d'autant que la famille Herlicq ou les investisseurs libanais ne pouvaient exercer ce rôle de manière vraisemblable. L'étrange ne réside donc pas dans le choix du chef de file des actionnaires, il est plutôt dans le mandat qui lui fut confié : négocier les conditions de la fusion et élaborer un plan industriel et social.

Situation étrange en effet où on demande aux représentants de Schneider, qui n'aspirent qu'à se retirer et à limiter le coût de la sortie, de négocier les conditions de la fusion, d'en finir impérativement le 31 décembre 1982 et de respecter, pour la valorisation des actifs, un rapport préalablement établi. En fait, la demande revenait non à prévoir les conditions financières optimales pour démarrer la nouvelle société mais à habiller les bilans pour faire rentrer les apports dans la fourchette prévue. C'est ainsi que la CNC reçut 50 MF pour prix du chantier et que la CNIM put conserver ses actifs immobiliers et faire apport du chantier pour 1 franc. Schneider négocia au plus haut niveau son désengagement pour 280 MF en espèces et 130 MF en titres.

L'État, comme il était logique, fera le plus gros effort en s'engageant sur un volume de primes à la construction navale (200 MF), en apurant les engagements antérieurs et en apportant 560 MF dans la corbeille de mariage. Il ne fallut pas attendre très longtemps pour qu'apparaissent dans toute leur ampleur les pertes dissimulées. Pour la seule année 1982, les pertes du chantier de Dunkerque (ex-Schneider) seront supérieures à l'ensemble des apports faits par le groupe pour prix de son désengagement : l'écart entre prévisions et réalisations en matière de pertes sur bateaux en cours de construction ira du simple au double pour Dunkerque, et de 1 à 8 pour La Seyne! En moins d'un an, la baudruche du « pôle privé » de la navale se dégonfle et de quelle manière! Les premiers audits chargés d'apprécier la viabilité du plan de redressement élaboré par la direction de Normed, généreusement prêtée à l'État par le groupe Schneider, concluent au triple échec de la fusion sur les plans industriel, commercial et social.

Le mariage d'un chantier moderne, d'un autre obsolète et d'un troisième depuis longtemps à l'abandon, loin de créer des synergies, a pour effet de provoquer un nivellement par le bas. La fusion, au lieu de résorber les antagonismes et les particularismes des sites, les exacerbe dans un contexte de rareté où la maigre charge de travail est allouée sur une base sociale ou politique. La distance entre sites (1 000 km) et la volonté louable de donner corps à la Normed ont conduit les dirigeants à déménager les services centraux à Paris, ce qui a eu pour effet immédiat de rallonger les délais de réaction, de dégrader la qualité et de vider les rares unités fonctionnant selon une logique économique de leurs cadres compétents.

Sur le plan commercial, les experts de la Normed tablaient sur un marché en expansion après le creux du cycle de 1979 ; ils sont alors en phase avec un Premier ministre qui déclare croire à « un redémarrage raisonné de la production » et en franche contradiction avec leurs bailleurs de fonds du Trésor qui en sont restés à la « gestion de la régression ». Et pourtant, dès 1981, il était loisible de constater la montée en puissance de la Corée, le repli sur les marchés nationaux des producteurs européens et surtout le fléchissement du marché.

Les résultats financiers ne pouvaient pas ne pas traduire l'irréalisme commercial (une seule commande en 1983), la désorganisation interne, source de surcoûts dans l'achèvement des bateaux et l'absence d'une réelle direction capable de mobiliser pour la survie.

La faiblesse des commandes constituait non seulement la promesse de difficultés à venir encore plus graves puisqu'une commande qui ne permet d'atteindre qu'au sixième le point mort est un facteur de baisse d'efficacité, mais incitait même à exécuter plus lentement les commandes en cours. Mais le propre des situations extrêmes est d'ignorer les limites ; aussi décide-t-on au début de 1983 de recruter 847 personnes en contrepartie des 842 départs dans le cadre du contrat de solidarité alors que le dépôt de bilan est déjà prévisible ! Certes, on ne savait pas alors que le carnet de commandes de l'année serait plat mais il suffit d'indiquer que l'état-major parisien s'attellera dès la fin de la même année aux questions du débauchage pour apprécier la qualité de la prévision dans une telle entreprise.

A compter de juillet 1983, avec la remontée des chiffres révisés, la question Normed prend toute son ampleur : les pertes n'ont plus rien à voir avec les aléas de la vie industrielle, elles constituent une réalité qui submerge tout. Dans la vie des affaires, une telle situation se règle par le dépôt de bilan et la recherche de responsabilités en matière de surévaluation des actifs et de sous-estimation des provisions.

Le pouvoir politique refuse clairement une telle perspective pour des raisons sociales évidentes (il ne faut pas désespérer la navale) mais aussi pour des raisons politiques : la faillite reviendrait à reconnaître une grave erreur d'appréciation et une certaine complaisance, volontaire ou non, dans l'évaluation des actifs. La solution dans ces cas-là est, selon l'expression convenue des fonctionnaires du Trésor, « la mise en commandite publique » : une subvention de 725 MF sur budget de l'État est décidée, à charge pour la direction de l'entreprise, dont on a vu la compétence, de préparer un nouveau plan de restructuration fondé sur une hypothèse de capacité de production de 150 000 tjbc. Des audits financier, industriel, stratégique sont commandés, cependant que les pertes affichées atteignent des profondeurs abyssales : en 1983, la perte avant subvention est de 1 649 MF, la situation nette est négative de plus de 300 MF et les banques ont augmenté leurs concours de 1 000 MF.

Drame social ou drame économique

Le plan de redressement demandé par le gouvernement à la Normed, sitôt élaboré et présenté aux pouvoirs publics, est rejeté, et pourtant la logique qui le fonde n'est guère contestable. L'entreprise, ayant rompu les amarres avec toute forme de logique économique, n'ayant plus d'actionnaires ni d'activité mais des salariés, le plan détermine le volume de commandes et de subventions nécessaires pour fonctionner. Il prévoit, ce qui n'engage à rien, un retournement de la conjoncture qui augmenterait la charge de travail et limiterait les concours publics tout en conservant les salariés. A ces conditions, les trois sites pourraient être maintenus. P. Mauroy et G. Defferre sont rassurés : il n'y aurait pas de licenciements secs, les syndicats n'auraient donc aucune raison de troubler la paix sociale.

Cette belle construction va être soumise à la critique dévastatrice des experts industriels de Booz-Allen [9] qui établissent que le besoin de financement croît avec le tonnage produit, que, dans aucun cas de figure, le maintien des trois sites n'est justifié, que la facture pour l'État serait minorée avec la fermeture de Dunkerque. Le maintien en activité de ce site coûtant aux finances publiques 250 000 F par an et par emploi, les experts concluent leur rapport en estimant « faibles ou nulles » les chances de réalisation du plan de redressement Normed et la solution à trois sites « source de rigidités et de baisse d'une productivité déjà faible ».

Pourtant, la proximité d'échéances électorales importantes conduit à écarter rapidement toute solution drastique. L'État met en place des concours mensuels automatiques de 200 MF par mois; le dirigeant failli de Schneider est ainsi mis en position de tirer des traites sur l'État. Privilège exorbitant : il a le pouvoir de battre monnaie grâce aux prévisions de pertes de son entreprise. Il peut ainsi exagérer ses besoins sans que l'État ait réellement les moyens d'agir : Normed se trouvera ainsi à la tête d'une trésorerie excédentaire. Dès lors, la facture pour l'État va connaître une croissance exponentielle : 3 MMF d'aides pour la seule année 1984!

Les études faites par les audits sur les années 1985-1987 sont empreintes d'une forme d'humour involontaire. Trois scénarios sont en effet envisagés :

– Aucune commande en 1985 avec maintien du personnel inoccupé dans l'entreprise.

– Aucune prise de commande et mise en « chômage partiel total » des salariés.

– Prise de commande subventionnée à concurrence de 150 000 tjbc. La solution la plus coûteuse (7 MMF) est celle qui consiste à produire, la moins coûteuse celle qui consiste, sans licencier, à ne pas produire!

L'intérêt du scénario « production ruineuse » qui va se réaliser est de permettre d'enrichir la théorie économique d'une nouvelle notion, « la valeur retranchée ». Les économistes enseignent que la valeur ajoutée est la différence entre la production vendue et les consommations intermédiaires. La valeur ajoutée permet de rémunérer les salariés, le capital et l'État. La somme des valeurs ajoutées des entreprises d'un pays constitue le Produit intérieur brut, mesure de la production de richesses d'un pays pour une année donnée. Or Normed offre à l'état pur l'exemple à priori absurde d'une entreprise qui produit de la valeur retranchée puisque le prix de vente permet au mieux de payer le prix des composants. En clair, le travail humain des salariés crée de la perte de valeur puisque l'ensemble des subventions de l'État représente plus de 100 % du prix de revient du bateau, diminué du coût des matières premières. Le coût budgétaire par poste de travail maintenu selon les commandes varie de 150 000 F à 450 000 F soit de 1,5 à 4,5 fois le salaire moyen ouvrier! Pour illustrer cette notion de valeur retranchée, il suffit d'imaginer un morceau d'acier acheté à Usinor à 100 F et qui ressort, transformé par la science des concepteurs de navire et l'effort ouvrier en composant de navire valant 70 F! La réussite d'un mécanisme de ce genre suppose que soient réunies un certain nombre de conditions.

Commandes par anticipation et irréversibilité des avantages acquis

Pour que fonctionne bien le modèle de la valeur retranchée encore faut-il qu'il y ait des commandes. Or, dans un contexte de rétractation du marché international, la commande, même à vil prix, est une denrée rare. Managers et hommes politiques inventeront donc « la commande par anticipation ».

Depuis 1984 en effet, les commandes prises sont soit le fait de l'État qui anticipe sur les besoins de l'armée à l'horizon 1992 – c'est le cas du patrouilleur ravitailleur d'escadre pour lequel la Défense nationale n'a prévu aucun budget mais qui est en fabrication à La Seyne –, soit le fait d'étrangers comme les Mexicains qui bénéficient de conditions financières ultra-privilégiées. On lancera la fabrication de phosphariquers pour Marphocean avant que la commande ne soit formellement passée. On envisagera même de prendre une commande payée par des créances non recouvrables sur le Nigeria!

Ces commandes « par anticipation » ainsi que l'étalement dans l'exécution des maigres commandes passées contribuent certes à garnir le plan de charge des chantiers mais ils constituent surtout pour les salariés un double signe : celui de la précarité de la situation et celui de l'engagement de l'État. La combinaison des deux a pour effet de relâcher les disciplines de la production et de fournir aux salariés les moyens d'un chantage permanent. Le résultat aisément prévisible d'un pareil processus est que La Ciotat qui était un bon chantier voit sa productivité chuter vertigineusement; à chaque alerte un bateau est pris en otage ce qui achève de déconsidérer les chantiers français. Ainsi, un même bateau est payé trois à quatre fois par l'État : une première fois sous forme d'aide à un pays sous-développé pour qu'il commande; une deuxième fois en subvention pour qu'il soit fabriqué; une troisième fois à cause des retards; et une dernière fois sous forme de pertes enregistrées! Direction, syndicats et pouvoirs publics pousseront le paradoxe jusqu'à discuter gravement des nécessaires augmentations de salaires et d'amélioration des conditions sociales alors que l'entreprise est un non-être économique et juridique. Les rémunérations ont en effet continué à croître en 1984, l'état-major failli sera même le mieux servi puisque les 10 premiers salaires enregistreront une hausse de 9,3 %, soit plus que la moyenne des hausses de l'entreprise. L'exemple de Iacocca, refusant d'être payé tant qu'il n'avait pas redressé Chrysler, ne devait pas être connu des dirigeants Schneider prêtés à la Normed.

Dans les cabinets ministériels et administrations centrales des finances, le cas Normed est considéré comme le péché absolu contre l'économie, la gestion des finances publiques et même la dignité de l'État. En 1985, après avoir écarté la fermeture de Dunkerque, on commence à envisager la liquidation pure et simple de tous les chantiers de la Normed. La conclusion est que la navale, encore plus que la sidérurgie ou les charbonnages, a décroché par rapport à toute réalité économique puisque près de 23 MMF 1984 ont été versés en subventions de 1975 à 1984 et que la seule affaire Normed aura coûté, de 1982 à 1986, près de 12 MMF.

Le 24 juin 1986, le président Dollois, prêté par Schneider à l'État, présente les comptes de l'exercice 1985, la litanie des pertes, des erreurs de prévisions, des nécessaires aides de l'État, des espoirs de commande et des progrès incontestables dans la rationalisation et la modernisation reprend. Mais cette fois, Alain Madelin, nouveau ministre de l'Industrie, décide de faire cesser la partie. Dans une lettre, il annonce que les aides apportées seront les dernières. Dès lors, la cessation de paiements est inévitable. Toute la question est de savoir si un repreneur est possible – Alsthom est pressenti –, si les sites peuvent intéresser des industriels d'autres secteurs ou s'il faut purement et simplement procéder à la liquidation. Prudemment, le ministère des Finances laisse le ministre de l'Industrie monter en première ligne. Celui-ci annonce alors des conditions sociales de fermeture exceptionnellement favorables aux salariés puisque ceux-ci ont le choix entre une indemnité de départ de 200 000 F et une formation longue. Quant aux zones sinistrées, il est envisagé de créer, sur le modèle thatchérien, des zones d'entreprises totalement défiscalisées. Ces mesures exceptionnelles, qui consistent à payer cher la fermeture plutôt qu'à subventionner une activité qui génère de la valeur retranchée, seront appliquées sans drame social, comme si la dépense ostensible d'argent public pour indemniser des chômeurs suffisait à désamorcer la protestation – et pourtant l'aide apportée était moins importante que le soutien à l'activité et elle n'était versée qu'une fois.

Les trois récits industriels qui précèdent mêlent inévitablement stratégies et tactiques politiques, dynamiques industrielles sectorielles, action syndicale, pression locale... Essayons toutefois, avant de reconsidérer tous ces éléments, de tenter une évaluation des résultats économiques de l'intervention de l'État.

Dans le cas de Boussac, une politique volontariste dans le textile, l'impératif stratégique de la préservation de l'unité du groupe, le refus de considérer la réorientation des spécialisations de fait réalisée par les Willot, ont abouti à l'approfondissement de la crise, à un recul de l'activité textile, à la cession de l'activité hygiène et à la réalisation d'un groupe de luxe grâce au talent d'un jeune entrepreneur mais aussi grâce à l'argent public déversé sans contrôle pendant près de dix ans. Ainsi, l'État volontariste, confronté à un groupe en difficulté, non seulement ne parvient pas à faire prévaloir ses orientations malgré les aides et soutiens divers qu'il apporte mais, face à la montée des périls et pour sauver la face, en vient nécessairement à favoriser une reprise qui, lorsqu'elle réussit, n'en souligne que plus cruellement sa propre impuissance.

L'exemple de Devanlay-Recoing montre que lorsque la réussite est au bout du chemin, l'État ne peut davantage s'en prévaloir. Lorsque existent les hommes, les marchés, les produits, un dessein industriel, un entrepreneur prêt à prendre le risque et un capitaliste prêt à le soutenir, alors l'intervention de l'État peut paraître superflue, elle n'en est pas moins techniquement utile, ne serait-ce que pour assouplir les procédures administratives de droit commun.

Enfin, avec la Normed, on trouve la situation, devenue classique en France, où l'entreprise cesse d'être évaluée dans sa fonction productive; elle devient une agence relevant de la solidarité.

Ces trois cas constituent-ils des cas extrêmes par rapport à l'activité habituelle du CIASI-CIRI ou en dessinent-ils au contraire de quasi-idéaux types? Peut-on analyser avec les mêmes outils le traitement de la PME de parapluies d'Aurillac et le champion national de la mécanique lourde? Comment rendre compte alors de l'émergence, des orientations et du fonctionnement de l'instrument administratif dont s'est doté l'État?

CHAPITRE 7

L'ÉTAT PROTECTEUR, STRATÈGE ET JUGE DE PAIX

En réclamant une subvention, une bonification, une protection, une dérogation, un marché public toujours provisoires, l'entreprise, qui s'estime victime de facteurs extérieurs imprévisibles, entend s'appuyer sur l'État pour lever une difficulté passagère. Mais la demande d'intervention est en fait ambiguë car elle se double d'une offre d'aide. L'entreprise est certes en situation périlleuse, elle sollicite l'État-Finances mais elle peut protéger l'État-Police ou le menacer dans sa stabilité. Une défaillance mal maîtrisée est source de désordres et, pour peu qu'une échéance électorale ou un voyage présidentiel soit en vue, les difficultés d'une visserie du Tarn deviennent enjeu national. La demande d'intervention a donc ceci de particulier d'être toujours une revendication adressée à l'État, même si elle est contradictoire dans ses termes et qu'elle résulte d'un échec industriel patent. L'État est, au mieux, tenu pour une instance de réassurance, au pire pour le responsable de la crise traversée. L'exemple de Creusot-Loire montre qu'un industriel failli peut contester la légitimité de l'action de l'État et, simultanément, réclamer une prise en charge publique des activités déficitaires. Du fait de sa responsabilité reconnue de garant de l'ordre social, l'État, qui par ailleurs affiche des ambitions industrielles, est mis en position de devoir aider l'entreprise défaillante, surtout si elle est importante, et de s'exposer au jugement des citoyens électeurs s'il ne le fait pas.

Aménager, restructurer, redéployer : l'offre d'intervention

L'offre d'intervention politico-administrative est aussi fragmentée et ambiguë que la demande, tant par ses acteurs que par ses contenus. Elle émane d'instances politiques et d'appareils administratifs multiples et cloisonnés. Elle est en outre sous-tendue par des objectifs divergents. Les titres mêmes des instances d'intervention expriment les hésitations de l'État. Faut-il vraiment aménager (CIASI), restructurer (CIRI), redéployer l'appareil industriel lorsque la mission fixée à ces instances est de contribuer à tirer d'un mauvais pas « des entreprises fondamentalement saines »?

Dans une première acception, le redéploiement et la restructuration peuvent viser à favoriser le mouvement du capital d'un secteur à l'autre par socialisation des pertes ou incitation aux désinvestissements et aux délocalisations. Cette logique pourrait être celle d'une politique industrielle.

Le retrait des Wendel de la sidérurgie avec la généreuse aide de l'État a permis à Carnaud (secteur de l'emballage) de se développer et à Cap Gemini (société de services informatiques) de trouver un actionnaire capable d'apporter des fonds propres. De même, la nationalisation de Thomson a indirectement permis la délocalisation de la production de matériels d'électronique grand public en Asie du Sud-Est, la cession de l'activité imagerie médicale à General Electric et le redéploiement vers l'industrie financière.

L'aménagement des structures peut consister, au niveau micro-économique, à mettre en place des moyens permettant aux entrepreneurs de mieux maîtriser un environnement turbulent. Si notre hypothèse sur les défaillances d'entreprise comme pathologie du processus décisionnel est correcte, le réaménagement des structures industrielles passe par des politiques de compétitivité où priment la qualité de l'information économique, l'aide à la gestion (sur le modèle des fonds régionaux d'aide au conseil), à l'exportation, à l'innovation technologique...

Le redéploiement peut enfin signifier la volonté de réinstaller l'impératif industriel au cœur des préoccupations du politique, objectif qui passe par la création des conditions macro-économiques de la croissance, de l'investissement, de la rentabilité et du partage de la valeur ajoutée; on a affaire alors à ce que l'on nomme des politiques d'environnement.

La coexistence d'une politique macro-économique de régulation anti-inflationniste passant par la recherche des grands équilibres et donc par la restriction et le renchérissement du crédit et d'une politique sectorielle d'aide aux entreprises en difficulté, donne un sens bien particulier à la notion de restructuration industrielle. La politique sectorielle s'analyse dans ce cadre soit comme « une prothèse économique » puisqu'il s'agit de corriger sur le plan micro-économique les effets néfastes de la politique macro-économique, soit comme « un levier sociopolitique » puisqu'il s'agit d'aider provisoirement une entreprise condamnée à durer, le temps d'une conjoncture politique et sociale difficile. Mais dans les deux cas, le réaménagement des structures industrielles est davantage subi qu'orienté.

A l'inverse, politique macro-économique et politique sectorielle peuvent être en phase, le redéploiement industriel n'est alors qu'un volet d'une « stratégie de développement » conduite par l'État (plans, grands projets, plans sectoriels) ou par les acteurs économiques (« politiques d'environnement » et/ou « politiques de compétitivité »).

La variété des contenus dans l'offre d'intervention étatique n'exprime pas l'incapacité du politique ou de l'administration économique à traiter la défaillance industrielle, elle traduit plus classiquement un conflit de logiques et d'appareils au sein de l'État. L'offre d'intervention, enfin, comme la demande d'intervention et symétriquement à elle, s'inverse en un appel aux autorités territoriales et aux partenaires sociaux pour le maintien de la paix civile.

La coexistence en France d'un discours sur le respect des « grands équilibres » tenu par le ministère des Finances et d'un discours sur le volontarisme industriel tenu par le ministère de l'Industrie crée nécessairement tensions et frictions. Le fait que l'offre politique soit en même temps demande d'aide aux autorités territoriales et aux partenaires sociaux pour le maintien de la paix civile rend plus complexe encore le type de réponse que l'État peut apporter à une crise locale. La palette d'outils d'intervention est si diversifiée et l'orientation politique, sauf en de brèves périodes, si peu marquée qu'en pratique, le spectre des solutions possibles est large. De ce point de vue le rôle de l'administration de la faillite (CIASI-

CIRI, D2, Codefi) est singulier. En créant une structure interministérielle et en la dotant d'un secrétariat permanent qui est un véritable exécutif, l'État tente d'abolir ses divergences internes. Mais faire traiter un dossier par le CIASI-CIRI, c'est déjà avoir choisi : la gestion différenciée du passage par le CIRI montre bien que les hiérarchies traditionnelles d'influence subsistent. (Normed et Boussac seront retirés au CIRI, Creusot-Loire y fera un bref passage, La Chapelle-Darblay aussi.)

L'offre d'intervention est de fait conditionnée par les hiérarchies politiques – Élysée-Matignon-autres ministères –, et administratives – Finances-Industrie-Travail –, par l'urgence politique perçue et par la nature des outils d'intervention mobilisés – codifiés ou discrétionnaires. Mais une fois établi que telle instance a en charge un dossier, la contradiction entre objectifs, n'étant plus portée par des acteurs différents, se développe au sein même de la nouvelle structure d'intervention.

Ainsi, en confiant le dossier Dunlop au CIRI, on évite un traitement politique par les cabinets et on semble privilégier une approche plus technicienne, mais en sous-main, au fur et à mesure que la solution japonaise se dessine, les Finances font valoir des engagements pris à l'égard du fabricant français, le ministère de l'Industrie, comme à son habitude, défend les couleurs nationales et découvre le caractère stratégique des matelas Dunlopillo, l'Élysée manifeste un certain émoi. Le CIRI, ne disposant pas d'instructions, n'étant pas même couvert par le Trésor, reproduit en son sein ce conflit d'orientations et se trouve de surcroît exposé à une décision de retrait de dossier. Pour faire aboutir sa solution, il développera sa propre capacité d'influence.

En fait, toute tentative de réduire l'intrication des processus décisionnels à l'aune d'une logique simple de l'État ou même d'un de ses appareils bute sur un constat sociologique élémentaire. L'État est multiple. Architecture complexe d'appareils hiérarchisés, il juxtapose en outre, à son niveau le plus élevé, une pluralité de logiques et de critères. Ce qu'on nomme contradiction n'est que la manifestation simultanée de l'État de police qui garantit la paix civile, de l'État providence qui veille à l'équité sociale, et de l'État de finances qui œuvre à la prospérité de la nation.

L'action du CIRI (et plus généralement de l'administration

de la faillite) est le produit de cette pluralité. Comme émanation du Trésor, il participe de son idéologie de la non-intervention mais reproduit aussi sa tendance à imaginer et à contrôler des procédures destinées à priver les ministères techniques, par définition irresponsables et soumis aux pressions de leurs clientèles, d'instruments d'intervention financière autonomes. Comme structure interministérielle actionnée par le pouvoir politique, il doit intégrer les contraintes de terrain et faire de la politique au triple sens du terme, c'est-à-dire veiller aux bénéfices politiques de ceux qui gouvernent, mettre en œuvre une stratégie industrielle, et composer avec l'ensemble des acteurs de la communauté. Si la doctrine affichée du CIASI-CIRI, qui reproduit en la matière celle du Trésor, privilégie la non-intervention alors qu'il a précisément été créé comme outil d'intervention, il ne faut donc pas y voir l'expression d'une contradiction. Il s'agit seulement de la réponse classique, en France, d'une administration qui entend justifier son action par le souci d'éviter que d'autres, jugés moins qualifiés ou plus laxistes, n'interviennent à sa place.

Le résultat de ces interactions entre appareils d'État porteurs de logiques différentes et entreprises en difficulté doit donc être construit. La tâche est redoutable puisqu'il faut rendre compte à la fois du choix entre l'intervention et la non-intervention, des formes de l'action, de la part qu'y prennent effectivement ou symboliquement les acteurs, des dynamiques et inflexions en cours de traitement, des réussites et des échecs apparents ou réels. La méthode consiste donc, une fois repérés les termes de l'offre et de la demande d'intervention, à différencier des configurations de relation État-entreprises défaillantes.

Passer des récits singuliers de la défaillance industrielle et de son traitement par les appareils d'État à une compréhension plus générale des phénomènes en cause suppose de pouvoir construire des idéaux types ou des configurations de la relation État-entreprises défaillantes.

La combinaison des différentes dimensions de l'offre d'intervention (mode de structuration de l'acteur, logiques d'action, nature des soutiens et contraintes accumulés auprès des publics intéressés), de la demande d'intervention (pouvoir industriel de la firme, relation capital-direction, nature des soutiens et contraintes accumulés auprès des publics spécifiques et de l'opinion publique) et de la dynamique relationnelle (objet, nature, et modalités de la relation) permettent de construire ces idéaux types.

Les idéaux types de la relation État-entreprise défaillante

La combinaison de ces différents critères génère un grand nombre de cas de figures théoriques mais, pour l'essentiel, les cas étudiés doivent combiner trois alternatives : l'État est volontariste, ou non; l'entreprise a du pouvoir industriel, ou non; un capitaliste est prêt à redresser ou à reprendre l'entreprise en difficulté, ou non.

Trois configurations de relation État-entreprise défaillante ont été distinguées.

– Dans le premier cas, l'État veut agir en *stratège industriel,* il cède à l'illusion volontariste, alors que l'entreprise a perdu son pouvoir industriel, sa capacité interne d'arbitrage entre activités et qu'aucun investisseur ne veut prendre le risque capitaliste. Le discours étatique revient toujours peu ou prou à vouloir faire d'une faiblesse très réelle un atout. L'exemple de Boussac illustre ce cas de figure. Lorsqu'en 1978 le Trésor, poussé par les banques, accorde la préférence aux Willot, il agit en juge de paix. Le sacre des Willot par leurs pairs comme meilleurs managers semble même lui donner raison. La situation est très différente en 1981 : la faillite est patente, les sureffectifs évidents, la stratégie réellement menée devient transparente : les Willot ont fait le choix de la distribution de l'hygiène et du luxe, pourtant le ministère de l'Industrie, poussé par l'Élysée et Matignon, veut saisir l'opportunité pour faire la preuve que ce n'est pas l'industrie textile qui est condamnée mais plutôt un patronat archaïque assis sur des usines vieillies. En prônant une stratégie textile sans disposer d'industriels ni d'actionnaires pour la réaliser et en refusant la nationalisation l'État se met en situation de devoir échouer et, de fait, il va échouer. Toutes les fois où, pour des raisons d'indépendance nationale, de préférence pour le capitalisme autochtone, l'État prend le parti d'impulser une solution sans l'assumer directement, il perd sur tous les tableaux. Relèvent de ce cas de figure, la politique dans la machine-outil, la mécanique lourde et, parmi les entreprises déjà mentionnées, Creusot-Loire, Ernault Somua...

– Dans le deuxième cas, l'*État protecteur* débranche les

régulations de marché pour éviter une situation sociale insoutenable et, parce qu'il sait ne pas pouvoir inverser le cours des choses, le pouvoir politique opte pour le traitement social au sein de l'entreprise. Dans ce cas de figure, l'entreprise n'a ni actionnaires ni dirigeants ni projets ni repreneurs sérieux. Les chantiers navals sont assistés depuis 1951, la sidérurgie depuis 1966, les charbonnages représentaient déjà près de la moitié du budget de l'Industrie dans les années 60. Quand la concentration géographique d'une industrie, l'absence de solution alternative et la combativité ouvrière sont telles que l'État ne peut appliquer un raisonnement économique classique, alors l'entreprise est maintenue pour occuper les hommes : c'est la Normed mais aussi ARCT, Saut du Tarn, Decazeville... Relève de ce cas de figure également le dossier de circonscription; est en cause alors, non la paix sociale mais, plus prosaïquement, la base politique d'un élu : La Chapelle-Darblay pour L. Fabius, les tanneries de Corrèze pour J. Chirac en constituent de bons exemples. Dans ces cas-là, l'abondance de fonds publics peut suppléer l'inexistence d'un marché solvable ou le fossé qui sépare la productivité de l'entreprise sauvée des entreprises compétitives du secteur.

– Dans le troisième cas, l'État agit en *juge de paix,* l'entreprise défaillante reste viable économiquement sous réserve de mesures de rationalisation qui peuvent être drastiques, l'actionnaire est prêt à défendre son patrimoine, l'entreprise fonctionne dans des conditions économiques, le processus de désagrégation n'est pas engagé, les banquiers n'entendent pas abandonner leur mise, l'État ne souhaite pas profiter de la difficulté pour impulser une politique volontariste. Dans ce cas de figure, l'État ne devrait pas intervenir, la situation décrite relevant classiquement du métier d'un banquier d'affaires, et pourtant, comme le montre l'exemple Devanlay, il peut accorder l'onction publique à un changement d'actionnaire, à l'arrivée d'un nouveau dirigeant, et favoriser financièrement le redéploiement des activités. Relèvent de ce modèle les réussites les plus éclatantes ou les plus anonymes du CIASI-CIRI. Dans les cas de Dunlop, Oberthur, Fram, Alicel, Stracel, tout ou partie de l'activité de l'entreprise est récupérable, un entrepreneur peut et veut prendre le risque du redressement; l'environnement bancaire est favorable à la solution; l'aide de l'État permet alors que les parties prenantes se rencontrent, prennent à témoin un tiers – la puissance publique

– des engagements des uns et des autres; l'État, pour marquer son implication, s'engage financièrement sur des sommes mineures. Le modèle comprend deux figures. L'État intervient ou s'abstient d'intervenir. Ainsi, sollicité d'apporter son concours à une entreprise qui ne lui agrée pas mais pour laquelle un repreneur s'est manifesté, il peut prendre le parti de laisser faire (Guerry-Duperay).

Les conclusions qu'on peut tirer sur l'intervention de l'État dans le traitement de la défaillance peuvent se résumer en une proposition paradoxale : l'intervention ne permet jamais la reconquête d'un pouvoir industriel perdu, le dessein volontariste ne s'impose jamais face à des acteurs privés, quelque demandeurs d'intervention qu'ils soient; pourtant l'aide de l'État a rarement été inutile, elle a même souvent contribué à viabiliser une solution que les acteurs souhaitaient mais ne pouvaient faire aboutir.

Quand l'intervention réussit c'est qu'il y avait les hommes, les produits, les marchés, un dessein industriel et un actionnaire prêts à prendre le risque; l'intervention étatique est alors utile mais dans les autres pays, ce rôle est assumé par les banques d'affaires.

Quand, au contraire, au nom d'une stratégie volontariste de puissance publique, l'État intervient massivement en maintenant une structure de société privée et en déléguant, sous condition, la direction à un opérateur, loin de parvenir à recréer les conditions du redressement, il installe la crise au sein de l'appareil d'État et finit par céder sans principes à un repreneur providentiel. La réussite industrielle passe par l'oubli de la promesse faite aux pouvoirs publics et par l'abandon de la stratégie industrielle que l'État voulait promouvoir en intervenant.

En cas d'échec, c'est bien souvent l'entreprise elle-même qui cesse d'être viable dans sa structure d'activités, de capital et de travail. On ne peut alors incriminer l'État, sauf à estimer qu'en freinant une évolution, il a retardé une modernisation mais ce faisant n'agissait-il pas en instrument du politique cherchant à pacifier le jeu social?

L'intervention du CIASI-CIRI a, de fait, rempli une triple fonction : il a facilité le face-à-face entre parties; permis l'autoformation de l'administration aux problèmes micro-économiques de la crise industrielle et de la désindustrialisation; enfin il a servi d'instance de coordination interadministrative. C'est par des mécanismes de ce type que plusieurs générations de jeunes hauts fonctionnaires ont fait connaissance avec la PME, la comptabilité privée, l'audit industriel et la réalité concrète du petit patron en prise avec le monde réglementaire qu'ils forgeaient.

Pourquoi l'appareil d'intervention étatique échoue-t-il quand il veut sortir de son rôle de juge de paix pour se risquer à la posture d'État stratège?

Pourquoi donc l'État, fort de ses ressources d'État-régulateur, investisseur, client, chercheur, formateur et bien sûr législateur, ne peut-il remettre en cause les politiques des repreneurs?

L'État, illusoire stratège

Lorsque B. Arnault cède l'activité hygiène, réduit de manière drastique le textile avant de le céder à Christian Derveloy, et pour finir entre dans LVMH en payant avec des actions Dior, la presse salue à juste titre « le raider BCBG ». Que ce même B. Arnault se soit engagé à développer le textile, à faire de l'hygiène l'axe majeur de son développement et ait promis de licencier moins que M. Bidermann tout en investissant davantage pour moderniser et pérenniser l'activité textile, nul ne s'en souvient et ne songe, au Trésor et à l'Industrie, à remettre en cause les concours offerts.

On a là une illustration du pouvoir que confère à l'industriel son statut de manager conforté par le capital et appuyé sur sa technostructure. Ce pouvoir d'expertise – qu'on le nomme science du management ou talent de l'entrepreneur – est exclusif, légitimé par l'opinion et même par l'État et monopolisé par l'équipe dirigeante de l'entreprise. Ainsi B. Arnault peut-il aujourd'hui expliquer pourquoi, les conditions ayant changé, il abandonne le textile et l'hygiène alors que c'est son engagement à développer ces activités qui l'avait fait préférer à M. Bidermann, du moins officiellement. Le monopole de l'expertise légitime et le secret des affaires constituent dans une économie de marché un argument redoutable pour investisseurs et dirigeants industriels. Face à des arguments financiers, ils contre-attaquent en parlant « technologies ». Des arguments technologiques sont-ils évoqués par une administration, ils invoquent les contraintes du « marché international ». Enfin, lorsque c'est le marché qui est mis en avant, le groupe industriel répond sur le terrain de la finance ou de la technologie et, si l'État refuse de se laisser enfermer dans les termes de cette dialectique sommaire et mobilise une contre-expertise qui intègre ces différents facteurs, alors le groupe industriel oppose la connaissance intime de sa « réalité organisationnelle », de sa culture de ses potentialités... et de ses blocages.

Ce qui fait la force du discours de B. Arnault, c'est la vraisemblance de son propos et l'évidence de sa réussite. Qui peut discuter sérieusement, même au Trésor, du regroupement dans le marché mondial de la couche-culotte qui fait obligation au groupe Agache de se retirer du secteur? Un haut fonctionnaire au fait des réalités industrielles peut bien faire valoir que les conditions concurrentielles n'ont pas fondamentalement évolué par rapport au moment où l'État a aidé les investissements pour une nouvelle usine, la conséquence ultime d'un tel raisonnement serait d'user des prérogatives de l'État régalien pour interdire la transaction. Quel est le politique qui prendra alors la responsabilité d'affaiblir une entreprise prospère et de se mettre à dos les investisseurs étrangers?

Lorsque Suez, agissant avec une savante lenteur, retarde le moment de la fusion d'Intelautomatisme et d'HES, malgré les engagements formellement pris, on a une illustration saisissante de la capacité qu'a le groupe industriel ou financier, public ou privé, à jouer de l'alternance politique. Suez, à la veille d'être nationalisée, avait cru entrer dans les bonnes grâces du gouvernement socialiste en prenant le contrôle d'Huré et en s'engageant dans le cadre du plan machine-outil à constituer avec la CGE le deuxième pôle de regroupement dénommé « Intelautomatisme ».

La nationalisation réalisée et la nomination comme président de Suez de l'un des artisans de cette nationalisation à Matignon, J. Peyrelevade, vont transformer l'engagement pris en une guerre de positions où les fonctionnaires de l'Industrie baissent les bras face aux atermoiements de Suez et où les très libéraux financiers du Trésor vont demander à leur ministre d'intimer l'ordre à Suez de s'exécuter. Suez ne cédera pas, elle composera en orfèvre avec les expressions multiples de la volonté d'État; même l'arbitrage du Premier ministre, la convocation solennelle chez le ministre et la lettre signée qui témoigne des engagements pris ne suffisent pas. Suez profitera enfin d'une alternance bienvenue et de déclarations imprudentes d'A. Madelin pour se délier de tous ses engagements en mettant en faillite Intelautomatisme.

Dans cette affaire comme dans bien d'autres, une idée finit par s'imposer : les engagements souscrits par les industriels ne valent qu'en fonction des circonstances, lesquelles varient nécessairement dans une démocratie représentative. De ce fait, l'entreprise s'arroge un droit à l'interprétation de ses propres engagements que les différentes expressions de l'État ne parviennent pas à contester. Au total, Suez aura beaucoup perdu mais elle aura interdit la reprise d'HES et censuré la volonté politique de créer une industrie nationale de la machine-outil en sanctionnant l'incapacité des dirigeants d'Intelautomatisme à faire exister leur entreprise selon des règles de marché.

On trouve dans l'affaire Empain-Schneider de multiples exemples de cette réversibilité des engagements pris par un industriel privé vis-à-vis de l'État. Par deux fois, le baron Empain s'était engagé à ne pas dépasser un certain pourcentage du capital de Schneider. Puis, à l'occasion de la constitution de Creusot-Loire, à ne pas s'attaquer à Marine. Par deux fois, il agira contre sa parole puisqu'il prendra le contrôle de Schneider et congédiera l'homme que le général de Gaulle avait placé à sa tête pour protéger les intérêts de la France. Cette transgression majeure d'engagements solennellement pris dans une lettre adressée à M. Debré sera légitimée par G. Pompidou qui reconnaîtra à l'industriel privé le droit d'exercer ses prérogatives de premier actionnaire. Malgré des obligations qui relevaient cette fois du droit privé, le baron Empain s'attaquera à Marine. L'arbitrage défavorable rendu à son encontre ne sera pas appliqué. Les lenteurs de la justice autoriseront alors le baron à manœuvrer, Usinor à lancer son OPA et finalement Wendel à réussir la sienne. Empain-Schneider qui, au total, ne disposera que de 50 % du capital de Creusot-Loire, se verra néanmoins reconnaître un total pouvoir de gestion.

Cet exemple illustre une autre caractéristique de cette relation dissymétrique entre gouvernement privé et gouvernement public. La stabilité du personnel dirigeant des groupes industriels, leur connaissance des dossiers et les savoir-faire accumulés et transmis, face à un personnel politique soumis à réélection et à une haute administration soumise à mobilité, sont sans doute l'un des facteurs majeurs du déséquilibre dans la relation gouvernement public-gouvernement privé.

En effet les acteurs de cette relation ont des horizons temporels et évoluent dans des univers spatiaux fondamentalement différents. Pour les dirigeants du groupe industriel, le temps de référence est celui de la stratégie, et l'espace pertinent celui du marché mondial. Au contraire, dans les économies ouvertes, pour les hommes politiques, l'espace et le temps de référence sont bornés par les échéances électorales et les frontières de la circonscription. On comprend ainsi que le politique intervienne surtout par des décisions ponctuelles, en situation de crise réelle ou perçue comme telle et moins souvent quand l'intérêt objectif commande. Le groupe industriel, quoi qu'il en ait, s'accommode fort bien de ces interventions, il sait refuser ou accepter ces injonctions quotidiennes selon les stratégies qu'il veut faire endosser par l'État.

Au total, face à un gouvernement démocratique, ouvert à des courants politiques concurrents, voire divergents, s'appuyant sur des administrations éclatées et jalouses de leurs prérogatives, travaillant sous les projecteurs des médias et comptable de ses actes devant une opinion versatile, les gouvernements privés des groupes industriels ont su asseoir leur pouvoir dans la durée, présenter à l'extérieur une image d'unité au sommet, contrôler leur appareil, se doter d'une stratégie qui s'impose à tous et ainsi accréditer le monopole de l'expertise légitime. Plus important encore, les périodes de crise, celles où l'État est sommé d'intervenir, ne sont pas celles qui sont décisives sur le plan de la stratégie, les accords qui lient les firmes et qui définissent leurs marges de manœuvre ne sont parfois même pas connus de l'administration. On comprend dès lors, au-delà des victoires circonstancielles d'un gouvernement public sur tel ou tel choix ponctuel, la prééminence des gouvernements privés dans la stratégie d'un pays industriel comme la France [1].

L'État protecteur

Dans le cas où des secteurs entiers sont en crise, face à des industriels affaiblis l'État ne parvient pas plus à prendre directement l'initiative qu'à réarmer les entreprises du secteur. Pourquoi?

Cette impuissance résulte de la structuration du marché, des stratégies d'investissement capitaliste, de l'organisation de l'administration, de sa relation à la profession et des difficultés de la gestion politique d'une crise industrielle.

Nous avons déjà évoqué aux chapitres 2 et 3 les dimensions économiques et financières de la défaillance qui contraignent les acteurs économiques mais aussi politico-administratifs. L'État s'est pourtant reconnu une obligation de « faire » et, à une certaine dose, le quantitatif (le volume des concours financiers apportés et des dérogations et protections accordées) devient du qualitatif. L'échec ne peut donc s'expliquer mécaniquement par une sanction même différée du marché : il faut comprendre à la fois pourquoi la puissance publique échoue et pourquoi elle persiste.

L'exemple des chantiers navals montre que l'administration, aidée le plus souvent de consultants extérieurs, peut exceller dans l'exercice qui consiste à mettre en indices l'évolution du secteur et à fixer des objectifs en volume pour l'avenir. C'est ainsi qu'on verra un ministre reprendre à son compte l'objectif de 250 000 tjbc, comme si la seule parole politique pouvait faire exister un marché. La faille de cette approche est qu'elle évacue les acteurs les plus directs que sont les entreprises. Or ces dernières ont dans ce cas précis l'inconvénient d'être des filiales de groupes intégrés en cours de redéploiement (Schneider, Herlicq...); en outre, elles n'ont souvent pas la capacité de prendre en charge l'orientation politiquement arrêtée.

La démarche volontariste de l'État est fondée sur une croyance : le politique, armé de bons outils, peut transformer radicalement la performance d'une industrie. L'idée la plus naïve consistait à prétendre que la faiblesse de la France dans la machine-outil par exemple faisait en réalité sa force : en se redéployant vers les techniques du futur, l'industrie nationale ne serait pas encombrée par les installations du passé comme la RFA! Comme si le savoir accumulé et les marchés contrôlés étaient quantité négligeable!

Les appareils d'État n'ont pas seulement une représentation biaisée du tissu industriel, ils ne sont organisés ni pour comprendre les phénomènes micro-économiques ni, à fortiori, pour les traiter. Si La Chapelle-Darblay a constitué un tel scandale ce n'est pas seulement parce qu'il s'agissait d'un dossier de circonscription particulièrement coûteux, ce n'est pas non plus parce qu'un étranger a été mis en position de contrôler un groupe pesant 2 à 3 MMF; c'est aussi parce que l'État est mieux outillé légalement pour financer des pertes à travers des prêts FDES jamais recouvrés que pour investir valablement dans un sauvetage industriel. Par ailleurs, la confusion des responsabilités entre l'actionnaire volatilisé mais maintenu, une direction mercenaire partagée entre la mission sociale de désamorçage des conflits, la mission économique de viabilisation d'une entreprise délabrée, et la mission financière d'économie des deniers publics, ne peut qu'accélérer la spirale de la décomposition. Tous les grands dossiers de défaillances – La Chapelle-Darblay, Boussac ou Creusot-Loire – en fournissent d'abondantes illustrations.

La profusion des contrôles formels qui laisse échapper l'essentiel et fait peser une tutelle tatillonne sur une entreprise en crise est une autre dimension structurante du traitement. En effet, alors même que l'enjeu est la survie et parce que l'administration n'y croit guère, une gestion à double commande s'instaure où, de fait, le financier public va traquer avec bonne conscience toutes les insuffisances de gestion comme si la moindre PME en faillite devait être gérée selon les canons de la Harvard Business School. Ces contrôles, les conseils appuyés des représentants des pouvoirs publics en matière de marchés, de produits, de technologies, sont émis d'un lieu qui ne souffre pas la discussion puisqu'il est la manifestation de la compétence gestionnaire, une banque universelle mais plus encore l'incarnation de l'intérêt général. En France l'État monopolise l'intérêt général; les industriels, les salariés ne constituent que les intérêts particuliers.

Le conflit des horizons temporels et des espaces de référence qui est un trait structurel du malentendu permanent entre l'État et l'industrie en crise prend une forme particulièrement aiguë s'agissant d'entreprises qui par définition ont perdu leurs marchés comme Manufrance, ont raté un tournant technologique comme les ARCT ou la machine-outil, sont enclavées comme Decazeville ou en état de surcapacité structurelle comme la fonderie ou la navale. Dans ces cas, le problème du financement est annexe; il s'agit de reconstruction; on ne recrée pas une culture technique éteinte en un, trois ou même cinq ans, on n'accumule pas des savoir-faire au rythme de l'annualité budgétaire, on ne conquiert pas des marchés extérieurs quand on a les yeux rivés sur le chèque mensuel qui permet de passer un cap de trésorerie, on ne reconstruit pas un secteur comme celui de la machine-outil avec pour horizon le temps aléatoire du règne d'un Premier ministre.

L'une des failles essentielles des plans de sauvetage est qu'ils visent l'exhaustivité : avec leurs panoplies d'aides pour consolider l'offre et stimuler la demande, accompagnées d'actions spécifiques en matière de recherche et de formation. Ils véhiculent l'illusion de l'unité de l'État ou de la nécessaire congruence des choix d'administrations dispersées. Or, même si on demande à une administration de participer par ses commandes au redressement d'un secteur, rien ne dit que celle-ci le fera spontanément; son intérêt peut être d'accepter le principe mais d'en subvertir l'application en intégrant tout simplement ses propres besoins.

Pourquoi, alors, la persistance de la démarche malgré les échecs répétés? On pourrait invoquer la routine de la pratique administrative et un effet de la sous-administration du secteur. Les insuffisances du « Grenelle Consulting Group » (c'est ainsi que le ministère de l'Industrie entendait être nommé sous A. Madelin) sont trop établies pour qu'il ne faille pas y revenir. Que peut faire l'interlocuteur du CIRI, responsable sectoriel au ministère de l'Industrie, sinon produire des plans inspirés des desiderata de la profession, des conclusions de consultants extérieurs, pis, d'impressions glanées ici et là [2]? On pourrait aussi invoquer la dimension symbolique de l'action politique : le politique travaille puisqu'il produit des plans. Il répond ainsi à une demande consensuelle : patrons, syndicats et pouvoir politique trouvent un intérêt commun. Pour les syndicats, le plan témoigne de la volonté de ne pas abandonner l'entreprise ou le secteur et, mieux encore, de contribuer à son expansion. Pour l'État, c'est le moyen de désamorcer des conflits sociaux potentiels; pour l'administration c'est l'occasion d'une mise en évidence de son travail. Mais ce qui fait la valeur de cette démarche, c'est que de plan en plan, l'industrie en crise régresse en effectifs et en activité sans drame social et sans mécontenter les chefs d'entreprise. Certes, une activité économique décline; du moins s'agit-il d'une régression planifiée – coûteuse directement et indirectement, mais relativement indolore socialement. Les cas de la sidérurgie, des chantiers navals, des charbonnages illustrent parfaitement le modèle décrit.

En fait, le débat qui s'installe entre partenaires sociaux et administratifs à l'occasion de la préparation d'un plan de redressement ne porte jamais sur le projet industriel lui-même et n'a jamais eu pour but d'obtenir des salariés la mise en phase de leurs entreprises avec le marché et l'économie mondiaux. Les objectifs physiques de production (absurdes dans une économie ouverte de marché) permettent de masquer dans un discours industriel un problème réel d'emploi et d'équilibre régional. Loin de contribuer à l'émergence d'un nouveau projet industriel, ils installent la puissance publique dans le rôle de gestionnaire du compromis sociopolitique. Les négociations, même si elles portent formellement sur des enjeux industriels, sont avant tout l'occasion de préparer les esprits aux difficultés, aux fermetures et aux licenciements nécessaires pour sauver l'essentiel. Mais les difficultés et les négociations se prolongeant, les révisions à la baisse deviennent nécessaires. La puissance publique est alors de nouveau sommée d'intervenir pour faire passer ce nouveau message... Rien ne vient rompre cette spirale descendante qui, sous le nom de restructuration industrielle, accompagne le déclin particulièrement coûteux d'un secteur. La nouveauté des plans Madelin pour les chantiers navals ou Gallois pour Creusot-Loire est que, pour la première fois, on ne prétend plus contre l'évidence que l'avenir du secteur est radieux; on a le courage d'afficher un traitement social et territorial et non plus industriel.

L'État juge de paix

Dans le troisième cas de figure, l'intervention de la structure CIASI-CIRI est remarquablement efficace. Ce type de réussite est suffisamment rare dans l'administration économique française pour qu'il soit utile d'interroger les conditions du succès.

L'outil de l'État agit en l'occurrence comme réducteur de complexité. L'empilement et la diversité des procédures d'aides sont tels qu'une entreprise en réelle difficulté peut disparaître avant d'avoir fait le tour des aides disponibles! Le traitement de l'affaire Devanlay illustre ce propos. En effet, sont concentrées l'expertise financière, la capacité de mobiliser à discrétion des fonds publics et plus encore la force d'influence sur le système bancaire. Porteur d'une logique d'équité et d'efficacité, l'État est alors à même de favoriser des combinaisons privées en les parant de la légitimité de l'intérêt national. Il dispose non seulement de leviers réels mais d'une capacité à théâtraliser son intervention en mobilisant les infinies ressources du registre symbolique. La solennité des lieux et l'assurance des grands commis de l'État ne peuvent en effet qu'impressionner ceux qui, dans ces moments de crise, franchissent les portes du Trésor. La condition d'efficacité d'un tel dispositif est précisément ce caractère limité du rôle que s'assigne l'État juge de paix. Il n'est pas en charge de l'essentiel, c'est-à-dire de la stratégie industrielle, de la refonte de l'organisation et encore moins des modalités de la production, de la gestion, et de la commercialisation. Il a face à lui des banquiers qui jouent leur rôle, des actionnaires qui mettent à l'encan leurs biens pour faire repartir l'affaire et un repreneur qui est une référence dans sa profession. Nul besoin dans un tel cas de recourir aux expertises approximatives du ministère de l'Industrie ou, pis, au flair d'un haut fonctionnaire des Finances. La reprise de Montsouris par Jean Didier, l'apport d'une partie d'Oberthur, l'opération Fram ou la reprise de Dunlop par Sumitomo constituent quelques réussites de ce type.

Montsouris résume bien les hésitations, les impasses, et les conditions du succès final de l'intervention. Entreprise du secteur de l'imprimerie, elle a eu à gérer la mutation technique intervenue dans les années 70, sans pouvoir, en réduisant les effectifs, capitaliser les fantastiques gains de productivité induits. Le souci de ne pas affronter le syndicat du Livre va déclencher une véritable course à l'augmentation des capacités de production cependant que la concurrence des pays limitrophes se fait plus dure. La fuite en avant est un moment permise par les subsides que l'État apporte et par l'engagement en capital des anciens actionnaires. Ainsi en 1981-1982 l'actionnaire, M. Vaturi, encouragé par les pouvoirs publics, s'engage dans un plan de redressement interne sans avoir obtenu les conditions sociales nécessaires à la réussite du plan. La faillite sera au bout du chemin. La reprise par J. Didier, un ancien du Livre, patron de choc, manager de l'imprimerie, va se faire dans de tout autres conditions. Non content de pratiquer la chirurgie dans les effectifs et les moyens de production, il parviendra à remettre à plat les avantages acquis des ouvriers du Livre en matière de salaires... Ces deux moments successifs, vécus dans la même entreprise, montrent que, même face à une situation aggravée, l'existence d'un dirigeant porteur d'un projet permet à l'État de surmonter dans un contexte historique particulier (l'après-83) l'opposition de l'aristocratie ouvrière.

L'exemple du traitement d'un secteur – l'acier moulé – par le CIRI montre que la méthode appliquée à une entreprise isolée est transposable à l'ensemble d'un secteur d'activité dès lors que sont réunies un certain nombre de conditions. Le marché de l'acier moulé s'est littéralement effondré de 1978 à 1983. Le CIASI a d'abord assisté à des faillites en rafale nécessitant des traitements au coup par coup jusqu'au jour où Ph. Boulin (ex-P-DG de Creusot-Loire), mandaté par le syndicat de la fonderie, propose aux pouvoirs publics un schéma de régression planifiée des capacités du secteur fondé sur des fermetures, des regroupements, des rationalisations, et un partage des segments d'activité. Le dispositif envisagé, inspiré d'un modèle anglais, est très astucieux. Il consiste à créer un fonds de restructuration alimenté par une cotisation des fonderies maintenues *(openers)* qui doit permettre de financer les fermetures *(closers)*. Ainsi, sur un marché assaini, les investissements de modernisation réalisés ne sont pas redondants, mais source de productivité. Comme les capacités excédentaires ont été éliminées, les prix peuvent être relevés, finançant ainsi les fermetures. L'aide demandée aux pouvoirs publics est multiforme. Elle comporte un volet classique – les aides à la fermeture; un autre qui l'est moins – l'aide à l'investissement et à la recherche. Mais la condition essentielle est une gestion rigoureuse, cohérente et homogène du processus afin que rien ne vienne interrompre le mécanisme et alimenter les préventions des uns et des autres. C'est dans ce domaine que précisément le CIASI-CIRI peut exceller.

Oberthur présente des traits communs avec les autres dossiers de l'imprimerie : longue période de sous-investissement suivie d'un investissement ruineux auquel ont manqué, par peur des réactions du syndicat du Livre, les nécessaires mesures de restructuration; actionnaire évaporé et donc besoins de financement hors de portée pour les propriétaires formels de l'entreprise. Le 1er novembre 1983 la liquidation de biens avec poursuite de l'exploitation jusqu'au 15 janvier 1984 est décidée par le tribunal de commerce. La procédure engagée permet au CIASI d'éclater le dossier en trois puisque Oberthur comportait une activité labeur offset très obsolète, une activité agendas, calendriers qui avait perdu tout dynamisme commercial mais survivait péniblement grâce au marché captif des PTT, et une activité papier fiduciaire (cartes d'identité, passeport, loteries, billets de banque pour l'Afrique) aux potentialités considérables puisque récemment dotée d'un outil de production ultra-moderne. Deux entreprises américaines vont se disputer cette activité. Le CIASI finira par donner la préférence à un cadre supérieur de la BNP saisi par la fièvre entrepreneuriale et porteur d'une expérience de l'imprimerie. L'aide du CIASI permettra au repreneur d'obtenir toutes les facilités administratives possibles, une réduction drastique des effectifs sans en payer le prix, ainsi que des conditions de crédit et un montage financier qui lui assuraient les meilleures conditions de redémarrage. Laissé à son sort, le labeur ne se redressera pas malgré l'engagement financier de la ville de Rennes, quant à l'activité agendas elle sera reprise par le concurrent local.

Lorsque l'État agit ainsi en prestataire de services administratifs, qu'il use de son autorité de puissance publique pour exonérer un industriel des obligations légales, de sa qualité d'actionnaire unique de 75 % de l'appareil de crédit et que de surcroît il apporte des financements ou des garanties qui viabilisent une solution qu'il n'a ni conçue ni prédéterminée dans son contenu, il sait être efficace. Il fait la preuve de sa capacité à inventer les instruments qui allègent les contraintes qu'il a lui-même fixées, à mobiliser rapidement des concours importants et à dénouer, de par sa magistrature morale, des affaires de famille susceptibles de peser gravement sur l'emploi et sur l'avenir industriel d'un secteur.

Configurations structurelles et modèles d'action du CIASI-CIRI

Une fois mises au jour ces configurations de la relation État-entreprise, on peut comprendre la dynamique des processus et la fonction des techniques d'intervention : fondamentalement, les rapporteurs du CIASI-CIRI sont des entrepreneurs politiques, des négociateurs. Ils sont avant tout aptes au traitement d'un système local.

Dans le cas de l'État juge de paix, le CIASI-CIRI peut donner la pleine mesure de ses attributs et de ses compétences. Trop souvent le chef d'entreprise, victime d'une suppression ou d'une réduction de lignes de crédit, incapable de négocier un rééchelonnement de ses dettes auprès de l'État ou campé dans une posture de refus du dialogue social va trouver auprès des rapporteurs du CIASI une aide décisive et peu coûteuse pour la collectivité. Cette fonction d'intercesseurs, d'organisateurs du face-à-face, à la charnière du système entreprise et du système État, permet de lever les blocages, de décider les hésitants et de conférer à l'accord conclu une solennité que seule la majesté de l'État en France rend possible.

Tout l'art de la négociation consiste bien sûr pour le rapporteur à minimiser les concours publics, à faire prendre aux banquiers leurs responsabilités, à profiter de l'occasion pour arracher aux salariés des concessions quant aux effectifs et à la productivité et à mieux arrimer l'actionnaire à son entreprise en lui faisant réaliser au besoin des actifs personnels. Il y faut bien sûr beaucoup de doigté, un grand sens tactique, l'art de ménager les transitions et de gérer les tensions. La maîtrise des techniques juridiques, comptables et financières, est d'une grande utilité puisqu'elle permet de choisir le moment de la faillite, le type de montage financier optimal et de distinguer les concessions accessoires et les points de rupture.

Dans le modèle de l'État protecteur, la gestion du temps est essentielle. Le temps de rendre l'inacceptable envisageable et envisageable l'opportunité de relance avant que la sanction de l'échec apparaisse comme inéluctable, décourageant la révolte et même l'indignation. La gestion du temps peut préparer le basculement vers le modèle de l'État, illusoire stratège. Le chauvinisme industriel des syndicats professionnels, d'une Confédération ouvrière comme la CGT [3], d'un parti politique comme le PC ou même du mouvement gaulliste, a longtemps rendu impossible la cession d'entreprises françaises à l'étranger, notamment dans des secteurs sensibles comme la machine-outil, l'équipement automobile... Le rôle du CIASI-CIRI est alors de faire la démonstration bruyante de l'inopérabilité de solutions nationales avant de se ranger à l'inévitable, tout en veillant, dans des accords solennels qui seront immédiatement oubliés, à graver dans le marbre des engagements pris envers l'État, des compensations, des montages en trompe-l'œil propres à faire illusion quelques heures, le temps que les commentateurs tournent leur plume dans l'encrier.

Le cas d'HES illustre parfaitement ce dispositif. Entreprise orpheline du groupe Schneider, elle accède par la grâce du plan machine-outil de 1981 au statut de second pôle de regroupement avec la CGE, qui apporte Graffenstaden, et avec Suez qui contrôle Huré. La société Intelautomatisme, sitôt formée par la CGE et Suez et alors qu'elle étudie les modalités de la reprise d'HES, connaît sa première défection : la CGE se retire. Rendus méfiants, les dirigeants de Suez refusent de s'engager plus avant cependant que le Trésor n'a qu'un souci : mettre un terme à la commandite publique qu'est devenue HES. En 1985, HES passe sous contrôle japonais. Afin que l'entreprise reste provisoirement et formellement française, l'État recourt à deux faux nez en guise d'actionnaires : Sofirind (filiale de l'IDI) et Schneider qui fait provisoirement du portage avec les fonds publics. Suez tirera définitivement son épingle du jeu en mettant en faillite Intelautomatisme lorsque le nouveau ministre libéral de l'Industrie décidera d'arrêter les concours. Le dossier revient alors au CIRI qui se met en chasse d'un repreneur étranger. Cette stratégie de l'escalier qui débouche sur la disparition pure et simple ou sur une reprise par l'étranger suppose non seulement un art consommé du temps mais aussi une gestion adroite de la pluralité étatique. Le pouvoir politique, ou plus exactement l'administration politique qui peuple les cabinets, dispose d'une large palette de moyens pour traiter un problème. On l'a vu avec l'affaire Boussac dans laquelle l'État a mobilisé alternativement ou concomitamment le CIASI-CIRI, D2, l'IDI : un moment, l'instance décisionnelle a été une structure interministérielle, puis l'Élysée, puis Matignon – les intervenants techniques étant les ministères de l'Industrie, de la Justice, des Finances et de l'Emploi. Le dossier a même connu des périodes de véritable apesanteur, plus personne ne le maîtrisant ou feignant même de le maîtriser. On imagine alors les contraintes qu'une telle situation crée pour une entreprise en survie artificielle et les opportunités qu'elle offre à un entrepreneur disponible.

Reste à expliquer pourquoi on a inventé en France cette administration de la faillite et pourquoi on en a fait un usage intense et coûteux de 1974 à 1984. Si on écarte l'explication économique pour privilégier l'hypothèse de la gestion socio-politique, encore faut-il rendre compte de l'habillage économique de solutions sociales. Pour être confirmée, notre hypothèse suppose, soit l'adhésion des acteurs à une solution qu'ils croient bonne et qui se révèle régulièrement décevante – la question est alors de savoir quels sont les ressorts de la méconnaissance partagée; soit une clairvoyance des acteurs qui acceptent de faire comme si – mais la mise en scène psychologique ne suffit pas à expliquer le processus social; soit enfin une stratégie de l'État qui, au-delà de l'objet formellement visé – le traitement de l'entreprise en difficulté –, s'en donne un autre : le passage sans violence sociale et sans rupture politique d'une phase de développement économique à une phase de stagnation.

Pour trancher entre ces différentes hypothèses, on dispose de trois types d'éléments : ceux déjà évoqués sur l'efficacité économique des dispositifs d'intervention, l'histoire même de l'institution CIASI-CIRI dans laquelle on peut essayer de lire les logiques fondatrices, et la place qu'a tenue cette institution dans la structure administrative. Il est rare en effet que l'État parvienne à s'exprimer d'une voix; qu'il y réussisse dans le cas d'une politique partielle mérite analyse.

TROISIÈME PARTIE

LA GESTION POLITIQUE DE LA DÉSINDUSTRIALISATION

CHAPITRE 8

L'INGÉNIERIE POLITIQUE DE LA DÉSINDUSTRIALISATION

La politique sectorielle d'aide aux entreprises défaillantes n'a donc pour objet ni la restructuration industrielle, ni la reconquête de marchés perdus, ni la modernisation. Un tel résultat, qui s'impose au terme de notre long parcours, ne manque pas de surprendre. Comment expliquer une telle accumulation de pratiques administratives déviantes pour de si maigres résultats économiques?

La gestion de la défaillance industrielle destinée à résorber des abcès sociaux, à maintenir l'équilibre politique local, à prévenir les effets dommageables d'une politique macro-économique, ou pour suppléer à l'absence de relations, explique que la guérison survienne comme par surcroît. Admettre un tel résultat suppose soit le nécessaire machiavélisme du politique qui parle surtout d'industrie quand il s'agit de l'aider à régresser, soit le caractère nécessairement pervers des effets obtenus par rapport aux effets attendus d'une politique sectorielle d'aide, soit la relative indétermination d'une politique dont l'objet varie dans le temps et en cours d'application, en fonction des conjonctures et des priorités circonstancielles de l'action politique.

Comment alors expliquer que la modernisation industrielle qui a longtemps mobilisé l'appareil d'intervention économique ait régressé au profit de la restauration des grands équilibres d'une part et de la gestion au coup par coup de la défaillance? Comment rendre compte de la conversion d'une élite expansionniste et modernisatrice en gestionnaire virtuose d'un statu quo qu'on sait irrémédiablement compromis?

La tentation serait grande de chercher dans les données macro-économiques ou macro-politiques les explications aux réorientations de la politique sectorielle ou aux compromis inévitables. Telle n'est pas notre démarche. De même que la crise de l'industrie extensive trouve ses fondements dans l'histoire de la spécialisation industrielle, de la structuration des entreprises et des outils de gestion utilisés, de même les effets paradoxaux du mode de gestion étatique de la désindustrialisation se comprennent par l'histoire des représentations de la crise et de l'innovation politico-administrative dans le champ de l'intervention économique. L'histoire même des conditions de la mise sur agenda politique de la défaillance d'entreprise, des modalités retenues pour l'intervention et de leur évolution dans le temps, des publics concernés et de leurs vecteurs d'influence, autant d'éléments qui doivent nous permettre de comprendre cette singulière innovation administrative qu'a été la création du CIASI.

La politique sectorielle : un art de la prothèse

La défaillance industrielle dans sa dimension micro-économique est un phénomène ancien, on l'a vu. Comme thème politique, la reconversion industrielle apparaît en 1954-1955 avec P. Mendès France. Comme objet de politique sectorielle, la régression planifiée des secteurs et des régions de vieille industrialisation est inscrite dans les faits sous le général de Gaulle. Le premier terrain d'application en sera les Charbonnages (plan Jeanneney [1]) et la première innovation institutionnelle marquante sera la création de la DATAR [2]. La mise sur agenda politique du traitement de la faillite industrielle date de l'affaire Lip. S'il est une référence obligée, un événement fondateur, dans l'histoire de la prise de conscience des prémisses de la crise, des nécessités de la reconversion et de la responsabilité incontournable de l'État dans le traitement de la défaillance, c'est sans conteste l'affaire Lip.

Lip et les classes dangereuses

Lip, en effet, a réveillé chez les patrons la grande peur de Mai 68 ; la revendication ouvrière extrême était alors populaire. Que des travailleurs fassent grève, prennent en gage l'outil de travail et dénoncent un patron et une direction notoirement incompétents, voilà qui restait dans l'ordre des choses; qu'ils érigent une commune ouvrière, « qu'ils vendent et se paient », qu'ils prônent l'exemplarité de leur lutte, avancent de nouvelles revendications comme « vivre et travailler au pays » ou l'« autogestion » et qu'ils reçoivent un large soutien populaire, voilà qui était source potentielle d'un dérèglement grave du jeu social [3]. Mais la commune ouvrière n'aurait guère bouleversé l'organisation du travail gouvernemental si à cette occasion ne s'était révélée en pleine lumière l'incapacité d'un État sommé d'intervenir et ne parvenant pas à produire une réponse organisée. Jean Charbonnel alors ministre de l'Industrie n'hésite pas à parler dans ses Mémoires [4] « de la signification profonde qu'a revêtue l'affaire Lip sur les plans de la société, de la politique et même de la morale ». Au-delà du mythe Lip, en quoi cette lutte est-elle exemplaire et en quoi constitue-t-elle un analyseur de la défaillance d'entreprise et plus encore de la réponse politico-administrative des pouvoirs publics?

Lip, une entreprise moyenne de la région bisontine employant 1 300 salariés, connaît dès le début des années 70 une crise aiguë. Dépassée sur le plan technologique par les entreprises qui ont pris le tournant du quartz et confrontée au prix de dumping des pays asiatiques, Lip tarde à réagir. Elle est handicapée par un actionnaire vieillissant et dont les centres d'intérêt ne sont plus industriels, une direction somnolente et un salariat mobilisé. J. Charbonnel note dans ses Mémoires : « La société Lip se trouvait dans une situation désespérée : une gestion longtemps fantaisiste, des choix industriels erronés, une politique sociale inadaptée aux ressources de l'entreprise l'avaient conduite à un déséquilibre permanent... la firme suisse Ébauches qui détenait une part importante du capital, n'avait pas su ou voulu redresser la situation et elle était soupçonnée de rechercher la destruction définitive de l'affaire. » Tous les ingrédients étaient réunis en juin 1973 pour qu'une lutte ouvrière s'engage dans une situation où, du fait de l'ampleur des pertes (10 % du chiffre d'affaires), de la vacuité du pouvoir patronal, du charisme du leader ouvrier Ch. Piaget et des formes d'organisation que les travailleurs s'étaient données, aucune solution classique n'était praticable. La faillite, solution logique, n'aurait pu qu'exaspérer la base ouvrière. Une solution de reprise externe se serait rapidement heurtée aux obstacles techniques, financiers et surtout sociaux. Une reprise partielle avec licenciements et réorientation de l'activité aurait eu pour effet de déchirer la communauté de lutte et n'aurait donc guère été acceptée.

Très rapidement, on assiste à un dérapage de la mécanique réglée du conflit social avec ses figures imposées, ses discours maximalistes qui préparent le terrain aux nécessaires accommodements, ses démonstrations de force puissantes qui ouvrent la voie à la table de négociation. Le conflit s'installe dans la durée, le clergé le soutient, Maurice Clavel s'en fait le chantre inspiré [5]. De la France entière des délégations convergent vers Palente. Tout ce que le mouvement de 1968 recelait de promesses de transformation sociale va s'incarner dans Lip : combat des femmes, contrôle ouvrier, nouveaux modes de consommation et de vie.

Pendant que le mouvement Lip prend de l'ampleur, que les ouvriers vendent les stocks et se paient en toute impunité (ce qui est perçu par le patronat et l'administration judiciaire comme une transgression majeure et une faiblesse coupable de l'État), gouvernement et patronat se déchirent sur la scène publique. Pendant que l'exécutif affiche une orientation inspirée par le droit des affaires, des hommes politiques de la majorité se font complaisamment photographier en train d'acheter des montres, c'est-à-dire se font les complices d'un recel. Côté patronal, pendant que les instances officielles réaffirment le droit, l'aile marchante du patronat essaie d'inventer des solutions et en tout cas accepte d'engager sa responsabilité dans le traitement du dossier.

L'État se trouvait ainsi sommé d'intervenir par les travailleurs en lutte, au nom de sa responsabilité sociale et politique; par les mandataires de justice, au nom de la défense de la légalité; par les autorités politiques locales qui sentaient les premiers assauts de la crise; par une fraction du patronat pour rétablir l'ordre et par une autre pour légitimer une solution originale. Ces demandes contradictoires devaient par ailleurs être compatibles avec une philosophie de l'action en matière industrielle qui conduisait déjà à refuser les nationalisations rampantes et les ateliers nationaux et avec les règles des finances publiques qui ne permettaient pas alors de financer une commandite publique.

Confronté à un tel faisceau de pressions contradictoires et face à une situation inédite, le gouvernement choisit dans un premier temps la solution industrielle et écarte le simple projet de reclassement du personnel suite à une liquidation de biens. J. Charbonnel justifie la stratégie gouvernementale en ces termes : « L'affaire bénéficiait en effet d'une renommée commerciale certaine et d'une technique satisfaisante, ce qui pouvait lui permettre, une fois restructurée, de former un pôle de développement pour l'horlogerie française et même européenne. » Cette phrase est un véritable archétype d'argumentation publique pour justifier une intervention industrielle consécutive au raisonnement canonique : plus une entreprise est délabrée et plus elle a de chances de se redresser et de devenir championne de sa catégorie grâce à des investissements judicieux. Mais le ministre ajoute immédiatement cet aveu : « En fait, la décision prise fut essentiellement politique. » Là encore, le pouvoir politique ne pouvant justifier une intervention industrielle pour de simples raisons économiques, sociales ou de gestion de l'ordre public, le ministre précise, évoquant la responsabilité patronale dans la faillite et les droits légitimes des travailleurs : « J'estimais en effet qu'entre la solution sociale et la solution industrielle passait la ligne de démarcation entre la droite et le gaullisme. »

Le récit des différentes tentatives de solution mérite d'être conté car il résume parfaitement ce que sera la politique des pouvoirs publics dans le traitement des entreprises en difficulté, au moins entre 1974 et 1979. Dans un premier temps, le ministre de l'Industrie est mandaté par le Premier ministre pour trouver une solution. Il convoque rue de Grenelle les grandes figures du patronat (A. Roux, R. Gillet, le baron Empain...) et les industriels du secteur (J.-L. Lagardère, S. Floirat, Richard). Il veut leur faire reprendre l'entreprise au nom de la solidarité patronale. Une telle démarche permet de désamorcer un conflit qui risque de faire école et aussi de mettre en évidence la capacité des gaullistes à transcender, par la participation, la querelle capital-travail. C'est l'échec incontesté : il ne se trouve guère de patrons pour reprendre l'ensemble des activités (horlogerie, machines-outils, armement), pas même une partie. Les ministres de l'Industrie et du Travail ont alors l'idée de transformer l'entreprise en coopérative ouvrière de production avec l'aide des fonds publics. Le Premier ministre, Pierre Messmer, gaulliste historique, refuse de « corrompre l'idée de participation » en l'expérimentant sur une affaire « pourrie ». Pour se dégager d'une responsabilité directe, le ministre de l'Industrie nomme alors un médiateur chargé de faire l'audit de l'entreprise, d'élaborer un plan de redressement, et d'en négocier les termes avec les salariés occupant l'usine de Palente. L'été 1973 est celui des paies sauvages, de la fête et de la commune ouvrière. Les Lip s'affichent et font des émules. Leur lutte est une véritable vitrine de la nouvelle logique ouvrière; elle est aussi le symbole de la crispation policière du gouvernement gaulliste qui fait évacuer l'usine par la troupe le 14 août. Le plan élaboré par le médiateur deviendra vite un classique : on en trouvera de multiples copies pendant les années 1974 à 1979. Sa philosophie consiste à compromettre une idée en la mêlant à son contraire, pour que tout un chacun puisse en revendiquer la part qui sert son argumentation. Le plan comporte une réorganisation par divisions et des réductions d'effectifs – c'est la prime au réalisme gestionnaire et à la rationalité économique – mais il maintient la fiction de l'unité du groupe en regroupant dans un GIE les moyens communs aux trois unités de production – c'est la concession à la communauté ouvrière et à la revendication syndicale. La majorité des travailleurs va refuser le plan. Le prophétisme ouvrier s'accorde mal avec la rude logique des compromis gestionnaires. Ce qui faisait la force des Lip et rendait leur combat sympathique à l'opinion était le refus de payer pour des erreurs patronales, la volonté de maintenir intact l'outil de production, et la défense du droit à l'emploi. La brutalité de l'État répressif ne pouvait qu'accroître la sympathie et le soutien envers une poignée d'individus qui tenaient tête et faisaient la preuve qu'il n'y avait nulle fatalité au chômage. Les discours sur l'autogestion, le contrôle ouvrier, la distribution directe venaient par surcroît alimenter un discours révolutionnaire orphelin depuis le reflux de juin 1968.

A compter du moment où les « paroissiens de Palente » refusent le plan Giraud, les deux types de soutien vont se dissocier; le déchirement du front syndical CGT-CFDT en sera le signe annonciateur. Certes, la provocation du Premier ministre P. Messmer déclarant « Lip c'est fini » permettra aux Lip de retrouver de l'audience, mais fondamentalement, la durée du conflit et l'intransigeance apparente des salariés après leur refus de la solution Giraud passeront pour du jusqu'au-boutisme.

L'expérience Lip fut singulière; elle mêlait le prophétisme ouvrier, la défense d'une communauté de travail, l'inspiration catholique ouvrière, la révolte sincère contre un capitalisme failli et un État autoritaire, la volonté de revanche sur le capital suisse, le sens de la fête, la nostalgie de la belle ouvrage. Nulle part ailleurs on ne trouvera à ce point confondus dans un même mouvement, sentiment religieux, stratégie anticapitaliste, utopies sociale et politique. Lip fut donc exemplaire.

Les éléments que nous en retenons pour notre propos furent secondaires, mais ils éclairent le refus du plan Giraud et la dissociation qui ira grandissant entre l'utopie communautaire qui fonde le refus du compromis, et la volonté de défendre l'emploi qui justifie le large soutien auprès de l'opinion.

Dans la troisième phase du conflit et après avoir écarté la tentation de faire un exemple en laissant Lip dépérir, le gouvernement va soutenir l'initiative d'un groupe de patrons modernistes qui, autour d'A. Riboud et R. Gillet, vont tenter de faire repartir l'entreprise en accord avec les salariés sur des bases industrielles viables. Claude Neuschwander, proche du PSU et de la CFDT, directeur de Publicis, sera considéré comme l'homme de la situation. Pour lui, la renaissance de Lip passait par un vigoureux effort de création et de marketing-produit qu'il était à même de fournir, mais le retour au plein emploi ne pouvait être que progressif : 220 salariés seulement pouvaient être repris et non plus 900 comme dans le plan Giraud. Le plan sera accepté : en cas de redressement, il promettait, à terme, de reprendre tous les salariés. Après la restitution des stocks, dans des circonstances dignes du meilleur thriller, le plan Neuschwander va pouvoir être appliqué avec l'aide financière des pouvoirs publics et le soutien actif de salariés éprouvés par la dureté du combat, le retournement de l'opinion publique à la suite de la guerre du Kippour, et la tentative de sabotage du projet d'accord par la droite parlementaire.

Lip et la formulation de la doctrine Monod

Les leçons de Lip furent à la mesure de l'événement. Pour le gouvernement et le patronat l'incroyable mouvement de sympathie dont bénéficièrent les Lip était un signal : les affirmations les plus radicales comme « travailler, se payer, c'est possible » et les revendications les plus dangereuses pour la modernisation du tissu industriel comme « vivre et travailler au pays » avaient été plébiscitées. Toute mutation sectorielle, tout projet impliquant la mobilité du salariat se heurterait à l'opposition intransigeante de salariés que l'expérience de Mai avait rendus plus conscients de leur force collective.

La faillite patronale et l'absence de réaction organisée du CNPF faisaient obligation au pouvoir politique d'intervenir; les salariés ne devaient pas payer pour les erreurs commises par l'actionnariat et la direction. La réforme de l'entreprise que lancera le nouveau président, élu en 1974, découle de ce constat.

Sur un sujet aussi sensible, le cafouillage de la politique et de la communication gouvernementale qui aboutit à faire dire au Premier ministre : « Lip c'est fini », au moment où le ministre de l'Industrie réunit des patrons qui ont le sens de l'intérêt général pour trouver une solution, fut du plus mauvais effet. La maladresse susceptible de tout faire échouer au dernier moment sera rééditée par le député Claude Labbé de la droite gaulliste. Plus grave encore, l'absence de cellule de crise pour traiter à chaud ce type de problème aboutissait à mobiliser les cabinets ministériels qui devaient parer au plus pressé sans projet à long terme ni connaissance détaillée des dossiers, alors que, pendant ce temps, les services administratifs concernés fonctionnaient selon des logiques sectorielles segmentées : il n'y eut jamais de synthèse. La nécessité de disposer, au sein de l'État, de structures propres à prévenir les crises et à les traiter date de cette prise de conscience. En même temps, les besoins du traitement à chaud avaient conduit le pouvoir politique à inventer des solutions ad hoc. Une interministérialité de fait a fonctionné sous la conduite du ministre de l'Industrie. Aux moments de tension extrême, le pouvoir politique a su créer un écran le protégeant des sollicitations les plus directes et les plus insistantes, ce sera dans un cas le négociateur Giraud et dans l'autre la mission de patrons modernistes représentée localement par Cl. Neuschwander et José Bidegain. Une conception du traitement des affaires en difficulté s'est progressivement dégagée, le temps s'est révélé un précieux allié pour désamorcer la revendication ouvrière, préparer le succès et, plus vraisemblablement, faire la démonstration de l'inéluctable déclin. Enfin la preuve a pu être faite qu'une contribution des finances publiques au bouclage d'une solution manifestait le soutien de l'État et dégelait banques et fournisseurs.

L'occasion de créer ce nouvel instrument d'intervention se présentera avec l'installation d'un président de la République qui, comme ministre des Finances, avait marqué son hostilité à un engagement de l'État dans le traitement d'affaires relevant du droit commercial. En effet dans le gouvernement issu des élections de 1974, certains pensent que les cas d'entreprises en difficulté vont se multiplier et qu'il faut donc trouver les modalités pragmatiques de règlement qui ne mobilisent pas inconsidérément les cabinets ministériels tout en utilisant les compétences déjà manifestées par le Trésor en d'autres occasions (dispositifs d'aide en trésorerie pour les entreprises mises en difficulté par les accords de Grenelle de Mai 68).

Un jeune haut fonctionnaire du Trésor, brillant comme il se doit, va s'attacher à démontrer à son ministre J.-P. Fourcade que c'est une fausse bonne idée, et que la généralisation des procédures de bonification ne peut être que coûteuse pour l'État. L'arrivée au même moment de deux affaires délicates va contraindre les cabinets à se saisir des dossiers et le Trésor à fournir l'appui technique. De par leur enclavement territorial, le caractère potentiellement explosif de la revendication ouvrière, et leur localisation dans des circonscriptions politiquement sensibles (les Tanneries Françaises Réunies sont dans la circonscription de J. Chirac), ces affaires devaient être traitées. A l'instigation de Matignon, le projet de constitution d'une cellule permanente de traitement des affaires en difficulté refait surface. Une mission en ce sens est confiée à l'inspection des finances. Le Trésor va alors argumenter. Dans une note qui vaudra à son auteur une réputation flatteuse et une mise en orbite décisive, M. Pébereau va user de trois types d'argument :

– La crise économique est sérieuse; il faut tabler sur une récession de deux ans; l'économie doit pouvoir s'adapter; des entreprises doivent disparaître; il faut laisser jouer les mécanismes libéraux de régulation, faute de quoi on assistera à une nouvelle vérification de la loi de Gresham et on ne pourra éviter l'effet de déversoir : les banques se défaussant sur l'État de leurs mauvais risques. Il faut assainir!

– Le deuxième type d'argument s'apparente à un constat

de sociologie administrative; quand on crée une structure, elle dure même quand son objet disparaît. Pour éviter la dérive bureaucratique, il ne faut pas « faire ».

– Troisième point de l'argumentaire, typique d'une démarche du Trésor : si l'on veut malgré tout faire quelque chose, l'État doit maîtriser son intervention, fournir un éventuel appoint après que les actionnaires et les banquiers ont pris leurs responsabilités. L'intervention publique doit rester exceptionnelle et l'aide doit servir de catalyseur; il faut donc apporter juste ce qu'il faut pour que la réaction opère.

– Conclusion de cet exercice convenu : il ne faut rien « faire » mais si la nécessité politique impose le « faire », il faut que l'outil reste dans la main du Trésor.

Le pouvoir politique décida de « faire ». On venait d'arrêter alors les dispositions d'un important plan de refroidissement (encadrement du crédit strict en juin 1974) dont on craignait qu'il ne mette en difficulté des entreprises saines.

Le ministre des Finances s'enquit alors de l'auteur de la note hostile au projet, et le nomma pour piloter le CIASI. Selon une technique à laquelle les communistes ont donné ses lettres de noblesse c'est à l'opposant d'assumer publiquement la nouvelle ligne. Le CIASI est donc né par arrêté du Premier ministre, J. Chirac, en date du 29 novembre 1974, il a été d'abord présidé par J. Monod avant que Hugues de l'Estoile, nouveau directeur général de l'Industrie, ne lui succède. Le Trésor assurait le secrétariat. Le principe de fonctionnement retenu était le suivant : le secrétaire général du CIASI propose, le comité décide et, en cas de conflits non résolus avec l'Industrie, on fait appel à l'arbitrage du ministre. Mais le cas ne s'est pas présenté souvent. On a donc créé un dispositif d'intervention souple dont la finalité est l'aide ponctuelle en trésorerie à des entreprises fondamentalement saines. Les moyens : ceux de la catalyse, un minimum de concours publics (type primes d'aménagement du territoire de la DATAR, crédits de politique industrielle du ministère de l'Industrie et prêts du FDES) pour que la réaction opère. M. Pébereau va même instituer la règle des trois tiers pour borner strictement l'apport en fonds publics; l'État ne doit pas mettre plus d'un tiers des fonds dans les cas où son engagement est le plus marqué.

En fait, si le CIASI n'avait été qu'un dispositif financier visant à accompagner des entreprises « fondamentalement saines » de manière transitoire, il aurait vécu ce que vivent les mille et une procédures manufacturées au Trésor : l'espace d'une conjoncture. Ce qui en fait la singularité irréductible est d'être un dispositif technique novateur au service d'une doctrine politique d'intervention pour temps de crise. L'auteur de cette orientation a été J. Monod à l'époque délégué à la DATAR mais qui, peu de temps après, va diriger le cabinet de J. Chirac. Quelle était donc la doctrine Monod, comment a-t-elle été mûrie, en quels termes a-t-elle été formulée et quelle en a été l'efficacité? Pour J. Monod, si l'on pouvait avoir des hésitations sur l'ampleur, la nature et la durée de la crise économique consécutive au premier choc pétrolier, on ne pouvait douter des effets de celle-ci et de leur caractère intolérable pour la formation sociale française. Ayant eu à traiter à chaud certains problèmes de reconversion charbonnière (sites d'Alès, Decazeville, La Mure, Montceau-les-Mines, Saint-Étienne, Douvrain) et sidérurgique (Forges d'Hennebont, installation de Renault après la jacquerie bretonne, ou du Boucau), et apprécié *de visu* les ravages des premières vagues de la désindustrialisation britannique, il avait acquis la conviction que l'État devait veiller à préserver le tissu social des effets désagrégateurs des sinistres industriels. La crise de 1974 signifiait à ses yeux une multiplication de ces situations, une plus grande difficulté à y faire face avec les moyens de la DATAR et une moins grande tolérance des Français à des adaptations brutales, plus facilement acceptées dans le monde anglo-saxon. Or, l'existence d'un tissu industriel, certes diffus mais sectoriellement concentré (textile, petite mécanique...), et celle d'entreprises fragilisées par la crise et la mauvaise gestion pouvaient rapidement, si l'on n'y prenait garde, mettre une ville moyenne au chômage et « clochardiser » une société. J. Monod inventa donc la méthode dite de l'escalier, ou plus simplement du lissage dans le temps et dans l'espace de la crise industrielle. Lorsque, dans une ville moyenne, plusieurs entreprises connaissaient simultanément des difficultés, il fallait accepter de soutenir des entreprises non viables économiquement, mais tout en leur faisant descendre en deux, trois voire quatre plans successifs les marches de l'escalier, ce qui revenait à licencier à doses homéopathiques, céder des activités, accepter des plans de redressement interne, tenter des reprises externes et, au bout du compte, fermer l'entreprise après que le risque de l'explosion sociale eut été patiemment désamorcé.

La réduction en « sifflet », la technique de l'escalier ou l'euthanasie lente ne sont pas à considérer comme une tactique cynique de désindustrialisation; elles sont le produit d'une longue expérience de reconversion, dans les charbonnages notamment, qui avait enseigné aux responsables de la DATAR que la régression d'une activité et son remplacement par une autre touchaient à l'essentiel d'une culture du travail, d'un mode de consommation et de vie. Les refus de la reconversion, le doute grandissant suscité par les nouvelles activités parfois fragiles et plus encore le retrait de ces véritables mères nourricières qu'étaient les houillères avec leur cortège d'institutions sociales diverses, rendaient déjà difficile la reconversion dans la période flamboyante de l'expansion. Dans un contexte où on ne peut plus guère compter sur l'implantation de nouvelles activités ou sur la construction de grandes infrastructures pour désenclaver, la défaillance industrielle a pour effet nécessaire la déstructuration d'un bassin d'emploi. Il faut donc apprendre à gérer politiquement, socialement et territorialement le déclin industriel. Une telle orientation n'allait pas de soi. D'autres pays, confrontés au même problème, prenaient au même moment le risque d'une politique d'amortissement global du déclin industriel en incitant les entreprises à maintenir leur personnel excédentaire et à le requalifier (Suède, Autriche), ou à renégocier le partage de la valeur ajoutée (RFA). Dans le cas de la France, la doctrine Monod s'apparente à une réduction au coup par coup de la tension sociale [6].

Naissance du « Club de Paris » des entreprises en difficulté

Les circonstances de la naissance du CIASI vont en déterminer profondément le mode d'action. La doctrine Monod énonçait que si l'on voulait contenir les conflits locaux, il fallait que l'État ait une politique et des outils d'intervention. Le traumatisme causé par Lip et l'incapacité dans laquelle s'était trouvé le gouvernement de traiter cette affaire à l'enjeu économique faible mais à la visibilité sociopolitique très forte, ont conduit à imaginer la création d'une institution écran suffisamment proche du politique pour obtenir les concours nécessaires sans se trouver prisonnière des carcans administratifs; suffisamment éloignée parce que composée de hauts fonctionnaires et de banquiers pour pouvoir traiter les affaires en « rationalité ». Cette fonction écran du CIASI avait un mérite supplémentaire : lorsqu'une affaire risquait de déraper, le pouvoir politique pouvait s'en emparer et exercer sa fonction d'arbitre ou, plus souvent, d'État providence.

Mais toute création administrative, surtout dans le domaine de l'intervention économique, risque de susciter une réaction de défiance des autres administrations menacées dans leurs prérogatives. D'autre part, l'assimilation, par les publics intéressés, du neuf à l'ancien, c'est-à-dire du comité d'experts au guichet dispensateur de subventions, recelait potentiellement de graves risques de dérapage... D'où la vertu de l'amendement Pébereau et de l'exemplarité de la méthode de traitement des premiers dossiers par le premier secrétaire du CIASI et son adjoint, J.-C. Trichet. L'amendement Pébereau repose sur un souci d'économie des deniers publics. Il reproduit en matière de finances publiques la recette du pâté d'alouette : une petite alouette de crédits publics et un cheval de financements divers (actionnaires, banques, repreneurs...). Ce principe impliquait que l'argent de l'entreprise reste dans celle-ci, ce qui passait par les abandons de créances des banquiers ou, à tout le moins, le maintien des financements, et que l'argent public serve de levier multiplicateur de fonds privés. La méthode Pébereau-Trichet est en fait une technique de négociation, de gestion d'une situation de crise.

L'État français est par essence au-dessus de la société, il a hérité de la légitimité du souverain de droit divin, il est par conséquent celui qui peut dire leur vérité aux partenaires de l'entreprise en difficulté. Les pompes de la République, les ors des palais nationaux, l'autorité de jeunes hauts fonctionnaires, purs produits du système méritocratique français, installent d'emblée la distance par rapport à des chefs d'entreprise, des repreneurs, des banquiers, des syndics plébéiens.

Dans la négociation le CIASI est en position tierce. Il écoute les parties, veille à la comparabilité des efforts, à la viabilité ou à l'opportunité sociale des plans de redressement présentés. Une telle position suppose que le CIASI n'ait pas d'intérêts propres à défendre, d'où le refus des différents secrétaires généraux de se doter d'une compétence autre que financière. Dans le CIASI première manière, le rapporteur traite le dossier à partir du diagnostic industriel du ministère de l'Industrie, se voit proposer un repreneur étranger ou un investisseur par la DATAR et sous-traite les problèmes sociaux au ministère du Travail. L'expertise qui est requise du secrétariat du CIASI est donc financière et généraliste (la capacité de synthèse). Le secrétariat enfin soumet ses recommandations à un comité interministériel qui, tout à la fois, entérine les plans présentés et fait son affaire de leur application. Le CIASI est donc une administration de mission qui procède par recommandations argumentées, un club réunissant des experts détachés des contingences bureaucratiques et qui peuvent, à ce titre, dire leur vérité aux uns et aux autres, une structure interministérielle sans troupes mais dont l'action a une forte visibilité car la crise va se développer et le pouvoir politique sera de plus en plus sommé d'intervenir.

On comprend dès lors que le CIASI ait traité à cette époque un certain type de dossiers et pas d'autres et d'une certaine manière. La majesté de l'État permettait de gommer bien des faiblesses pratiques et d'obtenir des parties bien plus que ce qu'elles étaient prêtes à concéder spontanément.

Les rapporteurs issus des banques ignoraient tout du droit de la faillite, de l'organisation judiciaire, de la négociation sociale et même des instruments financiers pour passer un mauvais cap (l'AGS), ou pour consolider un haut de bilan. Ils étaient là parce qu'ils avaient cet avantage sur les inspecteurs des finances de savoir lire un bilan, de connaître de l'intérieur les pratiques et les mœurs bancaires. Les rapporteurs issus du Trésor avaient une science consommée des procédures financières d'aide aux entreprises et de la géographie administrative. Ils pouvaient user, et ils ne s'en priveront pas, de la tutelle que le Trésor exerçait sur les banques et, forts du poids politique de leur ministre, plus encore de leur caractère interministériel, débloquer les dossiers dans tous les ministères.

L'intervention consistait en une forme d'audition informelle des parties afin de constituer le dossier. Lorsque celui-ci était mûr, il pouvait être présenté à l'occasion d'une messe solennelle, rue de Rivoli, réunissant toutes les parties (banques, établissements financiers et actionnaires). Ceux qui ont vécu cette période ont gardé un souvenir ébloui ou traumatique de ce rituel de sauvetage ou de mise à mort. La procédure invariable consistait à donner la parole à toutes les parties qui étalaient leur jeu. Le secrétaire parlait le dernier, faisait la synthèse qu'il agrémentait de remarques techniques, manifestant sa profonde connaissance du secteur, des incidentes politiques pour signifier sa proximité des sources du pouvoir suprême; il n'oubliait pas de rappeler qu'il incarnait la volonté de l'État puis il avançait sa solution qui, bien entendu, conciliait toutes ces exigences. Commençait alors un duel inégal où les plus hauts responsables des banques se voyaient rappeler à l'ordre d'un mot ou d'une mimique, leurs arguments étant systématiquement laminés. Puis venait le tour des actionnaires à qui était infligé un cours de stratégie et de gestion d'entreprise et, lorsque cela ne suffisait pas, la pression psychologique que constitue une réunion qui s'éternise, le rappel à point nommé de la qualité d'actionnaire de l'État pour les banques nationalisées et quelques phrases assassines sur la médiocrité des élites industrielles françaises suffisaient à emporter la décision. On comprend que des banquiers, impressionnés et flattés en même temps de côtoyer ces démiurges de l'État souverain, se soient inclinés; les syndics faisaient de même avec l'argent des créanciers. Nulle expertise industrielle n'était requise, nul audit, les montages réalisés étaient purement financiers.

Le plan de sauvetage bouclé (surtout dans sa partie financière), le rapporteur pouvait préparer sa note au comité réunissant les directeurs d'administration centrale et décidant en dernier ressort. Cette rencontre avait lieu invariablement le lundi après-midi. Elle était préparée par un tête-à-tête M. Pébereau-J. Monod pour fixer la stratégie, les voies et moyens pour circonscrire les autres administrations. En effet, les Crédits de politique industrielle (CPI) étaient budgétairement à l'Industrie; or, le CIASI en disposait discrétionnairement; c'est le délégué à l'emploi G. Oheix, inventeur des plans sociaux avec reclassement, qui tenait théoriquement les cordons de la bourse pour la partie sociale; pourtant, le CIASI a vite appris à en user. Enfin, par sa présence, le directeur du crédit de la Banque de France entérinait les montages les plus hétérodoxes (comme des ratios fonds propres-endettement ridiculement faibles).

A mesure que s'affermissait la compétence du Club de Paris des entreprises en difficulté en matière de techniques financières, juridiques et sociales, ses membres faisaient l'expérience concrète de la nature de la crise, des dysfonctionnements du système bancaire et des contraintes politiques. L'encadrement du crédit – justification officielle de la création du CIASI –, n'était pas responsable des difficultés des entreprises. En effet si les banques peuvent profiter d'une politique restrictive pour se débarrasser de mauvais risques, elles ne réduisent pas les concours de manière homothétique, d'autant que le crédit fournisseur interentreprise en France est supérieur au crédit bancaire (secteur manufacturier). C'est en fait par ce mécanisme que va se transmettre la crise de financement : une réduction du crédit interentreprise du fait de la crise pétrolière et des anticipations pessimistes qu'elle provoque contraint les entreprises à demander plus au crédit bancaire qui se trouve au même moment rationné pour cause de danger inflationniste (ce fut le cas des TSR).

Dans le flot des dossiers qui parvinrent, fort peu relevaient d'un traitement financier classique et circonstanciel. On trouvait en revanche, en nombre grandissant, des affaires vermoulues. Il est symptomatique que dès ses premières années d'existence, le CIASI ait eu à traiter un grand nombre de dossiers de l'imprimerie (comme Paul Dupont, Oberthur et surtout la Néogravure). Dans ces cas-là, des patrons dépassés par les événements, soumis à l'autorité de fait de la CGT du Livre, régnaient sur des ateliers vétustes. Le recours au CIASI avait pour objet véritable, non le ballon d'oxygène en trésorerie pour entreprise saine, mais le financement par l'État de l'investissement sans rationalisation permettant le maintien de sureffectifs afin de ne pas provoquer l'ire de la CGT. Manufrance sera bien sûr au nombre des entreprises traitées pendant cette période, c'est sur elle que sera expérimentée la technique Monod de la régression graduée « en marches d'escalier » puisque du début de 1975 à 1977, ses effectifs seront réduits de 5 000 à 2 800 salariés. La limite de ces modes d'intervention financiers, sociaux ou politiques (affaire Titan-Coder à Marseille) est atteinte quand tous les redressements internes échouent au bout de quelques mois et quand des secteurs entiers sont touchés.

Le premier âge du CIASI se caractérise donc par la rencontre singulière d'une vision politique, d'une technique d'intervention novatrice et d'un tissu industriel qui, quoique en crise, recèle des ressources cachées. La vision politique de J. Monod détonne dans le milieu dirigeant de l'époque. Au lieu de s'interroger gravement sur les mouvements de la conjoncture et sur le caractère plus ou moins durable de la crise, en fin politique et en conservateur éclairé qu'il est, il annonce que la France ne peut résister politiquement et socialement à des ajustements brutaux. Il est donc involontairement le père d'une extension de l'État providence à la prévention des effets de la faillite et l'auteur d'une doctrine qui étend le droit de sûreté à la préservation de l'emploi dans le bassin local de travail. Jérôme Monod a ainsi apporté la première pierre à l'édification d'une politique de gestion de la désindustrialisation dans la durée, par étapes et à l'initiative de l'État. L'affirmation d'un tel principe aurait pu devenir ruineuse pour les finances publiques si on n'avait pu l'éprouver dans un contexte relativement favorable et si, en même temps, le Trésor ne s'en était emparé pour construire de puissantes digues. En effet, dans ces premières années de crise et selon l'expression d'un rapporteur – « on trouvait beaucoup de gras dans les entreprises en difficulté, des maîtresses, des chasses, des maisons ouvrières, des tas de choses qu'on pouvait vendre et réinjecter sous forme d'argent frais dans l'entreprise (Schlumpf en est un bon exemple), dans la période 1978-1980 la chasse était beaucoup plus maigre, les entreprises venaient avec la peau sur les os ». Le CIASI a pu pratiquer alors ce que les Américains nomment d'un terme imagé l'*« asset stripping »*, qui consiste à réaliser des actifs dormants pour faire repartir l'entreprise, soit à l'occasion d'un plan de redressement interne, soit à l'occasion d'une cession. Dans un tel cas de figure les concours publics sont inexistants ou très minimes.

Quant aux digues installées par le Trésor, elles étaient institutionnelles, financières et organisationnelles. Si nous avons caractérisé cette période en faisant un emprunt anachronique au Club de Paris, ce n'est pas seulement pour souligner la parenté évidente qu'il y a entre le rééchelonnement des dettes pour pays sous-développés et le sauvetage des entreprises en difficulté par la recherche du consensus, mais plus encore pour mettre en valeur la notion de Club. L'importance des relations informelles, personnalisées, l'implication des directeurs d'administration centrale, le caractère exceptionnel du dispositif, la sensibilité politique extrême pour des dossiers aux faibles enjeux financiers, le prestige qui rejaillissait sur un personnel peu habitué à fréquenter les sommets de l'État : autant d'éléments qui expliquent que le traitement des dossiers ait mis en œuvre davantage l'influence, la persuasion, la séduction que l'injonction ou toute autre forme d'affirmation d'une autorité nue. Par ailleurs, les strictes limites apportées aux concours publics et plus encore le secret dont s'entourait la petite équipe qui officiait au CIASI protégeaient celui-ci de l'afflux des demandes et de la revendication de l'égalité de traitement.

L'ère du Club de Paris sera brève car les dossiers lourds arrivent. Le politique ne résiste pas à la tentation d'utiliser l'outil pour la gestion de dossiers de circonscription et l'environnement bancaire commence à se familiariser avec des techniques d'intervention publiques toujours plus coûteuses. Ce premier âge est incontestablement celui de l'« État juge de paix ». Si, de fait, l'État s'engage dans des sauvetages qui ne réussiront pas et qui vont ouvrir la voie à la naissance de commandites publiques, du moins dissocie-t-il traitement de la défaillance et fantasme du redéploiement industriel. En fait, la politique sectorielle d'aide aux entreprises en difficulté apparaît clairement comme une politique prothèse. Ce qui est visé n'est jamais la compréhension des causes profondes de la défaillance, encore moins les raisons de la contagion du phénomène, mais plus simplement le colmatage sans remous sociaux des voies d'eau qui s'ouvrent dans l'industrie. La logique de la politique macro-économique monétaire, fiscale et de change n'est guère entamée par la prolifération des défaillances. Par contre, les modèles d'action déployés pour traiter la faillite sont toujours spécifiques.

Le débranchement des régulations marchandes

Le deuxième âge de la politique publique d'aide aux entreprises en difficulté s'ouvre en décembre 1978 avec la bataille des ouvriers de Longwy. La crise s'installe, elle prend de l'ampleur, elle est durable, ce sont des pans entiers de l'industrie qui menacent de s'effondrer, le gouvernement Barre, reconduit après la réélection inespérée d'une majorité de droite, tente d'accélérer la mutation industrielle. Cette volonté va buter sur la détermination ouvrière et la stratégie d'opposition frontale d'une gauche hostile à la politique dite de « casse industrielle » [6].

Longwy et l'impasse politique

Claude Durand, en introduction à son ouvrage *Chômage et Violence*[7], affirme avoir hésité sur le choix du titre, tant les images, les initiatives spectaculaires et les formules pour traduire la lutte des sidérurgistes se bousculaient sous sa plume. Le livre, dit-il, aurait pu s'appeler *SOS Emploi* du nom de l'enseigne lumineuse installée sur un crassier par la CFDT, « phare d'appel au combat et symbole d'espoir des travailleurs du pays haut »; *Lorraine cœur d'acier,* du nom de la radio libre cégétiste qui, à compter du 18 mars 1979 « a exalté la lutte des travailleurs lorrains en leur donnant la parole »; ou encore *Les Flammes de l'espoir,* du nom de la grande manifestation des parents et des enfants organisée par l'intersyndicale pour défendre le droit à l'avenir d'une cité qui ne voulait pas mourir et d'une population menacée; ou enfin *Vivre, Travailler et Décider à Longwy,* qui n'est pas sans rappeler le « vivre et travailler au pays » des Lip et qui exprimait le « sens d'un combat de huit mois qui, dans un élan sans pareil, a mobilisé les sidérurgistes menacés dans leur emploi, les chômeurs et les autres catégories de la population ».

L'histoire de Longwy nous est familière à force d'avoir été décrite par les historiens et médiatisée par les journalistes, c'est celle d'une *« company town »* pratiquant la mono-industrie, dont toute la vie sociale locale repose depuis plus d'un siècle sur un réseau de solidarités et d'activités qui s'ancrent dans la sidérurgie. L'annonce de la fermeture des usines de la Chiers et, pour partie, d'Usinor, qui se traduisait par la suppression de près de la moitié des emplois du bassin, constituait une forme de mort économique de la région contre laquelle toute une communauté allait se soulever. Cette révolte allait emprunter à la tradition ouvrière tous les registres de la violence sociale, ranimer toutes les utopies de l'auto-organisation; elle devait déboucher, pour la première fois, sur une contre-proposition industrielle syndicale[8]. Les événements de Longwy sont exemplaires. Comme expression de violence sociale, ce conflit va réactiver l'image des « classes dangereuses » chez les élites décisionnaires politico-industrielles; elles vont interpréter cette combativité comme la preuve de l'impossibilité de moderniser un pays doté d'une classe ouvrière archaïque. Comme fer de lance de la stratégie de reconquête politique par la gauche d'un espace perdu après la déchirure de l'union de la gauche, l'auto-organisation ouvrière sur une base unitaire va préfigurer le retour à l'alliance PC-PS. Comme expertise alternative, la contre-proposition syndicale est le symbole de l'entrée en gestion à travers « les nouveaux critères » d'une fraction moderniste de la CGT, qu'on retrouvera parmi les compagnons de route du PS après 1981.

S'agissant du traitement des entreprises en difficulté, il est une dimension encore plus importante : il s'agit d'un conflit principalement politique, dont la cible est l'État et ses appareils. Les manifestations spectaculaires seront des occupations de gare, de commissariat, de sous-préfecture, d'ambassade, d'hôtel des impôts ou de central téléphonique, au point que les séquestrations de directeurs et l'attaque du syndicat patronal apparaissent dérisoires; le patron s'est volatilisé, c'est l'État qui est visé, et la classe ouvrière va chercher ses alliés chez les petits commerçants, les enfants, les enseignants; elle empruntera même aux manifestations paysannes la technique du détournement de produits importés. L'État réagira en étalant les mesures de réduction d'emploi, en négociant des mesures sociales avantageuses, en inventant la CGPS et les formes nouvelles de cessation précoce d'activité et en acceptant, sous couvert de négociation sociale, une large concertation avec les syndicats sur les différents sites et les différents outils. L'influence de Longwy sur le comportement du gouvernement sera plus souterraine. Pour Matignon notamment, il n'est pas possible de pousser les feux de la modernisation nécessaire quand les travailleurs s'y refusent avec une telle violence et quand ils trouvent des relais complaisants dans une gauche qui, par « démagogie électoraliste » ou par ignorance économique, continue à soutenir que la crise n'existe pas et qu'un gouvernement de gauche relancerait la sidérurgie (les fameux 33 millions de tonnes!), le charbon national et la navale! Dès lors, tout en maintenant le discours de la rigueur et de la nécessaire modernisation, R. Barre qui, dès février 1975, avait expliqué pourquoi la crise était durable, va en pratique reculer et retarder les adaptations inévitables.

La période qui s'ouvre en 1979 et qui va durer jusqu'au début de 1984 va être la plus noire de l'histoire industrielle française : nulle entreprise, nul secteur ne seront épargnés. Le gouvernement Barre, qui entendait coupler une politique macro-économique dite du franc fort, une politique sectorielle tournée vers la promotion des industries émergentes (création du CODIS et appel au Boston Consulting Group) et l'aide sociale aux industries déclinantes, va se trouver, à la veille d'échéances présidentielles décisives, pris en tenaille entre les exigences de l'assainissement économique et l'exigence politique de maintien de la paix sociale. Le fonctionnement du CIASI comme communauté déviante n'exprime pas autre chose que ce renoncement à traiter en profondeur une grave crise d'adaptation sectorielle sur fond de récession mondiale. Dès lors que l'État renonce aux plans sectoriels d'assainissement (chantiers navals) ou les édulcore (sidérurgie) et que la consigne est à la résorption des foyers de tension sociale, au besoin par la création de commandites publiques, le CIASI va non seulement généraliser ses techniques d'intervention mais va constituer, du seul fait de son existence, un fantastique appel d'air pour les entreprises en difficulté. Ainsi se trouve réalisée la prédiction des hauts fonctionnaires sur la nature du capitalisme français et sur l'absence d'un marché de la reprise.

La période 1979-1983 est donc celle où les techniciens du CIASI, sûrs de leur outil et confortés dans l'image flatteuse qui leur est renvoyée, en viennent à se penser comme d'authentiques entrepreneurs politiques et restructurateurs industriels. C'est également celle où l'on généralise les audits, où l'on abandonne les redressements internes et où l'on pratique l'auto-saisine. La mue du Club de Paris en communauté déviante doit certes beaucoup à l'efficacité de l'outil et à l'ampleur des difficultés objectives que connaît alors l'appareil productif français; celles-ci suffisent à expliquer le gonflement des affaires traitées sans qu'il faille recourir à une explication invoquant les faiblesses congénitales du capitalisme français; elle doit bien davantage encore à une démission politique ou, à tout le moins, à un déficit de volonté publique. La période s'achève avec la mise en faillite de Creusot-Loire dans le premier semestre 1984.

L'ère de l'activisme

Le CIASI – invention pour temps de crise aiguë mais brève nécessitant une intervention financière – a vite découvert la réalité des problèmes qui se posaient à l'industrie française. La thèse d'une difficulté purement conjoncturelle n'était plus tenable en 1978-1979. Les dossiers traités montraient déjà que le textile souffrait d'archaïsme technologique et commercial; il n'y avait pas eu de réel redéploiement avec la fin de l'ère coloniale et l'ouverture des frontières, mais perte continue de substance; l'imprimerie subissait plus les effets du double archaïsme syndical et patronal que ceux de l'encadrement du crédit; la tannerie française menaçait de disparaître complètement faute de renouvellement des dirigeants, des matériels et de l'insuffisante attention apportée à la qualité; la machine-outil montrait de graves signes de faiblesse, les faillites s'y multipliaient; la chaussure française perdait des parts de marché à chaque hoquet de la conjoncture. La sidérurgie relevait d'un traitement spécifique mais, comme on l'a vu, l'acte fondateur du nouveau cours sera le traitement douloureux de Longwy. Quant à la navale, le gouvernement refusera de se créer des difficultés nouvelles après l'épisode sidérurgique.

A compter de cette date, les dossiers changent de dimension : avec Boussac, les ARCT, AUM-Decazeville, Manufrance, Ratier-Forest, les CNIM (chantiers navals de La Seyne), la Franco-Belge de Chemin de Fer, Terrin, TAT.

Quand le navire prend l'eau de toutes parts, que des gouvernants inexpérimentés peuvent s'en remettre à des pompiers volants redoutablement efficaces et que, de surcroît, l'air du temps est à la défense de l'emploi, à la consultation systématique des salariés et des élus locaux sur l'avenir des entreprises en difficulté, il ne faut pas s'étonner que l'appareil enfle, que les rapporteurs se pénètrent de l'idée de leur toute-puissance et que l'environnement renâcle. Passé le moment de surprise et de découverte de l'instrument, les banques apprennent à tergiverser, à se faire représenter par des cadres sans pouvoir et même à se désengager des dossiers potentiellement risqués. Les plans de redressement interne ne suscitent guère de vocations. Les actionnaires et les entreprises s'étant appauvris, les banques préfèrent sinistrer leurs crédits plutôt que de miser sur un éventuel redémarrage. Plus généralement, la dureté de la crise mondiale, l'effondrement des rentabilités, le poids des charges financières et les surcharges imposées par la politique de la gauche pendant « l'état de grâce », ont non seulement aggravé l'état des entreprises défaillantes mais, plus encore, elles ont découragé les vocations à la reprise ou à la solidarité entre fournisseurs et clients, entre donneurs d'ordres et sous-traitants. L'activisme du CIASI-CIRI s'explique dans ce cadre.

Contre la volonté des secrétaires du CIASI qui entendent limiter l'intervention, et portés par le flot des demandes, les rapporteurs du CIASI-CIRI illustreront dans leur action l'incapacité de l'État à traiter en profondeur la défaillance, tout en réglant ponctuellement et souvent avec virtuosité les innombrables dossiers qui remontent de l'ensemble du pays. En cette période, l'État protecteur était plus souvent sollicité que l'État juge de paix même si, pour des raisons d'habillage politique de choix sociaux, l'action empruntait au modèle de l'État stratège (Boussac, Creusot-Loire...).

La communauté déviante

La stratégie consiste alors, soit à pratiquer la chirurgie pour sauver les parties viables d'entreprises promises sans cela à disparition, soit à aménager la sortie par l'euthanasie lente. Le CIASI, en l'absence de repreneurs, ne sera guère regardant sur les méthodes. Quand les banques se font réticentes, on les contraint à coopérer (l'art de la torsion de bras). Les repreneurs se font rares, le CIASI les invente : il maintient d'anciens actionnaires dans les conseils d'administration, fait appel à des dirigeants faillis pour gérer les entreprises recapitalisées, fait preuve d'une inventivité sans bornes dans l'art du « faux nez ». Et si les concours publics ne suffisent pas à faire naître des vocations, on crée des SCOP. Dans les industries de haute technologie où le retard français est irrémédiable (machine-outil), on en vient progressivement à faire appel à l'étranger, sous couvert d'une fiction d'actionnariat français dans un premier temps, puis, plus ouvertement.

Les techniques d'intervention s'enrichissent de variétés nouvelles; si les CPI servent à couvrir les pertes et le FDES les investissements, l'invention de repreneurs nécessitera la mise en place de la SADEF pour les prêts d'honneur. Le sauvetage d'entreprises vivant de la commande publique comme la Franco-Belge se fera par taxation d'entreprises publiques (RATP/SNCF). Dans les dossiers à forte visibilité politique et à forte consommation de fonds publics, le CIASI parviendra, comme à Manufrance, à impliquer financièrement la municipalité.

Mais une intervention sans cesse plus conquérante ne pouvait souffrir les limites de la pratique judiciaire et les sacro-saints droits de la propriété. Aussi dès le deuxième semestre de 1981, procède-t-on à un « toilettage des textes » dont l'objectif est d'introduire le droit d'action du parquet dans les procédures collectives. Le ministère public va se voir reconnaître un nouveau droit d'action en matière de cession à forfait, de désignation de syndic et d'administrateur judiciaire. Toutes ces mesures aboutissent à mettre en veilleuse le droit de propriété dans l'intérêt de l'entreprise. Ainsi, pour faire passer une cession à forfait, on décida par exemple de faire placer les droits de vote de l'actionnaire failli entre les mains du mandataire de justice. Dès lors que l'État s'arroge la responsabilité de sauver les entreprises, il va l'exercer contre les propriétaires légaux qui peuvent méconnaître les intérêts véritables de leur entreprise, ou plus exactement du collectif productif, et contre une administration judiciaire suspectée de notabilisme, de mollesse et d'excessive connivence avec les créanciers. Cette loi de 1981 va faire des parquets les relais du CIASI dans la sphère judiciaire; elle parachève ainsi la concentration des pouvoirs au sein du Trésor. Dans un tel contexte, le ministère de l'Industrie proteste de plus en plus fréquemment contre l'abandon d'anciennes gloires de l'industrie française. La DATAR se plaint de la forte concentration territoriale des entreprises condamnées. L'Élysée et Matignon assistent à la multiplication des *casus belli* avec le PC et la CGT et les gèrent au jour le jour. Le meilleur baromètre de l'état des relations entre PC-CGT et Élysée-Matignon est le mode de traitement de certains dossiers d'entreprise en difficulté comme Manufrance, les ARCT ou l'imprimerie. Du jour où ces dossiers seront traités sur une base économique par une remise sur le marché et le débranchement des multiples perfusions financières, on saura que la rupture est consommée.

En mai 1981, celui qui va être appelé au côté de J. Delors pour jouer les premiers rôles dans la nouvelle politique et qui était alors secrétaire général du CIASI, rédige un bilan de l'action du CIASI; il note les dérives et les risques de transformation de l'outil en guichet; pour se prémunir contre une telle tentation ou une telle faiblesse, il en propose la suppression pure et simple. L'évolution du CIASI-CIRI lui donne amplement raison, le club distingué s'est mué en communauté déviante, le comité d'experts financiers s'est reconverti dans l'audit industriel et social quand ce n'est pas dans la gestion de fait, l'intervention ponctuelle et l'usage homéopathique de fonds publics ont trop souvent cédé la place à des concours financiers massifs et durables sans réelle justification économique ou même sociale.

La défaillance au risque du marché

La période qui s'achève avec la mise en faillite de Creusot-Loire aura constitué un épisode singulier de l'histoire de l'intervention étatique dans l'industrie : celle où l'action en faveur des entreprises en difficulté ne s'explique plus par une volonté de correction des effets de la politique macro-économique mais plutôt par la nécessité politique de différer les adaptations nécessaires en débranchant les régulations de marché. La philosophie implicite de l'intervention est alors : mieux vaut maintenir la fiction de l'entreprise même quand on gère une action de solidarité. Brider les ajustements de personnel, faire prendre en charge les pertes par le FDES, les investissements par des financements exceptionnels, les licenciements et la formation aussi, et les pertes sur marchés étrangers par la COFACE, n'est-ce pas en effet sauver l'apparence et retarder l'échéance.

Le Creusot et la levée des tabous

La mise en faillite de Creusot-Loire est, dans l'ordre industriel, aussi importante que le refus de la sortie du système monétaire européen en mars 1983. Elle marque une triple rupture : l'État accepte le démantèlement d'un grand groupe industriel, il ne soutient plus à tout prix un champion national; selon l'expression d'un haut fonctionnaire, il préfère financer le gazon plutôt que des emplois non compétitifs; le chantage à l'emploi a cessé d'opérer; enfin la gauche épouse, dans sa pratique si ce n'est dans son discours, une logique libérale de l'entreprise et la pression communiste n'est plus déterminante.

A la charnière des années 1983-1984 s'opère donc un tournant, on a presque envie de parler d'une fin de cycle que révèle l'affaire Creusot-Loire. Les questions capitaliste, industrielle, politique, idéologique ne se posent plus dans les mêmes termes.

La question capitaliste est pour la gauche la grande découverte de la période : les notions de fonds propres, de capitalisation boursière, de structure d'actionnariat, d'industrie financière font leur apparition. Un gouvernement de gauche n'a pas à veiller seulement aux problèmes de production et de répartition, il doit intégrer le rapport de forces financier et muscler le capital national. La gauche au pouvoir estime donc ne pas devoir soutenir un capitalisme failli. Comme l'illustre le cas Schneider, elle tente dans un premier temps une recomposition administrative du capital de ce groupe, puis laisse faire Suez qui est alors en quête d'opportunités financières (plan Peyrelevade de recapitalisation du holding de tête), avant de ratifier le désengagement pur et simple.

L'abandon du volontarisme industriel est sans doute la révision la plus déchirante mais le gouvernement avait fini par se rendre à l'évidence : les plans de gauche ne réussissaient pas mieux à la machine-outil française que les plans de droite. Un champion national public n'était pas nécessairement plus performant que le même resté dans le privé. La mise en faillite de Creusot-Loire, leader national des industries de biens d'équipement, et vecteur essentiel de l'influence de l'industrie lourde française dans les pays de l'Est, a ainsi témoigné de manière éclatante du nouveau cours. Avec le démantèlement de ce qui restait du groupe, le refus du maintien d'une unité fictive pour rassurer les salariés et, plus encore, avec la mise en place d'aides à l'aménagement du cadre de vie, le gouvernement émettait enfin un troisième signal : la défense de l'emploi, même contre la raison économique, cessait d'avoir cours. L'État providence avait rencontré sa butée en matière d'emploi. Les fausses entreprises qui n'étaient que des agences de solidarité allaient devoir se reconvertir radicalement ou disparaître.

L'institution du marché

En 1979-1983, au moment où se déchaîne l'activisme du CIASI-CIRI, une quadruple action est amorcée qui doit mettre un terme à l'intervention publique d'exception. Le ministère des Finances qui est l'auteur des pratiques qualifiées ici de déviantes profite de la réforme du CIASI devenu CIRI pour préciser la mission de l'organisme. Le ministère de la Justice crée deux groupes de travail dès l'automne 1981 pour réformer la législation économique. Le ministère de l'Emploi raffine et étend la gamme de ses techniques d'intervention sociale pour dégonfler mécaniquement les sureffectifs sans en passer par des licenciements secs : mesures de chômage partiel ou total, mise en formation sans rupture du contrat de travail, aide au retour, pôles de conversion. Enfin, en matière de politique financière, même si l'on continue à pratiquer les bonifications, la loi sur l'initiative économique, le *carry-back* fiscal, les mesures destinées à favoriser les reprises par les salariés constituent des projets ou des décisions dont on ne saisit pas encore la portée mais qui, dans le contexte ouvert par le tournant de mars 1983, vont produire pleinement leurs effets. Tout se passe comme si une administration économique, en voie de conversion au libéralisme après l'arrivée de la gauche au pouvoir, laissait passer l'orage des illusions semées par l'alternance pour se préparer, le moment venu, à organiser le désengagement.

Trois lois vont marquer le passage de l'intervention discrétionnaire du CIASI-CIRI en matière de redressement d'entreprises défaillantes, au traitement par l'instance judiciaire. La loi sur la prévention et le droit d'alerte du 1er mars 1984 confère certes un nouveau pouvoir aux salariés mais elle oblige surtout les entreprises à un effort de gestion prévisionnelle et de suivi de trésorerie. La disposition la plus novatrice est le « règlement amiable » qui permet, par l'intermédiaire d'un conciliateur, de renégocier la dette au lieu de l'étaler comme dans le concordat aimable. Mais la disposition essentielle de cette loi qui revenait à disséminer l'expertise du CIASI-CIRI et à diversifier le recrutement des conciliateurs ne sera guère appliquée. Elle reposait en fait sur un triple pari : que les entrepreneurs acceptent l'alerte et fassent appel au tribunal de commerce avant qu'il ne soit trop tard, que les banquiers ne perçoivent pas la mesure comme une spoliation légalisée des droits des créanciers et que les tribunaux de commerce au lieu de puiser dans le vieux fonds des syndics pour nommer des conciliateurs fassent appel à des professionnels de l'audit ou du redressement.

Un pas supplémentaire sera fait dans cette direction avec la loi du 1er janvier 1985 sur le redressement judiciaire. Sachant que les créanciers ne sont jamais payés, qu'un pour cent seulement des concordats sont menés à bonne fin (avec une forte dévalorisation des passifs) et désirant donner à l'entreprise le temps d'organiser son redressement, le législateur prévoit en matière de règlement judiciaire une procédure lourde et une procédure allégée. Une phase d'observation avec désignation d'un administrateur judiciaire pour trois mois renouvelables (maximum un an) est notamment prévue; elle se conclut, soit par la continuation avec apurement de passif, soit par la cession totale ou partielle, soit encore par la liquidation.

Enfin, une troisième loi, adoptée également en 1985, réformera les professions judiciaires en distinguant les professionnels du redressement – les administrateurs judiciaires – des experts de la vente à l'encan – les liquidateurs judiciaires.

Sur le plan des finances publiques, le désengagement prend d'abord la forme classique de la débudgétisation, puisque à partir de 1983 on transfère au Crédit National et au CEPME l'octroi des crédits, pour ne conserver que la charge de la bonification des sinistres éventuels. Cette débudgétisation ne va pas concerner les crédits destinés aux entreprises en difficulté; on procédera plus classiquement par réduction progressive des dotations. Une opération similaire sera conduite avec les CPI-CIRI qu'Alain Madelin réduira de manière drastique.

Sur le plan du traitement social enfin, les effets cumulés de toutes les mesures visant à réduire les effectifs sans licenciements secs aboutiront à la constitution d'une véritable ingénierie sociale dont les techniques combinées en de savants dosages (préretraites, congés de conversion, stages de formation, *outplacement...*) permettront la résorption en douceur des sureffectifs.

Quant au CIRI, à compter de 1985-1986, l'intervention se fait plus rare et plus sélective; on entre dans l'ère de l'acteur réseau où les compétences ayant essaimé dans un petit milieu, c'est celui-ci qui continue à opérer non plus pour le compte de l'État mais pour celui des banques et des entreprises. En effet les banques, après avoir confié le traitement de la défaillance à leur service contentieux tout en exerçant une pression politique pour que l'État socialise le risque industriel, ont fini par apprendre à mieux défendre leurs intérêts de créancières et à voir dans la reprise ou le redressement une opportunité pour exercer un nouveau métier de banque d'affaires au profit d'une clientèle de PME devenue plus recherchée. Le redressement des marges des entreprises va faire aussi son œuvre : des entreprises désendettées et disposant de capacités de financement inemployées vont reprendre leur mouvement de croissance externe. L'entreprise défaillante mais qui a une marque, ou une part de marché, ou un réseau, redevient attractive malgré ses pertes car le redressement et l'acquisition externe sont plus rentables que la création *ex nihilo* et le développement interne. Enfin l'arrivée à maturité des groupes nés de la reprise, comme Pinault ou Tapie, ou la conversion au métier de repreneurs d'anciens experts en audit, comme Alken, ou encore le développement d'opérations de capital risque au profit de repreneurs, vont avoir pour effet de tarir le fonds de commerce du CIRI. Dès lors, le CIRI va se trouver en panne de mission, de dessein : sa suppression pure et simple sera envisagée. Un rapport sera commandé à l'inspection des finances qui proposera la constitution d'un pôle D2-CIRI et, autour de celui-ci, le regroupement de l'ensemble des procédures et des comités dont la finalité est l'aide aux entreprises ne relevant pas du secteur public : CIDISE, CODIS, FIM rapatrié du ministère de l'Industrie, CIFIA (le CIDISE de l'agro-alimentaire), le Fonds d'intervention stratégique pour les industries agro-alimentaires, rapatrié du ministère de l'Agriculture, le CIALA, le CODEX et le CODEX-agro. Ainsi le CIASI, qui avait inauguré l'èrc de l'interventionnisme tous azimuts pour pallier les effets de la crise, devient, comme CIRI, le dernier carré du désarmement unilatéral de la puissance publique en matière d'aide aux entreprises. La modernisation industrielle doit se passer de l'intervention de l'État tuteur, lequel doit limiter son intervention aux politiques d'environnement. Cette politique inaugurée par P. Bérégovoy sera amplifiée par E. Balladur.

Le nouveau CIRI va donc se trouver, plus que par le passé, dans les mains du politique. Aujourd'hui, sa mission est d'observer, de se saisir des dossiers à la demande des pouvoirs publics, ou pis, d'entériner des choix de cabinet motivés par la classique distribution des bénéfices politiques.

Par rapport aux trois configurations décrites, l'État juge de paix est moins sollicité et n'est plus légitimé, l'État illusoire stratège a tiré la leçon mais il reste sensible à des considérations d'emballage politique de solutions d'abandon (Valeo doit rester français même quand C. De Benedetti a tous les pouvoirs); l'État protecteur se retire, les commandites sont mises à mort, toutefois les dossiers de circonscription ne disparaissent pas. Le type de dossiers traités pendant la période illustre les nouvelles orientations du CIRI. En effet, les grandes affaires de ces années concernent, soit la navale (construction et réparation) où le travail d'assainissement se poursuit, soit la machine-outil qu'on porte en terre après l'échec officiellement constaté des dernières tentatives de relance du secteur. En ces matières, l'État défait ce qu'il avait fait dans un autre contexte, fournit une expertise technique, veille à ne pas s'engager dans de nouvelles commandites et, face à la pression de l'environnement, implique financièrement les collectivités territoriales. De manière informelle, le CIRI se saisit à la demande du ministre de telle ou telle entreprise qui menace de s'effondrer, les banques l'alertent également. Dans un tel contexte, le CIRI reçoit, consulte, conseille, oriente, rédige des notes mais n'intervient pas. L'essentiel du travail consiste en fait en liquidations de dossiers traités par le CIASI-CIRI dans les périodes fastes d'activité et qui rechutent.

Les modes de traitement du CIRI ont également changé. Un court moment, les rapporteurs du CIRI vont caresser le rêve fou de se transformer en banque d'affaires pratiquant l'ingénierie financière, l'acquisition-fusion, la restructuration de dettes, la reprise d'entreprises par les salariés. En effet, les moyens ayant été réduits, les interventions sur ordre du politique étant coûteuses, le CIRI ne peut offrir qu'une aide au conseil, mobiliser sur deniers publics des audits et des banques d'affaires spécialisées dans la recherche de partenaires industriels ou financiers. Dès lors que sont abandonnés les impératifs de politique industrielle qui signifiaient souvent la recherche d'alliances franco-françaises, le CIRI peut plus librement faire aboutir des solutions de reprise étrangère. L'après-1984 est la période où l'investissement japonais, loin d'être rejeté, est recherché (reprise d'HES par Toyota, de Dunlop par Sumitomo, de MBK par Yamaha), où les membres de l'OPEP du papier viennent faire leur marché en France (Cascades à La Rochette et à La Chapelle-Darblay, United Paper Mills chez Stracel) et où les champions de la machine-outil se partagent les dépouilles Intelautomatisme à la Comau Promecam à Amada... Certes, çà et là, quelques repreneurs français surgissent comme Nogués Brizard pour MFL mais ils restent fragiles et, dans l'ensemble, la retraite en bon ordre au nom du marché et de la fin des errements de l'État se réalise.

L'acteur réseau

Paradoxalement, le CIRI n'est plus dans le CIRI; l'expédition des affaires courantes, le traitement « en rationalité » qu'un ministre politicien censure, l'interdiction de se saisir de dossiers qu'on sait pouvoir mieux traiter que les cabinets ou le marché, vont entraîner la régression du CIRI institutionnel. Dès lors, le réseau des anciens va se substituer à une institution qui, avec la mobilité de son personnel, perd la mémoire. Tels anciens du CIASI reconvertis chez B. Tapie, F. Pinault ou B. Arnault, au Crédit Agricole, au Crédit Lyonnais ou au CIC vont ainsi, de concert avec leurs anciens partenaires banquiers, administrateurs judiciaires ou avocats, se rencontrer, se consulter, monter des dossiers pour arracher telle affaire ou faire qu'un repreneur ne dérape pas. Un CIRI minimum subsiste, mais fondu dans un service administratif plus large et à qui l'on demande de ne surtout plus intervenir, le relais ayant été pris par le marché.

Destin de l'innovation administrative

Né avec l'affaire Lip, le CIASI-CIRI, avec le regain industriel de la fin 1985 et la volonté de « laisser faire » du ministre socialiste des Finances, entre dans l'administration routinière. L'administration de mission s'est muée en administration de gestion, non sans avoir envisagé elle-même sa propre disparition! L'alternance de 1986 a failli lui être fatale. Un ministre qui se disait libéral avait nommé une commission (Belin-Gisserot) pour réfléchir à la restructuration de l'administration économique, une mission de l'inspection (Carpentier) avait été par ailleurs saisie du cas du CIRI. Ainsi le commissariat au Plan, la DATAR et le CIASI, les trois administrations de mission les plus novatrices de l'après-guerre, se trouvaient mises en cause au même moment.

Est-ce d'avoir trop bien réussi en diffusant leur message et leurs méthodes dans l'administration classique que ces administrations de mission ont failli disparaître ou devenir à leur tour des administrations de gestion? On ne peut bien sûr trancher qu'en réinscrivant ces différentes institutions dans le cadre plus large de l'évolution de l'administration économique et, plus encore, en interrogeant le lien entre orientations politiques et instruments administratifs.

S'agissant du CIRI, le passage du Club à la communauté déviante et de celle-ci à l'acteur-réseau n'obéit ni à une transformation de la politique publique affichée – qui a toujours consisté à apporter des concours financiers ponctuels à des entreprises saines –, ni à une alternance politique puisque les années tournant ont été 1978 (au milieu du règne de M. Barre) et 1984 (à mi-parcours du quinquennat socialiste), ni à des effets mécaniques du mouvement économique d'ensemble puisque les problèmes de la sous-capitalisation des entreprises françaises, de la nature des concours bancaires et de la faible rentabilité sont anciens, et que les dates d'inflexion ont été 1971 avec la crise monétaire, 1974 avec la crise énergétique, 1979 avec le deuxième choc pétrolier, 1982 avec le nouveau choc monétaire et les crises d'endettement et de taux...

En fait, les effets de la dynamique économique ne s'actualisent dans des politiques que lorsque le travail d'analyse est fait (c'est-à-dire avec retard) et que le pouvoir politique assume les choix qui s'imposent. Or, le pouvoir politique poursuit simultanément d'autres objectifs, ses horizons temporels sont spécifiques et l'administration de mission vit selon ses rythmes, ses orientations et son degré de cohésion interne.

L'histoire du CIASI nous livre une clé : un même instrument a pu servir dans le cadre de trois politiques différentes : dans l'une, méconnaissant la crise on se contentait d'en traiter les effets visibles (politique de la prothèse); dans l'autre, on a cru maîtriser la difficulté et la traiter (politique industrielle), avant de s'aviser que, de fait, l'intervention en industrie était un levier politique d'action pour traiter le local et un instrument de gestion sociopolitique.

Dès lors, si l'on veut rendre compte du destin de l'innovation administrative, il faut certes reconstruire comme nous l'avons fait les logiques internes de fonctionnement, les modèles d'action de l'élite du secteur, les représentations qu'elle a de l'environnement économique, politico-institutionnel et de l'efficacité de son action, mais il faut surtout réinscrire et réarticuler tous ces éléments dans un cadre plus large, celui de l'évolution de l'appareil économique d'intervention dans son rapport à la politique économique menée.

CHAPITRE 9

ENTRE MODERNISATION ET DÉCLIN, L'ÉTAT EN INDUSTRIE

Il est des indices dans l'histoire politico-administrative d'un pays qui ne trompent pas : que l'administration la plus inventive, la plus efficace, celle qui attire les meilleurs esprits d'une génération de hauts fonctionnaires ait été le CIASI-CIRI-D2-CIDISE en dit long sur les priorités de l'agenda politique de la décennie 1974-1984 et sur les critères de performance d'alors des élites publiques. Que cette administration génère des comportements déviants, soit en avance d'une loi et fasse de l'exception une norme d'intervention en dit long également sur la « souplesse » de l'État et sur la nature de l'État de droit à la française.

La singularité d'un tel outil n'est ni l'adaptabilité, ni le pouvoir discrétionnaire, ni même la qualité et les trajectoires professionnelles de ceux qui l'ont servi – le Plan et la DATAR, en leur temps, ont fonctionné selon la même logique et attiré les mêmes élites – mais plutôt sa finalité : formellement, la restructuration industrielle, en pratique la gestion sociopolitique de la désindustrialisation. Durant cette période, pas de tâche plus urgente que de désamorcer politiquement la crise industrielle, de circonvenir les abcès sociaux, de dégonfler la pression locale au point que la guérison, lorsqu'elle se manifestait, venait comme par surcroît.

La virtuosité des montages financiers, les libertés prises avec le droit, l'injonction contradictoire couramment pratiquée vis-à-vis des industriels et des banques n'avaient d'autre objet que de protéger le pouvoir politique central en lui offrant un bouclier administratif suffisamment étanche pour éviter la surcharge des demandes et suffisamment adaptable pour éviter les débordements. Le bouclier administratif a rempli son rôle, la crise sociale a été réduite par l'euthanasie lente et méthodique.

De ce point de vue, l'idéologie maison des cow-boys et autres chirurgiens de campagne... participe de la mission : il faut croire aux missions impossibles pour que les publics intéressés soient convaincus de l'importance de l'effort fourni et plus encore de l'universelle capacité de maîtrise du pouvoir politique légitime. Mais dans cette idéologie spontanée des hauts fonctionnaires de l'intervention au profit des entreprises défaillantes, plusieurs éléments se mêlent qu'il importe de mieux identifier.

D'un côté, on trouve une version actualisée du credo du parti modernisateur selon laquelle l'État doit intervenir car la France a été dotée par l'histoire et la culture d'un capitalisme pusillanime et guère entreprenant. L'aide aux entreprises en difficulté, comme les différentes procédures de bonification, d'aide à la recherche, à l'investissement, à l'exportation... la création du CODIS ou la réactivation des grands projets participent d'un dessein : réussir une modernisation par le haut en attendant que le bas (le marché, la fameuse société civile) prenne le relais (Alain Minc, J. Peyrelevade, P. Lami, Charles-Henri Filippi, Jean-Charles Naouri). Appliquée plus spécifiquement aux cas du CIASI, du CIDISE..., la thèse conduit à affirmer que l'État intervient à cause de l'absence d'un marché de la reprise des entreprises en difficulté et d'institutions d'apport en fonds propres.

De l'autre, on trouve une version également actualisée des conservateurs ouverts, pour qui l'État doit intervenir car la France a hérité d'un peuple frondeur, d'une élite patronale qui préfère la rente nationale aux vents de la concurrence internationale, d'un syndicalisme idéologisé et de partis politiques qui pratiquent la guerre civile verbale. L'intervention, même sans espoir, de redressement industriel durable est le prix à payer pour domestiquer nos démons familiers (J. Monod, M. Pébereau, J.-C. Trichet).

Enfin, un troisième courant s'exprime dont la caractéristique est la faible propension à la théorisation. L'intervention s'explique alors par la nécessité dans laquelle se trouve tout pouvoir de répondre aux sollicitations de publics intéressés. Un homme politique, quelle que soit son orientation idéologique, ne saurait se désintéresser de ce type de problèmes; il y va de la conservation de son fief électoral, de l'emploi, du prestige national, de l'équilibre régional. L'intérêt du CIASI-CIRI est alors purement fonctionnel, sa justification est dans son efficacité, son professionnalisme par rapport aux cabinets, à l'administration judiciaire, aux banques traditionnelles.

Le rapprochement entre le Plan, la DATAR et le CIASI n'est bien sûr pas fortuit : ces trois administrations de mission correspondent à trois âges du développement économique et plus encore à trois âges de l'intervention. Le Plan et la reconstruction; la DATAR et la maîtrise de l'expansion; le CIASI et la gestion de la désindustrialisation ont un point commun : il s'agit d'entreprises de contournement des forces politiques, sociales et administratives traditionnelles par une administration de mission constituée en parti de la modernisation [1]. A travers l'étude des modalités politico-économiques de la constitution et de l'insertion dans l'appareil d'État de ce parti, c'est toute la problématique de la modernisation et du déclin, du rôle de l'État et de ses élites ou des acteurs du marché qui se trouve posée. On ne saisira pleinement la spécificité de la période 1974-1984, des outils utilisés et des résultats obtenus qu'en la réinscrivant dans l'histoire du temps présent. On comprendra d'autant mieux les enjeux de cette fin des années 80 qu'on pourra prendre la mesure des transformations intervenues dans l'économie et l'État de 1945 à nos jours.

En fait, plusieurs types de modernisation se sont succédé dans le temps, qui constituaient autant de réponses spécifiques à une conjoncture économique, politique, sociale et organisationnelle. L'intervention de l'État est le produit d'un faisceau de contraintes réelles et imaginaires, lesquelles déterminent les degrés de liberté des États-nations et la nature des ressources mobilisables. La dynamique économique internationale, les orientations de la politique macro-économique, le degré d'articulation des politiques globales et sectorielles et plus encore des soutiens, et les oppositions suscitées par ces politiques, tels sont les points de passage nécessaires pour qui veut rendre compte de la stratégie explicite ou implicite de traitement de la crise industrielle.

La modernisation-reconstruction, œuvre d'un entrepreneur politique : Jean Monnet 1945-1953

Dans l'immédiat après-guerre, la reconstruction de l'Europe est considérée comme une nécessité stratégique pour les États-Unis. Le génie de Jean Monnet va trouver à s'exprimer dans ce contexte : comment en effet engager un effort volontaire quand l'instabilité politique s'installe et que les élans de la Libération s'émoussent? Comment différer la reconstruction immédiate et à l'identique quand les besoins sont criants [2]?

Ce libéral, homme d'affaires pétri du pragmatisme anglo-saxon, inventa une méthodologie, un nouvel art de la recherche du consensus par la négociation permanente : le Plan et l'économie concertée. Mais pour réussir, J. Monnet avait besoin d'alliés. Il va les trouver au cœur même de la forteresse des Finances en la personne de François Bloch-Lainé, directeur du Trésor, qui sera l'inventeur de la contrepartie francs de l'aide Marshall. Par ce dispositif très hétérodoxe et qui va être dénoncé par la Banque de France comme générateur d'inflation, l'équipe du Plan dispose d'un outil de financement discrétionnaire pour les secteurs prioritaires. J. Monnet trouvera aussi des alliés dans la grande industrie assoiffée de capitaux et parmi les dirigeants du nouveau secteur nationalisé. En revanche il lui faudra combattre pied à pied tous ceux qui, dans le patronat provisoirement affaibli, à la Banque de France, au Budget et dans le système financier, trouvent ces pratiques hétérodoxes dangereuses et susceptibles de provoquer un mouvement de surproduction! (Ce que F. Bloch-Lainé nomme la tentation salazariste [3].) On le voit, les conditions de la réussite de ce premier Plan doivent beaucoup à l'aide américaine, à l'entregent politique de J. Monnet, à la présence d'élites modernisatrices au Trésor, dans la grande industrie et le nouveau secteur nationalisé, et à la volonté des communistes et de la CGT de participer pleinement à la bataille de la reconstruction. Mais elles doivent surtout, à notre sens, à l'ambiguïté créatrice de la démarche de J. Monnet qu'illustre cette invention du Plan à la française.

L'ambiguïté créatrice du plan Monnet

Certes, comme le rappelle Richard Kuisel [4], le consensus modernisateur et planiste masquait des divergences quant à l'urgence des réformes de structures, quant à l'étendue du programme de nationalisations, mais la restauration de l'ordre économique de la IIIe République n'avait guère de partisans. On comprend mieux dès lors que le plan Monnet ait pu être considéré comme un pis-aller pour certains et comme l'ébauche du socialisme pour les autres; en cela réside son ambiguïté créatrice. Les communistes et la CGT obtiennent les nationalisations et les réformes sociales souhaitées, mais ils cèdent sur leurs revendications immédiates quant au pouvoir d'achat et aux logements; les mendésistes, à défaut d'obtenir un vrai Plan, un vrai ministère de l'Économie nationale et une authentique rigueur, peuvent du moins exercer leurs talents dans des administrations dotées d'importants pouvoirs et ouvrir la voie à leur chef; les néo-libéraux peuvent considérer que le Plan est provisoire et qu'il remplit une fonction dans une reconstruction ordonnée; les patrons modernistes voient dans le Plan les ressources financières qui manquent si cruellement; pour les gaullistes, enfin, les entreprises nationalisées et les grands programmes sont l'ébauche de cet État fort et dirigiste qu'ils appellent de leurs vœux.

Le bilan économique de la période est à la hauteur des espoirs mis dans le Plan. En 1952, la France a retrouvé ses niveaux de production les plus élevés de l'avant-guerre, les industries de base et les infrastructures de transport sont reconstruites et modernisées. Un effort massif d'importation de biens d'équipement permet de rajeunir le parc de machines-outils; les missions de productivité aux États-Unis favorisent le transfert de technologies et de méthodes de gestion. Au terme de la période, l'épargne privée abondante peut prendre le relais, l'État va la transformer en crédit bon marché pour les entreprises; la demande repart, tirée par l'investissement immobilier et l'équipement domestique et surtout par la régularité et la prévisibilité de l'augmentation des revenus salariaux.

Le bilan institutionnel n'est pas moins remarquable. Le Plan, l'information économique, la concertation, et le lancement des grands projets dans la foulée des nationalisations témoignent de la capacité des élites modernisatrices d'alors à innover, à rationaliser l'action de l'État et à poursuivre dans le moyen terme, malgré une grande instabilité politique, des projets ambitieux.

Mais il y a une ombre à ce tableau : les poussées inflationnistes ne sont contenues que par des déflations brutales (plan Pinay), le compromis social sur les revenus n'a guère progressé, le capital national est faible et l'industrie reste fortement protégée. Mission terminée, J. Monnet poursuit ailleurs son œuvre, il va mettre ses talents d'entrepreneur politique au service de l'Europe, désignant par là même les priorités nouvelles, celles de l'ouverture des frontières et de la construction politique de l'Europe. Mais sur la scène intérieure, le voile du Plan se déchire.

« Les 20 Glorieuses »
1954-1974

La période 1953-1955 marque une inflexion : l'État commence à privilégier la régulation d'ensemble sur la direction du développement et l'orientation autoritaire de l'investissement, même s'il maîtrise les outils de l'économie de financements administrés.

Trois principes ordonnent son action : le compromis social inflationniste, la régulation par la dévaluation, le grand partage. Cette inflexion traduit essentiellement une réintégration du monde patronal dans la sphère de décision [5] et une prise en compte de l'état réel de la structure sociale française.

Le compromis social inflationniste manifeste le refus consensuel de l'État, des syndicats et des patrons de maîtriser les évolutions nominales de revenus et de prix. La fuite en avant inflationniste entretient la croissance, l'autofinancement et l'euthanasie du rentier, selon les préceptes keynésiens, elle permet surtout des transferts indolores et occultes.

Dès lors que l'économie s'ouvre à la concurrence mondiale, la dévaluation périodique est la sanction du compromis inflationniste; comme telle, elle est acceptée par les partenaires sociaux. La reconnaissance du rôle nouveau des syndicats passe par le grand partage : un syndicalisme de lutte des classes et un patronat resté essentiellement patrimonial ne peuvent cogérer; le partage se fait ailleurs, à l'ombre de l'État, par l'extension des avantages sociaux et par une division du travail : aux entreprises, la gestion économique; aux syndicats, celle du social (gestion de la protection sociale par les partenaires sociaux); à l'État, la régulation d'ensemble et la substitution ponctuelle à l'initiative privée défaillante (les grands projets, l'économie de financements administrés).

Ce modèle qui couvre la période 1954-1974 correspond à une situation keynésienne, commune aux pays qui vont former la Communauté européenne.

Expansion et construction européenne

En effet, passé les pénuries de l'immédiat après-guerre, les dynamiques de l'offre et de la demande se mettent en phase et produisent un cercle vertueux de croissance auto-entretenue. Du côté de l'offre, le transfert technologique américain, l'abondance de matières premières, la disponibilité d'une main-d'œuvre à faible coût et la stabilité du système monétaire de Bretton Woods stimulent puissamment l'élargissement de la base manufacturière européenne et sa compétitivité. Du côté de la demande, une consommation privée rendue prévisible et solvable par la mise en place des dispositifs de l'État providence et une politique d'équipement public rendue nécessaire par les besoins de la reconstruction constituent des facteurs entraînants pour une croissance régulière. Ces éléments sont à l'origine d'une position compétitive favorable au cours des années 60. L'industrie européenne va se hisser progressivement au rang de challenger de l'industrie américaine. La structure productive est modernisée dans les domaines de compétence traditionnels de l'Europe (industries de biens d'équipement) et complétée dans les nouveaux secteurs de la chimie et de l'électronique.

C'est dans ce contexte que le rêve des grands précurseurs de l'idée européenne commence à se réaliser : la suppression des contingentements entre pays européens puis la suppression des droits de douane vont constituer de puissants facteurs de développement des échanges intracommunautaires. Ceux-ci progressent très sensiblement de 1958 à 1970 : de 28,6 % à 54,8 % dans le cas de la France, de 35,8 % à 47,4 % dans le cas de la RFA.

Une demande intérieure soutenue, un effort d'investissement intense, le développement des échanges intracommunautaires et la redécouverte du grand large conjuguent leurs effets pour stimuler les économies nationales et le développement de la Communauté.

Le « miracle français »

La France est alors en phase avec le reste de l'Europe; mieux encore, elle croît plus vite que ses partenaires en période de forte croissance. Une moindre industrialisation pendant l'entre-deux-guerres, un certain retard dans l'immédiat après-guerre, des réserves de productivité à exploiter et une politique macro-économique vigoureuse menée après 1959 expliquent ce différentiel de croissance. Il faut cependant noter qu'à la veille des grandes secousses du début des années 70, l'appareil industriel est loin d'avoir achevé sa mue, les « champions nationaux » sont rares, moins rentables et moins puissants que leurs partenaires allemands et britanniques, et que la France a peu de pôles de compétitivité. Au plan macro-économique, la régulation de croissance s'opère par l'inflation et la dévaluation périodique. Les conditions de succès de ce modèle français de développement ont été la reconnaissance des groupes d'intérêt, l'opacité des transferts, le dirigisme puis l'interventionnisme étatique.

Contrairement à ce qui a été dit, le point nodal n'est pas tant l'action de l'État en matière économique (les fameux outils de l'économie concertée : plan, entreprises publiques...) que la captation de ressources économiques pour accompagner la mutation sociale.

Comment faire d'un pays rural où les catégories d'indépendants pullulent un État industriel moderne, sans déchirer le tissu social? Une forte croissance rend indolores les transferts de population et permet de financer l'équipement du pays; une forte inflation permet l'étalement de la mutation agricole et commerciale; un système financier contrôlé par l'État permet d'orienter les ressources du pays vers les secteurs désignés politiquement comme cruciaux : le logement, l'agriculture, l'équipement du territoire. Enfin une politique de prix administrés en matière de crédit permet l'enrichissement de l'entreprise qui s'endette (effet de levier) et le développement d'un capitalisme sans capitaux. La nouvelle doctrine qui s'éprouve jour après jour emprunte à la panoplie des politiques conjoncturelles keynésiennes dans le domaine macro-économique (politiques budgétaires, fiscales, monétaires...). Et, s'agissant des entreprises, la politique menée mêle l'intervention directe, l'incitation et l'organisation du laisser-faire.

Deux grandes réformes illustrent le nouveau cours : la mise en place de la taxe à la valeur ajoutée et la création du Fonds de développement économique et social (FDES). La première, outre qu'elle représente une simplification du mécanisme de taxation, constitue une incitation à l'investissement. La deuxième manifeste la volonté de poursuivre une ambitieuse politique d'investissement mais selon un mécanisme qui la rende moins exclusivement dépendante du Budget. Quant à l'objectif affiché par le plan Louvel d'une industrie compétitive, ouverte sur le monde et dont l'État favoriserait la concentration et la rationalisation par des incitations fiscales et financières, s'il reçoit un début de réalisation avec la construction européenne, il constitue surtout la première annonce de ce que sera le programme pompidolien des champions nationaux. L'année 1954 constitue bien une année charnière, celle du passage du faire au faire faire en matière de politique macro-économique. Mais ce passage est tempéré par l'affirmation d'une universelle ambition d'indépendance nationale et d'autonomie technologique, par les nécessités politiques de la gestion de la mutation sociale et par la relative faiblesse du capitalisme autochtone.

Du faire au faire faire étatique

La période gaulliste est souvent qualifiée d'âge d'or du Plan et du dirigisme industriel [6]. Si les grands projets lancés après-guerre sont poursuivis (pétrole, nucléaire) et multipliés sous le règne du général de Gaulle (spatial, aéronautique civile et militaire), si la protection de fait des entreprises nationales ne souffre que peu d'exceptions, le financement de l'industrie n'est guère favorisé par rapport à l'agriculture, au logement et à l'équipement du territoire. Certes le financement externe des entreprises se développe – des organismes parapublics y pourvoient –, mais c'est là un effet de l'organisation du système financier qui ne préjuge en rien du caractère sélectif de ces interventions en fonction de priorités fixées par le Plan [7].

Le Plan suit cette évolution; ses ambitions sont plus grandes puisqu'il vise à organiser le développement économique et social, qu'il se préoccupe de l'évolution des revenus et des désirs des consommateurs. Mais cet élargissement des compétences masque mal son déclin dans une économie qui s'ouvre et au sein d'un État qui privilégie la régulation d'ensemble et la gestion politique plutôt qu'une stratégie globale de modernisation. De plus, la tentative d'une politique de revenus qui seule aurait pu contenir l'inflation et que défendait le commissaire au Plan échouera.

Avec G. Pompidou, le programme Louvel entre en application. Ce qu'on a nommé l'impératif industriel correspond plus à la dynamique interne du système productif qu'à une politique volontariste. L'analyse du processus de constitution des grands groupes industriels révèle davantage des logiques d'alliance dans le capitalisme français qu'une politique industrielle à l'œuvre. Certes, des mesures financières et fiscales furent prises; elles ne sont pas pour autant à l'origine des fusions. L'originalité de la période réside davantage dans la tentative avortée de nouvelle société, dans la transformation réussie de grands projets nationaux en coopérations industrielles européennes et dans la réflexion menée sur la modernisation de l'État (rapport Nora [8]).

En fait, l'institution la plus représentative et l'innovation la plus décisive de la période est la DATAR. Ce n'est plus le Plan, ce n'est pas davantage l'IDI, projet longtemps caressé d'une banque nationale d'investissements, vecteur de la restructuration du capitalisme français. La DATAR est une administration de mission chargée non d'une politique sectorielle mais d'une politique territoriale. L'État s'assigne pour objectif la croissance équilibrée, la correction des avantages naturels par l'action volontariste sur les localisations. Cette action comporte deux volets. Un aspect dissuasif, puisque, par la réglementation et par des décisions discrétionnaires, elle décourage fiscalement les localisations qui renforcent le centralisme parisien. Un volet incitatif, puisque primes et prêts, nouvelles infrastructures et mesures d'accompagnement de tous ordres visent à infléchir la décision de localisation des acteurs économiques. C'est typiquement une politique d'environnement. Après avoir pesé sur la reconstruction industrielle, l'État se préoccupe de l'urbanisation, du cadre de vie et de la gestion de l'espace. C'est la DATAR de J. Monod qui essuie les premiers effets de la crise de spécialisation industrielle; la DATAR traitera les premières défaillances d'entreprise et les premières reconversions avec les Forges d'Hennebont et du Boucau, avec la régression planifiée des vieilles régions charbonnières et le déclin des activités portuaires de Marseille qui sera à l'origine de Fos. Il ne faut donc pas se méprendre, l'action économique gaulliste a porté sur l'environnement de l'activité productive, sur les grands projets, sur la protection du capital national, elle a contribué à cadrer les anticipations des acteurs, elle n'a jamais été une politique directive en matière industrielle – et encore moins de compétitivité – malgré les Plans, l'affirmation de l'impératif industriel et la politique « sélective » du crédit.

Le décrochage et l'interventionnisme (1974-1984)

Les crises du début des années 70 vont frapper de plein fouet l'ensemble des économies européennes; pour la France, le défi consiste à poursuivre à marche forcée sa modernisation tout en s'adaptant à la nouvelle donne de la compétition économique mondiale.

Chocs exogènes et léthargie européenne

Avec les chocs monétaire de 1971 et énergétique de 1973, les facteurs clés de la compétitivité européenne se trouvent renversés sans que les États nations et la Communauté trouvent des réponses appropriées et unitaires. L'économie européenne entre en crise et, au sein de celle-ci, l'économie française. Si cette dernière fait un moment illusion en affichant des taux de croissance honorables, elle le doit à des artifices : un pouvoir politique déterminé peut reculer les adaptations nécessaires mais, quand elles interviennent, elles n'en sont que plus brutales.

Dans un contexte de croissance économique déprimée depuis 1973, affectée par les chocs pétroliers, monétaires et une profonde mutation techno-industrielle, la croissance de la demande s'est globalement ralentie, elle s'est aussi fortement différenciée. C'est au moment où la demande se contracte, se déplace et où la concurrence internationale devient plus vive que les pays européens doivent accélérer leur adaptation. Or, les États nations européens font le « gros dos » et attendent que l'orage passe : en termes plus savants, ils maintiennent les anciennes politiques keynésiennes [9]. Face à une crise dont ils ne comprennent ni la nature ni l'ampleur, ils vont curieusement réaliser le même compromis inflationniste : privilégier la redistribution par souci de paix sociale au détriment de l'investissement productif et de la rentabilité des entreprises. Ce faisant, ils amplifient l'inflation et la crise [10]. La panne de la construction européenne qu'explique le désarroi des gouvernements nationaux face à la crise et la tentation des solutions individuelles vont conjuguer leurs effets pour affaiblir les nations européennes incapables de trouver des réponses communes dans quelque domaine que ce soit.

Sur le plan industriel, abandonnant ses positions de force obtenues à la fin des années 60, l'industrie européenne se replie progressivement sur des produits moins élaborés, moins concurrencés par les États-Unis, le Japon et les nouveaux pays industriels du Sud-Est asiatique, mais qui souffrent d'une faible croissance de la demande. Résultat : un taux de pénétration en hausse et des pertes de parts de marché à l'exportation, surtout pour les produits les plus consommés par les pays industriels.

Dans ce contexte de profonde dégradation des facteurs de la compétitivité (coûts salariaux directs et indirects, coût des matières importées, vieillissement du capital, baisse de la productivité, inflation exacerbée), le Japon – qui connaît au départ les mêmes difficultés objectives – accélère la mutation techno-industrielle et, dans une démarche volontariste exceptionnelle, investit les nouveaux secteurs et balaie progressivement la concurrence européenne. Sur les marchés intérieurs, les pays européens s'inventent des protections dérisoires (quotas français pour les téléviseurs couleurs, l'automobile...) qui tiennent lieu un moment de politique jusqu'à ce que, soumis à une pression extérieure devenue irrésistible, les pays européens un à un renoncent (disparition de l'électronique grand public allemande et anglaise). Mais l'effet de ces protections nationales a affaibli aussi la construction européenne. Ainsi, par souci de défense des bases industrielles nationales, l'Europe est devenue une mosaïque de pays compartimentés mais ouverts sur l'extérieur! Normes, marchés publics, régimes fiscaux ont constitué une barrière efficace pour la défense des prés carrés nationaux au mépris des exigences de la constitution d'un marché intégré – objectif déclaré du traité de Rome bien avant l'avènement du marché unique de 1992.

Une spécialisation à l'import et à l'export mal adaptée et une orientation des flux d'échanges guère favorables justifient quelque peu ces résultats mais n'expliquent pas les raisons profondes de la dégradation de la compétitivité industrielle de la Communauté. Certes, en économie ouverte concurrencée, les performances à l'export déterminent les niveaux de croissance, d'investissement et d'emploi, et une mauvaise spécialisation provoque un appel d'air dans lequel s'engouffrent les importations. Mais il reste à expliquer ce repli frileux sur une base industrielle rétrécie et inadaptée.

Divers facteurs sont couramment avancés : la base industrielle communautaire consacrée à la production de biens de haute technologie est à la fois étroite et fragmentée, les gains de productivité sont restés insuffisants pour compenser la hausse des coûts salariaux, ce qui a affecté la compétitivité des produits européens. Dès lors, en dépit de marchés potentiels en expansion, les investissements de ces industries ont stagné et leur stock de capital a peu progressé. Du fait d'une moindre spécialisation, d'une plus forte pénétration, d'un investissement insuffisant et mal orienté, l'Europe n'a connu qu'une très faible croissance industrielle. Il en a découlé une nette régression du nombre de postes de travail offerts aux salariés européens et, parallèlement, une forte hausse des coûts de production industrielle qui ont évolué à peine moins vite que le taux général d'inflation de l'économie. Parmi les facteurs qui expliqueraient le temps de réaction anormalement long des États européens, il faut aussi mentionner le manque de flexibilité salariale et l'adaptation tardive des effectifs à la nouvelle donne de la répartition des marchés. En fait, plus que de rigidité, il faudrait parler d'uniformité sectorielle dans la distribution des salaires. La mobilité intersectorielle de la main-d'œuvre est plus grande aux États-Unis et au Japon que dans la Communauté. Cette dégradation résulterait aussi de la moindre productivité du capital due à la diminution de la durée du travail et à une moindre utilisation des équipements. Dernier facteur : l'accroissement des salaires réels a été sensiblement plus fort dans les pays de la Communauté [11].

Consciemment ou non, tout s'est passé comme si les différents pays européens, séparément, avaient choisi, face à leurs opinions publiques la même stratégie qui consistait à préférer le consommateur au producteur, le salarié des vieux secteurs aux salariés potentiels des nouveaux secteurs et le détenteur d'un emploi au chômeur et ce, dans le cadre d'une économie ouverte et d'une Communauté en panne. L'Europe *a décroché* depuis les crises des années 70, la construction européenne a régressé. Dans un environnement compétitif plus dur, les solutions nationales ont prévalu.

Pourquoi les vieilles nations européennes n'ont-elles pas su ou voulu réagir à temps à une inversion des tendances économiques de base, la question reste ouverte. Il est vain toutefois d'incriminer le patronat ou le salariat, la syndicocratie ou la corpocratie. La crise est le résultat de dynamiques économiques et sociales lourdes et la manière d'y répondre exprime la société dans sa globalité.

Le décrochage français : l'échec de la tentative barriste de sortie de crise

Sur ce fond économique commun aux pays européens, on va assister à partir de 1979 à une divergence de politiques macro-économiques dont les effets vont être amplifiés par le second choc pétrolier.

En France comme dans les autres pays européens, dans un premier temps on ne prend pas la mesure des phénomènes à l'œuvre. En 1973, on ne voit pas ce qui pourrait arrêter ce mouvement irrépressible de croissance et de modernisation; la France plus vigoureuse démographiquement et aux ressources de productivité inentamées doit dépasser l'Allemagne et devenir la grande puissance manufacturière européenne. A partir de cette date on enregistre un effritement des positions de la France dont les plus sûrs indicateurs sont la perte de parts du marché dans le commerce international [12], la croissance réduite, la montée de l'endettement public, la multiplication des faillites, les dévaluations périodiques, la chute de l'investissement, l'effritement des marges des entreprises. Les problématiques de la modernisation reculent, le maître mot devient « redéploiement industriel ».

La réponse à la montée en puissance des nouveaux pays industrialisés, à la hausse du coût de l'énergie, à la perte de compétitivité dans le secteur manufacturier sera étatique et nationale, macro-économique et sectorielle. La politique macro-économique sera utilisée à contretemps et à contre-cycle (relance quand l'environnement international est atone et déflation quand la croissance repart chez nos partenaires économiques). Cette politique produira en retour une constante dégradation des conditions d'exploitation, de financement et de rentabilité des entreprises. L'État, conscient de ces effets, développe alors les dispositifs d'intervention d'exception (les « politiques prothèses ») pour l'aide aux entreprises en difficulté (CIASI-FSAI-CODEFI), aux entreprises innovantes (CIDISE, ANVAR), concentre ses aides à l'exportation pour les gros contrats, porte à bout de bras la sidérurgie, les charbonnages, les chantiers navals et prétend même ne pas renoncer à une vision d'avenir dans la gestion du portefeuille industriel de la maison France. Il recourt au Boston Consulting Group pour qu'il lui définisse les secteurs d'avenir : la création du CODIS est un effet de cette politique. Le développement de cet interventionnisme tous azimuts se réalise dans le cadre d'une politique formellement libérale qui entend parier sur la compétitivité plus que sur l'action de l'État. Il reste, et ce n'est pas le moindre des paradoxes, qu'en poursuivant les grands projets gaullistes et en initiant de nouveaux axes dans l'énergie, les télécom et les transports, les gouvernements « libéraux » qui se sont succédé ont réussi là où on ne les attendait pas mais là où l'État « despote éclairé » sait faire.

Comment comprendre cette panne dans la modernisation, ce recul du courant expansionniste keynésien, et ce dévoiement de la volonté de la puissance publique en un « interventionnisme brouillon et arrogant » (c'est en ces termes que nombre de patrons ont qualifié le règne giscardien)?

Il va de soi que les données objectives de la situation française, les erreurs de politique économique expliquent pour une large partie ce déclin relatif de la France; mais pourquoi les orientations libérales affichées au début ont-elles si peu été suivies d'effets et pourquoi le retournement de tendance a-t-il produit des effets si dévastateurs en France?

Comme toujours dans les temps de crise l'explication culturaliste [13] fait de nouveaux adeptes. L'explication est nous semble-t-il à chercher pour partie dans les données objectives de l'industrie française, pour partie dans l'effet retard de Mai 68, et pour partie dans l'aveuglement des élites politiques, industrielles et syndicales sur la nature de la crise et sur le type de réponse à lui apporter. Souvenons-nous : c'était aux premiers temps du régime giscardien, la crise était analysée comme un déséquilibre conjoncturel passager et l'inflation expliquée par l'excès de l'investissement. Il fallait donc moins investir et la « serisette » allait y pourvoir : les entreprises françaises qui, du reste, allaient entendre la leçon en ralentissant l'investissement, n'échapperont à la serisette que pour cause de difficulté excessive dans l'application. Les Français, rassurés sur la crise, se verront mieux garantis contre le chômage et l'inflation au prix d'une dégradation continue des comptes des entreprises. Il est incontestable que dans un premier temps il y eut myopie sur la nature de la crise mais les élites industrielles étaient d'autant plus portées à croire à cette chimère qu'elles estimaient ne pas avoir les moyens politiques d'une véritable politique de reconversion et de redéploiement industriel. La victoire étriquée de V. Giscard d'Estaing, la proximité du grand ébranlement de Mai 68 : autant de facteurs qui rendaient difficiles pour des patrons la nécessaire restructuration, d'autant que le pouvoir politique n'aurait pas laissé faire. La première phase (1974-1978) s'analyse donc comme l'effet contrarié d'une volonté de passage au laisser-faire. En témoignent une politique macro-économique de « navigation à vue » car la crise ne devait pas durer, des mesures ponctuelles d'amélioration de la balance commerciale (les grands contrats), la création « d'infirmeries de campagne » pour parer aux besoins financiers provisoires d'entreprises momentanément en difficulté et le choix de l'évitement à tout prix du conflit social.

La crise a fonctionné comme une irruption du réel dans un univers où un fragile équilibre économique, politique, social et culturel s'était progressivement figé. La dynamique de la croissance qui avait permis de résorber les contradictions nées du passage d'une économie peu industrialisée à une économie industrielle ouverte sur le monde avait cessé de fonctionner. Cette crise que l'on s'acharnait à nier n'avait en fait pas de solutions acceptables, elle fut donc occultée par les industriels, les hauts fonctionnaires, les hommes politiques et les syndicalistes, d'où les choix politiques défensifs pour éviter l'affrontement social au prix de l'aggravation de la crise industrielle.

Si, en 1978, la réalité de la crise commence à être admise dans les milieux industriels et administratifs, elle ne l'est pas encore dans les milieux syndicaux et politiques de gauche autrement que sur le mode magique avec la dénonciation de la rigueur barriste. Pourtant, à compter de cette date, timidement, une nouvelle politique est esquissée.

Son objectif déclaré est de réaliser les adaptations nécessaires. Une triple logique est alors à l'œuvre. Au plan macroéconomique il s'agit de créer un environnement de rigueur qui doit inciter les chefs d'entreprise à résister à leurs salariés (politique du franc fort, restriction du crédit). Au plan sectoriel, l'État prend la responsabilité de la restructuration des secteurs en graves difficultés comme la sidérurgie ou les chantiers navals. L'État enfin veut préparer l'avenir industriel de la France en impulsant des actions dans les secteurs de haute technologie : il crée à cet effet le CODIS. Mais l'instabilité économique et financière internationale et le contexte politique et social national vont interdire la réalisation du projet. En effet au moment où le gouvernement Barre prend conscience de l'ampleur du nouveau prélèvement pétrolier et, fort du répit politique qu'il pense avoir obtenu aux élections de 1978, tente une politique du franc fort et amorce la chasse aux « canards boiteux », en Allemagne puis dans les autres pays on mène une politique déflationniste qui passe par d'importantes amputations salariales. La politique française échouera, la résistance du salariat (telle la révolte de Longwy) et les contraintes de l'échéance présidentielle vont conduire le gouvernement Barre à abandonner les disciplines nécessaires. Il en subsistera une rigueur durable dans le secteur public.

Résultat : l'économie française a tardé à se moderniser, à adapter ses effectifs, à se redéployer; au total ces choix que commandait la nature de l'affrontement idéologique et politique ont affaibli l'industrie dans son ensemble. Dès lors, la politique du franc fort a abouti à l'effet inverse de celui qui était programmé puisque non seulement l'inflation sera plus forte mais, plus encore, les entreprises affaiblies par le traitement qu'elles subissent en viennent à abandonner des parts de marché à l'extérieur, ce qui aggrave davantage le solde du commerce extérieur.

Avec l'arrivée de la gauche en 1981, un nouveau cours est imprimé à la politique économique et à l'intervention de l'État. Les échecs de la période 1974-1981 qui, au vu des données macro-économiques paraissaient incontestables, vont ouvrir la voie à une politique radicalement différente fondée sur une plus grande intervention de la puissance publique. Le dispositif mis en place vise simultanément à stimuler la demande et à réorganiser l'offre par les nationalisations, la reconquête du marché intérieur et la relance de la recherche.

La nouvelle politique et la relance à contre-courant auront des effets désastreux, non pas tant en termes strictement économiques – l'effet relance n'a pas été considérable [14] – mais en termes politiques et idéologiques. En faisant croire qu'on pouvait travailler moins et gagner plus alors que la situation économique mondiale était profondément dégradée, et la situation française encore davantage du fait d'une pratique inflationniste ancienne, d'une mauvaise spécialisation géographique et sectorielle, de l'état déplorable des finances des entreprises, pire encore : en réembauchant dans les secteurs en déclin avec un argent public emprunté, la gauche au pouvoir qui faisait là ses premières armes et qui politiquement était peut-être justifiée dans cette orientation a retardé, voire facilité, le moment des adaptations nécessaires. Il n'est pas utile de développer ici les résultats de cette politique, sinon pour constater que de l'exacerbation des faiblesses de l'économie française naîtra une prise de conscience collective des limites d'une politique volontariste.

La panne du parti modernisateur

La caractéristique de la période 1974-1983, c'est que le mouvement de désengagement de l'État, perceptible sous la présidence Pompidou et revendiqué par V. Giscard d'Estaing, est interrompu.

Le passage du faire faire au laisser-aller ne sera pas réalisé. Certes le Japon avait donné l'exemple puisqu'il avait mis un terme à son programme d'ouverture de l'économie et de désengagement du MITI adopté en 1969 et qui devait produire des effets sensibles à partir de 1974 [15]. Mais ce retour au

« faire » étatique empruntera des formes spécifiques en France. Comme au Japon, l'État se substituera à l'investissement privé défaillant, les grands programmes dans le nucléaire et les télécommunications et, plus généralement, les investissements des grandes entreprises nationales constitueront l'essentiel de l'effort d'investissement national. Mais le pouvoir politique en place ne se reconnaît pas de compétences en matière de restructuration industrielle. L'innovation administrative marquante de l'époque est le CIASI dont l'objectif est d'aider les PME en difficulté à mourir ou à sauver certaines parties viables. Elle est gérée par le Trésor pendant que le ministère de l'Industrie tient un colloque ininterrompu sur le redéploiement industriel [16]. Singulière innovation, en effet, que ce CIASI inventé pour traiter la crise de l'industrie extensive ou plus exactement l'incapacité du politique à y faire face mais qui constitue de fait un dispositif d'exception mobilisé cas par cas. Curieuse modalité d'intervention que l'injonction contradictoire que pratique le CIASI et qui consiste à demander aux acteurs d'accepter les dures disciplines du marché mais... sans faire de vagues. Habile dispositif enfin qui permet au Trésor de gérer, sans apparaître comme tel, une intervention qu'il récuse mais qui sert ses intérêts de leader de l'administration économique. Le CIASI-CIDISE-D2 est à la fois le chant du cygne du parti modernisateur, sa dernière tentative de diriger l'économie par des moyens administratifs, et en même temps le lieu où s'accélère la conversion au marché. Les modernisateurs étatiques austères vont se faire *« golden boys »*.

Si donc la période est marquée par les hésitations sur le rôle de l'État en matière de restructuration industrielle, l'effet de ces politiques a bien été d'initier l'adaptation nécessaire à la nouvelle donne économique mondiale. Le modèle occulte qui avait fonctionné pour résorber dans la paix sociale le déclin des indépendants et paysans a servi dans ce contexte à gérer le déclin des industries traditionnelles et de leur salariat. A partir de 1978, en effet, et à l'abri d'une protection sociale renforcée et affinée [17], les premiers trains de licenciements massifs sont réalisés dans les secteurs en difficulté. Ce mouvement, un moment interrompu par l'arrivée de la gauche au pouvoir, reprendra après 1983. Il faudra attendre les choix faits pendant « l'état de grâce » pour que de l'exacerbation des tendances passées (inflation, déficit budgétaire, déficit du commerce extérieur) et de la menace du déclin, naisse la conscience de la réalité de la crise. Un cours nouveau est alors imprimé.

Le rebond et l'institution du marché (1984)

Ayant changé de politique, abandonné la stratégie de rupture, le Plan, la nationalisation et la relance keynésienne, par une série de réformes la gauche au pouvoir va prendre l'initiative là où on l'attendait le moins : dans la promotion de l'entrepreneur et de l'entreprise, dans l'abandon des canards boiteux (mise en faillite du premier groupe français de mécanique lourde : Creusot-Loire), dans la politique d'innovation financière, dans la flexibilisation de l'appareil productif et dans l'introduction de méthodes de gestion modernes dans le système de protection sociale.

En matière d'innovation financière, les maîtres mots deviennent : décloisonnement, déspécialisation, débonification, désintermédiation, ouverture internationale, décartellisation bancaire. L'objectif est la remise en cause des rentes de situation des acteurs financiers et l'ouverture internationale. Ces initiatives transforment en un an le paysage financier français; elles sont saluées par la presse anglo-saxonne comme des mesures décisives pour la libéralisation et la modernisation du système financier français.

Le gouvernement socialiste s'attaquera aussi à quelques archaïsmes têtus en matière de transmission des entreprises, il favorisera le développement des fonds propres et amorcera le démantèlement des contrôles des prix et des changes. En matière de flexibilité, ce sont les socialistes qui vont faire se relâcher nombre d'exigences du droit du travail (contrats à durée déterminée, introduction d'équipes de nuit et de weekend, etc.). Enfin en matière de gestion de la protection sociale, c'est encore le gouvernement socialiste qui va commencer à faire passer la Sécurité sociale et les hôpitaux de l'ère bureaucratique à celle de la comptabilité analytique et de l'entreprise. Dans le domaine des finances de la Sécurité sociale, l'introduction des méthodes de gestion de trésorerie permet de faire rentrer des produits financiers et d'afficher fort opportunément des excédents.

Les années 1985-1987 qui marquent une relative reprise au niveau mondial grâce aux effets combinés de la baisse du dollar, de la baisse du pétrole, du fort déficit et de la forte croissance américaine voient la France affaiblie, tout entière consacrée à la résorption de ses erreurs passées (par l'abaissement des ratios d'endettement et la reconstitution des fonds propres des entreprises notamment), incapable de profiter de l'aubaine et subissant de plein fouet les effets de la panne de l'investissement productif des années passées et l'inadaptation de la structure de son commerce extérieur. Mais au total, la rigueur aura porté ses fruits (le franc affiche une belle santé et le différentiel d'inflation avec la RFA fond), la reprise vigoureuse de l'investissement industriel et de la croissance en 1988-1989, même au prix d'une nouvelle dégradation du commerce extérieur, témoigne de la capacité d'adaptation de l'économie française. L'assainissement industriel entrepris à fort coût mais à doses homéopathiques pendant les années 1976-1983, puis sur un mode plus résolu à compter de cette date, débouche très logiquement en 1988-1989. Le rétablissement des profits a permis de réaliser les investissements longtemps différés, lesquels induisent à leur tour la reprise de la création d'emplois.

L'industrie extensive en perspective

La crise de l'industrie extensive (cf. chap. 4) prend tout son sens dès lors qu'elle s'inscrit dans l'histoire récente de la croissance, et de la crise française et européenne. Comparée à ses partenaires et surtout à l'Allemagne, la France a pratiqué l'industrie extensive. Toutes les études de spécialisation montrent que la France occupe souvent une position moyenne, très sensible aux variations de change et qu'elle subit bien souvent les prix internationaux plus qu'elle ne contribue à les façonner. C'est ainsi qu'on peut expliquer le cercle vertueux des réévaluations allemandes et le cercle vicieux des dévaluations françaises [18].

– L'explication la plus probable de la faiblesse relative de la France en matière d'électronique grand public, de composants, de mécanique avancée, d'automatismes, etc., réside dans le mode d'orientation (militaire), de financement (faible part de l'industrie privée) et de réalisation de la recherche développement (gros laboratoires publics) en France, et dans la constitution après-guerre d'un bloc étatico-industriel [19].

– Dans les secteurs en déclin de la première et de la deuxième industrialisation, les pouvoirs publics ont préféré l'euthanasie lente à la chirurgie, ce qui permettait certes de désamorcer les luttes sociales mais en même temps alourdissait considérablement le coût de la mutation.

– En matière de commerce extérieur, tout s'est passé comme si le relais de l'empire colonial avait été pris, certes, par la Communauté européenne, mais davantage encore, surtout après 1973, par les pays à commerce d'État, les pays sous-développés et les pays détenteurs de la rente pétrolière. Ce commerce extérieur nécessite de forts concours de l'État, il ne passe pas par le contact du client grand public.

– Sur le plan macro-économique, la France a abusé du compromis inflationniste, de l'ajustement par la dévaluation, elle a arbitré contre les entreprises et favorisé la dégradation de la rentabilité et donc de l'investissement privé. Consciente du phénomène, elle a développé l'investissement public qui n'a guère contribué à la conquête de marchés extérieurs.

– Le paradoxe proprement politique que révèle cette rapide analyse de la gestion de la crise par les pouvoirs publics est qu'un État fort et un pouvoir concentré sont prisonniers d'un type de compromis social; ils peuvent étaler les effets d'une mutation mais non peser sur une dynamique économique pour réorienter un appareil de production.

Au total, la France, plus tard que l'Allemagne, avec moins de courage ou de brutalité que la Grande-Bretagne et moins de souplesse que l'Italie, a commencé en 1983 à s'adapter à la nouvelle donne. Si les indicateurs sont alarmants, ils ne sont guère nouveaux, on l'a vu. L'origine de la dégradation des comptes de l'entreprise est à chercher dans toutes les politiques menées depuis 1974 avec le choix délibéré de ne pas toucher au pouvoir d'achat des salariés. L'inadaptation de la structure du commerce extérieur français remonte à plus loin encore. On peut cependant s'interroger sur la politique des grands contrats qui, un moment, a fait illusion. Mais avait-on le choix dès lors qu'on ne pouvait compter sur des entreprises appauvries? Le fort niveau d'endettement des entreprises s'explique par leur sous-capitalisation systématique, effet là aussi de notre économie de financements administrés, de nos traditions inflationnistes et de l'atonie boursière des années 60 et 70 [20].

Rien dans tout cela ne vient étayer la thèse d'un déclin amorcé en 1981 ou 1986 : les spécialisations industrielles s'établissent sur le temps long.

La gestion politique de l'économie

En définitive, le présent essai montre bien qu'il n'est nul besoin de convoquer des catégories immanentes comme le supposé manque d'esprit d'entreprise [21], ou le retard congénital de la France pour rendre compte de conjonctures spécifiques; les données économiques, politiques et sociologiques y suffisent amplement [22].

La thèse que nous avançons sur la gestion sociopolitique de la modernisation avec ses avantages et ses coûts, l'inflation, une moindre compétitivité, des adaptations plus lentes mais sans rupture traumatisante, illustrent le poids des inerties propres au modèle français mais elles n'ont pas empêché pour autant une modernisation vigoureuse. Dès lors, l'intervention de l'État ne peut être fondée sur un universel constat de carence de l'initiative privée, d'autant que les formes de cette intervention ont beaucoup varié sans qu'on puisse discerner une évolution régulière du plus ou moins d'intervention. La trajectoire du parti modernisateur ne manque pas toutefois d'étonner.

L'analyse de l'action du Trésor – centre administratif d'impulsion de la modernisation économique – pose en effet problème. Deux interprétations sont habituellement opposées.

– La première, partant de l'analyse des innovations administratives réalisées, du rythme soutenu de création de solutions originales, du brio de ses membres voit dans cette institution une sorte de gouvernement secret qui, à travers les alternances, poursuit un projet.

– La seconde, partant des politiques en sens inverse menées à l'initiative de gouvernements différents par les mêmes hommes (nationalisation, privatisation, dénoyautage) considère le Trésor comme un instrument, certes brillant, mais dans la main du politique.

Dans un cas, derrière la façade du gouvernement représentatif, le gouvernement réel fonctionne non par oukases qui lui sont interdits mais par définition de marges de manœuvre nécessairement étroites, et trouve des solutions qui tirent le meilleur parti des contraintes et des degrés de liberté.

Dans l'autre, un pouvoir politique doté d'un projet et maître du calendrier dispose avec le Trésor d'une véritable phalange d'experts, sans états d'âme, capables de défaire avec talent ce qu'ils avaient fait la veille et d'argumenter en sens inverse avec une égale conviction et rigueur.

En fait, ces deux interprétations ne sont contradictoires qu'en apparence. Dans une démocratie pluraliste, l'administration est l'instrument du politique et le Trésor ne prétend pas s'y substituer; il exerce son pouvoir en forgeant des procédures qui sont des outils d'influence ou en dissuadant d'intervenir ce qui est encore un moyen de manifester son influence. Mais dans les deux cas le Trésor s'affirme essentiellement comme le partenaire indispensable à toute élaboration politique, la vraie compétence n'est ni purement technique, ni purement politique, elle est double, c'est un savoir-pouvoir, une ingénierie politique. Le Trésor n'est donc pas par essence nationalisateur ou dénationalisateur, partisan de l'économie de financements administrés ou adepte d'un marché financier puissant, restructurateur industriel ou partisan de l'élimination des canards boiteux, il se veut seulement le plus compétent, le plus à même d'apporter les solutions les plus brillantes et les plus efficaces formellement, dans les contextes économiques et politico-institutionnels les plus variés. Plus généralement, contrairement à une lecture de l'histoire de France qui fait remonter l'interventionnisme à Philippe le Bel, l'État en France ne l'a été ni uniformément ni précocement ni solitairement [23].

L'intervention de l'État ne s'est pas imposée comme une évidence après guerre, François Bloch-Lainé nous le rappelle, mais elle a été facilitée par l'affaiblissement provisoire des élites traditionnelles et par l'apparition d'un parti de la modernisation qui a su saisir une place vacante.

Mais lorsque dans la deuxième phase, le Plan recule et que l'initiative privée prend le relais, on n'assiste pas pour autant à un passage mécanique du « faire » au « faire faire » mais plutôt à une combinaison de modes d'intervention. En effet, les grands projets et le programme d'équipement des entreprises nationalisées ne subissent pas d'interruption, ils illustrent le « faire » étatique et sa continuité puisque l'élite planiste qui a entre-temps migré vers les grandes entreprises nationales en assure la direction.

Enfin, la réémergence d'outils d'intervention qui illustrent le « faire » plus que le « faire faire » après 1974 manifeste aussi que l'évolution n'est pas linéaire et que la gestion des équilibres sociopolitiques commande d'agir même contre le projet affiché. De fait l'erreur qui est trop souvent commise consiste à considérer l'intervention de l'État comme extérieure aux dynamiques de marché, comme un élément venant se rajouter ou parasiter les dynamiques de marché. Or comme l'enseigne Fernand Braudel [24], à l'étage capitaliste, l'État est un élément indissociable de la régulation d'ensemble, il peut selon les phases limiter ou conforter les stratégies des grandes entreprises. Ce rôle n'est pas près de disparaître, l'État est même créateur de marché, la politique socialiste de l'après-83 en atteste.

1989 EN PERSPECTIVE

Des statisticiens démentis sitôt leurs derniers chiffres de croissance parus [1], des fonctionnaires du Budget qui ne savent comment dissimuler les excédents de recettes fiscales, des politiques qui assistent en spectateurs ravis à la reprise de l'emploi, des experts déroutés par les performances du commerce extérieur : tout concourt à rendre l'économie française imprévisible. En effet, deux ans seulement séparent le discours sur le déclin de la célébration du « nouveau miracle industriel » français. Les patrons sont pris également à contre-pied, ne sachant plus quoi revendiquer puisqu'en moins de quatre ans, ils ont rattrapé un retard de dix ans en matière de résultats nets et de capacité d'autofinancement. Encore, ces données globales restent-elles abstraites comparées aux bulletins de victoire de firmes hier encore en quasi-faillite comme Renault, CDF-Chimie, Usinor-Sacilor et qui aujourd'hui battent leurs records historiques de profits.

La situation est pourtant moins idyllique qu'il n'y paraît. Le déficit extérieur français reste significatif malgré une énergie bon marché, surtout si on le compare aux excédents himalayens allemands. La reprise récente de l'emploi dissimule mal un taux de chômage parmi les plus élevés des pays développés. La force de frappe financière des groupes français est insignifiante par rapport à celle des leaders allemands et japonais [2]. Ce seul constat devrait suffire à tempérer les ardeurs, mais l'objection la plus fondamentale qu'appelle cette obsolescence accélérée des diagnostics économiques est d'un autre ordre. Le temps de l'économie ne se prête pas davantage au catastrophisme d'hier qu'à l'enthousiasme débridé d'aujourd'hui. 1989 réalise en fait la promesse de 1983-1984, comme 1983 était le produit de dix ans d'instabilité économique et de gestion politique du déclin industriel.

La divine surprise de la croissance de 1988-1989 n'est que le résultat différé du coup d'arrêt donné en 1983 à l'inexorable dérive de l'économie française. La reprise du mouvement de création d'emplois dans un contexte d'inflation maîtrisée confirme même rétrospectivement le théorème d'Helmut Schmidt selon lequel « les profits d'aujourd'hui font les investissements de demain et les emplois d'après-demain ».

Les plans de rigueur de 1982-1983 avaient pour objet déclaré de modifier le partage de la valeur ajoutée en faveur des entreprises. L'objectif a été atteint, les profits ont retrouvé, par paliers, leur niveau d'avant 1974, mais l'investissement n'a suivi qu'avec retard. En fait, l'envolée des taux réels du crédit et le lourd endettement hérité des années de crises et de financements administrés faisaient de l'amélioration de la structure financière des entreprises une priorité incontournable. Ce n'est qu'une fois recapitalisées et confortées par le dynamisme des marchés financiers que les entreprises ont pu reprendre l'investissement pour améliorer la productivité et réaliser des opérations de croissance externe d'abord, puis, dans un deuxième temps, pour augmenter les capacités de production et donc créer des emplois.

Le cercle vertueux de la reprise dans la stabilité monétaire n'aurait pu être amorcé si J. Delors n'avait appliqué la leçon des classiques, en rompant délibérément avec les politiques macro-économiques du « stop and go » et en acclimatant l'économie de l'offre en France. La dramatisation de la crise de 1983, la mise en scène réussie de la contrainte extérieure, la fermeté face à la revendication sociale, la rigueur imposée aux entreprises publiques, tous les signes émis en direction de la communauté financière internationale et des partenaires sociaux en France convergeaient : le gouvernement français avait choisi sa voie et s'interdisait tout « découplage » de l'économie française du reste de l'Europe. Mais n'offrir que la rigueur pour perspective, c'était priver l'économie de tout ressort. L'Europe de 1992, telle que F. Mitterrand et J. Delors en ont formé le projet au tournant de 1984-1985, a fourni l'espace d'expansion et l'aiguillon psychologique de la reprise économique.

La macro-économie permet de comprendre comment l'environnement des entreprises est devenu plus porteur de par les effets du contre-choc pétrolier et comment un meilleur partage de la valeur ajoutée a assuré le retour aux profits et le renforcement des fonds propres. La consolidation des structures financières, la stabilité des règles du jeu, l'assainissement industriel ont desserré l'étreinte qui inhibait l'entreprise et décourageait ses partenaires. La dynamique micro-économique pouvait alors pleinement produire ses effets.

Le donneur d'ordres, assuré de son sort, a conforté le sous-traitant. Le banquier chassé du marché des grandes multinationales par la déréglementation, a redécouvert la PME. L'industriel vigoureux, alléché par les perspectives du grand marché intérieur, s'est mis en chasse de partenaires plus faibles mais qu'il était prêt à payer plus cher (telle la bataille pour le contrôle de Prouvost par Chargeurs). L'ouverture franche au capital étranger a même contribué à faire monter les enchères pour les entreprises en quête de partenaires (conquête de Dim, manquée par Devanlay et réussie par Sara Lee). Enfin, ceux des repreneurs qui n'avaient pas péri gavés de fonds publics ont pu devenir des industriels à part entière (groupe Pinault). Le marché de la reprise ayant trouvé force et vigueur, la remontée accélérée vers l'État s'est faite plus rare et l'entreprise en difficulté a cessé de relever du traitement d'exception. On a alors assisté à des redressements spectaculaires, tel celui de Renault dont les bénéfices ont explosé dès lors que l'entreprise a été débarrassée de l'interdiction de licencier, exonérée de toute responsabilité dans le sauvetage des entreprises en difficulté, approuvée par avance dans ses initiatives de rationalisation, de recentrage et d'ouverture du capital (par le biais de Renault Véhicules Industriels). Sa prospérité retrouvée ainsi que celle de Peugeot, combinée à l'entrée de nouveaux investisseurs, ont contribué à la renaissance du secteur de l'équipement automobile.

Mais ni un redressement conjoncturel brillant ni la réactivation des dynamiques de marché ou l'incantation sur le « réarmement industriel », n'ont d'effets à court terme sur les spécialisations historiquement acquises. La thèse développée ici est qu'au terme des années de crise, la France hérita une base industrielle rétrécie dont les traits marquants sont la spécialisation manquée dans les biens d'équipement, l'épuisement des effets du long cycle de construction de l'après-guerre, la dépendance stratégique à l'égard des grands projets d'initiative étatique et le retard à entrer dans l'économie de la variété. Les résultats exceptionnels de 1989 n'infirment pas ce diagnostic. Les performances de la mécanique et de l'électronique à l'export sont restées médiocres, sans compter que, dans ces domaines, nombre d'entreprises françaises sont en fait des filiales japonaises ou américaines. La chimie, recentrée, tient brillamment les seconds rôles. Dans le secteur des biens intermédiaires, la France a tout au plus consolidé ses positions traditionnelles (Saint-Gobain, Michelin et Air Liquide). Le secteur papetier est pratiquement passé sous contrôle étranger ainsi que celui du matériel de travaux publics. La machine-outil voit ses commandes exploser, mais elle n'a de française que le nom. Si la France a globalement décroché par rapport à l'Allemagne, si son aspiration à disputer à ce pays le leadership en Europe n'est plus de mise, il n'en reste pas moins que dans ses domaines d'excellence (luxe, distribution, construction et génie civil, tourisme et hôtellerie, services informatiques, électronique professionnelle, matériel ferroviaire, aéronautique et espace), elle connaît un changement de dimension grâce à l'Europe (cf. les grandes alliances européennes, Suez-Générale de Belgique, Thomson-SGS, Alsthom-GEC, Alcatel-NV, Matra-Ericsson, Thomson-Telefunken-RCA, Thomson-British Aerospace, CMB-Packaging..., mais aussi les regroupements et rationalisations internes : Thomson-Aérospatiale, Club Méd-Nouvelles Frontières, BNP-UAP...).

Les choix de 1983 comme le pari européen de 1992 indiquent la nouvelle philosophie de l'intervention publique en industrie : l'État n'a pas vocation à se substituer au producteur et pas davantage à l'actionnaire ou au client; mais il porte une double responsabilité politique : créer un environnement favorable à l'activité économique, frayer la voie à l'intégration européenne.

Avec le recul du temps et la distance que confère l'analyse des réalités étrangères, on comprend mieux la spécificité française et l'importance de la césure de 1983. Elle a géré sa crise avec un étonnant cocktail de politiques : laxisme social, débranchement des régulations marchandes et fuite en avant dans les grands projets et les marchés d'État.

A la différence de l'Angleterre thatchérienne, elle a refusé la guerre sociale, l'affaiblissement du capital autochtone et le retrait de l'État. D'où une adaptation moins rapide, un chômage plus élevé et un déficit budgétaire sérieux mais aussi une moindre désindustrialisation.

A l'image des social-démocraties européennes [3], la France a préservé son État social, défendu l'emploi existant, maintenu des secteurs en difficulté, mais elle a fait payer le prix de cette volonté aux entreprises, par la dégradation des marges et l'endettement, et non aux salariés ou aux contribuables par la discipline salariale consentie et par des prélèvements plus lourds. Dix ans de politique prudente de gestion de la crise nous apprennent qu'on peut différer une adaptation industrielle pour préserver la paix sociale, à condition de mettre à profit la période de commandite publique pour former le personnel et reconvertir l'entreprise, faute de quoi cette dernière finit par disparaître et l'argent public ne sert qu'à éroder la détermination des salariés. On peut même protéger une industrie nationale pendant un certain temps pour qu'elle rattrape un retard, au besoin par importation de technologies étrangères, mais la maintenir en survie artificielle sans lui donner les moyens d'investir et de repartir, c'est la condamner à disparaître ou à se vendre à l'étranger malgré l'argent public engagé pour combler les pertes et payer les salaires. On peut enfin pratiquer une politique du solde commercial en aidant des partenaires étrangers impécunieux à acheter nos produits mais on ne peut en escompter une spécialisation sectorielle et géographique dynamique. En oscillant entre le laxisme social et la rigueur, en aidant par des concours spécifiques les entreprises tout en les affaiblissant globalement (dégradation du partage de la valeur ajoutée), on n'a évité ni le chômage, ni le déclassement social, ni la perte de compétitivité de l'industrie française.

La France a ainsi subi durant cette période les désavantages du modèle britannique sans bénéficier du consensus social à la suédoise. Cette comparaison ne signifie certes pas que la France pouvait pratiquer un libéralisme à l'anglaise ou une social-démocratie à la suédoise.

C'est cet ordre qui a basculé en 1983; la France a su renoncer aux illusions de la stratégie en chambre; l'État ne prétend plus diriger l'économie ni même protéger l'industrie du marché. Nous avons rejoint le courant général des économies occidentales; la spécificité nationale s'est largement estompée. L'Europe, aujourd'hui, dans la pratique et les discours de nos dirigeants, fonctionne à la fois comme contrainte, aiguillon et multiplicateur de puissance. Les aventures économiques solitaires ne sont plus autorisées, le marché unique constitue un puissant stimulant pour l'industrie privée, la perspective d'une Europe intégrée, faisant jeu égal avec les États-Unis et le Japon, autorise même l'espoir d'exporter les grands projets à la française (spatial, aéronautique, militaire, ferroviaire, etc.). L'Europe, incarnation de la contrainte et garde-fou automatique, permet même aux socialistes d'agiter leur drapeau en proclamant haut et fort qu'elle sera sociale ou ne sera pas.

Tant que la perspective de 1992 permettra de tenir la ligne de 1983, tout en fournissant un but mobilisateur, on peut être optimiste sur l'avenir de l'industrie française. Tous les indices disponibles convergent, l'appel d'air du grand marché intérieur met en mouvement les entreprises, les professions et les villes. Les entreprises françaises sont aujourd'hui à niveau. L'industrie n'est qu'un des éléments de la compétitivité de la maison France et l'état du service public (administration et monopoles publics) inspire davantage l'inquiétude. Le mélange de paupérisation des agents et des services, de crispation et de démobilisation des hiérarchies, et de rigueur dans la gestion des effectifs dans un contexte de modernisation technique accéléré est potentiellement détonnant. En générant le repli individuel, le déchaînement des corporatismes sectoriels et les comportements velléitaires de politiques à la recherche d'improbables réformes, le service public, dans son état actuel, entrave le dynamisme retrouvé de l'économie française.

En démocratie – l'expérience de 1974-1983 l'enseigne brillamment – on ne peut mener une politique que réprouvent l'opinion publique, les partenaires sociaux et les partis politiques; on ne peut donc être assuré contre les risques de retour aux pratiques d'antan. Mais à de nombreux signes, on constate que l'ancrage de la France parmi les pays à économie sociale de marché devient chaque jour plus solide. L'irruption de la COB sur la scène publique, à l'occasion de l'affaire Pechiney, témoigne de l'influence nouvelle de l'autorité régulatrice indépendante dans le traitement d'une dysfonction de marché. La migration forcée des Finances, des salons de la rue de Rivoli aux modernes entrepôts de Bercy, laisse entrevoir une administration moins assurée de son privilège de droit divin. La promotion de l'économie mixte au rang d'idéologie du régime, alors qu'elle est la réalité de tous les pays européens développés et que, dans sa version française, elle signifie surtout le mariage des capitaux publics et de la gestion privée, indique le chemin parcouru depuis 1981. Le vote clandestin d'un amendement qui prépare la libre circulation des capitaux et, surtout, la réaffirmation de cet objectif malgré la défection allemande, confirme enfin la renonciation du gouvernement français aux solutions illusoires de l'économie administrée.

Tous ces signes témoignent de la résorption progressive des différences au sein de l'ensemble européen. Le capital public ne va pas disparaître, ni les entreprises publiques nées de grands projets d'initiative étatique mais, outre que même dans ces domaines, l'intégration européenne déplacera les frontières, l'essentiel est que la France ne prétend plus avoir sa voie nationale et solitaire vers la sortie de crise et la croissance.

ANNEXES

Annexe 1
Méthodologique

Aller au-delà de la monographie suppose de s'interroger sur les conditions de la généralisation. Suffit-il de multiplier les cas étudiés selon la démarche inductive pour formuler des propositions sur le macro-économique et le macro-social? Comment alors mettre au jour les ruptures et réorientations et en rendre compte? La démarche inductive permet la remontée de la crise locale à la politique publique à travers toute une série de cheminements et de médiations où il n'est jamais question de normes et de règles à appliquer mais de stratégies et de tactiques d'acteurs qui ont une certaine représentation de la situation, des ressources et des contraintes de leurs partenaires et adversaires et qui utilisent les moyens de la politique publique à des fins variées dans le temps et dans l'espace. Mais comment, en pratique, opérer la remontée du micro au macro, de la défaillance singulière au décrochage industriel, des arrangements locaux au traitement sociopolitique de la crise industrielle en France de 1974 à 1989?

La solution consiste bien sûr à multiplier les exemples pris dans les contextes industriels et institutionnels les plus variés et sur toute la période couverte. Il devient alors possible de mettre au jour, progressivement, des acteurs, des champs, des niveaux de traitement. Toute défaillance met en cause l'entreprise, son organisation et son encadrement, le système professionnel et local dans lequel elle est insérée; la demande d'intervention est dès lors nécessairement multiple. Il en est de même de l'État, catégorie abstraite et non partenaire de l'entreprise; celle-ci a affaire aux Finances, à l'Industrie, aux préfets, à la Justice, aux autorités locales : l'offre d'intervention est fragmentée. Le champ de la négociation qui se forme autour de l'enjeu du sauvetage de l'entreprise va opposer offreurs et demandeurs avec, en position tierce, une autre émanation de l'État : l'administration de crise (CIASI, ou toute autre structure ad hoc). Le champ ainsi formé peut englober, pour un grand dossier, l'ensemble de la communauté décisionnelle politico-industrielle. La mise en série de nos cas permet ensuite de dégager des régularités structurelles, des configurations stabilisées de relations, des processus types de résolution des problèmes et, en même temps, des ruptures, des déplacements, des réaménagements. Les configurations de relations État-industrie qui se forment à propos de politique industrielle en sont un exemple. L'intérêt de la méthode est qu'elle permet alors d'isoler des nœuds problématiques et même les points de retournement dans la politique sectorielle, voire dans la politique générale...

En opérant ce renversement de perspective qui consiste à lire l'action de l'État dans le mode de résolution de la difficulté industrielle et la défaillance de l'entreprise dans son fonctionnement organisationnel et non dans les effets de grands bouleversements macro-économiques, on gagne assurément en connaissance fine des phénomènes mais ne perd-on pas en représentativité et en universalité?

Comment avons-nous fait le choix des dossiers traités? Cette question apparemment difficile quand on l'envisage théoriquement l'est beaucoup moins quand on la traite en pratique. On voit bien en effet les précautions méthodologiques dont il faudrait s'entourer : représentation des entreprises par branche ou secteur (selon le degré de finesse de la nomenclature utilisée on aurait de 10 à 600 catégories), par taille (de la PME au groupe industriel multibranche), par statut (public, privé, coopératif), par type de performances (de l'entreprise structurellement déficitaire aux leaders de la rentabilité), par degré d'autonomie (sous-traitance de capacité, de spécialité ou marché autonome), par famille de stratégies (patrimonial, entrepreneurial...), par type de contrôle (familial, étranger, interne...)... Encore n'est-ce là qu'un aspect du problème : sur les 20 400 défaillances d'entreprise en 1981, année représentative de l'après-deuxième choc pétrolier, 20 000 avaient un capital inférieur à 1 MF et 18 000 à 100 000 F! 18 % seulement des défaillances concernent le secteur industriel, ce qui réduit fortement la population objet de l'étude. De plus, si 95 % des entreprises qui déposent leur bilan finissent par faire l'objet d'une liquidation de biens, on ne peut pas considérer pour autant qu'il s'agit de cessation de l'activité économique puisque dans 40 à 45 % des cas, l'activité se poursuit sous une autre forme. Les statistiques disponibles aux greffes des tribunaux de commerce ne sont donc pas exploitables. Enfin le fait qu'en année pleine, le CIASI traite à lui seul un tiers des dossiers pourrait fournir la base d'un échantillon fiable, si cet organisme ne comptabilisait pas comme nouveau dossier toute entreprise défaillante récidiviste.

La recherche de la représentativité statistique, du fait des données disponibles et compte tenu de notre objet, est vouée à l'échec, d'autant qu'il serait logique pour saisir la spécificité de l'intervention étatique à la française de disposer des mêmes études pour l'étranger.

Notre démarche étant plutôt qualitative, nous avons préféré renoncer aux fausses assurances des échantillons formellement représentatifs. Nous avons plutôt constitué notre corpus de dossiers à partir des affaires significatives qui remontent à l'État. Un tel choix peut surprendre; il peut même produire un biais majeur dans l'analyse : comment rendre compte de l'inéluctabilité de l'intervention de l'État si les dossiers étudiés sont ceux de l'État. Ce qui paraît tautologique ou réducteur se révèle à l'expérience représentatif de la population plus large concernée. Car, d'une part, l'État est immédiatement interpellé comme puissance publique, créancier privilégié en matière fiscale, autorité réglementaire en matière de travail, pourvoyeur de subventions, recours pour hommes politiques en difficulté et autorité de tutelle du système bancaire et financier. Qu'il intervienne ou pas, il est saisi. D'autre part en combinant les trois approches classiques – décisionnelle, réputationnelle et positionnelle – en matière de sociologie de la décision, on parvient à redresser l'échantillon de base.

La méthode positionnelle fournit une première population de dossiers; les institutions qui depuis 1974 ont eu à traiter ce type de problèmes sont en nombre limité : le CIASI-CIRI, le Trésor dont D2, le ministère de l'Industrie.

La méthode réputationnelle qui consiste à demander à des experts (hauts fonctionnaires, hommes de cabinet, industriels, banquiers et spécialistes du contentieux, syndics et administrateurs judiciaires, journalistes spécialisés...), de mentionner les hommes, les institutions et les dossiers significatifs, permet à la fois de faire un tri dans la première population et de l'enrichir de quelques rares dossiers non traités par l'État. Il est arrivé en effet qu'une grande banque règle ses propres sinistres, mais le total des affaires de ce type se compte en unités.

Enfin la méthode décisionnelle où le point de vue de l'analyste reprend ses droits puisque la population constituée l'est davantage à partir des processus réels de traitement des dossiers qu'à partir de la position institutionnelle de l'acteur ou de l'influence qu'on lui prête. Les dossiers sont alors sélectionnés pour leur spécificité et l'originalité du mode de traitement. Ainsi, ce qui est perdu quantitativement, puisque la population est plus restreinte, est gagné en exhaustivité puisque l'ensemble des processus de défaillance et de traitement est pris en compte.

Chacun des 55 dossiers retenus a été étudié en soi, dans ses dimensions contextuelles, économiques, organisationnelles et sociales. Les données recueillies sont brutes ou traitées par des cabinets d'audit, directes sous forme de témoignages recoupés des acteurs ou indirectes, car disponibles dans la presse * et la littérature grise. Parallèlement la production institutionnelle était suivie par les moyens classiques de l'analyse de la décision publique : émergence et formulation du problème, mise sur agenda, mise en œuvre, effet retour, correction, évaluation. Ainsi ont pu être reconstitués les processus de gestion de la difficulté industrielle.

Le plus difficile restait pourtant à venir : si la population d'entreprises retenue opérait déjà une grande réduction non contrôlée par des techniques statistiques objectives, les cas présentés dans l'ouvrage sont nécessairement en nombre encore plus réduit ne serait-ce que parce qu'il faut un minimum de lignes pour présenter un dossier. Mais un plan d'exposition est déjà résultat d'analyse et une sélection n'est pas appauvrissement mais mise en perspective. Notre approche affirmée d'emblée étant heuristique plus qu'explicative, il n'y a nulle objection à limiter les cas traités ou présentés.

L'exposition des résultats épouse donc la méthode telle qu'elle s'est progressivement imposée à nous.

Dossiers étudiés	***Secteurs concernés***
Allinquant	Équipt. automobile
AOIP	Équipt. téléphonique
ARCT	Mach. textile
ARNO	Réparation navale
Balsan	Textile
Bella Berchet	Jouets
Big Chief	Textile
Boussac (CBSF et Willot)	Textile et distribution
Cellulose d'Alisée	Papier
Cellulose Strasbourg	Papier
Cerabati	Céramiques
Chaffoteaux et Maury	Chauffe-eau
Chapelle-Darblay	Papier
CNIM	Ch. navals
Creusot-Loire	Mécanique
Devanlay Recoing	Textile
Dufour Bateaux	Navig. plaisance
Dunlop	Pneumatique
Fenwick	MTP
Fram	Fonderie d'acier

* Sur chaque affaire retenue, nous avons pu disposer d'un dossier de presse très exhaustif (presse quotidienne nationale, presse quotidienne régionale, presse internationale, presse audiovisuelle, dépêches AFP, magazines, presse économique et technique spécialisée).

Franco-Belge de Ch. de fer	Mat. ferroviaire
Gard	Mach. agricole
Gautier	Meuble
Gendron	Machine-outil
Guerry-Duperay	Textile
Guillet	Mach. bois
HES	Machine-outil
Intelautomatisme	Machine-outil
Isoroy	Panneaux particules
Kleber	Pneumatique
La Rochette	Papier
MBK	Cycles
MFL	Machine-outil
Monoplast	Plastique
Montlouis	Imprimerie
Montsouris	Imprimerie
Montupet	Fonderie d'aluminium
Néogravure	Imprimerie
Normed	Ch. navals
Oberthur	Imprimerie
Poclain	MTP
Potain	MTP
Promecam	Machine-outil
Richier	MTP
SACMT	Mach. textile
Sartec	Divers ind. et services
Sauer Diedrichs	Mach. textile
Saut du Tarn	Divers
Seim	Équipt. automobile
SES Decazeville	Sidérurgie
Sté Métallurgique de Normandie	Sidér. et chant. navals
Tanneries Françaises Réunies	Tannerie
Trailor	Mat. transport
Valeo	Équipt. automobile
Verreries Méca Champenoises	Verre
Verreries Ouvrières d'Albi	Verre

Annexe 2
Indicateurs de rentabilité et de structure financière pour les grands groupes industriels européens

	RE/CA * en %		DLMT/FP **	
	86/85	82/81	86/85	82/81
Électronique				
PHILIPS	5,4	5,1	0,49	0,40
THOMSON	2,2	0,5	1,09	1,29
Télécom				
SIEMENS	13,5	17,9	0,08	0,07
CGE	2,7	2,1	0,78	0,63
Automobile				
FIAT	8,1	5,3	0,66	1,02
PSA	4,2	1,3	3,22	1,39
Agro-alimentaire				
NESTLÉ	9,9	9,7	/	/
BSN	8,8	6,7	/	/
Informatique				
NIXDORF	8,6	11,5	0,07	0,81
BULL	5,3	3,76	0,86	2,65
Sidérurgie				
BRITISH STEEL	3,3	−7,8	0,05	0,36
SACILOR	−1,2	−4,6	7,1	34
Verre				
SAINT-GOBAIN	4,7	3,2	0,96	0,84
PILKINGTON	8,7	3,4	0,26	0,28
Aluminium				
PECHINEY	7,7	NS	1,16	1,68
ALUSUISSE	1,2	1,0	2,3	0,78
Chimie				
BAYER	10,9	8,5	0,39	0,84
RHÔNE-POULENC	6,6	3,8	0,87	1,24

Légende :
* Résultat d'exploitation/chiffre d'affaires.
** Dettes à long et moyen terme/fonds propres.
Source : ministère de l'Industrie, *Les Indicateurs de la compétitivité*, Paris, Imprimerie nationale, 1987.

NOTES

Présentation

1. Il ne s'agit pas ici d'incriminer le rôle personnel de Valéry Giscard d'Estaing ou même de ses Premiers ministres mais de ramasser en une formule la panne politique qu'a connue la France pendant ces années-là et qui tient aux représentations dominantes de la crise chez les élites françaises, à la nature du syndicalisme français et au type d'alternative socialiste incarnée par l'union de la gauche.

2. L'expression est d'un haut fonctionnaire en charge de l'une des administrations de crise.

3. *Le Nouvel Économiste* publie chaque année au mois de novembre les « 5 000 » : « Classement des premières sociétés françaises, européennes et mondiales », et *L'Expansion* au mois de décembre les « 1 000 », palmarès des mille premières entreprises françaises.

4. Il sera souvent question de spécialisation dans cet ouvrage, l'usage qui en est fait étant celui des économistes : un pays est dit spécialisé dans un secteur lorsque sa part du commerce mondial de ce secteur est supérieur à la part de son commerce extérieur dans le commerce mondial. D'autres indicateurs de la spécialisation existent, le CEPII dans *Économie mondiale : la montée des tensions,* Economica, 1983, en propose un très évocateur : « Le poids dans le total des échanges de l'excédent réalisé avec les cinq meilleurs produits atteint tout juste 11 % pour la France contre 50 % pour le Japon. »

5. On n'a jamais autant relu et cité *l'Histoire du déclin et de la chute de l'Empire romain* de Gibbon qu'au cours des dernières années, quand le thème du déclin a fait son entrée dans les magazines.

6. Cf. le tour de France émerveillé de Pierre Miquel publié à la librairie Séguier en 1987 sous le titre *Vive la France!*

7. Thierry Chauveau, Rachid Medjaoui, « Les faillites d'entreprise », *Revue de l'Ipecode,* n° 20, juillet 1988.

8. Dans l'euphorie ambiante de cette fin de décennie où les anciens canards boiteux rivalisent avec les éternels bons élèves à coups de milliards de francs de profits, on finit par oublier les pertes d'antan. Mais celles-ci n'ont pas été abolies, elles continuent leur œuvre dans les bilans sous forme d'endettement et dans les comptes de résultats sous forme de charges financières.

9. Quand CDF Chimie connaîtra ses premiers bénéfices en vingt ans d'existence, elle éprouvera le besoin de changer d'identité : depuis 1988, Orkem est sa nouvelle raison sociale.

10. Si l'on s'en tient aux deux indicateurs les plus couramment utilisés : la dégradation des parts de marchés extérieurs de la France a été continue (indice base 100 en 1980, indice à 89 en 1987), le taux de pénétration de l'industrie française n'a cessé de croître, il était de 22 % en 1977 et de 33 % en 1987. Ces données de l'INSEE sont synthétisées dans : « Les échanges industriels : les raisons d'une dégradation », *Ecoflash*, n° 29, mai 1988.

11. La théorie des cycles qui n'était enseignée à la fin des années 60 que pour mettre en valeur la maîtrise macro-économique acquise par les gouvernements armés de la théorie keynésienne est devenue, avec la crise, un produit de consommation grand public. Le lecteur curieux pourra se reporter au texte de base de N.D. Kondratieff « The Long Waves in Economic Life », *The Review of Economic Statistics*, 1935.

12. Thomas Sargent, *Rational Expectations and Inflation*, Harper and Row, 1986. Jean-Jacques Rosa fait un remarquable travail de clarification sur l'apport de l'école du « ratex » dans *Politique économique*, n° 2, mai 1986.

13. Effet de la crise conjointe du keynésianisme et du marxisme, J.A. Schumpeter a droit aujourd'hui dans les manuels au statut de père fondateur de l'un des quatre grands courants de la pensée économique; cf. J.-M. Albertini et A. Silem, *Comprendre les théories économiques*, Le Seuil, 1983.

14. Cf. trois numéros récents du *Débat* qui font une large place à ces approches. N° 46 : « La France a-t-elle décroché? » n° 52 « Démocratie française : une dérive oligarchique? », n° 53 : « Les élites en question. »

15. Il faudrait ici citer tant d'auteurs, tant d'essais, introduire tant de catégories subtiles pour ne pas mêler les libertariens et les libéraux, les hayékiens et les toquevilliens, les philosophes et les praticiens de l'économie que l'entreprise est hors d'atteinte. Les livres de H. Lepage, *Demain le capitalisme*, *Demain le libéralisme*, Pluriel, et de J.-J. Rosa, *Le Rapport Rosa*, Bonnel ont le mérite de présenter la diversité des approches et des objets que l'on regroupe commodément, en France, sous le label « libéral ».

16. Jimmy Goldsmith, *Pour la révolution permanente dans la diversité*, Stock, 1986.

17. François de Closets, *Toujours plus,* Grasset, 1982; *Tous ensemble,* Seuil, 1985.

18. F. Scherer, *La France paresseuse,* Le Seuil, 1987. François Dalle et Jean Bounine, *Pour développer l'emploi,* Masson, 1987.

19. Depuis le rapport Rueff-Armand de 1959, c'est un thème récurrent chez les spécialistes du « mal français ».

20. Henri Weber dans *Le Parti des patrons,* Le Seuil, 1986, fait un usage particulièrement stimulant des thèses d'Eric J. Hobsbawn sur les évolutions comparées de la France, de l'Angleterre et de l'Allemagne. On dispose en français des ouvrages fondamentaux d'Eric Hobsbawn et notamment de *L'Ère des révolutions (1789-1848),* de *L'Ère du capital (1848-1875),* de *L'Ère des empires (1875-1914),* parus tous trois chez Fayard en 1977-1989 et de *Histoire économique et sociale de la Grande-Bretagne,* Le Seuil, 1977.

21. Cf. *Actes du colloque sur la modernisation de l'État,* Mission Blandine Barret-Kriegel, ronéo., 1985.

22. Hervé Le Bras, *Les Trois France,* Éd. Odile Jacob, 1986.

23. Maurice Lévy-Leboyer et François Bourguignon, *L'Économie française au XIXe siècle,* Economica, 1985.

24. Michel Crozier, *État modeste État moderne,* Fayard, 1987.

25. Milton Friedman a toujours pris soin de se démarquer des politiques reaganiennes.

26. Michel Cicurel, *La France quand même,* Robert Laffont, 1983.

27. On pense notamment à ces jeunes inspecteurs des finances passés sans transition des cabinets de la gauche au pouvoir aux banques les plus compétentes en matière d'acquisitions-fusions, de risques pays et d'ingénierie financière.

Chapitre premier. – Creusot-Loire : autopsie d'une faillite

1. Pierre Mauroy, *C'est ici le chemin,* Flammarion, 1982.

2. L'expression est de Pierre Dreyfus. Elle a été utilisée pour dénoncer le comportement des Willot, mais elle résume bien l'esprit de Valence.

3. Pierre Rosanvallon revient sur cet épisode dans *La Question syndicale,* Calmann-Lévy, 1988.

4. Joseph-Antoine Roy dans *Histoire de la famille Schneider et du Creusot,* Marcel Rivière et Cie, 1962, décrit les circonstances dans lesquelles Adolphe et Eugène Schneider créent la société en commandite ainsi que le rôle des Wendel dans le début de la fortune des Schneider.

5. Jean-Louis Beaucarnot, *Les Schneider, une dynastie,* Hachette, 1986.

6. Cf. Elie Cohen, « Pierre Mendès France et le patronat », *in*

François Bedarida et Jean-Pierre Rioux, *PMF et le Mendésisme,* Fayard, 1985.

7. Baron Empain, *La Vie en jeu. Autobiographie,* J.-C. Lattès, 1985.

8. La Banque de l'Indochine contrôle 7 % du capital d'Électrorail dont Empain détient la majorité absolue; elle contrôle par ailleurs 7 % de Schneider dont Empain est le premier actionnaire avec 23 % du capital, mais ce même baron Empain a par ailleurs 7 % du capital de la Banque d'Indochine.

9. Henri Malcor, ancien président de Marine, dans le témoignage qu'il confie à Philippe Mioche et Jacques Roux (*in H. Malcor un héritier des maîtres de forges,* éd. du CNRS, Centre régional de publication de Lyon, 1988) restitue parfaitement le climat de l'époque. Le plan sidérurgie de 1966 va être appliqué avec autorité. Les hésitations des maîtres de forges permettront tout juste de retarder le projet de trois ans. L'État en effet conditionne strictement l'octroi de concours financiers à la réalisation de la fusion.

10. Dans son ouvrage, *Louis Armand, visionnaire de la modernité,* 485 p., Henri Tessier du Cros n'évoque guère ce projet qui aurait pourtant abouti à faire passer sous contrôle américain l'essentiel du gros matériel électromécanique de l'Europe des Six.

11. Archives privées.

12. J.-F. Picard, A. Beltran, M. Bungener, *Histoire(s) de l'EDF,* Dunod, 1985.

13. Source : *Le Monde,* 14-6-1984.

14. *Libération,* 14 juin 1984.

15. *L'Express,* 22-28 juin 1984.

Chapitre 2. – De l'excellence à la faillite : figures de la défaillance d'entreprises

1. Georges Kervern, « L'Évangile selon saint Mac », *Annales des Mines : Gérer et comprendre,* n° 2, mars 1986.

2. Le genre est plus prisé aux États-Unis; cf. Paul Solman et Thomas Friedman, *Life and Death on the Corporate Battlefield. How Companies Win, Lose, Survive,* Simon and Shuster, 1982.

3. *Actualités du CEPME,* février 1987, n° 9.

4. Rapport au Premier ministre, 16 avril 1982.

5. R. Fauroux, ministre de l'Industrie du gouvernement Rocard, vient de faire des FRAC les vecteurs de sa politique en direction des PME. On lira avec utilité le bilan établi par le CGS. François Engel et Daniel Fixari, *Les Consultants et les PME,* ronéo., 1987.

6. E. Chadeau conte dans *L'Économie du risque* la saga des Koechlin (Olivier Orban, 1988).

7. Cf. *Le Nouvel Économiste, Guide pratique de l'exportation,* juin 1988.

8. Dafsa, *Les Industries du matériel de bâtiment dans le monde,* 1986.

9. Elle pourrait figurer en bonne place dans la mythologie du succès que se plaît à dévoiler Robert Reich dans *Tales of a New America,* Times Books, 1987.

10. Richard Hall a essayé de formaliser ces états pathologiques de l'entreprise à partir de l'étude historique des heures de gloire et de déclin d'un grand journal dans « The Natural Logic of Management Policy Making », *Management Science,* août 1984.

Chapitre 3. – L'effet de cheminée

1. Cette problématique est largement développée par Bo Persson dans ses écrits et notamment dans l'ouvrage qu'il a dirigé, *Surviving Failures,* Almqvist et Wiksell, Stockholm, 1979.

2. Dans son ouvrage *History of Economic Analysis,* Joseph Schumpeter fait remonter aux docteurs scolastiques et aux philosophes du droit naturel l'idée d'un profit comme rémunération du risque. L'ouvrage a été édité par Allen and Unwin, Londres, 1954.

3. L'idée d'une obligation de garantie de l'emploi assumée par l'entreprise à ses salariés ne peut être rejetée au nom de l'efficacité économique. Le Japon en a donné la preuve éclatante. Mais lorsque au nom de l'autonomie syndicale ou d'une pratique d'un syndicalisme de lutte des classes, toute forme de cogestion est rejetée, il va de soi que l'entreprise ne peut garantir dans tous les contextes la sécurité de l'emploi.

4. Le cas Chrysler a pu passer un moment pour un modèle d'intervention de l'État face à une crise majeure d'un secteur décisif de l'industrie américaine. Cette thèse est discutée par Brian Freeman et Allan Mendelowitz dans « Program in Search of a Policy : The Chrysler Loan Guarantee », *Journal of Policy Analysis and Management,* vol. 1, n° 4, 1982.

5. Daniel Lebègue et Philippe Jurgensen, *Le Trésor et la Politique financière,* IEP, 1984-1985, Les Cours du Droit.

6. Lorsqu'une entreprise défaillante est maintenue en état de survie artificielle sans y avoir été autorisée dans le cadre d'une procédure judiciaire, la banque ou l'organisme public qui apporte des fonds peut, en cas de faillite, être poursuivi par les créanciers au motif qu'elle ou il exerçait de fait une responsabilité de dirigeant.

7. *L'Usine nouvelle,* 30 avril 1986.

8. Sur l'affaire Peugeot-Chrysler, cf. l'article de Michel Albert « Le vrai sens de l'affaire Talbot » *Le Monde*, 22 décembre 1983.

9. Le point mort de Renault était alors à plus de 2 millions de véhicules. Cf. Didier Pène, « Les vrais handicaps de Renault », *Le Monde*, 12 février 1985, et « Automobile française : condamnée? », *Politique économique*, n° 7, novembre 1986.

10. On croyait le sujet épuisé mais il ne se passe pas un mois sans qu'un nouvel essai ne paraisse sur la question. Pour une discussion de ces thèses, cf. Elie Cohen « Patrons, entrepreneurs et dirigeants », et « Formation, modèles d'action et performance de l'élite industrielle », *Sociologie du travail*, XXX, avril 1988.

11. François Sellier, *La Confrontation sociale en France (1936-1981)*, PUF, 1984.

12. Albert Costa de Beauregard, « L'horreur du vide ou la question des entreprises en difficulté », *Commentaire*, automne 1987, n° 39.

13. Pierre Grémion, *Le Pouvoir périphérique. Bureaucrates et notables dans le système politique français*, Le Seuil, 1976.

14. Jacques Rondin, *Le Sacre des notables. La France en décentralisation*, Fayard, 1985.

15. Michael Piore et Charles Sabel, *The Second Industrial Divide*, Basic Books, 1984.

16. Alain Bucaille et Bérold Costa de Beauregard, *PMI. Enjeux régionaux et internationaux*, Economica, 1987.

17. Évelyne Ritaine, « Prato ou l'exaspération de la diffusion industrielle », *Sociologie du travail*, n° 2, 1987.

Chapitre 4. – La crise de l'industrie extensive

1. L'affirmation peut sembler rapide pour l'historien. On débat encore aujourd'hui de la notion de « *take-off* ». On sait encore mal rendre compte du phénomène de la croissance; il suffit à cet égard de mentionner l'importance du facteur résiduel dans le modèle de Carré-Malinvaud-Dubois. Enfin les débats suscités autour des travaux de Schumpeter sur les vagues d'innovation, sur le caractère plus ou moins décisif de la révolution des transports ou de l'énergie mériteraient que le caractère déterminant des *building cycles* soit nuancé. Mais force est de constater qu'il y eut après guerre en France un phénomène dont rend bien compte cette notion.

2. Cf. les travaux de Myriam Campinos sur le BTP, in *Cahiers du CEREQ*, Paris, 1984.

3. D'après le rapport Duroure sur l'industrie française du meuble, Assemblée nationale, séance du 24 juillet 1984.

4. Hubert Bonin, *Histoire économique de la France depuis 1880*, Masson, 1988.

5. Maurice Lévy-Leboyer et François Bourguignon, *L'Économie française au XIXe siècle,* Paris, Economica, 1985.

6. Laurent de Mautort, « La désindustrialisation au cœur du modèle allemand », *Économie prospective internationale,* octobre 1981, n° 8.

7. Marc Maurice, François Sellier et Jean-Jacques Silvestre, *Politiques d'éducation et Organisation industrielle en France et en Allemagne,* Paris, PUF, 1982.

8. Yves Barracand et Paul Maruani, « Mourir à petit feu de la modernisation », *Annales des Mines,* série « Gérer et comprendre », septembre 1987; cf. également le commentaire de José Bidegain.

9. Antoine Riboud, *Modernisation mode d'emploi,* Paris, Christian Bourgois, 10/18, 1987.

10. Gilles Lipovetsky, *L'Empire de l'éphémère,* Paris, Gallimard, 1987.

11. E.H. Chamberlin, *La Théorie de la concurrence monopolistique,* Paris, PUF, 1953.

12. INSEE, *Économie et Statistique,* octobre 1987, n° 203.

13. Léon Cligman, « Comment faire concurrence aux pays à bas salaires » *in* J. Dominati, *L'Avenir industriel de la France,* Economica, Paris, 1987.

14. C'est ce que Vivien Lévy-Garboua et Gérard Maarek établissent avec un grand luxe de détails dans *La Dette, le Boom, la Crise,* éd. Atlas-Economica, Paris, 1985.

15. *La Vie française,* « Les 500 : le palmarès des capitalisations boursières européennes », 3 juin 1988.

16. Alfred D. Chandler, *The Visible Hand. The Managerial Revolution in American Business,* The Belknap Press of Harvard University Press, Cambridge, Massachusetts, et Londres, 1977.

17. Maurice Lévy-Leboyer, *Le Patronat de la seconde industrialisation,* éd. Ouvrières, Paris, 1979, et surtout « The Large Corporation in Modern France », *in* Alfred D. Chandler et Herman Daems, *Managerial Hierarchies. Comparative Perspectives on the Rise of the Modern Industrial Enterprise,* Harvard University Press, Cambridge (Massachusetts) et Londres, 1980.

Chapitre 5. – Les Commandos de l'anticrise

1. Jean-Michel Saussois *et alii* dans un article, « Stratégies paradoxales : l'État et les entreprises en difficulté », *Sociologie du travail,* mars 1985, vont chercher chez Gregory Bateson l'ethnopsychiatre-cybernéticien de Palo Alto, théoricien du *« double bind »,* les clés pour comprendre les ressorts de la relation État-industrie. Celle-ci serait fondée sur l'injonction paradoxale, l'État demandant aux acteurs

de marché d'en respecter les règles tout en les rappelant à leurs obligations vis-à-vis de leurs salariés et de leur bassin d'emploi.

2. Pour une approche canonique des politiques publiques, on peut se reporter au *Traité de science politique*, tome IV, de Madeleine Grawitz et Jean Leca et, notamment, aux contributions de Jack Hayward et Jean-Claude Thoenig.

3. Que le CIRI, un service dépendant d'une administration centrale, dispose de sa propre cellule de communication est une innovation d'une radicale originalité. Les rapporteurs ont donc été très médiatisés. En témoignent les nombreux articles qui leur ont été consacrés et notamment l'enquête parue dans *Libération*, le 23 février 1988 « L'épopée des restructurations françaises : les secrets des shérifs de l'industrie » de Nathalie Dubois, au moment de la constitution de leur club.

4. François Dupuy et Jean-Claude Thoenig, *L'Administration en miettes*, Fayard, 1985.

5. Si l'on osait, on parlerait de « communauté délinquante » au sens que donne la sociologie américaine à cette notion. Jesse Pitts dans sa contribution « Continuité et changement au sein de la famille bourgeoise », dans l'ouvrage collectif *A la recherche de la France*, dirigé par Stanley Hoffmann (Le Seuil, 1963), analyse la « communauté délinquante » comme « un type spécial de solidarité étroitement lié au groupe de camarades caractéristique de l'école française ». Le culte de la prouesse, des coups de la part de fonctionnaires sélectionnés sur une base méritocratique, réconcilie des « attitudes aristocratiques et hautement individualistes » et « des principes d'ordre incontestés ». La double socialisation dans la famille bourgeoise et la communauté délinquante structure fortement les comportements de l'écolier comme du haut fonctionnaire.

Chapitre 6. – L'État et la restructuration industrielle

1. Marie-France Pochna, *Bonjour monsieur Boussac*, Paris, Laffont, 1980.

2. Cf. le témoignage de Pierre de Calan sur l'échec de la reconversion textile tentée dans les années 50 et sur l'effet de celui-ci sur le déclin de l'empire Boussac, *in* H. Weber *Le Parti des patrons*, Paris, Le Seuil, 1986.

3. Cf. chap. 4.

4. Benoît Boussemart, Jean-Claude Rabier, *Le Dossier Agache-Willot*, Paris, Presses de la FNSP, 1983.

5. Une anecdote finit toujours par résumer une faillite. Dans le cas Boussac, la rumeur veut que le hasard qui réunit dans le même avion à la porte des toilettes A. Willot et R. Monory le 1er mai 1978

soit à l'origine de la reprise de Boussac par Willot. Cf. Patrick Lamm, *Enquête sur l'affaire Boussac,* Robert Laffont.

6. Cf. « Boussac, le bal des vautours », *in* Jean-Michel Quatrepoint, *Les Dossiers noirs de la gauche,* Paris, Alain Moreau, 1986.

7. Elie Cohen, « Les socialistes et l'économie : de l'âge des mythes au déminage », *in Mars 1986. La drôle de défaite de la gauche,* publié par Élisabeth Dupoirier et Gérard Grunberg, Paris, PUF, 1986.

8. Pierre Dacier *et alii* dans *Les Dossiers noirs de l'industrie française,* Paris, Fayard 1985, parlent de l'abonnement à l'aide publique des industriels de la navale comme « d'une accoutumance à une drogue dure ».

9. Normed aura constitué un chantier particulièrement rentable pour tous les cabinets d'audit (stratégique, financier, social, organisationnel). Tous les grands, qu'il s'agisse du Boston Consulting Group, de Booz Allen, d'Arthur Andersen... ont, à un moment ou à un autre, produit des rapports qui, brillamment résumés par les inspecteurs des finances en charge du dossier, se heurtaient à la même fin de non-recevoir de la part des politiques.

Chapitre 7. – L'État protecteur, stratège et juge de paix

1. Le concept de gouvernement privé est établi dans notre ouvrage (avec Michel Bauer) *Qui gouverne les groupes industriels?,* Paris, Le Seuil, 1981.

2. Cf. notre ouvrage (avec Michel Bauer), *Les Grandes Manœuvres industrielles,* Paris, Belfond, 1985. La pratique des plans sectoriels et le rôle du ministère de l'Industrie sont étudiés en détail.

3. Cf. le remarquable article d'un sociologue britannique, Michael Jehan Rose, « Les syndicats français, le jacobinisme économique et 1992 », *Sociologie du travail,* Paris, Dunod, 1, 1989.

Chapitre 8. – L'ingénierie politique de la désindustrialisation

1. La politique de régression planifiée de la production charbonnière a été le premier acte d'une politique énergétique volontariste menée par le général de Gaulle; il lui consacre un développement significatif dans ses *Mémoires d'espoir, in* « L'effort 1962 », Plon, 1971. Le plus grand mouvement social du premier septennat gaulliste est déclenché à Decazeville par les mineurs en lutte contre les

premiers assauts de la rationalisation de la production charbonnière. Le général de Gaulle énonce à cette occasion sa politique de l'aide aux entreprises en difficulté : « Le système libéral eût passé outre en les laissant saigner. L'ordre totalitaire les aurait traitées au fer rouge. Le dirigisme du régime nouveau entend y porter remède. Tantôt il le fait à petite échelle... par exemple les forges d'Hennebont... aidant dans de tels cas des liquidations difficiles et suscitant alentour l'implantation d'usines nouvelles. Tantôt c'est à une intervention d'envergure qu'il est conduit. »

2. La DATAR, prototype de « l'administration de mission » (Edgard Pisani), de « l'administration prospective » (Lucien Sfez), produit d'entrepreneurs politiques et administratifs du centre (Catherine Grémion) a donné lieu à une multitude de publications. Jérôme Monod et Philippe de Castelbajac dans un « Que sais-je? » de 1980 intitulé *L'Aménagement du territoire* en résument bien les actions; ils dégagent l'originalité de l'institution.

3. Henri Weber dans *Vingt Ans après,* Le Seuil, 1988, ne manque pas de s'interroger sur les effets de Mai sur la modernisation économique. Hervé Hamon et Patrick Rotman dans *Génération 2. Les années de poudre,* Le Seuil, 1988, décrivent la rencontre à Palente du gauchisme et des nouvelles formes de la lutte ouvrière.

4. Parus en 1976 sous le titre *L'Aventure de la fidélité,* Le Seuil.

5. Maurice Clavel, *Les Paroissiens de Palente,* Grasset, 1974.

6. Thomas Grunert dans « Le processus de décision dans la politique sidérurgique de la CEE : tendances néo-corporatistes ou intégrationnistes? », paru dans *La Crise de la sidérurgie européenne 1974-1984,* dirigé par Yves Mény et Vincent Wright (PUF, 1985) montre comment, confrontés à la même crise et à la même instance de régulation (la CEE), les Allemands, à la différence des Français, ont su constituer un front unique face aux communautés européennes défendant avec âpreté leurs quotas et comment l'effort a pu être partagé entre salariés, maîtres de forges et Lander. A l'inverse, la CGT a toujours refusé de « collaborer » et les gouvernements ont oscillé entre l'hyper-laxisme et l'ajustement brutal.

7. Éd. Galilée, 1981.

8. Michael Rose « Les syndicats français, le jacobinisme et 1992 », *Sociologie du travail,* 1/89.

Chapitre 9. – Entre modernisation et déclin, l'État en industrie

1. Pierre Grémion, « L'échec des élites modernisatrices », *Esprit,* novembre 1987.

2. Jean Monnet, *Mémoires,* Fayard, 1985.

3. François Bloch-Lainé et J. Bouvier, *La France restaurée,* Fayard, 1986.
4. Richard Kuisel, *Le Capitalisme et l'État en France,* Gallimard, 1984.
5. Elie Cohen, « P.M.F. et le patronat » *in PMF et le mendésisme* par F. Bedarida et J.-P. Rioux, Paris, Fayard, 1985.
6. Elie Cohen, *Les Relations président-Premier ministre et les Affaires économiques, 1958-1969,* Colloque de l'institut Charles de Gaulle (à paraître).
7. Raymond Penaud, François Gaudichet, *Sélectivité du crédit – Financement politique monétaire,* Economica, 1985.
8. Simon Nora, *Rapport sur les entreprises publiques,* La Documentation française, 1967.
9. Elie Cohen, « Fatalité du déclin économique », *Esprit : La France en politique,* 1988, Esprit-Fayard-Le Seuil.
10. Le trait est bien sûr forcé s'agissant de la vertueuse Allemagne qui a su faire cohabiter politique anti-inflationniste rigoureuse (menée par la Banque centrale) et politique keynésienne de soutien conjoncturel (menée par le gouvernement fédéral), dans un contexte où le syndicalisme allemand accepte de débattre publiquement du partage de la valeur ajoutée. La France n'est certes pas dans cette situation de 1974 à 1978. Mais ce qui réunit les politiques nationales des pays européens pendant cette période (attentisme, alternances rapides de politiques contradictoires, adaptations lentes, repli national) est bien plus important que ce qui les sépare dans la période 1979-1983. Dès lors, la césure de 79 garde toute sa pertinence.
11. Pierre Buigues, Philippe Goybet, « La compétitivité de l'industrie européenne : un bilan », *Économie européenne,* Luxembourg, CCE, nº 25 septembre 1985.
12. *Économie et Statistique,* février 1989.
13. Mais ce qui était intellectuellement novateur dans l'école d'Harvard – cf. David Landes, « French Business and the Businessman », *Explorations in Enterprise,* éd. par Hughes Aitken, Harvard University Press, Cambridge, 1967 –, devient poncif quarante ans plus tard.
14. Alain Fonteneau, Pierre Alain Muet, *La Gauche face à la crise,* Presses de la Fondation nationale des sciences politiques, 1985.
15. Chalmers Johnson, *MITI and the Japanese Miracle,* Stanford University Press, 1982.
16. Pour n'en citer que deux : « Colloque sur le redéploiement industriel, 27-29 mai 1975 », paru à La Documentation Française 1975, et colloque « PME, décembre 1980 ».
17. On trouve dans *Données sociales 1987,* publié par l'INSEE, d'excellentes synthèses sur l'indemnisation du chômage (Hubert Madinier et Jean-Pierre Revoil), le travail à temps partiel (Brigitte Belloc).

18. Michèle Debonneuil et Michel Delattre, « Les pertes de parts de marché : la compétitivité en cause », *Économie et Statistique*, INSEE, n° 203, octobre 1987.

19. Jean-Jacques Salomon, « Grandeur et décadence technologique », *Le Débat*, septembre-novembre 1987.

20. Elie Cohen, « Un capitalisme sous tutelle », *in Esprit, La France en politique*, 1989.

21. Jesse Pitts, « Continuité et changement au sein de la France bourgeoise », *in A la recherche de la France*, par Stanley Hoffmann *et alii*, Le Seuil, 1963.

22. Cf. le débat entre Schumpeter et Gershenkron : J. Schumpeter, « Economic Theory and Entrepreneurial History » *in Explorations in Enterprise, op. cit.*; A. Gershenkron, *Economic Backwardness in Historical Perspective*, Belknap Harvard University Press, Cambridge (Mass.) 1979.

23. Robert Delorme et Christine André montrent dans leur ouvrage *L'État et l'Économie* (Le Seuil, 1983) que la montée des interventions économiques de l'État est strictement liée aux guerres et aux crises, que les positions alors acquises sont durables et que la France ne se singularise guère de ce point de vue.

24. Jean Bouvier résume la conception braudélienne de la relation capitalisme-État en ces termes : « Entre connivences et tensions il n'y a pas de modèle fixe, pas plus antagonisme qu'alliance de fer, c'est selon à tel moment, à telle période courte ou moyenne la force de l'État et l'acuité des problèmes rencontrés par le capitalisme, selon la couleur sociopolitique de l'État et le degré de cohérence ou d'incohérence du capitalisme (intérêts majeurs convergents et désunis), selon la conjoncture économique nationale et internationale, selon l'état des rapports de forces sociaux dans la nation, selon le degré de cohésion ou de division de celle-ci, selon qu'on est en temps politiques calmes ou en temps de tragédie nationale, qui entraînent de profondes réformes à chaud, selon le degré de pression des influences extérieures sur les décisions des deux protagonistes, selon le degré d'autonomie relative de l'État par rapport à son environnement capitaliste. » Jacques Dominati, *Quel avenir industriel pour la France*, Economica, 1986.

1989 en perspective

1. INSEE, *Économie et Statistique*, n° 220, avril 1989 : « L'Économie française : un pronostic plus favorable qu'il y a un an. » Charles Lantieri : « Il y a un peu plus d'un an, les perspectives de croissance étaient médiocres. Elles conduisaient à plus de 3,5 millions de chômeurs en 1992. L'année 1988 a été plus favorable que ce que l'on

attendait, et aujourd'hui les perspectives de croissance mondiale semblent meilleures... »

2. Parmi les 26 entreprises disposant de plus de 1 MM de dollars en liquidités et en titres immédiatement négociables moins les dettes, on compte 19 firmes japonaises, 4 européennes dont aucune française (Siemens est nº 3) et 3 américaines. *Fortune,* nº 11, janvier 1989 : « Le fabuleux trésor de guerre des géants japonais ».

3. Je dois à Bernard Manin d'avoir compris la nature réelle du compromis social-démocrate de crise : la restriction salariale volontaire contre le maintien de l'emploi. Un tel échange n'était possible que parce que les salariés acceptaient de raisonner en terme de partage de la valeur ajoutée, que l'État menait une politique parallèle de redistribution et que les syndicats se portaient garants de l'accord. (In : *Le régime social-démocrate,* à paraître aux PUF en décembre 1989.)

GLOSSAIRE

ADEPA	Agence pour le Développement de la Production Automatisée
AGS	Association pour la Gestion des créances des Salariés
ANVAR	Agence Nationale pour la Valorisation de la Recherche
AOIP	Association des Ouvriers en Instruments de Précision
AUMD	Aciéries Usines et Mines de Decazeville
BFCE	Banque Française du Commerce Extérieur
BNP	Banque Nationale de Paris
BSF	Boussac-Saint-Frères
BUE	Banque de l'Union Européenne
4C	Caisse Centrale du Crédit Coopératif
CAFL	Compagnie des Ateliers et Forges de la Loire
CBSF	Compagnie Boussac-Saint-Frères
CD	La Chapelle-Darblay
CEA	Commissariat à l'Énergie Atomique
CEPME	Crédit d'Équipement des Petites et Moyennes Entreprises
CGPS	Convention Générale de Protection Sociale
CIALA	Comité Interministériel d'Aide à la Localisation des Activités
CIASI	Comité Interministériel d'Aménagement des Structures Industrielles
CIDISE	Comité Interministériel pour le Développement des Investissements et le Soutien de l'Emploi
CIRI	Comité Interministériel de Restructuration Industrielle
CL	Crédit Lyonnais
CN	Crédit National
CNC	Chantiers Navals de La Ciotat

CNIM	Constructions Navales et Industrielles de la Méditerranée
CODEFI	Comités Départementaux de Financement
CODIS	Comité de Développement des Industries Stratégiques
COFACE	Compagnie Française d'Assurance pour le Commerce Extérieur
CPI/CIRI	Crédits de Politique Industrielle distribués par le CIRI
DATAR	Délégation à l'Aménagement du Territoire et à l'Action Régionale
DGT	Direction Générale des Télécom, devenue France-Télécom
FDES	Fonds de Développement Économique et Social
FIM	Fonds Industriel de Modernisation
FRAC	Fonds Régionaux d'Aide au Conseil
FSAI	Fonds Spécial d'Adaptation Industrielle
GIE	Groupement d'Intérêt Économique
HES	Henri Ernault-Somua
IDI	Institut de Développement Industriel
LB	Liquidation de biens
LJ	Liquidation Judiciaire
LVMH	Louis Vuitton-Moët-Hennessy
MBK	Motobécane
MFL	Machines Françaises Lourdes
PAT/DATAR	Primes d'Aménagement du Territoire, distribuées par la DATAR
RJ	Règlement Judiciaire, puis Redressement Judiciaire
SCOP	Société Coopérative Ouvrière de Production
SDR	Société de Développement Régional
SFAC	Société des Forges et Ateliers du Creusot
SFFAW	Société Financière et Foncière Agache-Willot
SG	Société Générale
SMN	Société Métallurgique de Normandie
SOPARI/IDI	Filiale de l'IDI spécialisée dans les commandites publiques
SPP	Suspension Provisoire des Poursuites
TAT	Touraine Air Transport
TSR	Tissages et Soieries Réunis
VOA	Verrerie Ouvrière d'Albi

TABLE DES MATIÈRES

PREMIÈRE PARTIE

DE LA DÉFAILLANCE AU DÉCROCHAGE INDUSTRIEL

DEUXIÈME PARTIE

L'ÉTAT D'URGENCE

TROISIÈME PARTIE
LA GESTION POLITIQUE DE LA DÉSINDUSTRIALISATION

CET OUVRAGE
A ÉTÉ COMPOSÉ
ET ACHEVÉ D'IMPRIMER
PAR L'IMPRIMERIE FLOCH À MAYENNE
EN AOÛT 1989
(28152)
POUR LE COMPTE DES
ÉDITIONS CALMANN-LÉVY, 3, RUE AUBER
PARIS-9e – No 11510/01
DÉPÔT LÉGAL : SEPTEMBRE 1989